FLENSBURGER HEFTE

D1986548

Destruktive Kulte
Schwarze Magie
Sexualmagie

Liebe Leserinnen und Leser!

Zum Thema Okkultismus, Esoterik, Sekten bzw. destruktive Kulte und Magie bringen wir zwei FLENSBURGER HEFTE heraus, das vorliegende sowie die Nr.34 im Herbst dieses Jahres. Dieses FLENSBURGER HEFT Nr.33 besteht im Grunde aus zwei Teilen, die nicht zusammenpassen: Sekten und schwarze Magie.

Eingeleitet wird diese Ausgabe durch den Artikel von Peter Krause, Pfarrer der Christengemeinschaft, der sich aus der Sicht des Seelsorgers mit sektenartigen und antichristlichen Erscheinungen der heutigen Zeit auseinandersetzt. Die Ergänzung dazu wird ein Artikel von Frank Linde sein, der im nächsten Heft erscheint, in welchem auf der Grundlage von Rudolf Steiners Anthroposophie über die neuen Seelenfähigkeiten gesprochen wird, die die Menschen heute eigentlich entwickeln sollten, die aber durch verschiedenste esoterische, okkulte und spiritistische Praktiken in andere Richtungen gedrängt werden. Ergänzend möchten wir auch noch auf den einleitenden Artikel von Wolfgang Weirauch verweisen, der dem FLENSBURGER HEFT Nr.13 vorangestellt ist, in dem anthroposophische Urteilsgrundlagen zum Spiritismus dargestellt sind.

Teil I dieses Heftes besteht aus dem Interview mit Katharina und Klaus Engels, die aus der Sicht der Betroffenen und der Kultberater über die Praxis und Methodik verschiedenster Sekten sprechen, dem Interview mit Norbert Potthoff über Scientology sowie den Artikeln über die Mun-Sekte und über ein Seminar Gideon Fontalbas.

Teil II - Magie im weitesten Sinne - ist ein völlig anderer Bereich. Im wesentlichen geht es dabei um mehr oder weniger schwarzmagische Rituale und Sexualmagie: Artikel über Rudolf Steiner und den O.T.O. und über die Teilnahme an einem Luziferehrenritual sowie Interviews mit Ulla von Bernus, Olaf Thorbrügge und Annie Sprinkle.

Nicht alles wird jedermanns Sache sein, auch dürfte nicht alles ganz jugendfrei ausfallen, aber wir stellen es Ihrer kritischen und interessierten Prüfung zur Verfügung, weil wir meinen, daß ein Gespräch mit anderen Menschen, auch über ihre Praktiken - und seien sie einem auch noch so fremd -, allemal besser ist, als mit irgendwelchen Vorurteilen zu leben, die meist doch nicht haltbar sind. Unser Anliegen war es, durch die Anregung des Gesprächs den Interviewpartnern Raum zu geben, *ihre* Sache und Sicht der Dinge darzustellen.

Mit den FLENSBURGER HEFTEN und der eigenen Urteilskraft durch dick und dünn! Diesmal fiel das Heft etwas voluminöser aus, da konnte der Preis nicht zurückstehen ... Dafür wird die nächste Nummer wieder etwas ziviler - auf jeden Fall vom Umfang her. Und das Positive? Das kommt auch noch zum Zuge, auch wenn manche meinen, daß es beim Teufel sei. Noch ist ja nicht aller Tage Abend.

Wenn Sie nicht vor Schreck umfallen, grüßt Sie bis zum nächsten Heft

Ihre
FLENSBURGER HEFTE-Redaktion

Aus dem Inhalt

I

II

In eigener Sache!

Unser neuer Verlagsservice

Seit mehr als einem Jahr gibt es die 2-monatlich erscheinende »Stellenbeilage« der Flensburger Hefte.

Für Stellenanbieter und Stellensuchende hat sich die Beilage zu einem erfolgreichen Informationsmedium entwickelt, was jedoch nicht heißt, daß man nicht noch einige Dinge verbessern könnte.

Genau dies werden wir ab September 1991 tun:

- ***Aus der »Stellenbeilage« wird das »Stellen-Magazin« der Flensburger Hefte,***
- ***das Magazin wird ein neues Erscheinungsbild erhalten,***
- ***es wird voraussichtlich einen kleinen redaktionellen Teil bekommen,***
- ***die Vertriebswege werden erheblich erweitert und***
- ***es wird monatlich erscheinen.***

Wenn Sie wissen möchten, wie Sie sich Ihr (mtl.) Exemplar bestellen oder besorgen können oder wie Sie Ihr Stellenangebot aufgeben sollen und was es kostet, dann schreiben Sie uns, rufen Sie uns an oder senden Sie uns ein Fax.

VWO · Ring & Simon GbR
Alt Fechenheim 87 D-6000 Frankfurt/M. 61
Tel. 0 69 / 41 38 37 · Fax 0 69 / 41 39 97

Seelsorge und Spiritualität

VON DER SUCHE DES MENSCHEN NACH DEM GEIST

Peter Krause

Es ist ein immer wiederkehrendes Problem für zahlreiche Menschen, daß sie Erfahrungen auf seelisch-geistiger Ebene machen, die zunächst mit dem alltäglichen Leben nicht vereinbar erscheinen. Verläuft das Leben vor allem in vom rationalen Denken bestimmten und erfahrbaren Linien, so nimmt sich doch manches in der Alltäglichkeit gemachte Erlebnis so aus, daß es mit gewöhnlichen Maßstäben nicht zu beurteilen ist. Dabei können es zunächst ganz gewöhnliche Erlebnisse sein, die unseren Blick in eine gar nicht alltägliche Richtung lenken. Die Erfahrungen von Schönheit und Häßlichkeit beispielsweise können den Menschen zutiefst ergreifen und im Innersten erschüttern. Ganz anders wirken aber dann biographisch bedeutende Ereignisse, wie zum Beispiel eine Krankheit oder der Verlust eines Mitmenschen durch den Tod. Sehr viel seelsorgerisches Feingefühl ist häufig nötig, um dem Menschen im existentiellen Erfahren des Todes beizustehen. Ein ähnlicher Vorgang ist aber auch der Beginn des Erdenlebens, die Geburt. Auch hier können von der Mutter wie vom Vater eines zur Erde kommenden Kindes so starke Erfahrungen gemacht werden, daß es zu einer Art Entselbstung kommt. Ob im Lachen, Weinen oder Schreien - der Mensch erscheint von einer nicht alltäglichen, gleichsam überirdischen Macht ergriffen.

Solche und ähnliche Erfahrungen erwecken im Menschen die Frage nach seiner Her- und Zukunft. Letztlich geht es darum, ob sich eine Menschenindividualität als geistiges Wesen begreifen kann. Gibt es ein Leben nach dem Tod? Gibt es ein Leben vor der Geburt? Ist das Wesen eines Menschen allein in seiner äußeren körperlichen Erscheinung begründet und erschöpft? In den Momenten der - wie wir es nannten - *Entselbstung* stellen sich diese Fragen nicht abstrakt theoretisch, sondern existentiell. Sie füllen das ganze Menschenwesen, seine Seele, seinen Geist vollständig aus. Und da sie von dem im Alltag gewohnten Leben, Erkennen und Handeln abführen, ist es der selbstbewußten Individualität zunächst nicht möglich, sich in diesem Strom überwältigender Erfahrungen zu halten.

Neben solchen Erfahrungen, die den Menschen über sich selbst hinausführen und damit eine sonst allenfalls nur geahnte Wirklichkeit zum Bewußtsein bringen, gibt es auch solche Erlebnisse und Erfahrungen, die das menschliche Seelenleben zu stark an die Alltäglichkeit und Rationalität binden. Die wenigsten Arbeitsverhältnisse sind so, daß sie dem arbeitenden Menschen kreatives Handeln ermöglichen. Wir heutigen Menschen verwalten damit das Erbe der zwanziger Jahre, in denen man die Arbeitswelt nach möglichst festgelegten Strukturen gestalten wollte. Der Ökonom Taylor brachte dieses Ansinnen so weit, daß er postulierte, man müsse die Arbeitswelt so weit rationalisieren, daß alle notwendigen Handgriffe von einem dressierten Gorilla ausführbar wären. Das in den letzten Jahrtausenden durch die Kultur geschaffene Menschenbild wird also einem "Affenbild" geopfert. Die daraus resultierenden Gefahren sind außerordentlich ernst zu nehmen. So betreibt man im äußersten Extrem heutzutage Forschungen, den Menschen immer weiter, vielleicht sogar bis zur Vollständigkeit, mit der Arbeit einer Maschine zu verbinden. Auch wenn das nur ein Extrem ist, muß man doch konstatieren, daß die meisten Arbeitsverhältnisse so eingerichtet sind, daß wenige entscheiden und viele ausführen. In Ermangelung der Möglichkeiten, aus eigener Kreativität heraus in der Arbeitswelt auf die Umwelt wandelnden Einfluß nehmen zu können, entsteht im Menschen ein Gefühl der Unzufriedenheit. Diese Unzufriedenheit wird - wenn es gut geht - in Sportvereinen kompensiert, wo auch der sonst ganz weisungsgebundene Arbeiter Entscheidungsträger wird. Überhaupt kann im Freizeitbereich manches kompensiert werden, was in der Arbeitswelt nahezu zerstört worden ist.

Zwischen Entselbstung und Fesselung

Wesentlich an solchen Lebenserfahrungen ist, daß sie dem Menschen das Gefühl vermitteln, sich nur durch Kampf im Dasein behaupten zu können. Es erscheint als ein erstrebenswertes Ziel, und darum als Ausdruck von Stärke, in der Hierarchie ganz oben zu stehen und den tiefsten Idealen des Menschseins entsprechend *frei* handeln zu können.

Das Leben des Menschen verläuft, wenn wir es unter den eben angedeuteten Gesichtspunkten betrachten, zwischen diesen beiden diametral entgegengesetzten seelischen Erlebnissen der Entselbstung und - wie wir es nennen können - *Fesselung*. Wie aber lassen sich solche Erfahrungen so ertragen und gegebenenfalls auch wandeln, daß ein Mensch sein Leben in sinnvoller Weise führen kann? Überall sieht er sich mit der Anforderung konfrontiert, sein eigenes Menschsein den Widerständen zum Trotz zu erhalten. Ist er einerseits geneigt, den Empfindungen von seiner geistigen Natur nachzugehen, muß er andererseits schon wieder darauf verzichten, um sich für die Unbillen der Arbeitswelt nicht zu sehr zu sensibilisieren. In diesem Hin- und Hergerissensein zwischen der Frage nach dem Geist und der Anerkenntnis der als lebensfeindlich empfundenen äußeren Wirklichkeit verläuft unser Erdenleben. Die damit verbundenen seelischen Schwankungen und Erschütterungen bieten genügend Angriffsfläche für manche Schwächen und Unmenschlichkeiten, die nun ihrerseits auch als Hemmnisse und Störungen im Lebensweg des Menschen eintreten.[1)]

In seinem Drama "Nun singen sie wieder" beschreibt Max Frisch einen - so müßte man sagen - besonders perfiden Gewalttäter. Aber diese Dramenfigur ist zu ihren Untaten allein durch die Frage nach dem Geist, nach der Auferstehungsmöglichkeit des Menschen motiviert:

> "... wir griffen zur Macht, zur letzten Gewalt, damit der Geist uns begegne. Laß mich erfahren, ob es wahr ist, was sie reden: ich schieße auf sie - laß mich eine einzige Auferstehung sehen! Ich habe Hunderte erschossen, und ich habe keine gesehen."[2)]
> "Der Verbrecher, ... er ist dem Geiste näher, er fordert ihn durch Gewalt heraus, er ist ihm näher als der Oberlehrer, der vom Geiste redet und lügt ...", und dann etwas weiter: "Ich werde töten, bis der Geist aus seinem Dunkel tritt, wenn es ihn gibt, und bis der Geist mich selber bezwingt. ... Wir aber sind es, die den wirklichen Geist ans Licht gezwungen, wir allein - gesetzt den Fall, daß nicht die Welt mit uns zugrunde geht, weil es den Geist, den unbezwinglichen, nicht gibt."[3)]

Die durch Max Frisch geschaffenen Worte des Dramas "Nun singen sie wieder" sind von einer solchen Eindeutigkeit, daß sie als aus dem wirklichen Leben geschöpft gelten können. Ich möchte hier nicht näher auf die unbefriedigte Sehnsucht nach dem Geist als Motivationsfaktor für Gewalt eingehen, sondern mich im besonderen mehr dem zuwenden, was als eine ebenso große Gefahr erscheint. Immer mehr Menschen suchen auf unlauteren Wegen nach Antworten auf die Frage nach ihrer eigenen geistigen Natur und nach den spirituellen Hintergründen der äußeren Weltverhältnisse. Dabei haben sich immer mehr, höchst fragwürdige Angebote zu esoterischer (geistiger) Schulung entwickelt. Verschiedenste Meister und Gruppierungen bemühen sich darum, die Menschen auf ihre, mitunter ausgesprochen fragwürdigen Wege zu locken. Was dabei geschieht, ist in vielen Fällen verhältnismäßig leicht zu sehen: ein pseudowissenschaftliches und pseudoreligiöses Weltbild wird unter die Leute gebracht und zahlreiche Menschen in seelische Verirrung und Not geführt. Auf die ganze Vielfalt solcher Bewegungen in einem kleinen Rahmen eingehen zu können, ist unmöglich. Ich möchte aber versuchen, das eine oder andere stellvertretend anzuführen und zu betrachten.

DER MENSCH ALS WESEN DER EWIGKEIT

Es wird für das folgende nun notwendig sein, etwas über den Standpunkt zu schreiben, von dem ich selbst bei den in Frage kommenden Betrachtungen ausgehe. Im vorigen Kapitel habe ich darauf hingewiesen, daß es im Alltagsleben immer wieder Gelegenheiten gibt, in denen in uns die Frage nach der Ewigkeit des Menschen aufgeworfen wird. Im Sinne der christlichen Religion ergibt sich von dem Menschen als einem geistigen Wesen ein ganz bestimmtes, mit anderen Religionen nicht gleichzusetzendes Bild. Auf alle Fälle kann vollständig bibelkonform gesagt werden, daß der Mensch ein im leiblichen Körper erscheinendes geistiges Wesen ist. Dieses schließt die durchaus christliche Lehre von der Reinkarnation (Wiedergeburt) des Menschenwesens ein. Auch diese Erkenntnis geht aus der in den Büchern der Bibel gründenden Lehre eindeutig hervor und läßt sich bei vorurteilsloser Prüfung durchaus mit dem christlichen Glauben vereinbaren.[4)] Allerdings anerkennt diese Wahrheit gegenwärtig nur eine christliche Kirche, nämlich die als Bewegung für religiöse Erneuerung begründete Christengemeinschaft. Über die Gründung dieser Kirche, ihre Lehre, ihre Lithurgie und ihr Verhältnis zur Anthroposophie Rudolf Steiners sind von Wolfgang Gädeke und Hans-Werner Schroeder, beide Pfarrer, zwei grundlegende Werke erschienen.[5)] Der geneigte Leser mag sie zur Information und Prüfung heranziehen.

Es gibt wohl in der heutigen Zeit kaum einen Menschen, der nicht irgendwann einmal in seinem Leben über sich selbst als geistiges Wesen und die Realität der übersinnlichen Welten nachgedacht hat. Vielleicht ist es unserer Zeit gegeben, an das den alten Religionen so selbstverständliche Wissen wieder heranzureichen. Freilich ist das Selbstverständnis im Umgang mit auf die geistige Welt gerichteten Vorstellungen insbesondere auch durch die Geschichte des in fast 2.000 Jahren durch die katholische Kirche dogmatisierten Christentums getrübt, denn es hat sich seit Augustin (4. Jahrhundert) ein bis in den heutigen Katholizismus hineinragendes Dogmengebäude entwickelt, das keinen Raum für die Anerkenntnis einer übersinnlichen Welt und deren Erkennbarkeit durch das einzelne Menschenindividuum zuläßt. Dieses Lehrgebäude mit dem Wesen des Christentums an sich zu verwechseln, hieße den bedeutenden Aussagen und

Berichten, besonders des Neuen Testaments, nicht gerecht zu werden. Die Lehren des in den letzten Jahrhunderten in das Menschheitsbewußtsein tief eingeschliffenen dogmatisierten Christentums einerseits und die Herausbildung des modernen materialistischen Welt- und Menschenbildes andererseits haben dazu geführt, daß die Erfahrungen, die die latenten Fragen nach dem Übersinnlichen hervorrufen, in der Alltagswelt oft nicht recht ergriffen und verarbeitet werden können.

Erfahrungen des Übersinnlichen

Hier entsteht für viele Menschen eine echte innere Not. Wir brauchen dabei nicht gleich an Spukerfahrungen oder sonstige abenteuerliche Phänomene zu denken, sondern können im viel Alltäglicheren suchen, zum Beispiel im Hinblick auf die Erfahrung von Zuneigung und Liebe. Es ist ein in der Eheseelsorge sehr wesentlicher Ansatzpunkt, die Erfahrungen der Zuneigung und Anerkenntnis einem anderen Menschen gegenüber in Zeiten der ehelichen Krisen spirituell zu fassen. Die meisten schließlich in eine Ehe einmündenden menschlichen Beziehungen gehen aus einem Erlebnis der Menschen mit- und aneinander hervor, das einer Offenbarungserfahrung gleichkommt. Der andere Mensch erscheint, obwohl äußerlich vor einem sitzend, wie von einer nicht sinnlich wahrnehmbaren, ihn verherrlichenden Aura umgeben. Eine solche Erfahrung als Illusion zu bezeichnen, liegt vielleicht demjenigen nahe, der mit den Schmerzen des Scheiterns einer Beziehung in seinem Leben konfrontiert wurde. Es ändert aber nichts an der Tatsache des Erlebnisses.[6)] Die Erfahrung der Ehekrise kann darum als eines von vielen möglichen Problemen im Leben verstanden werden, die das Aufbrechen der Frage nach dem Geist ermöglicht.

Ich bin mir darüber bewußt, mit dem eben gegebenen Beispiel in eine vielleicht allzu unverfängliche Richtung gedeutet zu haben. In meiner jahrelangen Erfahrung der pädagogischen Arbeit mit Jugendlichen und der beratenden Arbeit mit zusammenarbeitenden erwachsenen Menschen in verschiedenen Unternehmen sowie in meiner Tätigkeit als Seelsorger bin ich aber auch immer wieder mit solchen Erfahrungen konfrontiert worden, die wir vielleicht viel eher dem Gebiet der esoterischen Erfahrungen zurechnen würden. Es ist erstaunlich, welcher Publizität sich die sogenannten einfachen spiritistischen Praktiken heutzutage erfreuen. Das Gläserrücken und Pendeln, das Ausrichten der Lebensführung nach durch Computer erstellten Horoskopen oder auch das immer gesellschaftsfähiger werdende Kokettieren mit schwarzer Magie ist längst nichts besonderes mehr. Ich möchte im folgenden aus einigen mir vorliegenden Büchern Fallbeispiele erwähnen, die sich allerorten täglich mehrfach ereignen. Die Auswahl dieser Beschreibungen habe ich so getroffen, daß Erlebnisse wiedergegeben werden, die mir von Menschen direkt berichtet wurden. In der Wahrung meiner Schweigepflicht kann ich allerdings über diese selbst nicht berichten, sondern muß eben auf mir zur Verfügung stehende Literatur zurückgreifen.

Der Dichter Novalis beispielsweise beschreibt, wie im Erleiden des Hinganges seiner Geliebten der Ausblick in die geistige Welt möglich wurde:

"Zusammen floß die Wehmut in eine neue, unergründliche Welt - du Nachtbegeisterung, Schlummer des Himmels, kamst über mich. Die Gegend hob sich sacht empor

- über der Gegend schwebte mein entbundner, neugeborner Geist. Zur Staubwolke wurde der Hügel, und durch die Wolke sah ich die verklärten Züge der Geliebten. In ihren Augen ruhte die Ewigkeit - ich faßte ihre Hände, und die Tränen wurden ein funkelndes, unzerreißliches Band. Jahrtausende zogen abwärts in die Ferne, wie Ungewitter. An ihrem Halse weint' ich dem neuen Leben entzückende Tränen - das war der erste Traum in dir."[7)]

George G. Ritchie beschreibt in seinem Buch "Rückkehr von Morgen" seine Erfahrungen in der Zeit des erlebten klinischen Todes. Den Gesetzmäßigkeiten von Zeit und Raum enthoben, beschreibt er seinen Eintritt in die geistige Welt. Noch in einer Verbindung mit der irdischen Welt stehend, verwandeln sich ihre Gegenstände, Räume und Wesen und werden transparent für eine hinter ihnen und durch sie wirksame geistige Welt:

"Ich war mir nicht sicher. Das Licht in dem Raum begann, sich zu verändern; plötzlich bemerkte ich, daß es heller wurde, viel heller, als es vorher gewesen war. Ich drehte mich nach der Nachtlampe um, die auf dem Nachttisch stand. Mit Sicherheit konnte eine einzelne 15-Watt-Birne nicht so viel Licht ausstrahlen.

Ich war voller Erstaunen, wie die Helligkeit zunahm. Sie kam von nirgendwo her und schien überall gleichzeitig zu sein. Alle Glühbirnen dieser Station konnten nicht so viel Licht ausstrahlen. Alle Birnen in der Welt konnten es nicht! Es war unmöglich hell: es war wie das Licht von einer Million Schweißbrennern, die auf einmal arbeiteten. Und mitten in mein Erstaunen kam ein prosaischer Gedanke, der wahrscheinlich durch frühere Biologielektionen an der Universität geboren wurde. 'Was bin ich froh, daß ich jetzt, in diesem Augenblick, keine physiologischen Augen habe', dachte ich. 'Dieses Licht würde die Netzhaut in dem Zehntel einer Sekunde zerstören.' Nein, korrigierte ich mich selbst, nicht das Licht.

Er!

Er würde zu hell sein, um ihn anschauen zu können. Denn jetzt sah ich, daß es nicht ein Licht war, sondern ein Mann, der den Raum betreten hatte, oder vielmehr ein Mann aus Licht, obwohl dies genauso wenig möglich war für meinen Verstand wie die unbeschreibliche Intensität der Helligkeit, die seine Gestalt ausmachte."[8)]

Ein Mensch, der von dem Ertrinkungstod gerade noch gerettet wurde, berichtet nach erfolgreichen Wiederbelebungsversuchen folgendes:

"Nach anfänglichen unliebsamen Sensationen kamen ruhigere Gedankenabläufe und eine Schau seines ganzen bisherigen Lebens mit minutiöser Genauigkeit. Dann kamen wunderbare Bilder in allen Regenbogenfarben und Glockentöne.

Diese Phase endete dann ebenfalls und machte einem inneren Frieden Platz: 'Alles wird friedlich um ihn, die Geräusche aller Art verschwinden; er hat das Gefühl, daß er sich eines ganz besonderen Wohlbefindens erfreue bei einer Temperatur, die weder zu warm noch zu kalt ist. Dann fühlt er sich von der Erde in die Höhe gehoben, fühlt sich im Raume treiben, immer höher, immer höher und sieht die Welt zu seinen Füßen ausgebreitet.'"[9)]

Ein kleines Kind liegt im Sterben, kann aber in dieser Zeit den zurückbleibenden Eltern noch eine Beschreibung von der sich vollziehenden Verwandlung geben:

"'Mutter, wie heißt das schöne Land, das ich jenseits der Berge, der hohen Berge, dort erblicke?'

'Ich kann nichts sehen mein Kind', erwiderte die Mutter mit bebendem Herzen. 'In unserer Nähe gibt es ja keine Berge'.
'Schau dort hin, Mutter', sagte der Kleine, aufwärts deutend, 'dort sind die Berge! Kannst du sie denn jetzt nicht sehen?', fragte er im Tone größter Verwunderung, als seine Mutter den Kopf schüttelte. 'Sie sind mir nun so nah. Wie hoch und breit sie sind. Und hinter ihnen ragt ein schönes Land empor. Die Menschen sehen so glücklich, dort! Vater, kannst du nicht über die Berge hinübersehen? Oh, nenne mir den Namen von diesem Lande!'
Die Eltern sahen einander an und sprachen wie aus einem Munde: 'Das Land, welches du siehst, ist der Himmel, nicht wahr liebes Kind?'
'Ja, der Himmel ist es! Ich dachte es wohl, das muß sein Name sein. Oh, laßt mich gehen! - Aber wie komme ich über diese Berge? Vater, willst du mich nicht hinübertragen. Sie rufen mir von drüben und ich muß gehen.'"[10]

Die Erfahrungen des Todes, soweit sie von Reanimierten berichtet werden können, oder Erfahrungen im Umkreis eines Sterbenden, sind ganz gewiß übersinnlicher Natur. So beschreibt eine Ärtzin:

"Zwei Tage bevor es zu Ende geht, findet in diesen Menschen etwas statt, daß wir uns gar nicht vorstellen können - als ob die Seele vernimmt, daß der Körper sie verläßt. Ich empfinde: es ist so eine gefaßte Ruhe in ihnen."[11]

Träume von Verstorbenen werden durchlässig für die Erfahrung ihrer Nähe:

"Und irgendwie spürt man doch hinter den Träumen ein Bewußtwerden der eigentlichen und anderen Seinsform. Ich weiß, er ist in einer anderen Seinsform. In dieser anderen Seinsform findet keine Kommunikation in unserem üblichen Sinne mit Augen und Ohren statt. Man nimmt sich wie in einem Ahnen wahr."[12]

Die Folgen des Todes für die Lebensführung der Zurückbleibenden sind ebenso einschneidend wie das Ereignis selbst. Auch hierüber gibt es einige außerordentlich beeindruckende Berichte.[13] Ich möchte an dieser Stelle auch hervorheben, daß die Gegenwart von Verstorbenen, wenn sie von verkörperten Menschen erlebt wird, an sich nichts Beklemmendes, Furchterregendes haben muß.

Es gibt allerdings neben der üblichen materialistisch geprägten Meinung, es gebe kein Leben außerhalb des irdischen Leibes, auch spirituelle Anschauungen, die - wie wir später sehen werden - Verstorbene, welche für das Bewußtsein der auf Erden zurückgebliebenen Menschen erscheinen, als Störenfriede oder gar "Teufel" bezeichnen. Es kann natürlich sein, daß das Leben eines Menschen, wenn es in einer Phase der Ruhelosigkeit beendet wird, auch außerhalb des Leibes zunächst nicht zur Ruhe kommen kann. Die im irdischen Leib lebenden Menschen können aber auf die Befindlichkeit der Verstorbenen hilfreichen Einfluß haben. Hier ist das kontinuierlich geübte und von liebevoller Empfindung getragene Fürbittgebet am Platze.[14]

Spukerfahrungen

Wer hat nicht schon einmal von Spukerscheinungen und unerklärlichen Ereignissen gehört, die auf Geister zurückgehen, denen nichts mehr daran liegt, als auf die Welt, auf die auf Erden lebenden Menschen einen störenden Einfluß auszuüben. Auf ungewöhnliche Weise kann man solche Erfahrungen machen. So erging es einem, an sich nicht dem Spiritismus geneigten Rechtsanwalt:

"Da mein Mann annahm, daß sie (eine alte Frau, P.K.) vom Treppensteigen außer Atem war, wartete er ein wenig, aber da keine Antwort kam, trat er noch näher auf sie zu, wobei die Dame das gleiche tat, dabei aber schwebte. Da das Zimmer groß war, lagen immer einige Meter zwischen ihnen, und mein Mann machte mehrere Schritte auf sie zu. Schließlich ging er entschlossen auf sie zu, gewillt, das Geheimnis ihres Schweigens zu enthüllen. Aber dann sah er sie nicht mehr. Sie war verschwunden! ... Nach seinen Worten war das Arbeitszimmer hell erleuchtet. Er hatte keinen Augenblick daran gedacht, von Angesicht zu Angesicht einem Phantom gegenüberzustehen. ... Er beschrieb sie folgendermaßen: ... eine alte Dame, klein und zart, sehr blaß, bekleidet mit einem dunklen Gewand und einer großen Haube, die unter dem Kinn zugebunden war. Die Hände hielt sie die ganze Zeit gefaltet. Sie war nach vorne gekommen mit ... einem Gleiten."[15)]

Eine andere Erfahrung, die ebenso unvorhergesehen eintrat:

"Am ersten Abend zog ich mich gerade aus, um ins Bett zu gehen, als ich an der Schlafzimmertür ein Geräusch hörte, wie wenn jemand am Türknopf drehte. Ich öffnete und sah ein hübsches, junges Mädchen vor der Tür stehen, normal gekleidet. ... Ich sagte: 'Hallo, wer bist du?', worauf sie erwiderte: 'Ich bin Lotti, und das ist mein Zimmer.' Doch als ich sagte: 'Willst du nicht hereinkommen?', lächelte sie nur und verschwand vollkommen.

Seltsamerweise war ich überhaupt nicht unruhig und schlief sehr gut in dieser Nacht. Am Morgen fragte ich Miss Mills: 'Wer ist Lotti?' Sie antwortete: 'Lotti war der Kosename meiner Tochter Charlotte, die vor einigen Jahren gestorben ist. Aber woher kennen Sie sie?'

Ich berichtete ihr von dem Besuch an meiner Schlafzimmertür am Abend zuvor. Sie gab mir ein Foto von Charlotte, das sie genauso zeigte, wie ich sie 'gesehen' hatte."[16)]

Trennungen vom physischen Leib

Eine andere Art übersinnlicher Erfahrungen sind die sogenannten "Out-of-the-body-Erlebnisse". Ganz gewöhnliche Erfahrungen des täglichen Lebens können sie hervorrufen:

"Das erste Mal ... geschah es, als ich auf dem Behandlungsstuhl eines Zahnarztes saß. In Narkose hatte ich das Erlebnis, aufzuwachen und im oberen Teil des Zimmers zu schweben, von wo aus ich mit größtem Erstaunen dem Zahnarzt zusah, der an meinem Körper arbeitete ..., der Anästhesist neben ihm. Ich sah meinen seelenlosen Körper so deutlich wie jeden anderen Gegenstand im Zimmer. ... Das zweite Mal befand ich mich in einem Hotel in London. Ich wachte morgens auf und fühlte mich nicht wohl (ich habe ein schwaches Herz). Kurz darauf wurde ich ohnmächtig. Zu meiner großen Überraschung schwebte ich in der oberen Hälfte des Zimmers, von wo ich mit Schrecken meinen Körper reglos mit geschlossenen Augen im Bett liegen sah. Vergebens versuchte ich, in meinen Körper zurückzukehren und zog den Schluß, daß ich gestorben sei ..., doch hatte ich weder meine Erinnerung noch mein Bewußtsein verloren. Ich konnte meinen leblosen Körper wie einen losgelösten Gegenstand betrachten: Ich war in der Lage, mir ins Gesicht zu sehen. Ich konnte jedoch nicht das Zimmer verlassen; ich fühlte mich ... angekettet, gefesselt in der Ecke, in der ich mich befand. Nach ein oder zwei Stunden hörte ich mehrere Male ein Klopfen an der verschlossenen Tür, ohne daß ich fähig war zu antworten. Kurz darauf erschien der Gepäckträger des Hotels auf der Feuerleiter. Ich sah, wie er in das Zimmer stieg, besorgt mein Gesicht betrachtete und die Tür öffnete. Dann traten der Hoteldirektor und andere in das Zimmer. Ein Arzt kam. Ich sah ihn den Kopf schütteln, nachdem er mein Herz abgehört hatte, und dann wie er einen Löffel zwischen meine Lippen schob. Dann verlor ich das Bewußtsein und erwachte im Bett."[17]

Diese Beschreibungen wurden von den anderen, daran teilnehmenden Menschen später bestätigt. Wo solche Erfahrungen unvermittelt eintreten, fügen sie sich abhängig von der seelischen Stabilität des Erfahrenden selbstverständlich in den Lebensverlauf ein. Gefährlich wird es, wenn - den Anregungen verschiedener spiritistischer Bewegungen folgend - junge Menschen die Loslösung ihres Seelisch-Geistigen aus dem physischen Körper kraft Übung oder unter Zuhilfenahme von Drogen bewirken. In vielen Fällen führen solche Erfahrungen zu unbeherrschten, psychotischen Zuständen, die dann einer fachkundigen Behandlung bedürfen. Auch dies ist eine immer wieder machbare Erfahrung!

Die "innere Stimme"

Es gibt auch solche Erlebnisse, in denen Menschen eine innere Stimme vernehmen, durch die sie geführt zu werden glauben. Auch solche Erfahrungen können unvermittelt im alltäglichen Leben eintreten. Mögen sie von einem übersteigerten Gefühl der Zwanghaftigkeit oder aber tatsächlich von weiterreichenden Phänomenen herrühren, die klassischerweise als Besessenheit bezeichnet werden. Es ist bedenklich, daß okkulte Gruppen mit dem Auftreten der inneren Stimme und der Führung durch so an Menschen herantretende Geister für sich und ihre vorgeblich positiven Ziele werben. Ich zitiere aus einer Schrift der Findhorn-Gemeinschaft:

"Voller Fragen ging ich zur Universität, doch trotz aller Worte über die tiefsten Themen des Lebens fand ich keine zufriedenstellenden Antworten. Schließlich begann ich auf die Stimme in mir zu hören, die mich schon lange um meine Aufmerksamkeit gebeten hatte. Ich fing an, die tägliche Führung niederzuschreiben, die ich empfing. In dieser Zeit des spirituellen Trainings, das mich lehrte, den Willen des in mir wohnenden Gottes an die erste Stelle in meinem Leben zu setzen, traf ich Peter und Eileen Caddy. Ehe wir nach Findhorn zogen, arbeiteten wir zusammen mit den Angestellten des Hotels, dessen Manager Peter war. Dabei setzten wir jenes Prinzip in die Tat um.

...(dann spricht die innere Stimme: ...) Mein Wille soll das Geheimnis sein, das du herausfinden willst in jedem Augenblick. Suche ihn im Kleinen und im Großen. Er umfaßt alle Menschen und Dinge, alle Fragen und Antworten."[18]

Etwas später spricht dieser Geist:

"Ja, ihr sollt zusammen im Garten arbeiten. Beginne damit, indem du an die Naturgeister denkst, die höheren leuchtenden Naturgeister. Stimme dich auf sie ein.

Das wird so außerordentlich sein, daß es ihr Interesse weckt. Sie werden überglücklich sein, daß einige Mitglieder der menschlichen Rasse um ihre Hilfe bitten. Das ist der erste Schritt."[19)]

Zwar ergibt sich aus der Führung durch die innere Stimme für die berichtende junge Frau wohl ein Zustand, der als zwanghaft zu bezeichnen ist, doch führt dies nur zu vergleichsweise harmlosen Handlungsweisen. Löwenzahn wird als Gemüse im Garten angebaut und von Sentimentalität getragene Gespräche mit den Naturgeistern geführt. Ich möchte hier allerdings unbedingt anmerken, daß ich nicht die Wirklichkeit der geistigen Welt und die Wirksamkeit der dort beheimateten Wesen in unsere irdische Menschenwelt hinein in Frage stelle, doch liegt mir sehr daran, dieses Bewußtsein von Wesen und Wirksamkeiten aus der geistigen Welt heraus in vernünftiger Weise auszubilden und zu handhaben. Die Problematik der durch Findhorn propagierten Weltanschauung werde ich an späterer Stelle dieses Aufsatzes noch darzustellen versuchen.

Führung durch Dämonen

Die Einsprechungen durch Geister und das stückweise Unfreiwerden von Menschen kann aber auch zu ausgesprochen gefährlichen Situationen und Handlungsweisen führen. Es ist nicht selten, daß Menschen - durch eine innere Stimme veranlaßt - fürchterliche Verbrechen begehen, wie beispielsweise im Falle des von - wie er selbst sagte - Dämonen getriebenen Charles Manson. Er verübte mit einigen seiner Anhänger einen grauenhaften Mord, der vor einigen Jahren die Weltöffentlichkeit beschäftigte.[20)] Leider ist dies auch kein abnormer Einzelfall, sondern nur ein herausragendes Beispiel für eine immer wiederkehrende Erfahrung. Menschen werden durch sie führende Geister zu Handlungen verleitet, die sie schließlich nicht mehr selber kontrollieren können.

Solche Schwierigkeiten treten oft in der Folge der Ausübung von zunächst harmlos scheinenden spritistischen Praktiken auf. So kann schon das sogenannte Gläserrücken oder Experimentieren mit dem Oui-ja-Brett von Zwanghaftigkeit gekennzeichnete seelische Zustände hervorrufen. Dabei wenden sich die Experimentierenden an sogenannte Verstorbene, die ihnen durch die Bewegungen des Glases oder eines Holzscheitchens auf einem mit Buchstaben beschriebenen Brett Botschaften aus dem "Jenseits" zukommen lassen. Es ist bezeichnend, daß viele junge Menschen von solchen Praktiken in den Bann geschlagen werden und sich eine Sucht nach Spiritismus entwickelt.[21)]

Diese Sucht kann zu Formen der Besessenheit führen, die nicht nur so ungewöhnlich sind wie das Beispiel des Charles Manson, sondern "alltäglicher", wie es etwa das folgende Beispiel zeigt:

"Erste persönliche Erfahrungen mit diesem Aspekt der Besessenheit machte ich durch einen jungen Mann namens David und seine übersinnlich veranlagte Freundin Sally. Nach einer Vorlesung, die ich an einer kanadischen Universität hielt, und auf der ich kurz auf Besessenheit zu sprechen kam, sprach er mich an und schilderte mir gequält, wie eine verstorbene junge Frau mehrere Jahre in der Lage gewesen war, zu bestimmten Zeiten sich seines Körpers zu bemächtigen. Das Ergebnis war eine homosexuelle 'Orgie', denn, so seltsam es klingt, war sie heterosexuell und das offensichtlich unter Frustrationen.

Seine Frau Sally ... erzählte mir, daß sie die Gestalt dieser Frau oft 'in' oder 'auf' seinem Körper 'sehen' könnte und manchmal auch von ihm getrennt."[22)]

Die Popularität solcher spiritistischen Praktiken der Jugendlichen und die Kenntnis von den möglichen Auswirkungen sollten zu ernsten Sorgen Anlaß geben.

Vielleicht mögen die bis jetzt angeführten Beispiele dafür genügen, aufzuzeigen, welche Erfahrungen Menschen mit dem Hereinragen einer geistigen Welt in ihre irdischen Lebensverhältnisse machen. Es sei hier noch einmal gesagt, daß ich die Beispiele nur aus dem Grund erwähnt habe, um aufzuzeigen, was für viele Menschen tatsächlich erlebbare Wirklichkeiten sind. Bevor ich auf die Grundlagen eines - für mein Verständnis - christlichen Schulungsweges eingehe, der die Individualität des Menschenwesens nicht in Frage stellt, sondern als das höchste Gut bezeichnet, möchte ich aber noch auf eine okkulte Gruppierung eingehen, die in jüngster Zeit von sich Reden machte. Ich greife diese Bewegung aus einer Fülle anderer Strömungen auch nur darum heraus, weil einige Grundzüge der durch sie verbreiteten Lehre als exemplarisch für die Lehren auch anderer okkulter Gruppierungen gelten können.

DIE "SCHULE DER WEISSEN QUELLE" DES GIDEON FLACHSMANN (FONTALBA)*

Gideon Flachsmann machte in den letzten Jahren immer mehr von sich reden, indem er in öffentlichen oder internen Seminaren in verschiedenen Ländern Mitteleuropas seine Lehre der von ihm begründeten sogenannten "Schule der Weißen Quelle" verbreitete. Als ehemaliger Eurythmielehrer und Anthroposoph verfügt er über gewisse Kenntnisse der Steinerschen Geisteswissenschaft, die allerdings in der Kombination mit seiner selbstgeschaffenen Lehre vollständig verzerrt zur Darstellung kommt. Es muß daher im vorhinein klarstellend gesagt werden, daß die von ihm verbreiteten Lehren mit der anthroposophischen Geisteswissenschaft nichts zu tun haben.

Gideon Flachsmann, der sich den Beinamen "Fontalba" zulegte, verfügt, wenn man den Erfahrungen seiner Anhänger Glauben schenkt, über die Möglichkeit, geistige Erfahrungen ohne großen Einsatz von Kräften und ohne besondere Anstrengung zu vermitteln. Damit ist er ganz im Bunde mit anderen sogenannten "Meistern", dem Maharishi Mahesh Yogi, Bhagwan usw., die in den zurückliegenden Jahren von sich reden machten. Dabei ist sein Anspruch auf eine geistige Sukzession nicht unbescheiden, wenn er sich als die Reinkarnation des Grafen Saint-Germain verehren und in den Kreisen seiner Schülerschaft als Fra Germanus bezeichnen läßt. Es ist der Anspruch, für seine Schüler Führer und Meister zu sein, der ihm die exponierteste Stellung in seiner Bewegung einräumt. Die zunächst noch im Werden begriffene äußere Form der Bewegung in verschiedenen Vereinen im In- und Ausland läßt sich schwer beschreiben, tut für das Thema unseres Aufsatzes aber auch nichts zur Sache. Ich möchte vielmehr versuchen, an einigen Beispielen aufzuzeigen, worauf sich die *Lehre* der "Schule der Weißen Quelle" gründet und an welchen Stellen sie als ausgesprochen fragwürdig erscheinen muß.

---

*Siehe dazu auch den Artikel von Arfst Wagner in diesem Heft: "Über ein Seminar Gideon Fontalbas".

Da ist zunächst der Anspruch, daß die Lehren Flachsmanns als die einzig berechtigten geistigen Lehren in unserer Zeit gelten sollen. Die Schule sei von okkulten Meistern in der geistigen Welt begründet und eingesetzt und Flachsmann habe das Werk übernommen, die Menschen mit den Intentionen dieser verborgenen Meister zu verbinden.

"Die Quelle lebenerneuernden Wissens strömt für alle Menschen, deren Weg zum Licht führt. Der Mensch auf dem Weg zur Wahrheit nähert sich seinem eigenen ewigen Wesen. Entschließt er sich frei zum Aufbruch, gibt ihm die Schule Hilfen zum Vorwärtsschreiten. Er kann sich in der Gemeinschaft vorbereiten, die mächtig einströmenden Zeitimpulse erkennend aufzunehmen und heilsam ins Leben zu tragen."[23)]

Fügen wir dieser vermeintlich positiven Gesinnung ruhig noch hinzu, was auch wiederum beeindrucken könnte, wenn man nicht die dahinterstehende Lehre etwas genauer betrachtete:

"Grundlagen dafür bilden die Zusammenführung und das neue Ergreifen der Essenzen früherer, einstmals tragender Weisheitsströme und ein tiefes Verständnis des Christus-Impulses in allen Bereichen. Ein Leitbild der Schule ist der vollkommene Mensch in Reinheit, Freiheit und Wahrheit."[23)]

Wir wollen an späterer Stelle besonders untersuchen, welcher Art die Christologie Gideon Flachsmanns tatsächlich ist. Die Verbreitung der Lehren der Schule geschieht in zur Zeit noch halböffentlicher Art. Es werden die Meditationsanweisungen und Vortragsmitschriften Gideon Flachsmanns in hektographierter Form im Kreise der Anhänger verteilt. Einige dieser Schriften wurden mir zur Verfügung gestellt, aus ihnen will ich ein paar Abschnitte zitieren.

Zu den nun aufgeführten und kommentierten Zitaten will ich später noch den einen oder anderen Gedanken hinzufügen, um aufzuzeigen, an welchen Stellen mir die Lehre Gideon Flachsmanns vor dem Hintergrund der christlichen Religion und der Anthroposophie als fragwürdig erscheint.

Über das Denken (Problem der Freiheit)

"Mit dem Denken hat der Mensch einen Schlüssel bekommen, mit welchem er sich Zugang zu vielen Reichen verschaffen kann. Es ermöglicht ihm Eintritt in Gebiete der abbauenden, tötenden, auflösenden, zerstörenden Mächte ebenso wie in die Reiche der aufbauenden, bildenden, belebenden und heilenden Mächte. Man könnte mit alten Worten sagen: Das Denken öffnet dir Himmel und Hölle. ... Es ist gewissermaßen ein Rohschlüssel, dessen allgemeine Gesetzmäßigkeit gegeben ist, dessen Lenkstück, der sogenannte Schlüsselbart, aber noch für die gewünschte Tür, für die Prinzipien des Schlosses entsprechend geformt und genau geschliffen werden muß. Wodurch wird dieser Schlüssel geformt und geschliffen? Durch Prägungen und Einwirkungen der Umwelt in der bereits durchlebten Zeit und durch die eigene Anlage, Lebensweise und Entwicklungsanstrengung. Genauere Studien zeigen eine Vielfalt von Einzeleinflüssen auf."[24)]

Es scheint hier in zunächst ganz positiver Weise die Möglichkeit des Menschen zum freien Erbilden von Erkenntnisfähigkeiten beschrieben zu werden. Wie es aber um die

Freiheit des im Flachsmannschen Sinne geschulten Denkers bestellt ist, wird in den folgenden Worten deutlich:

"Nach dem kosmischen Gesetz der Entsprechung und Anziehung vermögen wir mit unserem individuell differenzierten Denken jeweils nur in diejenigen Gebiete vorzudringen, zu welchen wir in unserem Wesen und Denken eine Entsprechung haben. Und wir empfangen denkend nur Gedanken, die der Schwingung unseres Denkstrahles unseres Senders und Empfängers gleichwertig sind. Die Funker wissen, wie sie mit ihren Apparaten die Frequenz erhöhen oder herabsetzen müssen, um auf die Schwingungsstufe eines bestimmten Senders zu kommen. Der Funker kann über Kopfhörer vernehmen, ob und wann seine Empfangsschwingung mit der Sendefrequenz übereinstimmt. Er hört zwei miteinander schwingende Töne und muß den eigenen Ton an den anderen anpassen. Gelingt es ihm, so spricht er in seiner Fachsprache davon, daß er das Schwebenull erreicht hat. In diesem Augenblick empfängt er die Stimme des Senders und versteht ihn. Dies ist ein gutes Beispiel, wie man mit dem Denken umgehen kann, um die Sendung eines höheren Geistgebietes zu empfangen. Wir dürfen nicht vergessen, daß solche Erfindungen wie das Funkgerät ja aus dem Geist durch Denkprozesse gewonnen werden!"[25)]

Der menschliche Geist, im Sinnbild eines Funkempfängers verstanden, ist ein denkbar schlechtes Bild für die freie Menschenindividualität. Auch kommt es einer ausgesprochen unpassenden Verkürzung gleich, wenn die Vorstellung des Funksprüche aussendenden Funkers auf die in unser Erdenleben hereinwirkenden geistigen Wesen angewendet wird. - Aber sehen wir weiter, was zu der Möglichkeit der Offenbarung gesagt wird:

"Wir müssen die Gemeinschaft schaffen. Wir müssen sie mit der gleichen Kraft schaffen, aus welcher alles geschaffen ist. ... Dazu müssen wir uns aber gegenüber der kosmischen Intelligenz eröffnen. *Der Geist der Wahrheit wird uns lehren und unterweisen!* Sollen wir also warten, bis er sich irgendwo zeigt? Darauf können wir lange warten! Denn der Geist der Wahrheit ist der Geist der Offenbarung. Und offenbar wird uns das Wesentliche nur, wenn wir selbstlos arbeiten."[26)]

Zweierlei wollen wir in diesem Zitat besonders beachten: Zum einen wird deutlich darauf hingewiesen, daß Offenbarungen aus der geistigen Welt dem Menschen nur zukommen, wenn er sich der geistigen Welt von sich aus zuwendet. Zum anderen wollen wir als Frage im Bewußtsein behalten, welche Art Gemeinschaft und welche Prinzipien der Gemeinschaftsbildung an dieser Stelle gemeint sind, denn wir werden dieses Problem später noch einmal berühren.

Über die Beziehung zum Leben in der äußeren Welt

Der durch die "Weiße Quelle" propagierte Schulungsweg ist darauf angelegt, den Menschen von seiner Beziehung zur Stoffeswelt und den damit verbundenen Aufgabenstellungen des praktischen Lebens zu entfremden. Dieses ergibt sich nicht nur als Wirkung, sondern offenbar als eine von Flachsmann tatsächlich beabsichtigte primäre Auswirkung seiner Lehre. Hierzu das folgende Zitat:

"Nur durch eine entsprechende Schulung ist es dem suchenden Menschen möglich, zu den großen Fragen die Antwort zu finden. Derjenige, welcher durch eine solche

Schulung geht, hört auf, im Stofflichen erfüllende Antwort zu suchen, denn er hat erkannt und erkennt immer wieder von neuem, woher ihm die Fragen entgegentreten. Er hat erkannt, daß diese Fragen ihm nicht aus der materiellen Außenwelt zukommen, sondern aus der lebendigen, beseelten, durchgeistigten Ideenwelt in sein Bewußtsein dringen. Einem Menschen, der solches gefunden hat, können die Fragen ihre wahre Heimat zeigen. Und sie begleiten ihren Freund und Schüler auf seinem ganzen Weg, bis er Antwort in sich findet und sie mit ihm einig werden dürfen."[27]

Dieses Prinzip für eine allzu sehr in die materialistische Erkenntnisart verstrickte Menschheit, etwas mehr sich den Wahrheiten der Geisteswissenschaft zuzuwenden, klingt edel und durchaus bibelkonform. Es wird aber an der Stelle fragwürdig, wo die in der Stoffeswelt gegebenen Erscheinungsformen und Lebensarten in ihrer Urbildlichkeit nicht erkannt werden. Hier berühren wir ein weiteres Zentralproblem der Lehre Flachsmanns, nämlich des Gottes- und Christusbildes. Es tritt selbst in Hinsicht auf Studium und Übung der christlichen Grundglaubenswahrheiten eine gezielte Entfremdung ein, die durch Übung und Lehre des in der "Schule der Weißen Quelle" Dargestellten bewirkt wird.

Die Beziehung zu Wesen der geistigen Welt

Zu den großartigsten Beschreibungen in den biblischen Büchern gehören wohl diejenigen von den Begegnungen des Menschen mit der Welt der Engel, eine geistige Welt, bewohnt von geistigen Wesen, die die Menschheitsentwicklung schützend und lenkend begleiten. Diese Vorstellung scheint Flachsmann direkt aufzugreifen, wenn er sagt:

"Den Lichtboten, den er (der Mensch, P.K.) in seinen aufgehenden Lichtern erahnen, ja oft sogar schauen durfte, nannte der frühere Mensch dann *Engel-Angeloi = Bote*. Jeder von uns ist mit einem solchen Engel verbunden. Unfehlbare Menschen wurden durch eine rechtzeitige Botschaft, Mahnung, Warnung oder unmittelbare Lichtkraft-einwirkung ihres *Angeloi* vor dem Tode oder Unglück und auch vor Fehltritten bewahrt. Daher spricht man von dem Schutzengel."[28] (Singular: *Angelus,* Red.)

Gerade solche Ausführungen scheinen ganz vernünftig, würde man sie nicht mit an anderer Stelle getanen vergleichen. - Flachsmann beschreibt in einem Vortrag eine Begebenheit während eines seiner Aufenthalte in Südindien. Mit Freunden hatte er ein längeres abendliches Gespräch: "Wir waren in einen einigermaßen kühlen Raum geflüchtet und hatten uns mit Bekannten über manche geistigen Erlebnisse und über Brüderlichkeit ausgetauscht."[29]

Nachdem der Abend etwas weiter fortgeschritten war, geht Flachsmann, um sich auf eine Treppe vor dem Hauseingang zu setzen, und dort denkt er: "Wenn ich jetzt ein Erlebnis haben dürfte, welches mich auf wesentliche Elemente des menschlichen Daseins in der Schule des Lebens aufmerksam machen und mir für meinen Weg wichtige Erkenntnisse eröffnen würde, - ich glaube, meine Seele wäre eben jetzt bereit und ich könnte sie voll erfassen."[29]

Durch ein ungewöhnliches Erlebnis wird ihm dieser Wunsch erfüllt: "Ich staunte; dann aber überkam mich ein Grausen! Neben mir saß eine ungeheure Vogelspinne mit fleischfarbenen, blondbehaarten Beinen. Ich hatte den unangenehmen Eindruck, sie sehe mich mit ihren Stielaugen bösartig an. Vielleicht schaute sie aber auch nur zum Himmel? Ich wagte kaum, mich zu bewegen, denn man hatte mir berichtet, diese Spinnenart sei sehr giftig."[30]

Dieses Erlebnis wurde ihm zu einem Schlüsselerlebnis, denn nachdem die Spinne, ohne das befürchtete Unglück angerichtet zu haben, von dannen gezogen ist, kommt Flachsmann die Erkenntnis: "Ich hatte meinen Bruder gesehen!"[30]

Auf eine sehr hohe Ebene übertragen, erscheint dieses vielleicht sehr beeindruckende Erlebnis, wenn Flachsmann feststellt, "... daß alle Geschöpfe Geschwister sind und daß in jedem Wesen ER, der kosmische Geist, der göttliche Bruder, anwesend ist! ... Es ist für unsere Zeit von entscheidender Wichtigkeit, daß die Menschen lernen, in allen Wesen den *'Bruder'* zu sehen!"[31]

Was meint Flachsmann, wenn er von diesem *Bruder* spricht, der in einem jeden Erdenwesen erscheint. Dieses wird wenig später deutlich:

> "Der Bruder, der sich in Christus zeigte und der durch viele Religionsstifter sprach, er ist jederzeit überall anwesend. Er ist in mir und ebenso in dem Wesen, das mir begegnet. Er ist es, der mir durch jedes Geschöpf und durch jedes Ereignis Botschaft senden kann. Es liegt nur an mir, wach zu sein, dann darf meine Seele ruhig vertrauen, daß er eins mit mir, durch mich und durch die Wesen und Ereignisse in der Welt, für mich und die Welt, alles zum Besten wendet! ... Wir beginnen hinter den stofflichen Dingen, hinter den Erscheinungen der Geschöpfe etwas wahrzunehmen, das wir bisher übersehen haben. Die Welt beginnt wieder reicher zu werden, fängt wieder an, wirklich zu leben."[32]

Wir hatten vorhin gesagt, die Lehre Flachsmanns würde dazu taugen, den Menschen den irdischen Lebensverhältnissen zu entfremden. Wenn wir nicht ganz genau auf das eben aufgeführte Zitat eingehen, müßte es scheinen, als wollte Flachsmann gerade die

Graphik auf einem "Sendschreiben an die Schüler der Weißen Quelle und an alle Wanderer auf dem Weg zum Wesen"

Verbindung des Menschen mit der Stoffeswelt vertiefen. In Wirklichkeit aber findet eine entindividualisierende Egalisierung aller Unterschiede zwischen Wesen und Verhältnissen statt. Ob Granit oder Bergkristall, ob Ahorn, Buche oder Erle, ob Zebra, Kuh, Huhn oder Mensch, ist schließlich einerlei: Alle Wesen sind ihrer geistigen Entität nach Gott. Bemerken wir nur ganz deutlich, was mit diesem Wort gesagt wird: Der Mensch und die anderen Wesen und Verhältnisse der Schöpfung sind nicht Abbilder Gottes, sondern sollen Gott selbst sein. Wenn man es etwas deutlicher formulieren will, welches Gottesverständnis hier entwickelt wird, so könnte man etwa sagen: Man erblickt Gott nicht *in* den Wesen und Erscheinungsformen der äußeren Welt, sondern *als* Stein, Pflanze, Tier oder Mensch.

Je nachdem, wie man es ausdrücken will, ist dies eine Schmälerung des traditionellen Gottesverständnisses, daß die Erhabenheit dieses Schöpferwesens als über alle stofflichen Erscheinungen hinausgehend zu erkennen sucht. Andererseits rechnet das Menschenbild der "Schule der Weißen Quelle" nicht mit dem, was tatsächlich aus christlichem oder auch anthroposophischem Verständnis heraus die auf Menschenwürde gegründete Freiheit der Individualität genannt werden kann. Diese These wollen wir etwas genauer untersuchen, indem wir uns dem Werk Beinsa Dunos zuwenden.

"DER MEISTER SPRICHT"

Unter diesem Titel erschien ein Werk des bulgarischen Okkultisten Beinsa Duno, der im Übergang vom 19. zum 20. Jahrhundert in Bulgarien lebte und nach einem Theologie- und Medizinstudium in den USA schließlich zum Okkultisten wurde. Beinsa Duno wird von den Anhängern der "Schule der Weißen Quelle" als der okkulte Meister Gideon Flachsmanns verehrt. Somit gibt seine Lehre wohl einen wesentlichen Hintergrund für die Gedankenbildungen Gideon Flachsmanns ab. Abgesehen davon ist von ihm eine Art körperlicher Übungen mit plastischen Bewegungen geschaffen worden, die unter dem Namen Paneurythmie ihre Verbreitung findet und für den einen oder anderen irrtümlich Assoziationen mit der durch Rudolf Steiner geschaffenen Bewegungskunst Eurythmie nahelegt.

Schauen wir einmal, was in diesem in Frage kommenden Werk von Beinsa Duno als Grundlagen seiner Lehre aufgeführt wird und wie von da aus eine Beleuchtung des eben kurz über die "Schule der Weißen Quelle" Dargestellten möglich ist.

Über den Menschen, die Wahrheit und Christus

Schauen wir zunächst einmal darauf hin, was Duno über die Beziehung des Menschen zu seinem Körper und darüber hinaus zur Stoffeswelt sagt:

"Du bist Seele, nicht Körper! Du bist eine Seele, im göttlichen Geist empfangen, empfangen in Liebe! Deine Seele ist eine Knospe, die auf Entfaltung wartet. Konzentriere dein Bewußtsein auf sie, dann erlebst du den größten Moment deines Lebens! Du wirst deine Seele den Strahlen der großen Sonne öffnen, welche die göttliche Welt beleuchtet."[33)]

Wiederum wird deutlich, wie mit der Betonung der Teilwahrheit, der Mensch sei eine Seele, nicht Körper, die Empfindungen des geistsuchenden Menschen von der irdischen Welt abgelenkt, die Konzentration allein auf das Erfahren einer überirdischen geistigen Welt gerichtet wird. Hierbei ist vor allem wichtig, die Vereinseitigung dieses Lehrbestandteiles zu bemerken.

Die Entsagung von den äußeren Weltverhältnissen wird noch etwas deutlicher, wenn nun über die Wahrheit in folgender Weise verhandelt wird:

> "Glaubt ihr, daß die Wahrheit beim Reichen ist? Nein. Oder beim Armen? Nein. Glaubt ihr, sie sei bei den Gelehrten, bei den Gläubigen, bei den Okkultisten? Nein! Die Wahrheit ist nirgends. Denn diese Welt ist eine Welt der Leiden, des Todes, der ununterbrochenen Veränderungen. In diese Welt kann die Wahrheit nicht kommen. Sie kann nicht bis zu dieser Welt herabsteigen."[34)]

Das großartige Christuswort aus dem Johannesevangelium, "Ich bin der Weg, die Wahrheit und das Leben", läßt uns danach fragen, welches Verständnis Duno von dem Wesen hat, das als Gottes Sohn und damit als wesenhafte Wahrheit in die Menschenwelt wirksam eingetreten ist.

> "Christus - d.h. der Mensch, welcher den Tod besiegt hat, über ihn triumphiert, welcher auferstanden ist, welcher Gott dient und bereit ist, seine Seele für andere zu opfern - das ist der zweite Stützpunkt des Menschen."[35)]

Sieht man in diesem Wort die *Gottes*sohnschaft Christi in Zweifel gezogen, wird es allemal interessant, was über die Freiheit begründende Wirkung der Auferstehungstat Christi für den Menschen ausgesagt wird:

> "Die Freiheit ist im wahrsten Sinne des Wortes eine Eigenschaft *der göttlichen Welt. Nur Gott allein ist absolut frei.* Daher kennt die menschliche Seele, die in der Wahrheit lebt, Gott nur als *Freiheit ohne Beschränkung*. ... Die heutigen Menschen sind Sklaven. Damit sie frei werden können, müssen sie von neuem geboren werden. Die Neugeburt besteht in einem Zerreißen jener Bande, die ihn jetzt behindern, ein Befreien von den Ketten des Schicksals und der Notwendigkeit, ein Wiederherstellen jenes Bandes zwischen Gott und Menschen, welches seit ihrem Erscheinen in der Welt besteht, ein Wiederherstellen seiner Freiheit. ... Die Freiheit fordert, daß der Mensch jeden Augenblick bereit ist, das zu tun, was Gott von ihm verlangt. Der freie Mensch kann es, weil kein anderes Band ihn bindet. Darin besteht eben seine Freiheit."[36)]

Welchen Sinn hat das ganze Schöpfungswerk und die ganze Menschheitsentwicklung, wenn es den Menschen nicht gelingen sollte, zu der Gottesebenbildlichkeit tatsächlich hinzufinden? Achten wir vor allem darauf, daß wiederum die Theorie, Gott erscheine im Idealfall *als* Mensch und nicht *in* dem Menschen, wirksam wird. Dieser Theorie folgend wäre es dem Menschen vollständig unmöglich, zu seiner Bestimmung der Gottesebenbildlichkeit, d.h. zur wirklichen Freiheit auch der göttlichen Welt gegenüber hindurchzufinden.

Die Macht über Mitmenschen

Die Frage nach der Gemeinschaftsordnung wollen wir noch kurz berühren und dabei einmal darauf blicken, was Duno über die Engelwesen sagt.

"Diese hohen Brüder sind alle aus der menschlichen Rasse hervorgegangen, sind aber unsterbliche Zellen des großen, kosmischen Menschen und haben einen bestimmten Weg der Entwicklung hinter sich, den sie Milliarden Jahre vor dem Erdenmenschen gegangen sind, unter viel angenehmeren Bedingungen, welche sie vernünftig ausgenutzt haben."[37)]

Das spirituell unterlegte Ideal einer totalitären Staatsform erscheint, wenn über diese aus der Menschenrasse hervorgegangenen Brüder folgendes weiter ausgesagt wird:

"Bildet sich ein Mensch ein, sich diesen Brüdern widersetzen zu können, so beweist er damit nur, daß er den tiefen Sinn des Begriffes 'weißer Bruder' nicht kennt. Diese Brüder verfügen über die größte Kraft. Sie verstehen das Gesetz der menschlichen Gedanken so gut, daß sie an einem Tage die ganze Menschheit einschläfern können. Was stellen die stärksten Kanonen der Welt dar im Vergleich zur Kraft dieser Brüder! Aber sie machen keinen Gebrauch von ihrer Kraft. Sie lassen die Menschen leiden, denn nur Leid allein kann bessern und veredeln. Eines Tages werden die Menschen begreifen, daß in der Welt ein hoher, gerechter Staat besteht, dessen Bürger die hohen Söhne, die vernünftigen Wesen sind, die nach dem göttlichen Gesetz leben und seinen Willen tun. Es gibt kein Volk, das die Kraft und Macht dieses gerechten Staates nicht verspüren wird."[38)]

Hier wird also noch einmal ganz deutlich, wie das Prinzip und die Möglichkeit der menschlichen Freiheit negiert wird. Wer wollte es zulassen, von irgendwelchen "weißen Brüdern" durch "größte Kraft" in eine Staatsform hineingezwängt zu werden, die ihm aus Freiheit anzuerkennen versagt wird? Wer wollte unwidersprochen hinnehmen, daß solche Ideen durch eine vielleicht auch noch sehr kleine und nicht besonders weise wirkende "Schule" in der Welt vertreten wird? - Treten wir aber dieser Vorstellung Beinsa Dunos mit den Worten seines Schülers Gideon Flachsmann selbst entgegen:

"Ein lichter Lehrer verlangt von seinen Schülern nicht blinden Anhang und Glauben. So verfahren nur die Anhänger des Dunklen. Der Geistesschüler muß frei prüfen können, wo und wie er sich auf dem Wege befindet."[39)]

Die Anerkenntnis Beinsa Dunos als okkulten Meister straft Gideon Flachsmann selbst Lügen.

Die Passion Christi

Interessant ist wiederum das Christusverständnis Beinsa Dunos, auf das wir noch kurz eingehen wollen, um dann damit dieses Kapitel abzuschließen. Beinsa Duno sagt: "Christus ist Gott, welcher sich der Welt enthüllt."[40)] Auch dies ist eine scheinbare Anerkenntnis der grundlegenden christlichen Glaubenswahrheit. Wie aber steht es mit der Anerkenntnis der Passion Christi, die ihn vollständig erfahren ließ, welche Not, welche Schmach, welches Leid auf Erden möglich ist? Die Ehrfurcht vor diesem Leidensweg Christi ist ein zentraler Glaubensinhalt der christlichen Religion. - Hierzu nun Beinsa Duno:

"Christus trug das hölzerne Kreuz nicht bis ans Ende, sondern nur bis zu einer bestimmten Stelle. Dann warf er es von sich auf die Erde. Die Menschen meinten, die Last sei ihm zu schwer geworden. Er war aber nicht schwach. Er konnte das Kreuz wohl tragen, aber er warf es ab, um damit der Menschheit zu zeigen, was ihrer wartet.

Er wollte damit sagen: 'Ich kann wohl das Kreuz der lebendigen Menschen tragen, das hölzerne Kreuz aber will ich nicht tragen!' Die heutigen Christen tragen und küssen aber noch immer das hölzerne Kreuz, das Christus abgeworfen hat."[41]

Die Passionsereignisse, die in die im Erdenleib gemachte Sterbens- und Todeserfahrung des Sohnes Gottes münden, werden von Beinsa Duno in folgender Weise umgedeutet:

"Nachdem er das hölzerne Kreuz weggeworfen hatte, ging er erhobenen Hauptes den Weg nach Golgatha. Dort kreuzigten sie ihn. Er aber blieb nicht lange am Kreuze. Er hat sich selbst losgemacht, indem er seinen Körper verließ und zu Josef von Arimathia ging. Man begrub ihn und legte einen Stein auf sein Grab. Er wollte aber seinen Körper nicht im Grabe lassen, denn er war lebendig und erlebte die Auferstehung. ... Damit bewies er, daß der Starke weder am Kreuze noch im Grabe bleiben kann. Der Starke stirbt nicht. Er muß auferstehen und allen anderen Leben geben."[41]

Zusammenfassung

Der Blick auf die Lehren Gideon Flachsmanns und Beinsa Dunos mag verdeutlicht haben, welcher Art die durch die "Schule der Weißen Quelle" angebotene esoterische Lehre ist. Sie führt den sich mit ihr verbindenen Menschen zu einer Entfremdung von den praktischen Lebensverhältnissen, zu einer Anerkenntnis einer nicht auf wirkliche Freiheit gegründeten Form der Gemeinschaftsbildung und zu einer Verunsicherung im Hinblick auf die grundlegenden christlichen Glaubenswahrheiten. Der für diesen Aufsatz gebotenen Kürze wegen mag dieser Einblick genügen. Wir wollen uns nun einem besonderen Phänomen spiritueller Forschung und Erfahrung zuwenden: der Besessenheit.

DER GEFÜHRTE MENSCH

Ideale können - wie der Volksmund sagt - beflügeln. Sie können dem Menschen in seinen Handlungen Ansporn sein, ihm sonst nicht verfügbare Kräfte verleihen und seine Treue über auftretende Hindernisse hinweg bewahren. Will jemand zum Beispiel seine häuslichen Lebensmittelvorräte ergänzen, macht er seinen Weg zum Kaufmann, von dem Entschluß geleitet, Milch, Butter und Brot zu kaufen. Man wird sicherlich nicht viel anders können, als zu sagen, daß das Bedürfnis einen Gedanken, einen Leitgedanken, aber eben zunächst nicht mehr hervorgebracht hat.

Vom Wirken geistiger Wesen in der Menschenwelt

Ein Lehrer, dem für eine gewisse Zeit die Möglichkeit zur Führung seiner Klasse entglitten ist, wird nicht nur aus gedanklichen Erwägungen heraus an seiner Liebe zu den Kindern festhalten. Sondern hier tritt noch mehr ein: Er hat Erfahrungen mit den Kindern gemacht, er hat gewisse Mühen in den Unterricht investiert. Was im ersteren Beispiel ein

Leit*gedanke* war, können wir hier im Sinne einer Steigerung vielleicht ein Leit*motiv* nennen. Es ist mehr als ein bloßer Gedanke, aber auch noch kein geistiges Wesen, das den Menschen in seinen irdischen Handlungen führt.

Eine ganz andere Entdeckung kann zum Beispiel ein Ehepaar machen, das in kritischen Lebensaugenblicken an dem einmal gefaßten Entschluß zur Lebensgemeinsamkeit festhält, nicht nur aus einem Leitgedanken oder Leitmotiv heraus, sondern durchaus von der Empfindung getragen: Das *Wesen* einer Ehe wirkt menschenverbindend, Gegensätze überbrückend und eventuell sogar Leiden mildernd. Gerade in dem, was das Leben eines einzelnen insofern übersteigt, als daß es sozial wirksam wird, kann man etwas *Wesenhaftes* erkennen. Soweit wir dabei auf positiv bewertbare Lebensereignisse hinschauen, ist es auch eher möglich, die Vorstellung von in Menschengemeinschaften hereinwirkenden geistigen Wesen zu konkretisieren.

Viel schwieriger ist es, wenn man sich mit Verhältnissen und Handlungen beschäftigt, die letztlich negative Wirkungen hervorbringen. Die Beziehung zweier Menschen zueinander kann von so starken Empfindsamkeiten umkleidet sein, daß es zu unkontrollierten Handlungen kommen kann. So gibt es die einen Menschen, die auf die anderen so wirken, daß unvermittelt Empfindungen von Antipathie oder sogar Zorn in ihnen aufsteigen. Sicherlich kann ein jeder Mensch nach entsprechender Besinnung zugeben, daß solches von ihm auch anderen Menschen gegenüber gilt. In einem solchen Fall kann man von einem irgendwie gearteten Mangel an innerer oder äußerer Übereinstimmung sprechen, die emotionalisierend wirksam wird. Viel weniger als in bezug auf das vorhin erwähnte Beispiel des Lehrers kann in solchen Verhältnissen davon gesprochen werden, daß die die Antipathie auslösenden Indikatoren dem Bewußtsein eines Menschen zugänglich sind. Die Gründe für die Stimmungen der Antipathie sind zunächst viel schwieriger greifbar als die der Sympathie. Es ist aber auch hier zunächst nicht möglich, von konkret wirksamen geistigen Wesen zu sprechen. In diese Richtung überschreitet man aber eine Schwelle, wenn es etwa bei Zornesaufwallungen zu Handlungen kommt, von denen man im nachhinein sagen muß, man habe sie so gar nicht gewollt. In die emotionsbedingte Trübung des Bewußtseins hinein treten Handlungsmotive, die von negativ wirksam seienden geistigen Wesen ausgehen. Freilich: Solch ein Gedanke erfordert Mut. Mehr Mut jedenfalls, als sich das Wirken geistiger Wesen in allen positiven Augenblicken des Lebens vorzustellen.

Lassen wir einmal in uns verschiedenste Vorstellungen der Menschheitsreligionen Revue passieren, so finden wir zahllose Anregungen zum Ausbilden einer Dämonologie. Alle Völker und Kulturen hatten neben einem Bild der im Dienste Gottes stehenden Engelwelt auch einBild von den Scharen der Wesen der Finsternis. Auch solche Wesen wirken offenbar in die Menschenwelt hinein. Es gibt immer wieder Fälle, in denen Menschen in Augenblicken der Entselbstung oder Fesselung die Gegenwart solcher Wesen empfinden oder vielleicht sogar tatsächlich erkennen. Jedenfalls muß davon ausgegangen werden, daß es den positiven Absichten der gottergebenen Engel entgegenwirkende Wesen gibt, die danach trachten, das menschliche Handeln negativ zu beeinflussen. Allerdings erscheint die Auseinandersetzung des Menschen mit den Mächten der Finsternis auch als eine für den Entwicklungsweg zur Freiheit notwendige Tatsache.[42)] Dann aber kann, ja muß man sogar voraussetzen, daß das Böse als im Wesen negativ, aber in der Wirkung positiv das Weltgeschehen beeinflussende Kraft, von Gott selbst als tatsächliche 'Heraus-forderung' der Weltentwicklung eingefügt wurde.[43] Besonders deutlich wird es im Zusammenhang des Alten Testaments in der Hiobsgeschichte, in der den Mächten der Finsternis der Zugriff auf den Menschen gestattet wird, um dessen Glaubenskraft zu prüfen und zu vertiefen. Diese Geschichte hat Johann Wolfgang von Goethe wesentlich mit zu seiner Faust-Tragödie inspiriert. Auch in diesem Drama, das zu den größten der Menschheit gehört, spielt der Teufel die Rolle des den Menschen zum Guten herausfordernden Plagegeistes.

Es wird allerdings für den Menschen darauf ankommen, dieses Verhältnis zu den Kräften und Mächten des Widerstandes und des Widerspruchs in seinem Leben immer wieder von neuem und aus klarem wachen Bewußtsein heraus zu begründen. Die Unachtsamkeit kann sich genauso schlimm auswirken wie die Distanzlosigkeit, die besonders viele Jugendliche zu einem Kokettieren mit diesen in der Welt wirksamen Kräften veranlaßt. In dieser Hinsicht wird manch gefährliches Spiel gespielt!

Störungen der Lebensführung

Ich möchte einen im Umgang mit den Phänomenen der Besessenheit erfahrenen Priester etwas ausführlicher zu Wort kommen lassen:

"In der Seelsorge, der psychotherapeutischen Praxis und Kriminalistik häufen sich die Fälle, in denen Menschen aussagen, daß sie sich genötigt sahen, etwas zu tun, das gegen ihren eigenen Willen ging, daß sie nachtwandlerisch Handlungen ausführen mußten, von denen sie erst später ein volles Bewußtsein bekamen. Wir wollen von den psychotherapeutischen und kriminalistischen Fällen absehen, obwohl ihre Zahl der Statistik nach stark im Anwachsen begriffen ist. Besorgniserregend sind schon jene Grenzfälle, die dem Psychiater und Kriminalisten weniger bekannt werden, da sie nicht oder noch nicht im engeren Sinne zu den seelischen Erkrankungen gerechnet werden und nicht zu straffälligen Taten führen. Ihre Zahl ist, wie man aus dem eigenen Kenntnisbereich und aus Berichten und Umfragen schließen muß, erschreckend hoch. Sie spielen sich zumeist im bürgerlichen Bereich ab. Es scheint, daß gerade die sogenannten gebildeten Schichten besonders anfällig sind, also jene Kreise, die das Erbe des modernen Intellektualismus zu verwalten haben und somit der ahrimanischen (Ahriman ist ein Wesen der Unterwelt, das besonders das von mir 'Fesselung' genannte seelische Phänomen bewirkt, P.K.) Bewußtseinsdurchschattung in besonderem Maße ausgesetzt sind. Es ist begreiflich, daß deshalb in diesem scheinbar wohlbehüteten Milieu neben außerordentlich vielen 'Nervenzusammenbrüchen', Störungen des seelischen Gleichgewichts, Neurosen unter anderem auch die charakterisierten halbschizophrenen Zwangshandlungen auftreten. Meist gelingt es den betroffenen Persönlichkeiten, diese unkontrollierten Triebhandlungen in erträglichen Grenzen zu halten oder überhaupt zu verbergen, so daß oft nicht einmal die nächsten Angehörigen etwas davon merken. Man muß annehmen, daß die Betreffenden sich nur in den seltensten Fällen einem anderen anvertrauen, teils, weil sie sich 'genieren', teils, weil sie es vor sich selber nicht wahrhaben wollen. Aus diesem Grunde dürfte die Zahl solcher Vorkommnisse weitaus höher liegen als öffentlich bekannt ist. Was früher nur als seltene Ausnahme auftrat, wird gegenwärtig zu einer schon ziemlich verbreiteten Verfallserscheinung: Hochachtbare Persönlichkeiten, die in angesehener sozialer Stellung leben und oft Hervorragendes leisten, führen im Verborgenen ein zweites Leben, das in mancherlei Bedenklichkeiten und moralische Tiefen führt. Die Zeitungen sind voll von solchen Fällen eines Doppellebens, das bei irgendeiner Gelegenheit ans Tageslicht kommt. Es müssen dabei nicht immer verbrecherische oder sonstwie tief unmoralische Entgleisungen vorliegen. Meist handelt es sich um Unregelmäßigkeiten, die den Betreffenden keineswegs mit dem Gesetz in Konflikt bringen. Spielleidenschaft, Alkoholismus, Narkotika und Sexualität sind die Gebiete, die dabei eine Hauptrolle spielen. Das sind zwar altbekannte Versuchungen, die man an sich nicht überschätzen sollte, aber ihr Ausmaß und ihr Auftreten bei anscheinend sonst gefestigten Menschen stellt etwas Neues dar. Insbesondere stößt man gelegentlich auf kultivierte Menschen, die die Überfremdung ihres Wesens als etwas durchaus Normales betrachten und höchstens insofern entschuldigen, als sie sagen, sie brauchten von Zeit zu Zeit solche 'Entspannungen'. Ungemein aufschlußreich ist die Bemerkung des seinerzeit wegen Atomspionage verurteilten Dr. Fuchs, wonach sein Verhalten, das freilich ein ganz anderes Gebiet betraf, eine Art 'kontrollierter Schizophrenie' darstelle. Er war offensichtlich der Meinung, daß man sozusagen 'auf zwei Gleisen fahren' könne - aber früher oder später wird der Mensch dadurch auseinandergerissen."[44)]

Was Alfred Schütze da in seinem Buch über das Rätsel des Bösen beschreibt, sind die dem Seelsorger häufig beschriebenen Erfahrungen zahlreicher Menschen. Man steht hier im ganz alltäglichen Leben immer wieder vor dem Phänomen, mit Kräften und/oder Wesenheiten fertig werden zu müssen, die es darauf anlegen, die Lebensführung des Menschen zu stören und seine guten Absichten zunichte zu machen. Es kann an dem Wirksamsein solcher Kräfte und Wesenheiten - von meinen Erfahrungen ausgehend - kein Zweifel bestehen. Es kann aber auch kein Zweifel daran bestehen, daß es möglich ist, sich derartigen Einflüssen zu entziehen oder sie schlicht unwirksam zu machen. Sie in ihrer Vielfalt zu ergründen, bedarf eines sehr genauen Studiums und der gründlichen Prüfung.

Über den Umgang mit den in der Welt vornehmlich negativ wirksamen Kräften und Wesen ist in den letzten Jahren und Jahrzehnten viel geforscht worden. Die daraus hervorgegangenen Darstellungen versuchen in jeweils eigener Art zu verarbeiten, was in den alten okkultistischen Praktiken angesiedelt war. Vieles von den früher üblichen Formen esoterischer Übung und okkulter Praktik ist mit dem Bewußtsein des Menschen des 20. Jahrhunderts nicht mehr vereinbar. Trotzdem erlebt manches eine Renaissance, aber so, daß man die daraus hervorgehenden Wirkungen deutlich in Frage stellen muß. Es treten als Folge sehr weitreichende Verunsicherungen ein, die, im individuell Seelisch-Geistigen beginnend, sich in die gesamte Lebensführung störend auswirken können. Andererseits kann das in bezug auf das Wesen und die Wirkungen einer geistigen Welt in die physische hinein als nahezu lückenlos geltende materialistische Weltbild geradezu eine Voraussetzung dafür sein, die entsprechenden in Frage kommenden Phänomene falsch zu deuten und zu ordnen. Dabei tritt dann auch eine Entfernung vom Welt- und Menschenbild der christlichen Religion ein, das an sich die vernünftigste Grundlage für die diesbezügliche Forschung abgibt. - Ich habe eingangs schon erwähnt, daß es dem Anliegen der Christengemeinschaft gemäß ist, das Verständnis der biblischen

Glaubenswahrheiten durch Anthroposophie zu vertiefen und den Erfordernissen des 20. Jahrhunderts entsprechend zu artikulieren. Manches darüber ist bisher schon deutlich geworden, da mein Aufsatz vor diesem Hintergrund geschrieben ist.

Die Toten als Teufel

Wir wollen uns nun der Forschung eines sogenannten "modernen Exorzisten" zuwenden. In Amerika veröffentlichte der Arzt Dr. Carl Wickland 1924 sein Buch "Thirty years among the dead"[45]. Wickland beschäftigte sich als Arzt mit dem Phänomen der Besessenheit und der eventuellen Heilung durch Exorzismus. Zusammen mit seiner Frau entwickelte er eine eigene Form der "Therapie". Er begann, sich für das Phänomen der Besessenheit zu interessieren, nachdem ihm aufgefallen war, wie Personen, die spiritistischen Praktiken verschiedener Art nachgehen, häufig schädliche Wesensveränderungen erlebten und manchmal sogar auch wegen sogenannter "Geisteskrankheiten" stationär im Krankenhaus behandelt werden mußten. Seine Frau, die über mediale Fähigkeiten verfügte, trat ihm zur Seite, als er damit begann, körperlose Wesen in besonderen Experimenten zu befragen. Dafür konstruierte er eine sogenannte "Influence-Maschine", mit der er statische Elektrizität erzeugen konnte. Diese elektrische Energie wurde dem Körper, vor allem dem Rückgrad und dem Kopf des Betroffenen zugeführt, während Miss Wickland sich in Trance befand. Dreißig Jahre lang experimentierte der Arzt mit solchen Versuchsanordnungen und kam zu verblüffenden Ergebnissen. Seine Gespräche mit den körperlosen Wesen wurden stenografiert und in dem erwähnten Buch veröffentlicht.

Es ist interessant zu sehen, daß Wickland zu Aussagen kommt, die den aus der Anthroposophie heraus formulierten diametral entgegenstehen. Hierbei ist vor allem hervorzuheben, daß er das Phänomen der Besessenheit zwar konstatiert und anerkennt, aber dessen Ursache nicht etwa Dämonen verschiedener hierarchischer Zuordnung zuschreibt, sondern Toten - also entkörperten Menschenseelen -, die ganz bestimmten Vorstellungen in ihrem Erdenleben nachgegangen waren.

Die stilistische Übereinstimmung der zahlreichen Berichte legt unter anderem die Vermutung nahe, daß sich in vielem, was durch die in Trance befindliche Frau Wickland gesprochen wurde, nur die eigene Vorstellungswelt der Wicklands manifestierte. Aber nicht nur stilistisch, auch inhaltlich ist das dadurch umschriebene Weltbild geschlossen. Einige markante Aussagen will ich zitieren und andeutungsweise kommentieren:

> "Daß die Wiederverkörperungslehre, der Glaube an eine mehrfach sich wiederholende Wiederkehr des Menschen ins Erdenleben, irrig ist und nach dem Tode dem Aufstieg in höhere geistige Reiche nur hindernd im Wege steht, ist uns von höheren Geistern des öfteren dargelegt worden."[46]

So wird von Wickland der Fall eines kleinen gelähmten Jungen beschrieben, der von seinen ratlosen Eltern in seine Praxis gebracht wurde. Mit ihm wurde das Experiment des Wicklandschen Exorzismus durchgeführt. Es meldete sich eine "körperlose Seele", die von sich selber sagte, sie sei dem Glauben an die Wiederverkörperung erlegen und müsse nun im Zustand der Entkörperung immer wieder Leiber aufsuchen, die sie dann besetze. Schließlich fügt der sich William Stanley nennende Geist hinzu:

"Frau Blavatsky hätte anders lehren sollen. (Helena Petrowna Blavatsky war damals die bekannteste Theosophin, die als solche für die Erkenntnis und Erfahrbarkeit der Reinkarnation eintrat, P.K.) Ich muß Ihnen sagen, Madame, daß Sie es sind, die an meiner gegenwärtigen Lage die Schuld trägt.
Frau Blavatsky steht hier und gibt sich jetzt alle Mühe, mir zu helfen. Sie ist es gewesen, die mir die Lehren und Gedanken der Wiederverkörperung beigebracht hat; und jetzt bemüht sie sich, mir den richtigen Weg zu zeigen, und erklärt mir, daß es so etwas wie Wiederverkörperung gar nicht gebe."[47)]

Die Kirche ohne Christus

Nun könnte man den Eindruck haben, daß sich in diesen Gesprächen mit sogenannten körperlosen Seelen auch nur eine Meinung unter vielen ausspricht. Es ist mit solchen Vorstellungen aber ein spirituelles Weltbild verbunden, dem wir schon im Zusammenhang unserer Betrachtungen der "Schule der Weißen Quelle" begegnet sind. So spricht sich ein solcher "Geist" in einer anderen Sitzung folgendermaßen aus:

"Wir dachten, es wäre alles in Ordnung, wenn wir unser Karma auslebten, - wir entfalteten dabei aber auch unsere Selbstsucht. Denn es ist selbstsüchtig, wenn man sich allem entzieht und um jeden Preis ein Meister werden will.
Meister wovon? Wir sollten danach trachten, über uns selbst Meister zu werden, alle Erscheinungen und Vorgänge kennenzulernen und zu beobachten, weil Gott in allen Dingen ist; und ER ist Liebe und Weisheit. Wir sollten uns nicht für besser halten als andere, nur weil wir ein bißchen mehr gelernt haben bei unseren Bemühungen, 'Große Meister' zu werden. Wir reden über Dinge, deren volle Bedeutung wir gar nicht begreifen können. Wir setzen uns dadurch seelischen Beeinflussungen aus und werden schließlich besessen."[48)]

Mit diesen Worten wird unter anderem ausgesagt, daß derjenige, der sich durch die Übung von Gebet oder Meditation um die Schulung seines Geistes bemüht, auf dem sicheren Weg ist, selbstsüchtig zu werden. Das Ausbilden individueller Begabungen im Hinblick auf zu bewältigende Aufgabenstellungen wird als sinnlos bezeichnet. Kein Gedanke daran, daß geistige Schulung erst wahrhaftig zur Freiheit führt. Anempfohlen wird allenfalls jenes pantheistische Verhältnis zu den Wesen der uns umgebenden Welt, das wir schon von Flachsmann kennen: also nicht die Gottesebenbildlichkeit zu erkennen, sondern ein jegliches Wesen in der Natur als Gott selbst anzuerkennen. Nun ist aber alles, was Religion ausmacht, darauf aufgebaut, dem Menschen Gelegenheiten zur Schulung und damit zur Vervollkommnung zu geben. Will man auf ein so gerichtetes Streben verzichten, schafft man die Religion ab.

"Die Kirchen werden zunächst leer werden; doch wird das nur für kurze Zeit sein, weil eine neue Religion aufkommen wird, - eine Religion, gegründet auf die Tatsachen des Geisterverkehrs und nicht auf bloße Glaubensformen. Dann werden die Menschen einer für den anderen leben und nicht mehr gierig alles für sich allein zusammenraffen und beanspruchen wollen. Die Kirchen werden für die Menschen dasein und nicht mehr für die Glaubensbekenntnisse. Die Leute werden der Kirche Geld geben, und zwar zur weiteren Förderung des Aufklärungswerkes über die herrliche Wahrheit vom jenseitigen Weiterleben. Da wird man dann nicht von Sündenvergebung reden und Seelen retten wollen, sondern den Menschen begreiflich machen, daß wir Geister bei ihnen sind."[49]

Nun kommt es zu gewissen Widersprüchlichkeiten, indem die auf das Glaubensbekenntnis gegründete Religion abgeschafft werden soll, und zwar um einer anderen neuen Religion willen, die ohne Glaubensbekenntnis bzw. Glaubensformel auszukommen glaubt. Essentieller Bestandteil ist, daß dieser "neuen Religion" gemäß die Prinzipien von Sündenvergebung und Seelenrettung, die für das Christentum so wesentlich sind, aufgegeben werden. Eine solche neue Kirche wäre aber eine Kirche ohne Christus. Erinnern wir uns hier auch wieder an Beinsa Dunos Ansicht von der Menschlichkeit - nicht Göttlichkeit - Christi! Was sollte die Inkarnation Christi auch für einen Sinn gehabt haben, wenn doch der Mensch nicht nur Ebenbild Gottes, sondern ein Teil seines Wesens selbst ist?

"Liebe Freunde, wir haben keine Sünden, für die Christus hätte sterben müssen, denn Gott ist Liebe und Kraft; ER ist Weisheit, Allwissenheit und Wahrheit. Wir alle sind ein Teil dieses wunderbaren Wesens. Und wenn wir ein Teil dieses wunderbaren Geistes sind, wie können wir dann voller Sünden sein?

Wir können gar nicht von ihm abfallen, eben weil wir ein Teil von ihm sind. ... Wie kann einer nur auf den Gedanken kommen, wir könnten solch einer Lehre Glauben schenken, nach der ER, der große Geist, der allwissend und allgegenwärtig ist, der alles Vergangene, Gegenwärtige und Zukünftige kennt und weiß, bei all seiner Allmacht und Größe uns, Seine Kinder, habe in die Tiefe und immer tiefer sinken und in Sünde fallen lassen? Wie sollte ER wohl dazu fähig sein?"[50]

Hier wäre zu antworten: um den Menschen in die Freiheit zu führen. Ohne die Herausforderung, vom rechten Wege abirren zu können, wird niemand in sich die Kraft entwickeln können, selbständig auf dem rechten Wege fortzuschreiten. Auch wird er darüber hinaus nicht anerkennen können, daß Christus als Sohnesgott in all jenen Verhältnissen wirksam wird, in denen unsere Kraft allein zur Klärung und Lebensführung nicht ausreicht.

"Die Christen haben nicht das richtige Verständnis für Gott. Sie müssen einen Fürsprecher haben, ihren 'Erlöser', wie sie ihn nennen. Sie beten zu Christus."[51]

Auch hier eine ganz klare Übereinstimmung mit den Lehren Beinsa Dunos, der Christus die Göttlichkeit abspricht und ihn allein als überlegenen und starken Menschen beschreibt.

Ich habe den Arzt Carl Wickland im Zusammenhang mit der Besessenheit deshalb angeführt, weil durch die Art seiner Forschung und Ergebnisformulierung deutlich wird, daß auf der Grundlage dieses "modernen Spiritualismus" ein klar erkennbarer Kampf gegen das Christentum geführt wird. Nehmen wir einmal die kühne Behauptung heraus, daß jene körperlosen Wesen, die sich in den Sitzungen Wicklands kundtun, die Seelen der Verstorbenen sein sollen - insbesondere solcher, die an Reinkarnationen glaubten - , so werden wir letztlich zu der berechtigten Vermutung geführt, daß es unter Umständen geistige Wesen ganz anderer Art sind. Das Phänomen der Besessenheit, insofern es das Hereinwirken von dem Weltenfortgang gegenüber negativ eingestellten Wesen in das menschliche Bewußtsein beschreibt, tritt hier insofern klar in Erscheinung, als daß durch alle Äußerungen hindurch der Mensch von einer Anerkenntnis der christlichen Religion abgeführt wird. Das durchgehende Motiv in den Lehren Gideon Flachsmanns, Beinsa Dunos und Carl Wicklands ist, daß die Freiheit der menschlichen Individualität in bezug auf geistige Schulung und davon ausgehende Lebensführung in Frage gestellt wird. Solche Lehren können aber nicht als christliche anerkannt werden!

Ich habe sowohl die im Anfang des Aufsatzes erwähnten Einzelphänomene geistiger Erfahrungen als auch die Lehren bestimmter okkulter Schulen hier zusammengestellt, um in etwa zu skizzieren, welcher Art die in der Seelsorge zutage tretenden Problematiken sind und auf welchem Wege der Entfaltung der menschlichen Freiheit entgegengewirkt wird. Es konnten natürlich nur einige wenige Motive angedeutet werden, eine weitere eingehendere Prüfung muß damit einem jeden Leser selbst überlassen bleiben.

SEELSORGE UND SPIRITUALITÄT

Man muß wohl ganz klar davon ausgehen, daß übersinnliche Erfahrungen immer selbstverständlicher werden. Es scheint, als würde dem Menschen seine geistige Herkunft dadurch immer deutlicher, weil er das Ungenügen des sonst so verbreiteten einseitigen materialistischen Weltbildes immer weniger erträgt. Die Klarheit der Erfahrung und die Bedeutung übersinnlicher Erlebnisse darf dabei nicht unterschätzt werden. Es ist keinesfalls damit getan, von Suggestion oder latenten psychotischen Zuständen zu sprechen. Selbstverständlich gehen von übersinnlichen Erfahrungen, soweit sie unvorbereitet gemacht werden, auch Gefahren für das Selbstbewußtsein und die Bewußtseinsklarheit des Menschen aus.

Um so deutlicher muß man wiederum hervorheben, daß alles darauf ankommt, negativ wirksame Abhängigkeiten zwischen Aufklärung suchenden Menschen und sogenannten "Meistern" zu vermeiden. Ebenso hat geistige Schulung nichts mit nebulösem Okkultismus zu tun, in dem das Gefallen am Geheimnis die Sehnsucht nach klarer Aufklärung überwiegt.

Insbesondere im Hinblick auf die Bedeutung des Christentums in unserer Zeit kann man konstatieren, daß immer mehr auch nach einer esoterischen Komponente gefragt wird. Der Zugang zum Kultus einerseits und zum Verständnis der Bibel andererseits wird gegenwärtig in einer ganz neuen Weise möglich. Es entspricht der Grundintention der Christengemeinschaft als Bewegung für religiöse Erneuerung, auf diese Zeiterscheinung einzugehen. Durch die Beratung und Hilfestellung, die Rudolf Steiner, der Begründer der Anthroposophie, dem Kreis der ersten Priester für die Gründung der Christengemeinschaft geleistet hat, wurde in besonderer Weise ein solches Neuverständnis von Kultus, Lehre und Seelsorge ermöglicht.

Die Grundlagen der anthroposophischen Geisteswissenschaft bilden zugleich auch die Grundpfeiler für ein erneuertes Religionsverständnis, für das die Christengemeinschaft eintritt. Das allen Leben zugrunde liegende Gliederungsprinzip ist das einer *Dreigliederung*. Diese Vorstellung bleibt nicht nur auf die Erscheinung der göttlichen Trinität (Vater, Sohn und Heiliger Geist) beschränkt, sondern kann auf alle Lebewesen, also auch auf den Menschen, bezogen werden. Der Mensch erscheint somit als ein Wesen im Leib, in der Seele und im Geist.[52] Die trinitarische Vorstellung auf den Menschen übertragen ist der christlichen Religion nicht fremd. Sie war nur für viele Jahrhunderte aus der Vorstellungswelt und der Lehre der Kirche verbannt. Beim 8. Ökumenischen Konzil von Konstantinopel im Jahre 869 wurde die sogenannte Vorstellung von der Trichotomie zur Irrlehre erklärt. Im Zusammenhang mit der Entwicklung des christlichen Bekenntnisses bis in unsere Zeit hinein spielt diese Tatsache eine wesentliche Rolle. Durch die Begründung der Christengemeinschaft konnte die Anerkenntnis der Trichotomie wieder in das Leben und die Vorstellungsart der christlichen Kirche aufgenommen werden.[53)] Davon hängt die Anerkenntnis der menschlichen Freiheit ab! Es wird das eigene Menschenbild wesentlich verändern, wenn sich jemand die Überzeugung bildet, daß er selbst und seine Mitmenschen ihrem eigentlichen Wesen nach geistiger Natur sind. Die der Menschenwelt übergeordneten geistigen Wesenheiten, bis herauf zur göttlichen Trinität, können ihm dann als herausforderndes Entwicklungsvorbild gelten.

Der Entwicklungsgedanke findet sich vor dem Hintergrund eines solchen spirituellen Menschenbildes wesentlich erweitert, wenn man noch hinzunimmt, daß der Mensch durch *Reinkarnation* seine Entwicklungsschritte vollzieht. Für diese Tatsache haben wir Menschen ein ganz selbstverständliches Empfinden. Man muß schon sehr viel einsetzen - und das wird heute in vielen Fällen auch getan -, die Empfindsamkeiten für das Weiterleben nach dem Tode in entsprechenden Augenblicken in sich zum Verstummen zu bringen. In diesem Sinne ist es wahrhaftig nichts außergewöhnliches, wenn im Erdenleibe lebende Menschen die Gegenwart eines mit ihnen verbundenen Verstorbenen erleben. Dieses gilt nicht nur für die Traumwelt, sondern auch für die des wachen Tagbewußtseins. In einer sehr empfehlenswerten Schrift beschreibt der Pfarrer Georg Blattmann solche Erfahrungen.[54)]

Keineswegs ist es so, wie Carl Wickland durch seine vorhin erwähnten Experimente Glauben machen will, daß die Verstorbenen einen störenden Einfluß auf das Erdenleben ausüben. Natürlich gibt es auch unter ihnen "ruhelose" Seelen. Im Erdenleben gemachte schwere Erfahrungen, Einseitigkeiten im Weltanschauen mögen sich so auswirken, daß für das Leben eines Menschen außerhalb des Leibes eine Irritation eintritt. Er findet sich - nicht anders als ein Erdenmensch in entsprechender seelischer Verfassung - in seinem Dasein nicht zurecht. Solche Ereignisse vom Hereinwirken ruheloser Seelen in die Welt der im Erdenleibe lebenden Menschen mögen in der entsprechenden Literatur als spektakulär erscheinen. Aber viel alltäglicher und auch auf jeden Fall beachtenswerter sind die vielen Hilfestellungen, die von den Seelen der Verstorbenen für uns ausgehen.

> "Es kann auch sein, daß ein Forscher über einer schwierigen Aufgabe sitzt, und die Lösung des Problems will und will sich ihm nicht ergeben. Dann aber eines Tages, wenn er schon gar nicht mehr darauf hofft, ist mit einem Schlag die Lösung da. Und er sagt sich dabei: Ich habe sie eigentlich gar nicht gefunden; denn ich habe mich so lange darum bemüht und habe sie nicht erreichen können, sie ist mir nun geschenkt worden in einem Augenblick. Und möglicherweise, wenn er aufmerksam genug ist, taucht in diesem Augenblick gleichzeitig die Vorstellung oder das Erinnerungsbild eines verstorbenen Menschen auf, und er kann das Gefühl haben: ER hat mir die Lösung gebracht."[55)]

Aus der uns gewöhnlicherweise so vertrauten Vorstellungswelt sind solche Tatsachen oft aus Angst verdrängt. Die Welt der Verstorbenen, also die übersinnliche Welt gilt als die unheimliche Welt der Gespenster. Für das Zustandekommen dieser Anschauung und Empfindsamkeit mag eine vereinseitigte Darstellung dieser Welt gerade durch die parapsychologische Literatur der letzten Jahrzehnte geführt haben. Andererseits steht dem selbstverständlichen Umgang mit den verstorbenen Mitmenschen das im allgemeinen verbreitete materialistische Weltbild diametral entgegen. "Daß nicht sein kann, was nicht sein darf", ist eine auf diesen Sachverhalt anwendbare Redensart. Aus der Unbeholfenheit im Umgang mit solchen Phänomenen resultiert in vielen Fällen eine die Menschen sehr betreffende Verängstigung. Finden einmal Konfrontationen mit dem Tod, mit dem Hingang eines Menschen statt und wird dadurch die Seele eines Hinterbliebenen so gelockert, daß er gleichsam "mitgeht" und den Weg des Hingehenden so mitvollziehen kann, löst das in nicht wenigen Fällen eine oft nur schwer handhabbare Verunsicherung, Verängstigung aus. Hier ist eine seelsorgerliche Beratung am Platze, die mit selbstverständlicher Anerkenntnis des außerleiblichen Daseins und einem entsprechenden Taktgefühl beruhigen, ermutigen und zu einem auf dieses Ereignis und diese Erfahrung bezogenen religiösen Leben anregen kann.

Nun spielt aber auch noch ein weiteres eine Rolle, was über die Anerkenntnis eines Lebens nach dem Tode noch hinausführt. Es ist die Erfahrung der wiederholten Erdenleben. Aber auch hier darf konstatiert werden, daß es für uns Menschen im 20. Jahrhundert immer selbstverständlicher wird, die Verbindung des einen Erdenlebens mit vorangegangenen und folgenden als wirklich anzuerkennen. Eine pädagogisch maßvolle Begleitung kleiner Kinder, in der das entsprechende Taktgefühl vor der Kindern selbstverständlich eigenen Religiosität obwaltet, kann ein Milieu erzeugen, in dem sich aussprechen kann, was die Kinder noch als ein Bewußtsein von der vorgeburtlichen Welt mit zur Erde herabbringen. So können es immer mehr Eltern heutzutage erfahren, daß ihre kleinen Kinder in den ersten Jahren ihres Lebens mit Selbstverständnis von früheren Erdenleben berichten.

Aber auch das Leben der Erwachsenen wird in den durch Schicksalsereignissen betonten Augenblicken des Lebens durchlässig für die Erfahrung dieser Verbindung des eigenen Menschseins mit der Ewigkeit. Hier sind es durchaus nicht irgendwelche suggestiv zustande gekommenen Erfahrungen, auch nicht spektakuläre Bewußtseinsaufbrüche während einer durch Hypnose zustande gekommenen seelischen Entrückung, sondern auch ein zunächst sehr zartes Empfinden, das man allerdings erst einmal bemerken muß. Behutsam und mit aller gebotenen Zurückhaltung läßt sich manch eine tiefe - sei es verbindende oder trennende - Beziehung zu einem Mitmenschen in der entsprechenden Weise hinterfragen. Und ganz besonders wichtig ist die Geduld, die aufgeworfenen Fragen auch offenlassen zu können. Ganz deplaziert wäre ein irgendwie gearteter Egoismus oder die aus persönlichen Vorlieben entspringenden Vorstellungen von der möglichen Antwort. Je länger die Frage nach der Bedeutung einer Menschenbegegnung im Zusammenhang mit vorangehenden Erdenleben, offen bleiben kann, um so eher wird sich ein Empfinden für die Wirklichkeit einstellen.

Eine dritte Erkenntnis für eine religiöse Erneuerung des Christentums in unserer Zeit ist die vom *Hereinwirken geistiger Wesen höherer Ordnung* in die Lebens- und Schicksalsverhältnisse der Menschen. Folgt man den in der Bibel beschriebenen geistigen Erlebnissen sowohl im Alten als auch im Neuen Testament, so gewinnt man ein Bild von geistigen Wesen, die über das Dasein der Menschen erhaben sind und diese behüten, beraten und führen. Die Welt der Engel, die Welt der geistigen Wesen, die im Dienste Gottes stehen, erschließt sich dem Bewußtsein des Menschen. Und auch solche Erfahrungen werden heutzutage aufmerksamer entgegengenommen und nicht mehr einfach als Ausgeburt der Phantasie abgetan.[56)]

Begegnungen mit Engeln, Erfahrungen ihrer Kraft werden vom Menschen sowohl im sozialen als auch im individuellen Leben gemacht. Der Geist einer Gemeinschaft ist eben kein Abstraktum, sondern eine die vielen Einzelmenschen in ihrem Leben zusammenfassende, tatsächlich wirksame, geistige Wesenheit. Eine Wesenheit, die Gedanken, Empfindungen und Willensimpulse einzelner Menschen im rechten Augenblick zu verbinden vermag. So beruht die Übereinstimmung im Handeln zweier Menschen nicht immer nur auf der gemeinsamen Erfahrung der Vergangenheit, sondern oft auch in einem das Menschenmögliche weit übersteigenden Wirksamwerden eines Engels. Eine jede Menschengemeinschaft kann sich der Zugehörigkeit zur Führung eines Engels bewußt sein. Wie anders würde sich das Zusammenleben und -arbeiten von uns Menschen doch gestalten, wenn wir die Realgegenwart eines solchen Engelwesens und unser Empfinden davon nicht so sehr ignorieren würden.

Aber auch das individuelle Leben, Erfahrungen, die der Einzelmensch in seiner ganz persönlichen Lebensführung macht, führen zu einem Bewußtsein vom Wirken der Engel. Zum Beispiel die Zeit des Schlafens als einer Zeit des Verweilens außerhalb des Leibes kann vom Menschen zu einem immer bewußteren Umgang mit den Engeln ausgestaltet werden. Die alte Gewohnheit, eine anstehende Entscheidung dreimal zu überschlafen, kann vor diesem Hintergrund ganz lebenspraktisch genommen werden. Wenn also für das Leben bedeutsame Entscheidungen anstehen, können wir sie vor dem Einschlafen in die Übung des Gebetes und der Meditation einbeziehen, mit der berechtigten Hoffnung, daß in der Zeit des Schlafes geistige Wesenheiten hilfreich ratend an uns herantreten, uns der Lösung des Problems näherführend. Die abendlichen Empfindungen in das Morgengebet einbezogen, erwecken dann Empfindungen, die ganz neue Lebensrichtungen abgeben können.[57)]

Die vierte Grundlage für ein dem 20. Jahrhundert gemäßes geistiges Leben liefert die Anerkenntnis der *Bedeutung des Mysteriums von Golgatha*. Die Menschwerdung Gottes in Jesus Christus, seine Lehre, sein Opfertod und seine Auferstehung haben der Menschheitsentwicklung in höchster Form eine neue Lebenskraft und einen neuen Sinn eingefügt. Dabei ist ein Grundzug der christlichen Religion die Anerkenntnis der menschlichen Freiheit. Es kommt darauf an, daß der Mensch in der Auseinandersetzung mit den Lebenswirklichkeiten zu einem eigenen Urteil und zu eigenen Handlungsmaximen findet. Davon geben im Bericht der Evangelien die dort erwähnten Menschen im Umkreis Christi ein eindeutiges Zeugnis.[58)] Sogar der engste Umkreis Jesu Christi, also die zwölf Jünger, werden durch das Wirken ihres "Meisters" nicht für eine neue Religion "vereinnahmt". Sie nehmen an dem Wirken Christi Anteil, erfahren durch ihn besondere Unterweisungen, die sie bedenken, prüfen und annehmen. So finden die Menschen durch Christi Wirksamkeit einen von Freiheit bezeichneten Entwicklungsweg. Gerade über die Ereignisse von Ostern und Himmelfahrt zu Pfingsten hin wird deutlich, wie der zu verzeichnende Entwicklungsfortschritt zur Grundlage einer gereiften Lebensführung wird. Dadurch werden die persönlichen Handlungsintentionen in den Dienst einer gemeinsamen Sache gestellt, und zwar mit einem solchen Enthusiasmus, daß die Liebe zum Mitmenschen zum höchsten Opfer befähigt. Dieses ist der eigentliche Sinngehalt des Christentums und gleichzeitig die Grundkraft der menschlichen Liebe schlechthin.

Es kommt für den Christen nicht darauf an, die Impulse des eigenen Wollens aus sich selbst herauszuholen, also zu tun, was man aus den ganz persönlichen Neigungen und Intentionen heraus entwickeln kann, sondern darauf, sich in seinem Handeln von den Bedürfnissen des Mitmenschen und dem Vorbild Jesu Christi leiten zu lassen. Das eigene Seelenleben und das persönliche Verhältnis zur Welt vor dem Hintergrund der Lehre Jesu Christi zu prüfen, zu transzendieren, ist der erste Schritt. Ihm kann als zweiter Schritt jenes unbefangene Erfahren der Bedürfnisse der Mitmenschen folgen, der Hilfestellung der Engel und des Vorbildes, das Jesus Christus gegeben hat, um daraus Willensimpulse höherer Art zu entwickeln. So findet der Mensch zum Sinn seines Lebens, nämlich die Gottesebenbildlichkeit zu realisieren. Christus wird ihm auf diesem Wege ein wirksamer Helfer sein.

Mit diesem letzten Kapitel meines Aufsatzes habe ich jedenfalls im Ansatz aufzuzeigen versucht, was die Grundlagen einer Theologie und seelsorgerlichen Beratungspraxis der Christengemeinschaft sein können. Es muß entschieden darauf hingewiesen werden, daß solche Beratung nur darauf ausgerichtet sein kann, dem Menschen in seinen Lebensverhältnissen eine Erkraftung zukommen zu lassen. Keinesfalls kann es darum gehen, die mit dem Erdenleben verbundenen Aufgaben und Leiden zu verneinen und zu fliehen. Auch geht es nicht darum, auf irgendwie unlautere Weise in die Freiheit eines anderen Menschen hereinzuwirken oder aber von persönlichem Egoismus geleitet die eigenen Fähigkeiten zu steigern. Wesentlich wird sein, daß der Weg zu einem mit Erfahrung erfüllten Menschsein dort gesucht wird, wo das individuelle Handeln sich mit dem der Mitmenschen in Anerkenntnis ihrer Freiheit verbindet und dem Weltenfortgang dienlich wird.

Daß geistige Erfahrungen gemacht werden, also Erfahrungen von der Realität einer übersinnlichen Welt, ist im Grunde genommen nichts besonderes, obwohl solche Erfahrungen sicherlich zu den höchstmöglichen gehören, die im Erdenleben gemacht werden können. Gerade für den Christen können sie der Quell gesteigerter Andacht sein. Andererseits ist das Zunehmen übersinnlicher Erfahrungen als Entwicklungsphänomen auch eine Herausforderung der Gefahr des Mißbrauches. Formen geistiger Schulung, die - wie zum Teil in diesem vorliegenden FLENSBURGER HEFT beschrieben - die menschliche Individualität mißachten oder sogar das Christentum bekämpfen, stehen dem Sinn des Menschseins diametral entgegen. Und dabei reicht die Bandbreite von den nebulösen spirituellen Praktiken der "Schule der Weißen Quelle" bis hin zu den antichristlichen Praktiken eines Aleister Crowley.

Es ist der Menschheit allerdings aufgegeben, sich in dem Zunehmen der Möglichkeiten geistiger Erfahrungen auch mit dem Wirken der verwirrenden, dem Weltenfortgang entgegenstehenden Strömungen auseinanderzusetzen. Die Möglichkeiten einer geistigen Entwicklung im christlichen Sinne sind allemal gegeben. Die aus einer solchen Übung hervorgehende Kraft ist unerschütterlich und unverlierbar. Es wird allerdings darauf ankommen, mit der entsprechenden Sorgfalt auf die eigenen Empfindsamkeiten Rücksicht zu nehmen und ihren Sinngehalt möglichst unmittelbar in die eigene Lebensführung einfließen zu lassen. Zwischen diesem Erfahren des Sinnvollen im Erleben der Idee und den Möglichkeiten und Unmöglichkeiten im eigenen Handeln liegt die Spannung, die das Seelenleben eines Menschen durchaus erschüttern kann. Solche Erschütterungen sollten aber nur als Gelegenheit zur weiteren Entwicklung genommen werden. Jedenfalls kann es nicht darum gehen, vor ihnen zu fliehen und sich der Gewalt eines fragwürdigen Okkultismus oder gar eines sogenannten Meisters zu unterwerfen. Die Freiheit - und damit das höchste Gut des Menschen - ist heute mehr denn je umkämpft. Für sie einzutreten, ist die schwierigste, die dringendste, aber auch die sinnvollste Aufgabe des Menschen in unserer Zeit.

Anmerkungen:

1) In diesem Sinne habe ich in meinem Buch über "Das Judasproblem" die spirituellen Hintergründe der Gewalt untersucht. Flensburger Hefte Verlag, Flensburg 1991
2) Max Frisch: Gesammelte Werke. Band 3, Frankfurt/M. 1976, S.85
3) ebd., S.131
4) siehe: Emil Bock: Wiederholte Erdenleben. Stuttgart 1975
und: Rudolf Frieling: Christentum und Wiederverkörperung. Stuttgart 1975
5) Wolfgang Gädeke: Anthroposophie und die Fortbildung der Religion. Flensburger Hefte Verlag, Flensburg 1990
Hans-Werner Schroeder: Die Christengemeinschaft. Stuttgart 1990
6) vgl. Peter Krause: Das Judasproblem, a.a.O., S.92 ff.
7) Novalis: Werke. Stuttgart o.J., S.14
8) George G. Ritchie: Rückkehr von Morgen. Marburg 1984, S.36 ff.
9) Dr. med. F. Schwab: Geburt und Tod. Leipzig o.J., S.26
10) ebd., S.27 f.
11) Anne-Marie Tausch: Gespräche gegen die Angst. Hamburg 1981, S.256
12) ebd., S.268 f.
13) siehe: Christoph Tautz/Manfred Grüttgen (Hg.): Die Gegenwart eures Todes könnte die Zukunft des Lebens retten. Stuttgart 1990
14) vgl. Hans-Werner Schroeder: Das Gebet. Stuttgart 1977, dort vor allem S.81 ff.
15) Ian Currie: Niemand stirbt für alle Zeit. München 1979, S.57
16) ebd., S.57 f.
17) ebd., S.98
18) George Trevelyan: Der Findhorn-Garten. Berlin 1981, S.54
19) ebd., S.57
20) vgl. Friedrich Hacker: Aggression. Frankfurt 1988, S.55 ff.
21) siehe: Carola Cutomo: Medialität, Besessenheit, Wahnsinn. Flensburger Hefte Verlag, Flensburg 1989
22) Ian Currie: Niemand stirbt für alle Zeit, a.a.O., S.248 f.
23) "Schule der Weißen Quelle", Informationsfaltblatt
24) Gideon Flachsmann: Redeschrift 1, S.1, Abs.2
25) ebd., S.1, Abs.3
26) ders.: Redeschrift 3, S.2, Abs.4
27) ders.: Redeschrift 7, S.2 Mitte
28) ders.: Redeschrift 3, S.3, Abs.5
29) ders.: Redeschrift 4, S.1, Abs.1

30) ebd., Abs.2

31) ebd., Abs.2 und 3

32) ebd., S.4, Abs.5 und 6

33) Beinsa Duno: Der Meister spricht. Darmstadt 1970, S.15

34) ebd., S.19

35) ebd. S.52

36) ebd. S.78 ff.

37) ebd., S.101

38) ebd., S.105

39) Gideon Flachsmann: Redeschrift 7, S.3, Mitte

40) Beinsa Duno: a.a.O., S.139

41) ebd., S.150 f.

42) siehe: Hans-Werner Schroeder: Der Mensch und das Böse. Stuttgart 1984

43) vgl. ebd., S.105 ff.

44) Alfred Schütze: Das Rätsel des Bösen. Stuttgart 1969, S.136 ff.

45) Carl Wickland: Dreißig Jahre unter den Toten. Darmstadt 1957

46) ebd., S.408

47) ebd., S.410

48) ebd., S.418

49) ebd., S.424

50) ebd., S.459

51) ebd., S.462

52) siehe: Rudolf Steiner: Theosophie. GA 9, Dornach 1973

53) vgl. Adolf Müller/Arnold Suckau: Werdestufen des christlichen Bekenntnisses. Stuttgart 1974

54) Georg Blattmann: Vom Leben der Verstorbenen. Stuttgart 1983

55) ebd., S.25 f.

56) Siehe dazu: FLENSBURGER HEFTE Nr.23 - Engel, Flensburg 1988
Hans-Werner Schroeder: Mensch und Engel. Stuttgart 1979
H.C. Moolenburgh: Engel. Freiburg 1986

57) vgl. Rudolf Steiner: Nordische und mitteleuropäische Geistimpulse. GA 209, Dornach 1968, S.35 f.
und: Rudolf Steiner: Was tut der Engel in unserem Astralleib? Wie finde ich den Christus? In GA 182 und Einzelausgabe, Dornach

58) So zum Beispiel Lazarus, Petrus, Martha, Maria Magdalena.

Draußen tobt der Satan

INTERVIEW MIT KATHARINA UND KLAUS ENGELS

von Wolfgang Weirauch

Katharina Engels, *geboren 1946 in Burgh/Saale, Thüringen. Abitur 1966 in Emden/Ostfriesland. Zeit der Studentenunruhen und der Suche. Kontakt zu den Zeugen Jehovas, ein Kurs in Transzendentaler Meditation, Interesse für Yoga und Buddhismus. Studium der Sozialpädagogik in Kassel. Ab 1973 Waldorfmutter. Seit 1976 in der anthroposophischen Heilpädagogik tätig.*

1979 trat eine jüngere Schwester in einen spanischen Orden ein, der sich nach und nach als ganz üble Sekte erwies.

1986 Heirat mit Klaus Engels. Fortan gemeinsam tätig, zuletzt als Hauseltern in einer Einrichtung der psychiatrischen Nachsorge. Seit zwei Jahren bemüht, ein Reha-Zentrum für Sektenopfer zu gründen. Absolviert eine Zusatzausbildung in Rhythmischer Erziehung an der Bundesakademie Remscheid.

Klaus Engels, *geboren 1949 in Kassel. Besuch der Volksschule und Lehre als Industriekaufmann. 1967-1970 Verkaufsleiter-Ass. in einem wissenschaftlichen Verlag in Berlin. 1971 Heirat und Umzug nach Kassel. 1971-1975 Verkaufsleiter-Ass. in einer Krawattenfabrik in Ladenburg/Neckar. 1976 Geburt des Sohnes David. 1979 Scheidung von der ersten Frau. 1980/81 Tätigkeit als freier Handelsvertreter in der Textilindustrie. 1981-1982 Tätigkeit als Exportleiter einer Seidenweberei in Manila/Philippinen. 1982 aufgrund verschärfter Ausländergesetze der Regierung Marcos das Land verlassen.*

1982 auf einer Bewerbungsreise in Hannover von der Mun-Sekte angesprochen. 1982-1983 Mitglied der Mun-Sekte und Flucht. 1983 Niederschrift seines Erlebnisberichtes und Arbeiten an einem Drehbuch für das ZDF. 1984-1985 Vorstandsmitglied von "Jugend hilft Jugend", Bonn (Selbsthilfeorganisation ehemaliger Sektenmitglieder). Ausgedehnte Vortragstätigkeit und Öffentlichkeitsarbeit. Dreharbeiten für den Film "Der totale Messias", ZDF 1985.

1986 Heirat mit seiner Frau Katharina. 1986-1989 Ausbildung zum Heilerzieher, Wuppertal. 1989 Abschluß der Ausbildung mit der Arbeit: "Attraktivität und Pathogenität von Jugendsekten und Psychokulten". 1989 Gründung des Vereins Pegasus e.V.

Die Vielfalt der unterschiedlichsten Sekten bzw. destruktiven Kulte ist fast unüberschaubar geworden. Jedenfalls dürfte es nur schwerlich zu durchleuchten sein, welche kriminelle Energie seitens der leitenden Persönlichkeiten aller Sekten ausgeübt wird, mit der die potentiellen Opfer angezogen und letztlich mehr oder weniger in ihrer Persönlichkeit zerstört werden. Ein gefundenes Fressen und die breitesten Wirkensmöglichkeiten bieten dafür aus gegebenem Anlaß die Bewohnerinnen und Bewohner der neuen Bundesländer.

Durch eigene Erfahrung bzw. das unmittelbare Betroffensein haben sich Katharina und Klaus Engels entschlossen, diesen Praktiken ein Gegengewicht in zweierlei Form entgegenzusetzen: zum einen durch die Gründung des *Cult Information Center,* über die Klaus Engels Beratungsaufträge von Eltern abwickelt, deren Kinder in Sekten verschwunden sind, zum zweiten durch den Verein *Pegasus*, den Katharina und Klaus Engels gegründet haben und der der Träger eines Rehabilitationszentrums bzw. einer Kultklinik werden soll. Diese Klinik, die bisher leider noch nicht verwirklicht werden konnte, soll nach dem bisher einzigen Vorbild auf der ganzen Erde, der Klinik für kultgeschädigte Personen in Los Angeles, arbeiten und die kultgeschädigten Menschen betreuen, um sie nach und nach wieder in die Wirklichkeit zu integrieren.

Die Palette des folgenden Interviews ist breit angelegt: die Charakterisierung der Sekten bzw. destruktiven Kulte und ihre Abgrenzung zu den Religionsgemeinschaften; die Defizite vieler Menschen, die den Weg zu den destruktiven Kulten eröffnen; die Pervertierung der Ideale durch die einzelnen Kulte; die Führerpersönlichkeiten, die Methoden und Praktiken (zum Beispiel die Gehirnwäsche) der einzelnen Sekten; das Weltanschauungsverhalten und das anerzogene Feindbild von der sogenannten Außenwelt u.v.m. Durch die Schilderung einzelner Sekten geben Katharina und Klaus Engels dabei immer einen konkreten Einblick in diese Praktiken und Methoden vieler Gruppierungen.

Wolfgang Weirauch: Was sind die Kennzeichen einer Sekte?

Klaus Engels: Ich habe hier ein Faltblatt der AGPF (Aktion für geistige und psychische Freiheit), in dem diese Kennzeichen sehr gut dargestellt sind. Ich zitiere:

"– Der Kult kann Mitglieder im Zustand erhöhter Beeinflussung halten durch Schlafmangel, manipulierte Diät, intensive spirituelle Übungen, ständige Indoktrination, kontrollierte Gruppenerfahrung und manipulierte 'spirituelle' Begegnungen.
– Bei den Bekehrten können Symptome extremer Spannung und Streß, Angst, Schuld, fehlender Humor, Mangel an Kommunikations- und Kritikfähigkeit wie auch an Urteilsvermögen und Realitätsempfinden auftreten.
– Die Kulte stellen Exklusivität und Abgeschiedenheit begünstigend heraus, mit der Begründung, daß alles außerhalb des Kultes absolut böse und satanisch ist.

- Es ist durchaus üblich, daß der Kult seine Anhänger finanziell ausbeutet.
- Einige Gruppen nutzen ihre Mitglieder durch unterbezahlte Beschäftigung und primitive Arbeitsbedingungen aus.
- Ein Kult ist gewöhnlich charakterisiert durch seine Führergestalt, die den Anspruch der Göttlichkeit erhebt oder eine direkte göttliche Mission vorgibt.
- Die Führer oder Gründer verlangen absoluten Gehorsam und bestimmen allein Glauben und Verpflichtung der Mitglieder.
- Die Mitglieder werden völlig in Anspruch genommen mit der Geldbeschaffung, Mitgliederwerbung und Arbeitsverrichtungen.
- Die wichtige Verbindung zu Familie und früheren Freunden ist äußerst beschränkt und der Kult wird zur 'neuen Familie' der Bekehrten. In den meisten Kulten wird jeder Versuch unternommen, die bewußte Erinnerung an die frühere Lebensweise und persönliche Geschichte zu verwischen oder auszulöschen.
- Indoktrinierte Kultmitglieder stellen die Interessen des Kultes über ihre individuellen Belange, Interessen, Bildungspläne, Karriere, Gesundheit und Wohlbefinden.
- Fest integrierte Mitglieder sind oftmals zurückhaltend, unbestimmt, irreführend oder verschlossen im Hinblick auf Religion, Ziele, Fragen und Aktivitäten, solange bis der Angeworbene ihnen sicher ist."

Keine neuen religiösen Bewegungen, sondern destruktive Kulte!

W.W.: Entsprechend der AGPF bezeichnen auch Sie Jugendsekten als destruktive Kulte. Wie kommt es zu dieser Bezeichnung?

Klaus Engels: Der Name "destruktive Kulte" ist aus dem Amerikanischen entnommen, weil es sich hier um Gruppen handelt, in deren Kern und Ideologie eindeutig zerstörerische Tendenzen festzustellen sind. Mit dem Namen "destruktive Kulte" unterscheiden wir uns ganz bewußt von den Begriffen, wie sie von den Weltanschauungsbeauftragten der katholischen oder evangelischen Kirche benutzt werden; sie sprechen meist von den neuen religiösen Bewegungen. Davon unterscheiden wir uns gravierend, da wir als Betroffene bzw. Eltern von Betroffenen meinen, daß die Einflußnahme bzw. die Ideologien der "destruktiven Kulte" krankmachende Wirkungen bei den Betroffenen auslösen. Wir stehen damit im Gegensatz zu vielen christlichen Stellen, die diesen Begriff von den neuen religiösen Bewegungen benutzen und damit diesen Gruppen einen religiösen bzw. theologischen Anstrich verpassen. Sicherlich vertreten auch wir die Auffassung, daß bei manchen Gruppen Teilwahrheiten vorhanden sind, die religiösen Inhalts sind, aber die Wirkungen auf den Betroffenen sind definitiv krankmachend.

W.W.: Wie viele Sekten gibt es ungefähr in der Bundesrepublik, und haben Sie auch Zahlen von den Mitgliedern?

Klaus Engels: Ich habe hier eine Findungshilfe der "Elterninitiative zur Hilfe gegen seelische Abhängigkeit und religiösen Extremismus e.V.", München, in der auf 147 Seiten alle Gruppen und Untergruppierungen dargestellt sind. Diese Findungshilfe ist allerdings von 1986. Eine Neuauflage erschien im März 1990 und umfaßt nun schon 280 Seiten. Hieran ist zu ersehen, wie expansiv diese ganze Szene sich entwickelt. 1984 gab es eine ähnliche Findungshilfe, und man kann dazu bereits sagen, daß sich in den zwei

Jahren bis 1986 die Zahl der Gruppierungen mindestens verdoppelt hat. Entsprechend kann man annehmen, daß die Gruppen bis zum heutigen Tage noch weitaus zugenommen haben. Vom Stand 1986 ausgehend sind es etwa 2.500 verschiedene Gruppen. Die Zahl der Mitglieder kann man im Grunde nicht genau feststellen, weil es von Gruppe zu Gruppe sehr unterschiedlich ist, und meist handelt es sich auch um internationale Religionskonzerne, bei denen die Fluktuation sehr hoch ist.

W.W.: Wie steht es mit der Abgrenzung zur grundgesetzlich garantierten Religionsfreiheit, wenn man eine Sekte bekämpfen will; treten da nicht Probleme auf?

Klaus Engels: Da sprechen Sie einen sehr wichtigen Punkt an. Als Beispiel möchte ich eine der gefährlichsten Gruppierungen nennen, nämlich die Scientology-Sekte. In den meisten Bundesländern genießt sie noch den Status einer Kirche, und zwar mit allen steuerlichen Vorteilen, während sie in Hamburg gerade die Rechtsfähigkeit als Verein abgesprochen bekommen hat, um sie steuerlich als Wirtschaftsunternehmen behandeln zu können *(aktualisiert,* Red.). Die Abgrenzung gegenüber der grundgesetzlich garantierten Religionsfreiheit ist ein äußerst schwieriger Komplex. Über solche Gruppen, die sich unter den Deckmantel der Religionsgemeinschaft stellen, ist von der Europäischen Gemeinschaft ein Dokument erstellt worden (Nr.5737), das innerhalb der Europäischen Gemeinschaft zur endgültigen Klärung dieser Fragen auf juristischer Ebene führen soll. Ich habe hier ein Schreiben von einem Mitglied der juristischen Kommission, Manfred Schmidt (MdB), in dem er - bezugnehmend auf das Dokument 5737 - an mich schreibt:

"Sehr geehrter Herr Engels! Ihr Schreiben vom 27.04.1990 bezüglich der Verabschiedung des Dokumentes 5737 durch den Rechtsausschuß des Europarates haben wir erhalten. Zwischenzeitlich hat uns der Ständige Sekretär des Rechtsausschusses des Europarates darüber informiert, daß nach den Beratungen über das obengenannte Dokument der Rechtsausschuß zwei Experten eingestellt hat, die zu diesem Thema einen Bericht erstellt haben. Außerdem wurden die Delegationen der einzelnen Mitgliedsländer im Europarat nach der jeweiligen Lage in ihren Ländern befragt. Der Berichterstatter für das Dokument 5737 ist derzeit dabei, einen vollständigen Bericht zu fertigen. Dieser soll auf einer Sitzung des Rechtsausschusses des Europarates im Januar des kommenden Jahres vorgestellt, diskutiert und verabschiedet werden. Dieses mag Ihnen sehr langwierig erscheinen, vielleicht ist es dies auch, aber Sie müssen bedenken, Europa hat viele Länder, und um zu einer einheitlichen Lösung zu kommen, bedarf es immer noch sehr viel Zeit."

Hier geht es im Europarat also um diejenigen Fragen, in bezug auf die wir hoffentlich zu einer einheitlichen Rechtssprechung kommen werden.

W.W.: Wie wird dann Ihrer Meinung nach diese Abgrenzung vorgenommen werden können? Wie kann zum Beispiel eine Religionsgemeinschaft, deren Ziele und Inhalte von einer derartigen Kommission nicht erkannt werden, davor geschützt werden, auf die gleiche Ebene mit destruktiven Kulten gestellt zu werden?

Der Kongreß in Barcelona

Klaus Engels: Ich bin als Delegierter von "Jugend hilft Jugend", Bonn, 1987 auf dem ersten Weltkongreß über "Kulte in der Gesellschaft" in Barcelona gewesen und wurde auf diesem Kongreß in eine Kommission gewählt, in der es um ein Abschlußpapier seitens dieses Kongresses ging, das den entsprechenden Gremien des Europarates zugeleitet werden sollte. In diesem Papier wurde bereits erwähnt, daß es sich bei den verschiedenen Sekten nicht um neue religiöse Gemeinschaften handelt - im Gegensatz zur Ansicht der evangelischen Kirche -, sondern um destruktive Kulte. In diesem Papier sind dann zusätzlich Kriterien aufgestellt, wann und warum man von "destruktiven Kulten" sprechen muß. Dieses Papier ist auch im Zusammenhang mit dem Dokument 5737 zu sehen.

Katharina Engels: Außerdem wurde dort gesagt, daß man sich nicht mit der Ideologie auseinandersetzen wolle, daß es nicht darum gehe, die Weltanschauung zu betrachten, sondern daß man nur von den Menschenrechtsverletzungen ausgehen wolle. Es geht also vor allem darum, wie die entsprechenden Gruppierungen ihre eigenen Mitglieder behandeln: Wie werden sie entmündigt, wie werden sie von der Außenwelt abgeschnitten?

Klaus Engels: Über diese Problematik und Unterscheidung wurde auch bereits in dem Einstiegsreferat durch die spanische Elterninitiative gesprochen, daß es sich bei den destruktiven Kulten erstens um ein soziales, zweitens um ein gesellschaftspolitisches und erst drittens um ein theologisches Problem handele. Auf dem Kongreß waren alle für die Thematik wesentlichen Sozialarbeiter, Psychiater, Psychologen und Sektenspezialisten aus der ganzen Welt vertreten, entsprechend auch betroffene Eltern. Im Tenor dieses Kongresses hat man sich ganz eindeutig gegen die Auffassung der Kirchen ausgesprochen, die der Ansicht sind, daß es sich bei den destruktiven Kulten in erster Linie um ein theologisches Problem handele.

W.W.: Warum fand der Kongreß gerade in Spanien statt; ist man dort besonders wach und fortschrittlich in bezug auf die destruktiven Kulte?

Klaus Engels: Ja. Die spanische Eltern-Initiative in Barcelona ist auf diesem Sektor federführend.

W.W.: Sind diese Eltern nur besonders engagiert, oder ist die Situation der destruktiven Kulte in Barcelona bzw. Spanien besonders heikel und aktuell?

Klaus Engels: Das hat teilweise auch politische Hintergründe. Spanien ist ja noch eine sehr junge Demokratie, und viele dieser destruktiven Kulte sind sehr rechtslastig, oft sogar faschistisch. Die spanische Eltern-Initiative sieht in diesen Gruppen unter anderem auch eine Bedrohung ihrer jungen Demokratie, findet deshalb auch in hohen Regierungskreisen in Spanien breite Zustimmung.

Katharina Engels: Zusätzlich sind in der spanischen Sektenlandschaft auch die francophilen Kreise vertreten. Wir haben zum Beispiel mit einer Gruppierung zu tun gehabt, in der sich meine Schwester befindet, das sind die "Karmeliter vom Heiligen Antlitz". Diese Gruppierung hat Franco heilig gesprochen.

W.W.: Also eine eindeutige Verbindung zwischen Politik und destruktivem Kult?!

Katharina Engels: Ja, das ist bei vielen Sekten der Fall, und deshalb können Sie sich ja auch vorstellen, daß die verantwortlichen Stellen sehr wach reagieren.

W.W.: Was macht die Attraktivität der Jugendsekten bzw. destruktiven Kulte aus?

Klaus Engels: Ich möchte noch einmal betonen, daß der Begriff "Jugendsekten" in den siebziger Jahren sicherlich zutreffend gewesen ist, heute aber nicht mehr. Man hat es mit einer Zielgruppe von jungen Erwachsenen zu tun, angefangen mit 18jährigen bis hin zu Menschen, die in etwa im 32. Lebensjahr stehen. Die Attraktivität dieser Gruppen besteht darin, daß sie gewisse Defizite bei den betroffenen Menschen abdecken, die aus mannigfaltigen Gründen bei den Betroffenen ausgelöst worden sind.

Die spirituellen Defizite des westlichen Menschen

Eine Mitarbeiterin von mir schreibt zur Zeit eine Diplomarbeit über den Anteil, den Eltern durch ihre falsche Erziehung daran haben, daß ihre Kinder Mitglied einer Sekte geworden sind. Das ist ein Gebiet, auf welches ich in meiner Beratungstätigkeit immer wieder stoße. Ich bin Sozialtherapeut, habe aber während meiner Ausbildung an der Sozialtherapeutischen Akademie in Wuppertal eigentlich nichts über Familientherapie gelernt, trotzdem bin ich laufend mit diesen Problemen befaßt. Eigentlich ist dies Familientherapie, denn obwohl man auf der einen Seite mit dem jeweiligen Betroffenen zu tun hat, fällt der Umkreis, besonders die Familie, oftmals genauso stark mit ins Gewicht. Man hat es also nicht nur mit der Therapie des Betroffenen zu tun, sondern oftmals muß man im gleichen Sinne auch die Familie mittherapieren. Sehr oft stößt man auf Familienverhältnisse, in denen für die Betroffenen sehr puritanische Lebenssituationen geschaffen worden sind, so daß sie den Gang in eine Sekte als Flucht aus diesen puritanischen Verhältnissen gesehen haben.

W.W.: Sehen Sie neben den Defiziten bei der Individualität sowie denjenigen der Familien auch weitere Defizite mehr allgemeiner Natur, zum Beispiel Zustände unserer heutigen Gesellschaft bzw. der großen Kirchen, die die Betroffenen ebenfalls veranlassen könnten, in eine Sekte einzutreten?

Klaus Engels: Da sprechen Sie ein sehr wichtiges Thema an. Gewiß ist der Familienhintergrund ein sehr wichtiges Feld; ein anderer Anlaß, in eine Sekte einzutreten, liegt aber mit Sicherheit in der gesellschaftspolitischen Großwetterlage, die zum Beispiel dadurch gekennzeichnet ist, daß der Leistungsdruck an Schulen oder am Arbeitsplatz immer mehr zunimmt, daß die Gesellschaft - sozial gesehen - immer kälter wird und dadurch eine gewisse Vereinsamung bei den Betroffenen in zunehmendem Maße entsteht. Die meisten Gruppen treten demgegenüber mit einem sehr starken Gruppen- und Harmoniebewußtsein auf, so daß viele der angesprochenen Defizite abgedeckt werden; man spiegelt zum Beispiel eine heile Welt vor oder spricht von Geschwister-Liebe untereinander, wie zum Beispiel in der Mun-Sekte.

Ein dritter, sehr wesentlicher Aspekt ist die Rolle der Kirchen heute. Vor allem in der evangelischen Kirche hat ja in den letzten Jahrzehnten ein Entmythologisierungsprozeß stattgefunden, bis zu dem Grade, daß von Jesus Christus nicht viel mehr als ein Skelett übriggeblieben ist. Wenn ich in diesem Zusammenhang an die evangelisch-reformierte Kirche in der Schweiz denke, so sind das Menschen, die intensiv auf der Suche nach dem Sinn des Lebens sind, aber sie finden ihre ernstzunehmenden und hohen Ansprüche heute nicht mehr in der evangelischen Kirche. In der katholischen Kirche ist noch mehr an Mythologie und Geistigkeit erhalten, dafür aber herrscht in ihr das Dogma. Zwischen diesen beiden Polen - evangelische Kirche auf der einen, katholische Kirche auf der anderen Seite - klafft ein spirituelles Defizit, das sich die genannten Gruppen zunutze machen. Die Ideologie aller Sekten bzw. destruktiver Kulte zielt auf diese Defizite des westlichen Menschen und deckt sie scheinbar ab.

Verborgene Ideale werden pervertiert

W.W.: Andererseits bemerkt man heute - speziell bei Jugendlichen - ein breites Interesse für jede Form des Okkultismus, seien es nun die verschiedensten spiritistischen Experimente oder mehr oder weniger schwarzmagische Praktiken. Auch dafür muß es Gründe geben, die in den Menschen verborgen sind. Oft ist es ja so, daß etwas *an der Zeit* ist, daß eine Generation etwas mitbringt, daß aber ihre eigentlichen - oft unbewußten - Intentionen, Impulse oder gar Ideale durch Lockangebote abgezogen werden, die exakt wie der Schlüssel ins Schloß auf diese Impulse und Ideale passen und die als Lockangebot meist schon bereitstehen, wenn eine neue Generation von Jugendlichen mit verborgen in ihnen liegenden Impulsen antritt. Folge ist dann oft, daß die in den Jugendlichen schlummernden Impulse und Ideale in verzerrter und korrumpierter Weise ausgelebt werden. Sehen Sie das genauso?

Klaus Engels: Dazu kann man als Beispiel Bhagwan anführen, der ja nun mittlerweile gestorben ist. Er hat seit Mitte der siebziger Jahre immer wieder gesagt, daß er eine Mission betreibe. Was er betrieben hat, ist ein Synkretismus, eine Mischform aus fernöstlicher Philosophie, ganzheitlichen Therapien, Praktiken von Selbsterfahrungsgruppen und vielem mehr. Die Zielrichtung dieser Mischform war genau das, was Sie angesprochen haben, nämlich daß in den Menschen die Sehnsucht nach einer neuen Spiritualisierung entstanden war und man sich auch mit endzeitlichen und apokalyptischen Gedanken beschäftigte. Bhagwan hatte ein sehr feines Gespür dafür, auf welche Weise man diesen westlich geprägten Menschen ansprechen konnte. Wenn Sie die Originalschriften von Bhagwan anschauen, so finden Sie immer wieder Äußerungen, die dahin gehen, daß er seinen Anhängern verspricht, sie zu glücklichen Kindern zu machen, daß der Verstand im Grunde zu nichts nütze sei und daß vor allem Erziehung und Familie nichts wert seien. Dieser innere Müll, wie Bhagwan sich ausdrückt, müsse erst weggeräumt werden, bevor man zu einer Art Erleuchtung kommen könne. Indem er die Menschen zu glücklichen Kindern machen möchte, stuft er sie in einen pubertären Zustand zurück.

Katharina Engels: Sicherlich bringen die Menschen spirituelle Impulse mit, was sie für die unterschiedlichsten Sekten ansprechbar macht. Heute gibt es die vielfältigsten allgemeinen spirituellen Richtungen und Strömungen, so daß es für einen jungen Menschen von vornherein äußerst schwierig ist, sich zurechtzufinden, um seinen eigenen Weg zu gehen.

An diesem Punkt greifen die Sekten ein, indem sie leicht zu gehende Wege ohne Anstrengungen anbieten und die einzig wahre Weltanschauung propagieren. Es wird also das einzig wahre, für alle Menschen gültige Rezept verkauft, welches schnellstmöglich zur Erleuchtung führt.

W.W.: Wenn man den Faden nun ein wenig weiter spinnt, wenn es wahr ist, daß die Sekten und destruktiven Kulte eine pervertierte und vereinfachte Antwort auf die jeweiligen spirituellen Bedürfnisse der Menschen geben, hätten Sie dann eine Idee, welche Antwort statt dessen auf die verborgenen Impulse und Ideale der Menschen gegeben werden könnte? Was wäre die zeitgemäße Antwort, was wäre die Lebensform, in der diese Impulse der Menschen, die sich hier auf der Erde inkarnieren, eine entsprechende Ausprägung erlangen könnten?

Katharina Engels: Das ist nicht sehr leicht zu beantworten. Aber wenn ich mir unsere gesamte Umwelt betrachte, so sehe ich überall Angriffe auf das Individuelle, ich sehe Tendenzen, statt einer Individualität einen Massenmenschen zu erzeugen. Und dabei ist mir der Gedanke gekommen, daß sich die Sekten jetzt an diese jungen Menschen wenden, die trotz dieser Umweltverhältnisse noch nach einem Sinn des Lebens suchen, die den gleichmachenden Wirkungen, die sie vielleicht erfahren haben, entkommen möchten und trotz allem noch an einer spezifischen und tieferen Weltsicht interessiert sind.

W.W.: Daraus folgt, daß ein Sektenangehöriger nicht ausschließlich negativ betrachtet werden darf, zumal seine Impulse und die Suche selbst oftmals einen sehr positiven Hintergrund haben.

Katharina Engels: Auf jeden Fall. Die Beschäftigung mit den verschiedenen Weltanschauungen und den Inhalten der jeweiligen Sekten ist für mich eine sehr harte Auseinandersetzung, weil überall Teilbereiche wahr sind. Hier nützt es auch nichts, irgendwelche Dogmen aufzustellen, sondern man muß immer wieder neu ringen, wo die Defizite liegen, wo die Verzerrungen auftauchen und an welcher Stelle man einen richtigen Standpunkt gewinnen kann. Wenn man diese Standpunkte erwerben will, muß man ungeheuer flexibel sein und darf nicht in eingeengten Kategorien denken. Das ist für mich ein sehr großes Arbeitsfeld für die Zukunft, daß man versucht, Kriterien für die verschiedenen Strömungen zu finden.

Klaus Engels: Ich denke, daß ich hier ein sehr gutes Beispiel eines Falles schildern kann, den ich vor zwei Wochen angegangen bin: er betrifft die Scientology-Church. Dabei geht es um einen jungen Mann, der nach wie vor in der Scientology-Sekte ist und erhebliche finanzielle Mittel in sie investiert hat. Auf meine Frage an ihn, was ihm denn diese erheblichen finanziellen Mittel selbst gebracht hätten, antwortete er mir, daß diese Summe es ihm wert sei, als gelernter Auditor die Gedanken anderer Menschen kontrollieren zu können. Es ist für mich immer wieder erschreckend, derartige Aussagen zu hören, die durchaus keine Seltenheit sind, daß man bestrebt ist, durch manipulative Psychotechniken die Gedanken anderer Menschen kontrollieren zu können.

Katharina Engels: Herr Weirauch hat aber von positiven Idealen gesprochen, die in den Menschen schlummern.

W.W.: Das können auch negative sein!

Katharina Engels: Bei diesem Mann aus der Scientology-Sekte würde ich vermuten, daß bei ihm im Grunde eine sehr große Unsicherheit vorliegt, eine sehr große Angst vor dem anderen Menschen. Natürlich könnte es auch ein Machtimpuls sein.

W.W.: Der Weg der Macht, der Machtausübung über andere Menschen, ist ja auch ein Weg, sich mit geistigen Kräften auseinanderzusetzen. Wahrscheinlich geht dies dann meist in schwarzmagische Richtungen. Auch bei Menschen, die solchen Weg gehen, liegt mit Sicherheit eine Sehnsucht nach einem Geistigen vor, sei es nun ein individueller geistiger Weg, wie er zum Beispiel bei manchen Schwarzmagiern vorkommt, oder sei es der Unterwerfungswille, sich in eine straffe Gemeinschaft einzufügen, wie es in schwarz- oder graumagischen Gruppierungen vorkommt.

Katharina Engels: Interessant ist ja auch, welcher Personenkreis von welcher Sekte angezogen wird: Bei Bhagwan sind dies meist mehr gebildete Menschen, die nicht selten auch ihr Studium abgebrochen haben. Diesbezüglich kann man sich fragen, inwieweit seitens Bhagwan ein gezielter Wille vorliegt, wenn er zum Beispiel in seinem Buch "Jenseits der Grenzen des Verstandes" immer wieder auf die negative Bedeutung des Verstandes eingeht. Mit Sicherheit ist da ein Zusammenhang, denn sehr viele junge Menschen erleben heute ihr Studium als zu intellektuell und zu kalt, erleben ferner, daß sie gewisse Erfahrungen mit Hilfe ihres Verstandes nicht machen können, so daß sie sich anderen Erfahrungsmöglichkeiten zuwenden. Gezielt auf diese Menschen spricht Bhagwan die Emotionen an, proklamiert, den Verstand über Bord zu werfen, um dadurch zu einem kreativen Menschen werden zu können. So etwas spricht natürlich diejenigen Menschen an, die das, was sie eigentlich suchen, durch die Entwicklung ihrer Intellektualität nicht gefunden haben.

Demgegenüber haben wir die Scientology-Church, zu der auch meist studierte Menschen kommen; aber das hat jetzt einen ganz anderen Charakter. Denn hier wird den Menschen eine individuelle geistige Entwicklung versprochen, man verspricht, zu einem höheren Menschentum zu gelangen, unabhängig davon, was mit dem Rest der Menschheit geschieht. Hier werden emotionale Aspekte wie soziale Fähigkeiten, Liebefähigkeit usw. überhaupt nicht berücksichtigt. Trotzdem steckt bei diesen Menschen auch ein ganz ernstzunehmender Impuls dahinter.

Es würde sich lohnen, jede einzelne Sekte insofern zu betrachten, für welche der in den Menschen liegenden Impulse sie eine verzerrte Antwort geben will. - Dann gibt es noch die christlichen Gruppen, denen die Kirche zu kalt und abstrakt geworden ist und die jetzt Religion zum Anfassen suchen, etwas leicht zu Verstehendes, was den eigenen Intellekt nicht überfordert. Es wird einem vorgegeben, was man zu glauben, welche Übungen und Praktiken man durchzuführen hat, um Jesus ganz nahe zu sein.

Der Drang, sich einem Führer zu unterwerfen

W.W.: Nun sehe ich aber auch neben positiven Aspekten, die in den in die Sekten wandernden Menschen schlummern, auch negative, zum Beispiel die Schwäche, sich selbst als Individualität nicht führen zu können, und das Bedürfnis, in einer Gemeinschaft aus Schwäche heraus Schutz zu suchen. Hinzu kommt auch noch das Guru- bzw. Führerprinzip, also unter anderem die Tendenz einzelner Menschen, sich einer leitenden Persönlichkeit zu unterwerfen. Sind diese Schwächen auch Motive, die Menschen in Sekten hineinführen?

Klaus Engels: Ich habe gerade mit einer Gruppierung zu tun gehabt, die zum weiteren Umkreis der Bhagwan-Bewegung gehört, sie heißt Wild Goose Company. Was ich in diesem Zusammenhang verfolge, ist geradezu ein klassisches Beispiel dessen, was Sie soeben angesprochen haben. Dabei geht es um einen Mann, der gerade eine Scheidung hinter sich hat und der jetzt in dieser Gruppe alle die Dinge nachholen will, die ihm in der Ehe gefehlt haben bzw. wo Defizite aufgetreten sind. Das Problem ist, daß diese Gruppe mit Hypnose-Techniken arbeitet, und zwar so weit, daß Menschen einfach zusammenbrechen. Alles geschieht natürlich ohne fachkundige Supervision, und da kann man sich vorstellen, welch verheerende Wirkung dies auf die betreffenden Personen haben muß. Darüber hinaus geht es bei dieser Wild Goose Company auch um Seminare zur sexuellen Befreiung. Das Schlimme ist, daß in diesen Gruppen ungeschützter Sexualverkehr praktiziert wird, und wenn man sich dann vorstellt, daß dies Gruppen von fünfzig bis sechzig Menschen sind, so ist das im Zeitalter von AIDS höchst problematisch.

W.W.: Viele - nicht alle - Menschen, die in die verschiedensten Sekten hineingehen, haben ein sehr einfaches Weltbild, zum Beispiel ein dualistisches, das sich auf Schwarz-Weiß-Malerei beschränkt, und auch eine starke Führersehnsucht. Nehmen wir einmal den hypothetischen Fall an, es gäbe überhaupt keine derartigen Sekten, der ausgeprägte Gehorsam bzw. Unterwerfungswille bei den Menschen wäre aber weiterhin vorhanden; hätten wir da nicht eine neue größere Gruppierung von Menschen, die auch einem politischen Führer nachlaufen würde?

Katharina Engels: Das sehe ich eigentlich nicht so, auch wenn das bei einigen zutreffen mag. Trotzdem kann man meines Erachtens von dem Gros der Jugendlichen nicht behaupten, daß sie eine starke Führersehnsucht hätten, auch wenn sie oftmals von den Eltern und anderen nahestehenden Menschen alleingelassen worden sind, so daß ihnen nichts an Identifikationsmöglichkeit angeboten worden ist. Zusätzlich sind sie auch in einer labilen Phase, wie es jeder heranwachsende Jugendliche im Grunde genommen ist. Der eine findet sich dann selbst, der andere aber wird von einer Sekte angesprochen, so daß seine Individualisierung in eine andere Bahn gelenkt wird. Natürlich sehnt sich jeder junge Mensch nach einer Persönlichkeit, an der er sich orientieren kann, aber das ist normal.

Klaus Engels: Bei diesen Menschen handelt es sich auch oft um eine Verlagerung von Pubertätsproblemen, die während der Pubertät nicht aufgearbeitet bzw. von der Familie oder Erziehung nicht genügend beantwortet worden sind. In diesem Zusammenhang möchte ich ein Wort von Erich Fromm erwähnen: "Gibt es vielleicht außer dem angeborenen Wunsch nach Freiheit auch eine instinktive Sehnsucht nach Unterwerfung?" Diese instinktive Unterwerfungstendenz treffe ich oft bei meiner Fallarbeit an. Das sind verlagerte Pubertätsprobleme bis in die zwanziger Jahre hinein.

W.W.: Das geht auch mit Sicherheit noch in höhere Altersstufen. Aber würden diese Defizite, Pubertätsverlagerungen und instinktiven Neigungen zur Unterwerfung sich nicht politisch austoben können, im Sinne einer Unterwerfung unter einen Führer, wenn die Sekten diese Menschen nicht absorbieren würden? Haben die Sekten somit auch noch einen positiven Aspekt?

Katharina Engels: Da ist etwas dran. Aber auch durch die Sekten kann sich das politisch auswirken. Wenn man etwa schaut, wie manche Sekten auch politisch hintergründig wirken, dann entdeckt man, daß zum Beispiel die Mun-Sekte intensiv versucht hat, die Entspannungsbemühungen zwischen den USA und der UdSSR zu behindern. Das bedeutet aber, daß nicht nur gewisse Kräfte bei den Menschen aufgefangen werden, sondern daß zusätzlich politisch aktiv gewirkt wird. Ich habe natürlich sehr viele Menschen vor mir, die in Sekten waren; sicherlich hatten die immer irgendwann eine Krise, aber ich könnte nicht bestätigen, daß sie durchweg einen starken Führer gesucht haben.

Vor kurzem war ein sehr interessanter Film über Scientology im Fernsehen, in dem ein junger Mann, der in dieser Sekte sehr hoch aufgestiegen war, erzählte, daß er eigentlich aus der Friedensbewegung gekommen ist. Er war der Überzeugung, daß er niemals autoritären oder gar faschistischen Strukturen verfallen könnte, und er sagte, daß er diese Strukturen bei Scientology zuerst überhaupt nicht erkannt hat. Erst nachdem er verschiedene Leitungskurse durchgemacht hat und in der Hierarchie aufgestiegen ist, hat er diese faschistischen Strukturen durchschauen können. Aber das normale Fußvolk durchschaut dies oftmals nicht, weil dort so geschickt manipuliert wird, daß der einzelne in der Annahme lebt, noch frei entscheiden zu können.

Klaus Engels: Ein schönes Beispiel dazu aus der *Frankfurter Rundschau* vom 30. Juni 1990, eine Anzeige unter "Verschiedenes":

"Psychiatriegeschädigt. Wenden Sie sich an die 'Kommission für Verstöße der Psychiatrie gegen Menschenrechte e.V.', 1000 Berlin 15, Fasanenstraße 35 a." Diese Kommission ist eine Unterorganisation der Scientology-Kirche.

Katharina Engels: Wenn man sich die Findungshilfe aus München durchliest, so wird man sehen, unter welchem verdeckten Namen einzelne Organisationen auftreten. Zum Beispiel wird irgendein bekannter Professor zu einem Kongreß eingeladen, er kann natürlich auch umsonst im Hotel wohnen ...

W.W.: ... und er weiß nichts von seinem Glück!

Katharina Engels: Genau, der Kongreß läuft zum Beispiel unter dem Namen eines Institutes für Friedensforschung, in Wirklichkeit aber ist es eine Veranstaltung der Scientology-Kirche. Auch bezüglich einer Anzeige in der *Frankfurter Rundschau*, im Grunde eine links-liberale Zeitung, denkt man ja nicht daran, daß hinter einer Kommission oder einer sonstigen Gruppe möglicherweise eine faschistische Organisation steckt.

Klaus Engels: Und da kann man sich ausmalen, daß Menschen, wenn sie sowieso psychiatriegeschädigt sind und nun in die Fänge solcher Leute geraten, dann endgültig den Rest bekommen.

Man lernt, seine potentiellen Ansprechpartner zu erkennen

W.W.: Welche Taktik wird von den Sekten im allgemeinen angewendet, um Mitglieder anzuwerben? Hätten Sie da einige Beispiele?

Klaus Engels: Es trifft für viele Gruppen zu, zum Beispiel die Kinder Gottes oder die Scientology-Kirche, daß sie Straßenwerbung betreiben. Die Scientology-Kirche läßt die Menschen Fragebögen ausfüllen, auch die Mun-Sekte spricht in Fußgängerzonen junge Menschen an und stellt ihnen zum Beispiel Fragen wie: "Bist du glücklich? Hast du Probleme in deinem Leben? Möchtest du die Welt verbessern? Bist du zufrieden mit unserem politischen System?" So verwickelt man junge Erwachsene in Gespräche, in denen man dann durch geschickte Fragen sehr schnell herausfindet, wo gewisse Persönlichkeitsdefizite liegen. Ich habe diese Techniken selber auf entsprechenden Seminaren der Mun-Sekte gelernt. Wir haben zum Beispiel gelernt, daß man sich auf der Straße geschlechtsspezifisch die betreffenden Kandidaten heraussuchen sollte, Frauen sollten also Männer ansprechen und umgekehrt. Man schaut auch darauf, ob jemand zum Beispiel einen depressiven Gesichtsausdruck hat, allein auf einer Parkbank sitzt und eine Zigarette nach der anderen raucht, also einen gewissen nervösen Eindruck macht. Man lernt, seine potentiellen Ansprechpartner anhand der Gesichtszüge zu erkennen.

W.W.: Wie vollzieht sich der Eintritt in die Sekte? Ist dies ein einmaliger Akt mit einer Angelobungsformel, oder ist es häufig ein allmähliches Annähern mit einem zunehmenden Übertölpeln in Kursen und Trainingscamps?

Klaus Engels am Büchertisch der Vereinigungskirche. Fußgängerzone Hannover, November 1982.

Klaus Engels: Das ist schwer zu beantworten, weil die Anwerbungsstrukturen in den einzelnen Gruppen sehr verschieden sind. Durchgängig kann man sagen, daß alle Gruppen mit Informationen über die eigene Gruppe sehr zurückhaltend sind; der Angeworbene bekommt nur soviel Informationen über die jeweilige Gruppe, wie er erfolgreich in ihr tätig ist. Entsprechend seinem erfolgreichen Wirken erhält er mehr Informationen, man wird dann auch selektiert und in speziellen Sparten eingesetzt.

W.W.: Trotzdem muß es irgendwann einen Zeitpunkt geben, an dem beide Seiten - die Gruppe und der Angeworbene - wissen, daß man endgültig miteinander verbunden ist, daß man Mitglied einer Gruppe geworden ist. Könnten Sie so einen Moment, zum Beispiel anhand der Mun-Sekte, kennzeichnen?

Wer psychisch zusammenbricht, wird fallengelassen

Klaus Engels: Auch das ist leider meist ein sehr schleichender Prozeß. Man wird angesprochen, zu einem Tee eingeladen oder wird animiert, bestimmte Kurse zu besuchen, so daß der Betreffende langsam und sukzessive in die Gruppe integriert wird. Bei der Mun-Sekte geschieht das so, daß man gefragt wird, ob man an einem Drei-Tage-Seminar teilnehmen wolle. Sofern man schon Interesse hat, wird man dies meist mitmachen. Und als nächste Stufe kommt dann bereits ein Sieben-Tage-Seminar. Nach diesem Seminar - so war es auch bei mir - ist man dann bereits so weit, daß einem, meist nachts, die Frage gestellt wird, ob, wenn die gesamte Ideologie so stimmig sei, es nicht auch logisch sei, wer der neue Messias ist. Durch die Indoktrination in dieser Gruppe, durch die permanenten Gespräche mit den Mitgliedern, wird man im Grunde fast automatisch dahin geführt, Mun als diesen neuen Messias anzusehen. Daraus gibt es im Grunde kein Entweichen. Die nächste Stufe ist dann der 21-Tage-Kurs, in dem eine ganz gezielte politische Umerziehung stattfindet. Bei diesem Kurssystem geht es im wesentlichen darum, daß Satan dem Kommunismus gleichgesetzt wird; die Schulung dabei ist derart hart, daß oftmals sensible Mitglieder psychisch zusammenbrechen, zumindest habe ich das so erlebt. Um diese Menschen kümmert man sich dann nicht mehr.

Katharina Engels: Ganz wesentlich sind auch die Gruppenprozesse selbst. Du sagtest ja, daß zum Beispiel ein einsames junges Mädchen von einem Mann angesprochen wird; darüber hinaus wird dies mit einer künstlich erzeugten Sympathie vollzogen, indem man mit Liebe umstrickt wird. Der junge Mensch, der Anschluß sucht, kann dies nicht von einer echten Sympathie unterscheiden. Diese angesprochenen Menschen denken natürlich, daß ein echtes Interesse an ihrer Person vorliegt. Wenn man dann zu der Gruppe eingeladen wird, erfährt diese vorgespielte Sympathie eine Fortsetzung, was bewirkt, daß der oder die neu Hinzukommende sehr stark emotional angesprochen wird. - Zum Beispiel habe ich einmal eine Lehrerin kennengelernt, von der sich sämtliche Freunde abgewandt hatten, weil sie durch das Zweite Staatsexamen durchgefallen war. In dieser Situation war sie offen und ansprechbar für Sektenmitglieder und war froh, daß sich andere Menschen um sie kümmerten.

Klaus Engels: Ich möchte in diesem Zusammenhang noch etwas sehr Wesentliches zitieren, und zwar aus dem Buch "Neue Religiosität, neues Bewußtsein, neuer Lebensstil" von Paul M. Zulehner; es ist bei der Katholischen Akademie in Freiburg erschienen. Er schreibt in bezug auf die Großkirchen:

"Diese Großkirchen haben ein hohes Maß von Anonymität erlangt, christlicher Glaube wurde in der Neuzeit immer mehr subjektiviert und privatisiert. Religion ist Privatsache, hat man in der Gesellschaft gesagt, rette deine Seele. So war der individualistische Widerhall in den Kirchen. Der einzelne hat also versucht, an dem anderen vorbeigerettet zu werden. Damit sind auch die Großkirchen eine Ansammlung unsolidarischer Heilssucher geworden. Auch die Kirchen haben angefangen, ihre Mitglieder gut zu verwalten, die Leute wurden schlicht austauschbar. Auch in den Kirchen wurde damit religiöses Potential in der Gestalt der Suche nach dem Ansehen, nach der Zuwendung, damit nach der Erfahrung von Einmaligkeit und Austauschbarkeit, nicht aufgehoben."

Ich lese das deswegen vor, weil man auch in den Sekten im Grunde zu einer austauschbaren Instanz wird, also genau dasselbe, was Zulehner in bezug auf die Großkirchen aussagt.

Die Familie als satanisches Element

W.W.: Ein wichtiger Aspekt in der Sektenkarriere der einzelnen Menschen ist der Bruch mit der Vergangenheit. Auf welche Weise und mit welcher Taktik wird das erreicht, daß das neue Mitglied sich ganz aus seiner Vergangenheit herauslöst?

Klaus Engels: In der Regel ist es so - besonders bei der Mun-Sekte, der Scientology-Kirche oder den Kindern Gottes -, daß die ursprüngliche Familie als ein schädliches bzw. satanisches Element angesehen wird. Seitens der Gruppe wird dann darauf eingewirkt, die Familie entweder *on-line* zu bringen, wie das in der Scientology-Church der Fall ist, oder sich ganz von der Familie zu trennen. Mitglieder der Scientology-Kirche bekommen dann zum Beispiel eine Ethik-Order mit nach Hause, die sich auf das familiäre Umfeld bezieht, in der genaue Anweisungen enthalten sind, wie die Familie oder der entsprechende Lebenspartner *on-line* zu bringen sind. Das Studium als Auditor oder ein höheres Kurssystem ist in der Scientology-Kirche kaum möglich, wenn diese Ethik-Order nicht erfüllt ist. Bei den Kindern Gottes oder bei Mun wird dies mit der Pervertierung entsprechender Bibelstellen verbrämt, die angeblich beweisen sollen, daß die Familie ein schädliches Element sei.

W.W.: Gibt es Sekten, in denen ein ganz besonderer Schritt, zum Beispiel die Lösung von der Familie oder der Abbruch des Studiums, verlangt wird, um damit endgültig zur Sekte dazuzugehören?

Klaus Engels: Selbstverständlich.

W.W.: Es wird also oftmals ein knallhartes Opfer verlangt?

Klaus Engels: Gerade bei Mun und auch bei den Kindern Gottes wird nahezu alles, was das Leben in der Gesellschaft beinhaltet, vor allem auch die Freunde und die Familie, Vergnügungen, Literatur und vieles mehr als satanisch bezeichnet. Im übrigen ist dies auch bei Opus Dei nicht sehr viel anders. Man fordert also den radikalen Bruch mit dem früheren Leben.

W.W.: Ein wesentliches Merkmal fast aller Sekten ist das Guru-Prinzip. Was sind diese Gurus für Menschen? Gibt es eine Persönlichkeitsstruktur, die bei allen gleich ist?

Klaus Engels: Hier muß man erst einmal zwischen den einzelnen Sektenströmungen unterscheiden: Es gibt destruktive Kulte auf christlichem Hintergrund, destruktive Kulte auf hinduistischem Hintergrund (zum Beispiel Hare Krishna), dann gibt es Psychogruppen (Scientology, Bhagwan), ferner Gruppen auf schwarzmagischem Hintergrund, Gruppen, die ein Medium benutzen, welches irgendwelche Stimmen hört, bis hin zu Gruppen, die wesentlich aus Ärzten und Therapeuten bestehen. Bei letzterem denke ich zum Beispiel an Dr. Ammon, den manche, mit Verlaub gesagt, als Psychopathen bezeichnen. Trotzdem gilt er immer noch als anerkannte Persönlichkeit. Bei ihm spielen - wie bei den meisten Gruppierungen - auch Macht und Geld eine große Rolle. L. Ron Hubbard hat zum Beispiel gesagt, wenn man wirklich eine Million Dollar verdienen wolle, so müsse man lediglich seine eigene Religion gründen.

Ein weiterer Punkt ist das Politische. Wenn ich an Führerpersönlichkeiten der Ananda Marga denke, so muß man einfach sagen, daß man dort bestrebt ist, ein faschistisches System aufzurichten. Im Grunde geht es nur um die Vermixung von Brahmanen und einer Führerpersönlichkeit. Es gibt in diesem Zusammenhang ein Buch, in dem es um die Verbindung des Brahmanen-Kultes zum Nationalsozialismus geht. Bei Ananda Marga liegt eine radikale neofaschistische Ausrichtung vor.

Allgemein kann man in bezug auf den Guru sagen, daß eine übermächtige Vaterfigur vorhanden ist, die persönlichen Machtanspruch erhebt, bis hin zu einem politischen Machtanspruch. Ferner liegt meist ein persönliches Macht- bzw. Sendungsbewußtsein vor, was sich bis in psychopathische Bereiche steigern kann.

Anthroposophie für das Volk?

Katharina Engels: Bei Gabriele Wittek vom Universellen Leben, dem ehemaligen Heimholungswerk, liegt das auch vor. Sie ist ja auch ein Medium, das unentwegt Stimmen von Christus zu hören glaubt, aber ich habe gehört, daß sie früher als interessanter Fall des Stimmenhörens Psychiatriestudenten vorgeführt worden sei. Urplötzlich war sie dann eine Prophetin und hat entsprechende gläubige Anhänger gefunden. Aber in diesem Zusammenhang habe ich auch mal eine Frage.

W.W.: Bitte.

Katharina Engels: Vor kurzem war ich in der Schweiz bei einem Vortrag der Anthroposophischen Gesellschaft, und da lagen die Programme des Universellen Lebens aus.

W.W.: Das darf ja wohl nicht wahr sein!

Katharina Engels: Doch doch. Ich habe natürlich sofort gefragt, was denn das sei und warum diese Programme dort lägen. Daraufhin wurde mir sinngemäß gesagt, daß es sich bei dem Universellen Leben im Grunde um eine gute Sache handele, denn dies sei so etwas wie Anthroposophie für das Volk. Diesen Vortrag hielt ein Priester der Christengemeinschaft, es war aber eine Veranstaltung der Anthroposophischen Gesellschaft, und ein alter Anthroposoph vertrat diese Meinung. Das hat mich fast umgehauen.

W.W.: Man sollte nicht glauben, daß die Anthroposophen alles wissen, oftmals wissen sie gerade von diesen Dingen am allerwenigsten. Das ist natürlich wirklich traurig. Ich habe 1983 einmal einen längeren Artikel über das Heimholungswerk geschrieben, veröffentlicht in dem Vorläufer der FLENSBURGER HEFTE und in Info3, woraufhin eine Flut von wütenden Leserbriefen seitens der Mitglieder des Heimholungswerks - aber auch von manchen Anthroposophen - hereinprasselte, wie es bisher kaum dagewesen ist. Das Heimholungswerk bzw. das Universelle Leben zu durchschauen, ist nun wirklich dermaßen einfach, daß nur ein sehr flaches Gemüt dies als Anthroposophie für das Volk bezeichnen kann. Dennoch veröffentlicht übrigens die Zeitschrift Info3 (5/91) wieder Werbeanzeigen des Universellen Lebens.

Katharina Engels: Ferner wurde mir entgegnet, daß das, was Gabriele Wittek sage, doch ganz gut sei. Ich habe darauf geantwortet, daß es zum Beispiel auch darauf ankomme, wie sie es sage und wie sie ihre angeblichen Mitteilungen empfange. Aber ich konnte mit meiner Meinung nicht durchdringen.

W.W.: Welche Auswirkungen hat dieses Guru-Prinzip auf die Mitglieder der jeweiligen Sekte, wenn man ein Leben in bedingungslosem Gehorsam bis hin zur völligen Erniedrigung führt?

Klaus Engels: Ich möchte an dieser Stelle noch einmal auf das von mir verlesene Zitat von Erich Fromm verweisen, denn ich habe dergleichen am eigenen Leibe bis zum Exzess in der Mun-Sekte erlebt und erlebe es nunmehr ständig in meiner Beratungsarbeit. Ich tauche auch hin und wieder anonym in so eine Gruppe unter, zum Beispiel neulich in der Schweizer Gruppe Mahikari, das ist eine japanische Gruppe. Dort habe ich den Oberguru aus Genf erlebt, und zwar in einer Session, in der ganz St. Gallen spirituell gereinigt werden sollte. Die Sektenmitglieder gerieten völlig in Ekstase, bekamen Weinkrämpfe, rasteten also im eigentlichen Sinne völlig aus. Ähnliches trifft man in vielen Gruppen. Meine Frau hat ja schon erwähnt, daß wir durch unsere eigene Familie eine Verbindung zu der spanischen Sekte der Karmeliter vom Heiligen Antlitz haben, in die ich auch einen Einblick gewonnen habe. Und ich muß schon sagen, daß ich einiges gewöhnt, auch durch die Mun-Sekte ziemlich abgehärtet bin, aber was ich dort in Spanien erlebt habe, das hat selbst mich an Grenzbereiche geführt, so daß ich es nicht mehr ausgehalten habe.

Der blinde engelgleiche Papst mit dem Fischgesicht

W.W.: Was ist denn das eigentlich für eine Sekte, und was ist das Schlimme daran?

Katharina Engels: Meine Schwester ist in diesem Orden Nonne. Wir sind immer mal wieder kurz runtergeflogen, um sie für wenige Augenblicke sehen zu dürfen, natürlich nur unter Aufsicht. Vorher erlebte ich immer die Kardinäle dieses Ordens und dachte, daß dies eine Art katholischer Orden sei, bloß ein wenig primitiver, von dem mehr einfache Gemüter angesprochen werden. Aber dann sah ich vor vier Jahren erstmals ihren blinden Papst. Er ist durch einen Autounfall wirklich erblindet und etwa in meinem Alter. Als ich diesen blinden Papst erlebte, bekam alles eine völlig andere Dimension, vorher war für mich alles ein wenig langweilig und lächerlich. Aber mit einem Male hatte ich das Gefühl, wirklich das Böse kennengelernt zu haben.

W.W.: Inwiefern meinen Sie, dieses sogenannte Böse bei dem blinden Papst erlebt zu haben?

Katharina Engels: Er hat sich offiziell in den Formen der katholischen Kirche bewegt, indem er eine Messe zelebriert, Kreuze geschlagen, den Segen gespendet hat, aber ich hatte ständig das Gefühl, mich schützen zu müssen. An diesem Menschen habe ich erlebt, daß zwei Menschen das gleiche tun können, zum Beispiel ein Kreuz schlagen, aber daß es eine völlig entgegengesetzte Wirkung haben kann.

W.W.: Wie läuft denn das ab, haben sie dort eine Kirche mit Altar und Gewändern?

Katharina Engels: Ja, wir waren zu Ostern dort unten, die Messe nannte sich Pontificalamt. Man muß sich eine riesige Kathedrale aus den verschiedensten Stilrichtungen zusammengewürfelt denken, rechts saßen die Frauen, links die Männer. Die Männer sind übrigens alles Kardinäle, denn sie bereiten die geistige und militärische Weltherrschaft vor. Selbst ein 17jähriger Junge wird sehr schnell zum Kardinal, und Priester gibt es so gut wie gar nicht. Die Frauen haben keine Aufstiegsmöglichkeiten, sie bleiben immer Nonnen und waschen die Gewänder der Kardinäle. Alles ist in einem ungeheuren Prunk gestaltet, die Gewänder sind sehr farbenprächtig. Links in der Kathedrale war ein rotsamtener Himmel; dort begann jetzt das ganze Spektakel. Dort haben sie den engelgleichen Papst umgekleidet. In Wirklichkeit ist er aber klein und dick, mit Fischgesicht und Stiernacken - das ist der engelgleiche Papst!

W.W.: Entzückend!

Katharina Engels: Die rotgekleideten Kardinäle zogen ihm also ein weißes Gewand an und hoben ihn über ihre Häupter empor, setzten ihn während der Messe auf einen Thronsessel und zogen mit ihm um sämtliche Gläubigen herum. Das war für mich ein unauslöschlich scheußlicher Eindruck. Dazu muß man sich die gesamte Menge in atemloser Spannung vorstellen. Ab und an stand dann der Papst auf und stellte sich hin wie ein römischer Imperator in Siegerpose, breitbeinig, die Arme ausgestreckt, schaute

"Viva Papa Clemente" - Gegenpapst Gregorius XVII

sich nach allen Seiten um, und in dem Moment begannen die Männer zu brüllen und eine Art faschistischen Gruß auszustoßen: "Viva Papa Clemente". Alle ballten dabei die Faust, waren total rauschhaft und in Ekstase.

Nach der Messe, nachdem sie mit dem Papst wieder abgezogen waren, verharrte die Menge minutenlang in schweigendem Trancezustand.

Der Bettelorden, der mit Drogen und Waffen handelt

W.W.: In welcher Rolle sieht sich denn dieses Fischgesicht, also der Papst "Papa Clemente"?

Katharina Engels: Er meint, nach dem Tod des letzten Papstes, von Jesus die Erleuchtung bekommen zu haben, der eigentliche und wahre Papst zu sein. Das bedeute, daß der jetzige Papst das Tier sei. Im Zuge dessen hat er die 700 Millionen Mitglieder der katholischen Kirche exkommuniziert, weil sie nicht der wahren Kirche und dem wahren Papst angehören würden. Er sagt ferner, daß bisher die 700 Millionen Katholiken als Blitzableiter für den Zorn Gottes gedient hätten, aber wegen der Exkommunizierung fielen nun diese Blitzableiter fort, das aber bewirke, daß der Dritte Weltkrieg bald kommen werde. In diesem Augenblick würde Papa Clemente die geistige und militärische Weltherrschaft übernehmen.

W.W.: Seine kleine Gruppe ist also die einzige Rettungsfraktion!

Katharina Engels: Ja, sie rettet sogar vor dem Atomkrieg. Dafür haben Sie irgendwelche geheiligten Kerzen, die den Angehörigen dieses Ordens helfen werden, den Atomkrieg zu überstehen.

W.W.: Wie ist Ihre Schwester in diesen Orden hineingeraten?

Katharina Engels: Sie war in einer schweren psychischen Krise.

W.W.: Wurde Sie auch auf der Straße angesprochen?

Katharina Engels: Nein, durch eine Nachbarin, die auch diesem Orden angehörte.

W.W.: Gibt es diesen Orden ausschließlich in Spanien?

Katharina Engels: Nein, aber dort ist das Weltzentrum. Wir haben zum Beispiel in Sevilla die Semana Santa, also die Karwoche, miterlebt. Wenn man sich einmal diese Bräuche dort anschaut, so bemerkt man, daß in diesen Regionen noch eine mittelalterliche Glut lebt, die gesamte Stadt ist in Bewegung, überall schreiten die Züge mit den Kapuzenmännern, Kerzen, Kreuzträgern und Trommeln; die ganze Woche durch. Wenn man sich das anschaut, dann kann man es verstehen, daß dieser Orden besonders dort unten angesiedelt ist. Aber sie haben auch Gefolgsleute aus Süddeutschland, Irland, Afrika und Südamerika.

W.W.: Hat dieser Orden noch andere Hintergründe?

Katharina Engels: Allerdings. Zuerst dachten wir - wie gesagt -, daß dies eine harmlose religiöse Angelegenheit sei. Aber es ist ein Bettelorden, der ungeheuer viel Geld besitzt. Was wir erst später herausbekommen haben, ist, daß dieser Orden auch mit Drogen und Waffen handelt. Der blinde Papst ging auch bei sämtlichen südamerikanischen Militärdiktaturen ein und aus. Man kann es sich ja vorstellen, wenn diese Mönche mit ihren Kutten über die Grenze gehen, daß sie nicht so schnell untersucht werden. Aber es sind dann doch mal einige abgefangen worden.

Klaus Engels: Das ist alles in etwa vergleichbar mit der Colonia Dignidad in Chile.

Der Colt steckt immer im Mönchsgürtel

W.W.: Wo in Spanien ist diese Kathedrale?

Katharina Engels: In Palmar de Troya, vierzig Kilometer von Sevilla entfernt. Wenn man auf diese Kathedrale zugeht, kommt man an eine sieben Meter hohe Mauer, über die

Kathedrale in Palmar de Troya

so schnell niemand steigen kann. Will man als Frau Einlaß bekommen, so muß man ein langes Gewand tragen, Hosen sind verboten, ferner hat man ein Kopftuch aufzusetzen, selbstverständlich auch lange Ärmel zu tragen. Dann klopft man an ein hohes eisernes Tor, in welchem sich lediglich ein kleines gläsernes Guckloch befindet. Man sagt, daß man als Gläubige an der Messe teilnehmen möchte, dann öffnen einem bewaffnete Wächter, den Colt im Gürtel.

Klaus Engels: Innen sind noch Laufgräben für scharfe Hunde.

Katharina Engels: Und das ist der Hof der Kathedrale! Ich wollte es zuerst nicht glauben, und dachte, daß es so etwas nur in Krimis gibt. Aber das gibt es wirklich!

W.W.: Die Mitglieder können also nicht fliehen?

Klaus Engels: Nein. Als wir damals unten waren, bauten sie gerade Zellen für die Mitglieder, so daß sie überhaupt nicht mehr herauskönnen. Mittlerweile ist es so, daß wir mit einer spanischen Staranwältin einen Prozeß gegen diese Gruppe führen, und zwar wegen Freiheitsberaubung.

W.W.: Woher wissen Sie, daß diese Gruppe mit Drogen und Waffen handelt?

Klaus Engels: Aus dem Umkreis des Deutschen Generalkonsulats. Sie haben einen jungen Mann abgefangen, der einen heroingefüllten Kondom verschluckt hatte. Der

Kondom ist geplatzt, so daß dieser Kardinal fast gestorben wäre. Dadurch flog der ganze Sachverhalt auf.

W.W.: Die Kardinäle dürfen also doch raus?

Klaus Engels: Ja. Die Frauen dagegen dürfen nur zum Betteln nach draußen. Aber sie werden dann immer wieder mit einem Lieferwagen oder Bus eingesammelt. Teilweise sind die Nonnen auch minderjährig. Es gibt auch einige minderjährige Knaben, die bereits 15jährig zum Kardinal ernannt werden.

Mutter General spritzt Psychopharmaka

W.W.: Welche Praktiken werden angewandt, um die Ordensangehörigen unter Druck zu halten?

Klaus Engels: Da hat mir meine Schwägerin einiges erzählt, daß es mir eiskalt den Rücken runtergelaufen ist. Selbstverständlich kann man mit ihr nur unter Aufsicht sprechen. Es steht also grundsätzlich jemand dabei, der deutsch versteht. Aber sie erzählte von der rechten Hand des Papstes, das ist eine irische Nonne, genannt Mutter General. Wenn eine junge Frau austickt, dann gibt ihr die Mutter General eine Spritze mit Psychopharmaka.

Katharina Engels: Interessant ist auch, daß dieser Orden die Anerkennung als Kirche haben wollte, also gemeinnützig werden wollte. Das ist ihnen aber verweigert worden, weil sie angeblich einen politischen Gegner umgelegt haben.

W.W.: Wie steht es mit Prostitution oder sexuellem Mißbrauch in diesem Orden?

Katharina Engels: Wir sind uns nicht ganz sicher, ob dies dort vorkommt. Allerdings gab es in Spanien Veröffentlichungen in den Zeitungen, in denen die Nachbarn von wüsten Schreien berichtet haben, die sie aus diesem Orden gehört hätten. Ferner wurde von einer schwangeren Nonne erzählt, die auf mysteriöse Weise gestorben sei.

W.W.: Haben Sie versucht, Ihre Schwester herauszubekommen?

Katharina Engels: Selbstverständlich, wir haben es vor vier Jahren versucht und versuchen es jetzt wieder.

W.W.: Will Ihre Schwester denn überhaupt aus diesem Orden heraus?

Katharina Engels: Das wissen wir nicht, das ist ja das Schreckliche!

W.W.: Aber Sie haben doch mit ihr geredet, wenn auch unter Bewachung.

Katharina Engels: Schon, aber sehen Sie einmal, wenn man mit ihr redet, so kann man sie nicht einmal sehen, denn sie trägt eine Nonnentracht mit einem Schleier vor dem Gesicht. Wenn man mit ihr redet, so geht dies höchstens zwanzig Minuten unter scharfer Bewachung.

W.W.: Was konnten Sie mit ihr reden?

Katharina Engels: Allgemeine Sachen über die Familie.

W.W.: Aber Sie haben keine Anzeichen an Ihrer Schwester bemerkt, daß sie aus diesem Orden herauskommen möchte?

Katharina Engels: Wir haben damals geglaubt, daß sie uns Hinweise gibt, weil sie sich sehr über uns gefreut hat und uns diese merkwürdigen Dinge von der Mutter General erzählt hat.

W.W.: Hat der blinde Papst auch den richtigen Papst exkommuniziert?

Gespräche nur mit einem Schleier vor dem Gesicht.

Im Hof

Katharina Engels: Ja, er ist eines Tages nach Rom gezogen, um den amtierenden Papst abzusetzen. Als er dann aber da war, hat er sich doch nicht getraut und ist in eine Seitenkapelle vom Petersdom gezogen, um es von dort aus zu machen.

Durch Gehirnwäsche in die Pubertät zurückgeworfen

W.W.: Kommen wir noch einmal zurück zum Guru-Prinzip. Welche Methoden werden von Sekten angewandt, um den Willen der Mitglieder zu brechen?

Klaus Engels: Ich habe gerade vor einiger Zeit einen aktuellen Fall erlebt, und zwar bei den Kindern Gottes: Mir wurde direkt gesagt, und zwar mir als Gast, daß sie mit ihren Mitgliedern ganz gezielt Gehirnwäsche betreiben. Das sieht so aus, daß der Arbeitstag von morgens um 6 Uhr bis nachts um 24 Uhr nach strengsten Maßstäben eingeteilt ist, daß das gesamte Leben des Mitglieds von der Gruppe bestimmt wird. Das geht bis in die allerintimsten Bereiche hinein, wann man zu beten hat und auch wann man mit wem zu schlafen hat. Auf diese Weise sollen sämtliche Eifersüchteleien ausgemerzt werden. Das hat zur Folge, und das ist keine Seltenheit bei den Kindern Gottes, daß eine Frau zum Beispiel fünf Kinder von fünf verschiedenen Männern hat. Bei den Kindern Gottes werden sämtliche Verhütungsmittel abgelehnt, so daß die Gefahr, geschlechtskrank bzw. HIV-infiziert zu werden, sehr groß ist. Noch vor Jahren haben sich die Kinder Gottes vehement dagegen verwahrt, Gehirnwäsche zu betreiben. Heute dagegen zeigt man ein anderes Verhalten, man proklamiert auch, daß man sich die eigenen Leute aussucht, und bereitet sie darauf vor, was sie erwartet.

Katharina Engels: Zu dieser Gehirnwäsche bei den Kindern Gottes gehört auch, daß sie außer der Bibel kein einziges Buch lesen dürfen.

W.W.: Mit welcher Methodik wird diese Gehirnwäsche bei den Kindern Gottes vollzogen?

Klaus Engels: Es gibt einen Code von 36 Important Keys, damit sind 36 Bibelstellen gemeint, die man auswendig zu lernen hat. Es bedarf also stundenlanger Exerzitien, um diese langen Bibelstellen auswendig zu lernen. Man muß einfach sagen, daß zum Beispiel eine 25jährige Frau, die sich bereits gut entwickelt hat, vielleicht schon ein Studium abgeschlossen hat, bei den Kindern Gottes auf den Stand einer 13jährigen zurückgestuft wird. Ich kenne das aus meiner Fallarbeit, zum Beispiel weil ich die Briefe solcher Frauen gesehen habe. Ich habe die Briefe von Frauen gelesen, bei denen man in Schrift und Stil bereits während des 16. Lebensjahres eine gewisse Persönlichkeit feststellen konnte, was aber mit Eintritt bei den Kindern Gottes ganz stark zurückging.

W.W.: Sie lassen sich bei ihrer Fallarbeit also auch Schriftproben geben?

Klaus Engels: Ja.

W.W.: Haben Sie festgestellt, daß dieser Wandel in der Schrift und die Zurückstufung der Persönlichkeit bei den Mitgliedern der Kinder Gottes oder anderer Sekten oft vorkommt?

Klaus Engels: Ja, sehr oft!

Katharina Engels: Es zeigt sich dies auch an körperlichen Symptomen.

Klaus Engels: Genau, bei der Mun-Sekte habe ich zum Beispiel erlebt, daß die Indoktrination bis in das Hormonsystem hineinwirkt, was zum Beispiel dazu führt, daß bei manchen Frauen die Menstruation ausbleibt und bei einigen Männern der Bartwuchs aufhört.

W.W.: Ganz?

Klaus Engels: Ja.

W.W.: Gleich, in welchem Alter?

Klaus Engels: Ja ja. Nochmals zu der Gehirnwäsche bei den Kindern Gottes: Die Kinder Gottes haben einmal im Jahr drei Wochen Ferien, aber die übrige Zeit wird von morgens bis nachts ein vorprogrammierter Tagesablauf festgelegt und durchgeführt. Hinzu kommt der Arbeitseinsatz, die Missionierung und die Tatsache, daß man niemals alleine ist. Man darf seine eigenen Eltern und Freunde nie alleine besuchen, alles geschieht grundsätzlich unter Bewachung.

W.W.: Wie steht es mit künstlich knapp gehaltenem Schlaf und einseitiger Diät?

Katharina Engels: Nun ja, wenn man von sechs Uhr morgens bis Mitternacht arbeiten muß, dann hat man nicht viel Schlaf.

W.W.: Bezweckt man auch durch diesen verkürzten Schlaf und eine einseitige Diät, die Mitglieder zum Zusammenbrechen zu bringen?

Klaus Engels: Das gibt es bei dem Hare Krishna-Orden, daß man den Schlaf verkürzt, den Schlaf teilweise sogar ganz entzieht und die Eßgewohnheiten vereinseitigt. Das sind natürlich Kriterien, die auf die Absicht der Gehirnwäsche deuten.

W.W.: Ist es nicht aus Sicht der Gruppe, in diesem Fall der Kinder Gottes, höchst unklug, ganz offen zu sagen, daß man in den eigenen Reihen Gehirnwäsche betreibt?

Klaus Engels: Nein, denn sie haben es so begründet, daß man in den siebziger Jahren froh war, wenn einige Mitglieder zu ihnen kamen. Aber heute haben sie diese Werbung nicht mehr nötig, denn sie streben bewußt eine Elitegruppe an. Mit diesen Sektenangehörigen möchte man auch ein Elitebewußtsein ausbilden, und deswegen sucht man sich die Leute punktuell aus und nimmt nicht mehr jeden.

Katharina Engels: Die Kinder Gottes sind natürlich eine ganz andere Gruppierung als die Scientology-Kirche und die Mun-Sekte, die ganz bewußt versuchen, in bestimmte Bereiche der Gesellschaft einzudringen, indem sie Betriebe kaufen und vieles mehr. Das machen die Kinder Gottes nicht. Sie versuchen, ein Paradies außerhalb der sogenannten bösen Welt zu schaffen.

"Ich lief Gefahr, gejagt zu werden"

W.W.: Wie ist es mit dem Austritt aus einer Gruppe? Ich hatte in bezug auf die Mun-Sekte den Eindruck, daß man durchaus austreten kann, vielleicht sogar rausgedrängt wird, wenn man nicht zu ihnen paßt. Nun gibt es doch aber sicherlich auch andere Gruppierungen, zumindest im eher schwarzen Bereich, wo der Austritt gleich mit einer Morddrohung verbunden wird.

Klaus Engels: Bei der Mun-Sekte hängt das mit dem jeweiligen Grad zusammen, in dem man sich gerade befindet. Als ich ausgetreten bin, mußte ich erst drei Monate untertauchen, niemand wußte, wo ich war, weil auch ich Gefahr lief, gejagt zu werden. Das lag daran, daß ich sehr intime Kenntnisse besaß, denn ich hatte an Konferenzen im Hauptquartier in Frankfurt teilgenommen. Diese Kenntnisse habe ich dann später zu einem Drehbuch zusammengeschrieben. 1985 wurde darüber ein Film gedreht, der dann auch im ZDF lief. Er heißt "Der totale Messias" und hat auch sehr gute Kritiken bekommen. In diesem Film ging es vor allem um die kriminellen Aktivitäten dieser Gruppe, um Wirtschaftskriminalität.

Was ich in meiner Fallarbeit aber immer wieder erlebe, ist, daß die Sektenmitglieder - außer bei extremen Gruppen - heute eigentlich nicht mehr direkt eingesperrt werden, aber sie werden in einer permanenten psychischen Abhängigkeit gehalten, was durchaus mit einer Drogenabhängigkeit zu vergleichen ist. Natürlich können die jeweiligen Sektenmitglieder wiederum zu Freunden oder zur Familie zurückkommen - so sie das noch wollen -, aber dann tritt immer eine Floating-Phase ein, die in der Regel so lange dauert wie die Kultzugehörigkeit. In dieser Floating-Phase hat der Abhängige das Gefühl, ähnlich wie bei einer Drogenabhängigkeit, daß er, soweit die Kultzugehörigkeit nicht aufgearbeitet ist, wie von Tausenden von Fäden zurück zur Sekte gezogen wird.

Katharina Engels: Vorher werden diese Fäden auch gezielt aufgebaut, indem Schuldgefühle erzeugt werden, also indem einem damit gedroht wird, bei Austritt aus der Sekte dem Satan zu verfallen und vieles mehr. Das wird den Mitgliedern massiv eingeredet, und die Folgen sind so stark, daß immer wieder etwas davon hochkommt, selbst dann, wenn man bewußt dagegen arbeitet. Besonders schlimm ist es in dieser Floating-Phase, weil man absolut orientierungslos ist: Das Alte trägt nicht mehr, etwas Neues hat man sich noch nicht errungen. An diesem Punkt wollen wir mit unserer Rehabilitationseinrichtung ansetzen.

Es gilt, die Versiegelung des Sektenmitgliedes aufzubrechen

W.W.: Ich möchte jetzt ein wenig auf die drei Phasen eingehen, die Sie für die Mitgliedschaft in einer Sekte herausgearbeitet haben: veränderter Bewußtseinszustand, Illusionsphase, Denkverlust. Beginnen wir mit dem veränderten Bewußtseinszustand, der sich bei einem Mitglied einer Sekte einstellt. Das Wertesystem eines Angehörigen einer Sekte wird weggerissen, der Bruch mit der Vergangenheit und der vertrauten Umgebung wird vollzogen, oft bekommt man einen neuen Namen, neue Kleidung und neue Denkinhalte. Auf welche Weise wird die kritische Fragehaltung eines Mitglieds dadurch beeinträchtigt?

Klaus Engels: Das Problem, welches Sie ansprechen, bezeichnet man heute vielleicht weniger als Gehirnwäsche, denn als Mind-Control, welche in sich vier Phasen beinhaltet: Verhaltenskontrolle, Gedankenkontrolle, Gefühlskontrolle und Kontrolle der Information. Im Grunde müßte man jetzt über diese einzelnen Punkte sehr viel ausführen, das können wir hier aber nicht leisten. Allerdings möchte ich zu der Mind-Control noch etwas aus der Zeitschrift *Eltern* zitieren:

"Mind-Control, auch Gedankenumerziehung genannt, ist verfeinerter und raffiniert. Ihre Täter werden als Freunde oder Verbündete angesehen, daher kann der Betreffende sich auch viel weniger wehren. Er engagiert sich unwissentlich durch Kooperation mit seinen Kontrolleuren durch Mitteilung privater Informationen, von denen er nicht weiß, daß sie gegen ihn verwendet werden. Das neue Glaubenssystem wird durch Eingabe einer neuen Identität verinnerlicht. Mind-Control beinhaltet wenig oder keine offene körperliche Mißhandlung, statt dessen werden hypnotische Prozesse mit Gruppendynamik verbunden, zur Schaffung einer überzeugenden Bekehrung. Der einzelne ist getäuscht und manipuliert, nicht direkt bedroht in der Ausführung der angeordneten Wahl. Im ganzen gesehen steht er positiv zu dem, was ihm angetan wurde. Es ist bedauerlich, daß die Medien so leichtfertig das Wort Gehirnwäsche benutzen, es erweckt den Anschein der gewaltsamen Überzeugung. Doch diejenigen im Kult wissen, daß sie nicht mißhandelt wurden, deswegen halten sie Kritik für Lügen." Das entspricht in etwa dem, was auch ich über die vier Phasen geschrieben habe.

W.W.: Wie gelingt es, daß das Programm der Sekte unkritisch aufgenommen wird? Wie wird es erreicht, daß das Mitglied ab einer gewissen Phase die neuen Inhalte nicht mehr kritisch hinterfragt?

Klaus Engels: Wir haben am Anfang des Interviews davon gesprochen, welche Disposition der einzelne Betroffene hat, zum Beispiel durch die jeweilige Beschaffenheit seines Lebensumfeldes. Auch die Ideologien der einzelnen Gruppen sind sehr unterschiedlich, so daß jemand, der sich von den Kindern Gottes angezogen fühlt, sich bei Bhagwan wahrscheinlich sehr unwohl fühlen würde. Die Programme und Ziele der einzelnen Ideologien der verschiedenen Gruppen sind so genau abgesteckt, daß das jeweilige Defizit eines Mitgliedes genau abgedeckt wird. Das betrifft das gesamte Spannungsfeld von christlichen Gruppen bis hin zum Okkultismus und zur schwarzen Magie. Eine Tempelpriesterin, die zum Beispiel beim Thelema-Orden Tempelprostitution vollführt, würde sich wahrscheinlich bei der Mun-Sekte höchst deplaziert vorkommen.

W.W.: Aber können Sie vielleicht doch einmal schildern, wie und wann die kritische Fragehaltung, die bei einem werdenden Mitglied anfangs ja noch da ist, nach und nach aufhört?

Klaus Engels: Ich kann das an einem Fall ein wenig schildern, der für mich sehr dramatisch war, und zwar betrifft dies die Scientology-Sekte. Da war ein 35jähriger Mann, der normal gelebt und als Handwerker gearbeitet hat. Er hatte seit ca. zehn Jahren starke Probleme, weil er keine Partnerin fand, so daß sich auf diesem Sektor bei ihm ein großes Defizit eröffnet hatte. In seinem unglücklichen Zustand las er eine Scientology-Anzeige: "Sie benutzen nur 10 % Ihres geistigen Potentials. Wenn Sie zu uns kommen, werden Sie selbstsicher und erfolgreich." Er hat sich dann sofort das Buch "Dianetik" kommen lassen, wodurch die Scientology-Church gleich seine Adresse hatte. Im weiteren wurde er aufgefordert, Kurse und Auditing zu belegen, um innerlich clear zu werden; er begann mit dem Persönlichkeitstest, wo ihm 200 Fragen vorgelegt wurden. Grundsätzlich ist es dabei so, daß das Ergebnis der 200 Fragen negativ ist. Ihm, der ohnehin schon Probleme hatte, wurde nun schwarz auf weiß quittiert, daß er eigentlich gar kein Mensch und noch irgendwo unter der Null-Grad-Grenze anzusiedeln sei.

Eines Nachts rief er mich um 02.00 Uhr an und forderte mich dringend auf, sofort zu ihm zu kommen, ansonsten wolle er sich erschießen. Ich bin hingefahren, er war in einem sehr schlimmen Zustand. Ich muß der Scientology-Church auf jeden Fall den sehr krassen Vorwurf machen, daß sie dieses Auditing ohne jegliche vorherige Supervision des betreffenden Kandidaten durchführen, ohne jede therapeutische Kenntnis. Bei diesem jungen Mann war es so, daß er durch das Auditing Stimmen zu hören begann, Halluzinationen hatte, so daß wir ihn für eine gewisse Zeit in eine psychiatrische Klinik bringen mußten. Mittlerweile geht es ihm wieder recht gut, aber wenn ich mir überlege, daß er durch diese wenigen Monate bei der Scientology-Church psychiatriereif gemacht worden ist, zusätzlich auch noch 50.000 Sfr zahlen mußte, dann spricht das wohl für sich. Dies ist ein sehr krasses Beispiel dafür, wie die persönlichen Probleme, die im Grunde jeder Mensch hat, von einer Gruppe aufgenommen und für ihre Ziele umgesetzt werden.

W.W.: Meine Frage war noch ein wenig anders gemeint. Wenn ich in eine Sekte eintrete, so bekomme ich einen neuen Denkinhalt. Trotzdem habe ich noch mein kritisches Bewußtsein und entsprechende Denkinhalte aufgrund meiner Vergangenheitserfahrung. Zwar bin ich vielleicht in einer psychisch-kritischen Situation, habe auch irgendwelche Defizite, glaube auch wesentliche Teile dessen, was ich nun neu kennelerne, trotzdem habe ich noch ein gewisses kritisches Fragepotential. Meine Frage zielte jetzt darauf ab, wie man dieses kritische Fragepotential vollkommen auslöscht, so daß man *ganz* zu einem Mitglied wird, alles Kritische in einem selbst ausgelöscht wird und man ganz das Neue übernimmt. Das müßte im Grunde doch Ziel einer jeden Gruppe sein.

Klaus Engels: Genau. Ich war während meiner Zeit in der Mun-Sekte exakt an diesem Punkt, den Sie jetzt ansprechen. Natürlich kommt es auch noch auf das Lebensalter an, ich zum Beispiel war 33 Jahre alt und vorher zehn Jahre in der Wirtschaft tätig, so daß ich schon ein Stück Lebenserfahrung besaß. Trotzdem muß ich sagen, daß ich an diesem Punkt gewesen bin und nicht weiß, wie es mit mir weitergegangen wäre, wenn ich nicht ganz bestimmte Gespräche mit Munies gehabt hätte, durch die ich aufgewacht bin. Trotzdem möchte ich noch einmal betonen, daß das Lebensalter vom Biographischen her gesehen eine sehr eminente Rolle spielt. Das Haupteinstiegsalter ist etwa mit 20, 21 Jahren. Das ist ein Lebensalter, in dem sich das Ich eigentlich erst richtig ausbildet, ein Lebensabschnitt, der insofern wichtig ist, als daß man jetzt nach neuen Lebensaufgaben sucht.

W.W.: Kann man in dieser ersten Phase, die Sie mit "veränderter Bewußtseinszustand" kennzeichnen, noch jemanden aus einer Sekte herauslösen?

Klaus Engels: Selbstverständlich, das ist noch möglich. Ich habe gerade einige Fälle aus der Scientology-Church erlebt. Zum Beispiel ein junges Mädchen, das einen fünfmonatigen Kommunikationskurs in Kopenhagen mitgemacht hat, also in einer Eliteschule der Scientologen. Wenn man sich mit Scientologen unterhält, so ist immer eine unsichtbare Glaswand zwischen dem Scientologen und einem selbst, weil die Scientologen eine ganz andere Sprache sprechen. Und wenn man diese Begriffe nicht beherrscht, so kommt man mit der anderen Person überhaupt nicht in Kontakt. Das heißt also, wenn ich mit solchen Menschen Kontakt aufnehmen will, muß ich die Originalliteratur und die Sprache der jeweiligen Gruppe studieren. Ich muß die Ideologie immer im Hinterkopf haben, um den Gesprächsprozeß langsam entfalten zu können. Sie müssen sich diesen Menschen so vorstellen wie einen Fußboden, der versiegelt ist, und nun ist es ihre Aufgabe, diese Versiegelung in irgendeiner Weise langsam aufzubrechen. Wenn sie es aufgrund ihrer Kenntnis von der Ideologie schaffen, diese transparent zu machen bzw. Widersprüche aufzudecken, dann erreichen sie diesen anderen Menschen wieder. Und dann kann man ihn auch aus der Sekte herauslösen.

Katharina Engels: Wesentlich ist auch, daß man während dieser kurzen Zeit, die einem zur Verfügung steht, eine Beziehung zu dem anderen Menschen aufbaut, um irgendwie durch diese Glaswand stoßen zu können.

Die Grenze zwischen Innen- und Außenwelt wird zerstört

W.W.: Kommen wir zu der zweiten Phase, die Sie die Illusionsphase nennen. Wie ist es während dieser Zeit um ein Sektenmitglied bestellt, wenn es zum Beispiel anfängt, die Innen- und Außenwelt zu verwechseln, wenn es beginnt, die Scheinwelt innerhalb der Sekte für die Wirklichkeit zu halten?

Katharina Engels: Wenn ein Mensch in dieser Phase ist, dann geht es eigentlich darum, daß er in diesem Kult bzw. in der Sekte eine neue Lebensperspektive sucht, die er in unserer normalen Gesellschaft aus verschiedenen Gründen nicht erreicht hat. Dann wird er mit einer angeblichen Elitegruppe konfrontiert, mit scheinbaren humanitären Zwecken, mit der Aufgabe, die Welt zu retten und vieles mehr. Wenn man jetzt mit den Mitgliedern redet, die sich bereits in dieser Illusionsphase befinden, so ist es nicht ausreichend, die Ideologie aufzuarbeiten, sondern man muß das gesamte familiäre Umfeld mit einbeziehen. Aber ganz besonders wichtig ist es, daß man diesem Menschen, den man herauslösen möchte, eine ganz seriöse, neue und andere Lebensperspektive als die in der Sekte aufzeigen muß. Denn man steht ja vor der Situation, daß ein Mensch aus unserer Gesellschaft in die Sekte hineingeflüchtet ist, so daß es keine sehr aussichtsreiche Perspektive für ihn sein wird, in diese Gesellschaft zurückzukehren, und deshalb muß man ihm eine ernsthafte Perspektive bieten können.

An diese Stelle wird unsere Einrichtung *Pegasus* treten. Wenn man so eine Stätte hat, kann man dem Kultmitglied anbieten, zwar aus der Sekte herauszutreten, nicht aber gleich zurück in die Familie oder die übrige Gesellschaft zu gehen, sondern in eine derartige Zwischenstation, wie wir sie mit unserer *Pegasus*-Einrichtung anstreben. Denn es geht darum, mit ihm zusammen eine neue gesicherte Lebensperspektive aufzubauen.

W.W.: Kommt es in dieser Illusionsphase vor, daß für das Mitglied Innen- und Außenwelt verschwimmen, daß durch den Druck, der in der Gruppe herrscht, Halluzinationen auftreten?

Katharina Engels: Ja, das ist keinesfalls selten, allerdings nicht nur durch den Druck, der in einer Gruppe herrscht. Die Scientology-Kirche arbeitet zusätzlich mit psychologischen Methoden, von denen ich den Eindruck habe, daß sie dem Versuch dienen, während des Auditings ganz bewußt die bisherigen Strukturen der Persönlichkeit zu zerstören. Selbstverständlich gibt es etwas, was die Grenze zwischen Innen- und Außenwelt bildet, und das wird kaputtgemacht.

W.W.: Verliert man auch die Orientierung innerhalb seiner eigenen Gefühlswelt? Ist diese Gemüts- und Gefühlswelt vielleicht besonders geeignet, in den Menschen einzugreifen, indem über eine zerstörte Gefühlswelt auf das Denken und den Willen des Menschen Einfluß genommen werden kann?

Klaus Engels: Ich denke dabei an eine "Schwester" in der Mun-Sekte, bei der ich mir überlegt habe, ob ich sie mit herausnehme, als ich selber ging. Bei ihr lag folgendes vor: Kurz bevor sie zur Mun-Sekte ging, zerbrach ihre Beziehung zu einem Mann, so daß sie nahe daran war, sich aufzuhängen. Sie selbst hatte sich vorgenommen, lieber in eine Sekte zu gehen, als dergleichen noch einmal in der übrigen Gesellschaft durchzumachen. Deswegen ist sie ganz bewußt in die Mun-Sekte eingetreten, weil sie die Hoffnung haben durfte, vom "Messias" (Mun) einen Mann zugewiesen zu bekommen (Massenhochzeiten), der somit auf der gleichen ideologischen Ebene stünde. Sie hatte gehofft, daß ihr das,

Sun Myung Mun

was ihr in dieser Gesellschaft passiert war, garantiert nicht noch einmal passieren würde. Ihr Einstiegsgrund war also die Flucht aus der harten Wirklichkeit.

In der Hare Krishna-Sekte ist dies oftmals noch viel extremer, weil dort die gesamte Außenwelt als Maya angesehen wird, und sie teils nicht einmal in der Lage sind, ihre Stimme für die Bundestagswahl abzugeben. Deshalb muß man solche Menschen ermuntern, neuen Mut zu entwickeln, um wieder in die Wirklichkeit einsteigen zu können. Auch muß man ihnen klarmachen, daß sie es ertragen müssen, Schmerzen zu erleiden, denn auch Schmerzen gehören zur Lebenserfahrung dazu. Man muß also den Verlust des Gemütes insofern wieder aufgreifen, als daß man erneut zu denken wagt und wiederum lernt, sich mit seiner eigenen Wirklichkeit auseinanderzusetzen. Mit solchen Menschen muß man die ursprüngliche Problematik, die sie veranlaßt hat, in eine Sekte einzutreten, erneut aufarbeiten. Vor allem muß man ihnen Mut machen, sich gewissen Schmerzen und auch Enttäuschungen wirklich zu stellen, denn die gehören zum Leben dazu.

Katharina Engels: So unterschiedlich die Sekten auch sind, alle versuchen in irgendeiner Weise das individuelle Ich zu eliminieren. Indem man aber das Ich ausschaltet, wird auch das Gefühl hohl. Sicherlich gibt es Gruppengefühle, aber letztendlich sind alle Gruppenmitglieder austauschbare Instanzen, denn die individuelle Tönung wird auszuschalten versucht.

Es war nur noch eine Hülle

W.W.: Die dritte Phase wäre der Verlust des Denkens; durch welche Praktiken wird dieser in einer Sekte herbeigeführt?

Klaus Engels: Dies ist die Phase, in der es nur noch sehr schwer möglich ist, jemanden aus einer Sekte herauszulösen, denn es handelt sich hierbei meist um Menschen, die bereits seit mehreren Jahren intensiv in einer Sekte gelebt haben. Was durch diese jahrelange Indoktrination auftritt - ich habe das in meiner umfangreichen Beratungsarbeit mehrfach erlebt -, sind zerebrale Dissonanzen. Das menschliche Gehirn ist ja in die rechte und linke Gehirnhälfte geteilt, wobei die rechte Gehirnhälfte mehr das Gefühlsmäßige und Künstlerische betont, während die linke für das logische und verstandesmäßige Denken zuständig ist. Durch eine jahrelange gezielte Indoktrination wird dieses sensible Gleichgewicht der beiden Gehirnhälften in Unordnung gebracht bzw. gewissen Schwankungen unterworfen. Daraus entstehen die Dissonanzen, die ihrerseits wiederum bis in das Hormonleben des Menschen einwirken, was dazu führen kann, daß bei Frauen die Menstruation verschwindet, bei den Männern der Bartwuchs. Wenn man nun jahrelang einer derartigen Indoktrination ausgesetzt ist, verlöschen zunehmend die normalen Strukturen des Gehirns. Das ist im Grunde ein sehr schwieriges Gebiet, denn es geht hier um biochemische Vorgänge im Gehirn.

Katharina Engels: Normalerweise ist es beim Denkvorgang ja so, daß man verschiedene Wahrnehmungen macht, dann aus diesen Wahrnehmungen einige selektiert und sie mit den Begriffen, die man besitzt, zusammenbringt. Innerhalb einer Sekte ist man allerdings nicht mehr der gesamten Fülle von Wahrnehmungen gegenübergestellt, da diese bereits gezielt selektiert werden, indem zum Beispiel der Informationsfluß genauestens dosiert wird. Man denke in diesem Zusammenhang nur an die Kinder Gottes, die überhaupt keine Bücher lesen dürfen. Schließlich kreist das menschliche Denken nicht nur in sich, sondern ist auch auf Informationen angewiesen. Darüber hinaus wird die menschliche Wahrnehmung unterbrochen, und statt dessen wird vor dem Mitglied ein ganz neues Bild aufgestellt, indem zum Beispiel gesagt wird, daß die gesamte Außenwelt dem Satan unterliege. Jeder Gedanke aber, der davon abweicht, wird auch wieder in diesem Bild schlüssig interpretiert, denn er wird als Versuchung bzw. Einflüsterung Satans gesehen.

W.W.: Mit anderen Worten, man gibt dem Kandidaten über längere Zeit genau gezielte und abgesteckte Denkinhalte als leichte Kost zu kauen, bis der Kandidat mangels neuer Denkinhalte auch keine anderen mehr denkt. Ist das nicht fast eine Art Hypnose, die auf längere Zeit konzipiert ist?

Klaus Engels: Genau so ist es, so als würde dem Menschen - materiell gesehen - ein Teil seines Gehirns entzogen und ihm statt dessen eine Kassette eingelegt.

Katharina Engels: In diesem Zusammenhang spricht man nicht nur von Mind-Control, sondern auch von Milieu-Kontrolle. Denn schließlich ist es auch so, daß man als normales Sektenmitglied kaum in der Lage ist, sich mit außenstehenden Personen zu treffen. Man lernt auch niemanden kennen, der nicht in der Sekte ist, besucht keine kulturelle Veranstaltung oder sonst etwas. Jede Reise, wenn man sie denn überhaupt macht, wird genau kontrolliert, mit anderen Worten: jede Wahrnehmung wird exakt dosiert und vorgegeben.

W.W.: Gibt es den Point-of-no-Return, gibt es einen Punkt, an dem ein Sektenmitglied so geschädigt ist, daß man ihn nicht mehr aus seiner Sekte herausreißen kann?

Katharina Engels: Wir haben gerade mit einem Klinik-Arzt gesprochen, der uns von einem jungen Mann erzählte, der langjährig TM gemacht hat. Dieser Arzt sagte - und das können auch wir bestätigen -, daß, wenn man es mit einem chronisch Schizophrenen zu tun hat, man immer noch eine Person vor sich hat, immer noch einen Kern, einen Menschen, der einem gegenübersteht. Aber in bezug auf diesen TM-geschädigten Menschen äußerte sich der Arzt so, daß er das Gefühl hatte, daß da nichts mehr war. Er entdeckte nichts an ihm, wo man noch hätte eingreifen können. Das war ein anthroposophischer Arzt, und als er mir das sagte, war das doch sehr erschütternd.

W.W.: Was war statt dessen da?

Katharina Engels: Nichts, es war nur noch eine Hülle. TM ist ja eine Methode, die aus Indien kommt, bei der es darum geht, ins Nirwana zu kommen, durch die das Ego zertrümmert werden soll.

Sektenartige Tendenzen bei einigen Anthroposophen

W.W.: Bisher haben wir immer von verschiedenen Sekten gesprochen. Gibt es derartige sektenhafte Strukuren vielleicht auch in unserem Umkreis, bei uns selbst oder in Einrichtungen, denen wir nahestehen?

Katharina Engels: Wenn man sich intensiv mit den Sekten beschäftigt, wie wir das tun, dann kann man auch gewisse Anzeichen woanders erkennen, unter anderem auch in anthroposophischen Einrichtungen. Ich will keineswegs behaupten, daß das Sektenhafte für anthroposophische Einrichtungen charakteristisch ist, trotzdem ist es eine Gefahr, der menschliche Gemeinschaften unterliegen: Wir haben zum Beispiel von einer Gruppe von Ärzten und Therapeuten aus Zürich gehört, die sogenannte Züricher Schule, gegründet von Liebling. Die waren zuerst kritisch, aufklärerisch und linksorientiert. Aber nach und nach bildete sich eine Gruppe, die sich immer mehr von den anderen abschloß, zunehmend ein äußeres Feindbild und hierarchische Strukturen entwickelte. Mittlerweile sind sie völlig ins reaktionäre rechte Lager umgeschwenkt. So etwas gibt einem schon zu denken.

W.W.: Welches sektenartige oder weltanschauliche Verhalten würden Sie denn bei manchen Anthroposophen oder anthroposophischen Einrichtungen konstatieren?

Katharina Engels: Oftmals erkennt man eine sehr klare hierarchische Struktur, zum Beispiel mit dem Gründungsmitglied an oberster Stelle, manchmal erlebt man sogar von einem Heimleiter, daß er irgendwie in der Annahme schwebt, bereits erleuchtet zu sein. Ich habe auch festgestellt, daß einige dieser Menschen, die ich vor Augen habe, ausschließlich bestrebt sind, Originalliteratur von Rudolf Steiner zu lesen, aber keine Sekundärliteratur oder gar nichtanthroposophische Bücher. Natürlich gibt es auch die weiteren Tendenzen, die ich auch erlebt habe, daß man sich gegen die Außenwelt abschirmt und eine entsprechende Binnenkultur entwickelt, daß man eine gewisse Angst vor der Außenwelt entwickelt, so daß eine Sprachlosigkeit gegenüber dieser sogenannten Außenwelt entsteht. Entsprechend entwickelt man dann nach innen eine eigene Sprache, die Menschen, die von außen hinzustoßen, kaum noch verstehen können.

Sehr bedauerlich wird es dann, wenn man sich jungen Leuten, die aufgeschlossen und interessiert hinzustoßen, nicht mehr richtig mitteilen kann. Es mag sein, daß wir in bedrohlichen Zeiten leben, das ist aber noch lange kein Grund, den Kopf in den Sand zu stecken und sich von anderen Menschen abzuschließen, um sich letztlich nur in den eigenen Kreisen zu bewegen. Wenn ich dann höre, daß man nur Rudolf Steiner lesen wolle, so fällt mir als erster Rudolf Steiner selbst ein: Was hat der nicht alles gelesen! Das sind für mich alles bedenkliche Tendenzen, die nicht im Sinne von Rudolf Steiner sein können, denn er wollte, daß man sich mit der Realität auseinandersetzt, weil man sie nur so umgestalten kann. Wenn man aber auf einer Insel eine Sondersituation schafft, so kann man dies nicht.

W.W.: Es wäre also für die anthroposophischen Einrichtungen eine Aufgabe unter vielen, sich anhand der Sekten, die heute zunehmend wie Pilze aus dem Boden schießen, klarzumachen, daß man der Gefahr unterliegen kann, ähnliche Tendenzen anfänglich zu entwickeln?

Klaus Engels: Dazu kann ich ein erschreckendes Beispiel mitteilen, und zwar von der Einrichtung, in der ich zuletzt tätig gewesen bin, eine mehr oder weniger anthroposophische Einrichtung, eigentlich kann man sie nicht mehr anthroposophisch nennen. Es ging um eine Arbeit, die ich zu schreiben hatte, und ich wurde für mehrere Stunden vor ein Tribunal geladen - Vorstand und Heimleitung -, wo mir unmißverständlich klargemacht wurde, daß man mit dem Thema meiner Arbeit nicht einverstanden sei und vieles mehr. Durch dieses Gespräch mit Vorstand und Heimleitung wurden alle Strukturen deutlich, über die wir jetzt in diesem Interview gesprochen haben, was die Mind-Control betrifft. Ich wollte diese Arbeit in meiner Freizeit schreiben, und wiederum wurde mir unmißverständlich klargemacht, daß es Freizeit nicht gebe.

Katharina Engels: Es ist zwar gut, wenn man aus einem Idealismus heraus engagiert arbeitet, und soziale Arbeit in Heimen muß auch irgendwie auf diese Weise absolviert werden, aber es kommt in ein ungünstiges Fahrwasser, wenn dieses Engagement von der Leitung ausgenutzt wird.

Der Verein *Pegasus* und die Gründung einer Kultklinik

W.W.: Werden Sie mit ihrem Verein *Pegasus* durch anthroposophische Einrichtungen unterstützt, oder wie liegen hier die Verhältnisse?

Klaus Engels: Im Juni 1989 hatte ich ein Gespräch mit der GLS-Bank in Bochum. Man befand unsere Arbeit als sehr wichtig, forderte uns allerdings auf, zuerst einen Finanzierungsplan in Zusammenhang mit der Landes- und Bundesregierung zu erstellen. Im übrigen empfahl man uns, das mit einer Leihgemeinschaft aufzubauen. Ich versuchte, den Menschen der Bochumer Bank klarzumachen, daß dies gerade in dieser Szene, in der wir operieren, nicht möglich ist. Das mag zum Beispiel für eine Waldorfschule gut sein, aber in der Szene der destruktiven Kulte geht dies ausgerechnet nicht. Auf diesem Stand blieben dann unsere Verhandlungen stehen. Abgesehen von einer kleinen Spende der Mahle-Stiftung sind wir von niemandem unterstützt worden. In Bochum war man leider nicht flexibel genug, in dieses völlig neue Gebiet, das wir bearbeiten, einzusteigen. Was wir machen wollen, gibt es in ganz Europa noch nicht, und das paßt irgendwie nicht in die Denkmodelle, die man zumindest damals in Bochum hatte.

Katharina Engels: Natürlich ist es so, daß wir eine weltanschaulich neutrale Einrichtung planen, das ist gar nicht anders möglich in dieser Szene. Wir müssen und werden mit den verschiedensten Einrichtungen zusammenarbeiten: Elterninitiativen, Kirchen usw. Selbstverständlich wollen wir diejenigen Menschen, die aus den Sekten zu uns kommen, nicht wieder in eine neue Richtung drängen. Wir möchten eigentlich auch Mitarbeiter aus den verschiedensten Richtungen haben, wobei wir natürlich in der Lage sein müssen, miteinander zu sprechen, um auch die verschiedenen Erlebnisse, die man in den Sekten durchgemacht hat, verstehen zu können. Obwohl wir weltanschaulich neutral bleiben, werden wir doch nach einem ganzheitlichen Menschenbild arbeiten, und das, was wir machen werden, wird der Anthroposophie im Grunde nicht widersprechen.

W.W.: Wenn ich hier noch einmal einhaken darf: Sie haben vor, eine Einrichtung für kultgeschädigte Menschen zu gründen. Können Sie bitte kurz grundlegend darstellen, wie Sie vorgegangen sind und wie diese Einrichtung aussehen wird?

Klaus Engels: Durch meine langjährige Tätigkeit auf diesem Sektor habe ich eine ziemlich genaue Vorstellung, wie so eine Einrichtung aussehen wird. Weltweit gibt es bisher nur eine einzige Einrichtung, und zwar die Kultklinik in Los Angeles, die auch eine wirkliche Klinik mit einem integralen System von verschiedenen Rehabilitationseinrichtungen ist. Diese Einrichtung schwebte mir als Bild im Kopf, und der letzte Anstoß, etwas derartiges in Europa zu gründen, war der Kongreß "Kulte in der Gesellschaft" vom 27.-29.11.1987 in Barcelona. Auf diesem Weltkongreß wurde von der AFF (American Family Foundation) dringend eine derartige Einrichtung in Europa gefordert. Die Menschen aus den USA haben uns dazu aufgefordert und uns audiovisuell Zustände dargestellt, die so grauenhaft waren, daß es allen klar wurde, daß Beratungsstellen nicht mehr ausreichen, sondern daß man Kliniken von der Art wie in Los Angeles gründen muß. Sie haben uns dargestellt, daß die Welle von kultgeschädigten Menschen in wenigen Jahren auf uns Europäer zuschwappen wird und daß wir dann "nackt im Wind" dastehen und nichts in der Hand haben werden, um den kultgeschädigten Menschen Hilfe anbieten zu können. Sie haben uns sehr drastisch geschildert, daß auf uns eine Welle zukommen wird, bis hin zur schwarzen Magie, mit der wir nicht mehr umgehen werden können. Sie baten uns händeringend, in Europa eine Kultklinik zu gründen, da sie nicht in der Lage seien, sämtliche Kultgeschädigten in der Klinik in Los Angeles aufzufangen.

Katharina Engels: Das war der letzte Impuls für Klaus, etwas Derartiges zu gründen, und genau seit November 1988 haben wir beschlossen, dies auch zu tun.

W.W.: Wie soll diese Kultklinik aussehen?

Katharina Engels: Vielleicht sollte man es zuerst noch nicht Kultklinik nennen, sondern Rehabilitationseinrichtung für kultgeschädigte Menschen. Wir stellen uns das so vor, daß wir im ersten Zuge etwa 20 kultgeschädigte Menschen aufnehmen, natürlich nicht alle gleichzeitig, sondern sukzessive beginnend, weil auch wir die Methoden der Behandlung erst entwickeln müssen. Es gibt zwar Erfahrungen in Amerika, aber noch keine Lehrbücher, so daß auch wir erst Erfahrungen in der Praxis sammeln müssen; im Grunde ist dies auch eine Forschungsarbeit. Selbstverständlich haben wir eine Konzeption entwickelt, die natürlich vorerst noch eine Art Arbeitshypothese bleiben muß. Denn es wird ganz unmöglich sein, Rezepte zu entwickeln, die für alle Menschen gelten, denn dazu sind die individuellen Schicksale viel zu unterschiedlich, entsprechend verschieden sind auch die Sekten, aus denen die Menschen dann kommen werden. Selbstverständlich haben alle Menschen, die aus den Sekten kommen, Defizite; welche das aber sind, muß man sich eben genauestens anschauen. Bei den Bhagwan-Geschädigten muß man zum Beispiel danach trachten, daß der Verstand wieder angesprochen wird, daß sie eine neue Form finden können, weil alle Formen zerstört worden sind, während bei den Scientology-Geschädigten zum Beispiel die Seiten des Gemüts oder soziale Fähigkeiten angesprochen werden müssen. Durch das Kollegium, das wir später bilden werden, wird dann jeder Neuankömmling genau angeschaut und ein mehr oder weniger individueller Behandlungsplan entwickelt.

Cult Information Center

W.W.: Wie werden die Klienten zu Ihnen kommen? Werden sie selbst die Initiative ergreifen, nachdem sie mit der jeweiligen Kultgruppe gebrochen haben oder müssen sie noch aus dieser Gruppe herausgeholt werden?

Klaus Engels: Seit meiner Mitwirkung auf dem Kongreß in Barcelona bin ich in einem Netzwerk sämtlicher Elterninitiativen und aller europäischen und außereuropäischen relevanten Organisationen bekannt, bin tätiges Mitglied der österreichischen und der schweizer Elterninitiative, Mitglied des Bundesverbandes Deutscher Elterninitiativen, ferner habe ich im Laufe der Jahre eine Menge Publikationen, unter anderem im Rundfunk und im Fernsehen, gemacht. Ich bin also ziemlich einschlägig bekannt. Das hat zur Folge, daß ich von den Betroffenen selber oder von deren Angehörigen angesprochen werde und man mir per Brief oder per Telefon einen Auftrag zur Beratung erteilt.

Der Verein *Pegasus e.V.* ist gemeinnützig und soll später Träger des Rehabilitationszentrums werden, ich selbst habe eine Firma gegründet, die sich *Cult Information Center* nennt, die nur die Aufträge der Beratung mit Eltern abwickelt, und zwar professionell, also es werden den Eltern auch Rechnungen ausgestellt. Tantiemen aus Veröffentlichungen, sämtliche Einkünfte aus Veranstaltungen usw. werden auch über diese Firma abgewickelt. Von staatlicher Seite ist es zur Zeit sehr schwer, Fördermittel für eine Beratungsstelle zu bekommen, das hängt mit einigen Urteilen zusammen, die momentan in der Schwebe hängen, die unter anderem auf den Artikel 4 GG, Religionsfreiheit, zurückgreifen.

W.W.: Wenn sich jemand von unseren Lesern nun an Sie wenden will, wie läuft das ab, was kostet eine derartige Beratung, wie gehen Sie vor?

Klaus Engels: Ich habe schon meine festen Sätze, trotzdem mache ich Unterschiede in bezug auf die soziale Stellung des jeweiligen, der bei uns anfragt. Das handele ich jeweils selber mit der entsprechenden Familie aus. Sie haben es ja eben während des Interviews miterlebt, wie es im einzelnen abläuft: Ich bekomme einen Anruf, man schildert mir eine völlig neue Fall-Geschichte, heute waren es die Eltern eines Betroffenen, und wir vereinbaren einen Termin. Alles weitere ergibt sich dann.

Katharina Engels: Für unsere Rehabilitationseinrichtung brauchen wir dann natürlich öffentliche Fördermittel. In ihr werden die Weiterbetreuung und die Nachsorge stattfinden, die sich an das anschließen werden, was Klaus jetzt mit seiner Beratungstätigkeit macht. Er macht jetzt professionell Beratungsarbeit, Krisenintervention in Familien. Oft reicht das bereits, aber viele Familien fragen uns dann, wie es denn nun weitergehen kann, weil sie nicht in der Lage sind, die geschädigten Personen zu betreuen. An diese Stelle muß eine Rehabilitationseinrichtung treten.

W.W.: Wie lange werden die Klienten in dieser Rehabilitationseinrichtung sein?

Klaus Engels: Das wird sehr unterschiedlich sein. Nach amerikanischen Erfahrungen, das ist jetzt ein Mittelwert, werden die Klienten so lange bleiben, wie die Kultzugehörigkeit des jeweiligen Menschen gedauert hat. Das ist eine sehr realistische Perspektive.

W.W.: Können Sie noch etwas allgemeines zu dem Konzept sagen?

Katharina Engels: Wir haben ja bereits besprochen, wie die verschiedenen Ideologien das Ich ausschalten, die Wahrnehmungen verändern, das eigene Denken korrumpieren, die Urteilsfähigkeit behindern; und das sind eben Dinge, die wir wieder anregen müssen. Wir denken es uns so, daß wir ein größeres Haus oder ein Hotel erwerben, in dem wir dann zusammenleben werden, auch einige der Mitarbeiter, so daß wir eine Gruppe bzw. therapeutische Gemeinschaft bilden. Wichtig ist es dafür, daß man die Betreuten mit einbezieht, so daß sie lernen, wieder initiativ zu werden, daß man ihnen nicht gleich wieder alles vorgibt, wie das in den Sekten der Fall gewesen ist. Selbstverständlich werden wir viele gemeinsame Arbeiten erledigen, angefangen mit dem Haushalt, wir werden an der Erde arbeiten, was besonders gut für die Menschen ist, die von der Hare Krishna-Sekte kommen und die ganze Welt nur noch als Maya betrachten.

Hinzu kommen Web- und Holzarbeiten und vieles mehr. Allerdings denken wir nicht daran, eine Art von Behindertenarbeit oder Beschäftigungstherapie einzurichten. Wir alle sind erwachsene Menschen, und wir halten dergleichen nicht für angezeigt. Die Arbeit wird auch nur einen Teil der Zeit einnehmen, denn hinzu kommt zum Beispiel das künstlerische Tun, womit man die zu kurz gekommene Wahrnehmung wieder anregen kann. Durch künstlerisches Arbeiten werden Seiten der Persönlichkeit, die ausgeschaltet waren, erneut angeregt.

W.W.: Wie steht es mit Gesprächsgruppen?

Katharina Engels: Das kommt natürlich auch hinzu, und zwar individuelle als auch Gruppengespräche. Wir werden intensiv die jeweilige Sektenideologie aufarbeiten und dabei davon ausgehen, nicht alles von der jeweiligen Sektenideologie in Bausch und Bogen abzulehnen. Wir müssen auch auf die ganzen Erlebnisse eingehen und fragen, was diese Erlebnisse dem einzelnen Menschen gebracht haben. Damit hilft man ihm, seine Erlebnisse irgendwie in sein Leben zu integrieren, denn dann braucht er sie nicht vollkommen auszulöschen. In gemeinsamen Gesprächen werden wir auch das besprechen, was allen Sekten gemeinsam ist und wo man sich miteinander austauschen kann. Ferner haben wir an Gesprächsgruppen mit politischer Bildung gedacht. Denn wenn man jahrelang von der Welt ferngehalten worden ist und lediglich zu wissen meint, daß draußen Satan tobt, dann ist das ein Weltbild, das wir auf jeden Fall ein wenig differenzierter gestalten müssen! Wenn man zum Beispiel zusammen Zeitung liest, dann bringen wir die Menschen wieder in ein realistischeres Bild der Welt.

Hinzu kommt, daß alle diese Menschen im Grunde nach dem Sinn des Lebens fragen. Ich war zum Beispiel mal auf einer Tagung von ehemaligen Sektengeschädigten, wo gleich zu Beginn ein junger Mann auf mich zukam und mich fragte: “Was ist dein Gottesbild?” So sind eben diese jungen Menschen, und darauf muß man eingehen können. Aber nun geht es darum, daß man nicht gleich wieder sagt, exakt so und so ist es, sondern man muß versuchen, gemeinsam verschiedene Weltanschauungen, verschiedene Philosophien zusammenzustellen und sich mit ihnen auseinanderzusetzen. Alle jungen Menschen sind irgendwie in die Sekte geraten, weil sie sich in der pluralistischen Gesellschaft nicht haben halten können und nach dem ersten Strohhalm, der sich ihnen bot, gegriffen haben. Deswegen müssen wir versuchen, die Fähigkeit, sich mit verschiedenen Richtungen auseinanderzusetzen, zu stärken.

W.W.: Wie steht es mit der Schuldaufarbeitung? Viele dieser jungen Menschen werden ja andere Menschen ins Unglück gestürzt haben, indem sie ohne Skrupel - wenn auch in Verzweiflung - aus ihrem Lebensumfeld abgehauen sind. Wie streben Sie an, mit den Schuldgefühlen, die in bezug auf die eigene Vergangenheit auftauchen werden, umzugehen?

Klaus Engels: Wie meine Frau schon ausgeführt hat, wird bei uns oberste Priorität sein, daß man den kultgeschädigten Mitgliedern klar macht, daß die Zeit, die sie im Kult verbracht haben, nicht umsonst gewesen ist. Dann muß man schauen, was individuell bei dem jeweiligen Menschen vorgelegen hat, zum Beispiel daß er von den Eltern in ein Studium hineingetrieben worden ist, das ihm überhaupt nicht lag. Ich denke zum Beispiel an ein Mädchen, deren Eltern eine alteingesessene Apotheke am Ort hatten, und natürlich mußte die Tochter Pharmazie studieren, um diese 100 Jahre alte Apotheke übernehmen zu können. Sie war ein vollkommen anderer Mensch, wurde aber von der Familie unter Druck gesetzt, machte in Bochum an der Universität einen Selbstmordversuch und geriet daraufhin in die Mun-Sekte. Deswegen muß man ganz stark das Fehlverhalten der Eltern mit hinzunehmen, weil Eltern ihre Kinder, selbst wenn diese schon 28 Jahre alt sind, oft als ihren persönlichen Besitz betrachten.

W.W.: Letzte Frage: In welcher Weise sehen die Sekten die ehemalige DDR als willkommenes Land, um neue Mitglieder zu werben?

Klaus Engels: Ich habe gesicherte Erkenntnisse, daß alle Gruppen - zum Beispiel Scientology, Mun, Kinder Gottes, Hare Krishna - via Zürich die Länder der ehemaligen DDR massiv missionieren. In der Schweiz sitzen meist die europäischen Zentren dieser Gruppen. Es bleibt keineswegs dabei stehen, einzelne Menschen zu missionieren, sondern sie sitzen in den Startlöchern, um die maroden Betriebe wirtschaftlich aufzukaufen und zu übernehmen. Da sind massive Bestrebungen in Gange, allerdings nicht nur in der ehemaligen DDR, sondern auch in Südosteuropa.

W.W.: Man hat dort ja auch ein weitgehend unkritisches Potential von Menschen!

Klaus Engels: Ganz genau, denn diese Menschen haben ja einen wahren Hunger nach geistigen Dingen, und so laufen sie den verschiedenen Sekten natürlich in das offene Messer.

Wir möchten Sie noch auf folgende Fernsehsendung aufmerksam machen: In der Reihe "Die Reportage" bringt das ZDF am 9. Juli 1991 um 19.30 Uhr eine Sendung von Jürgen Roth, an der auch Klaus Engels wesentlich mitgewirkt hat, über die Mun-Sekte: "Im Reich des Bösen. Über den Kreuzzug der Mun-Sekte".

Totalitäre Thetanen – Scientology

INTERVIEW MIT NORBERT POTTHOFF

von Klaus-Dieter Neumann

Norbert Potthoff, *1948 in Uerdingen geboren. Kunstjugendpreis Krefeld, Ausbildung als Fotograf, Maler und Designer. Einzelausstellungen seit 1974, u.a. in Krefeld, Düsseldorf, Zürich und Florida. Als freier Maler und Schriftsteller tätig. Lebt seit 1990 in Krefeld. Von 1981-1986 in Scientology, dort Leitender Direktor für Öffentlichkeitsarbeit und Presse in Düsseldorf.*

Angezählt, aber noch nicht ausgezählt: Die Scientology-Sekte hat in den vergangenen Wochen und Monaten herbe Rückschläge einstecken müssen. Nicht nur, daß sie sich eines massiven Presseechos alles andere als erfreuen konnte: Die Freie und Hansestadt Hamburg entzog ihr jüngst als erstes Bundesland die Rechtsfähigkeit als Verein, um sie künftig als Wirtschaftsunternehmen behandeln und besteuern zu können. Bis dieser Entzug rechtskräftig wird, könnte jedoch noch einige Zeit ins Land gehen, da Scientology mit ihren bekanntermaßen hartnäckigen Rechtsanwälten gegen die Entscheidung vor das Verwaltungsgericht zieht.

Doch die Zeit arbeitet gegen Scientology und das Ziel ihrer Clear Deutschland-Kampagne, die sich mittlerweile als Schuß, der nach hinten losgegangen ist, erweist.

Denn die vermehrten Aktivitäten zur Einflußnahme in Wirtschaft und Politik, haben letztendlich das Augenmerk der Öffentlichkeit auf das dubiose Gebahren der Sekte gelenkt. Der kühne Schwung, mit dem sie sich selbst als Kirche und Religion bezeichnet, vermag zumindest denjenigen nicht mehr zu täuschen, der die Berichte in der Presse verfolgt hat. *Spiegel, Zeit, Wirtschaftswoche, Hamburger Abenblatt* - um nur einige zu nennen - brachten Fakten ans Licht, die manchem die Haare zu Berge stehen ließen und die ihre Wirkung nicht verfehlten: Anläßlich der Hamburger Bürgerschaftswahl 1991, bei der die FDP eine empfindliche Wahlschlappe erlitt, sahen bei einer Infas-Umfrage 38 % der Befragten Anlaß zum Mißtrauen gegenüber der FDP, weil Verbindungen zur Scientology publik geworden waren.

Auch das Nachrichtenmagazin *Time* brachte in seiner Maiausgabe 1991 eine Titelstory zum Thema: "Scientology, the cult of greed", so daß auch in den USA der Krake nicht mehr ungehemmt im Trüben fischen kann.

Das folgende Interview gibt einen Erfahrungsbericht Norbert Potthoffs über seine Zeit bei Scientology und die Schlüsse, die er daraus gezogen hat.

Klaus-Dieter Neumann: Was ist eigentlich Scientology?

Norbert Potthoff: Scientology präsentiert sich in der Öffentlichkeit als ein System, das vorgibt, umfassend Fragen zur Religion, zum Leben an sich, zu Wissenschaft und Forschung, zur Technik, zur Politik usw. beantworten zu können. Es bietet scheinbar Lösungen für jegliches Lebensproblem. Die Fülle der Materialien, die Scientology veröffentlicht, ist entsprechend auf die jeweiligen Gebiete zugeschnitten, so daß man einem religiös orientierten Menschen die religiöse Seite und einem Ingenieur oder Wissenschaftler die wissenschaftliche Seite von Scientology anbietet. Man richtet also Scientology auf die individuellen Bedürfnisse und Interessen des jeweiligen Menschen aus, um so den Punkt zu finden, wo die Menschen in ihrer individuellen Verschiedenheit - mit der man rechnet - anzusprechen sind. Nach meiner Erfahrung gibt es kein System, das sich besser auf diese vielen Varianten eingestellt hat als gerade Scientology. Das macht auch gleichzeitig die Behandlung des Themas so schwierig, weil unter Umständen die Kritik an einer Erscheinungsform der Scientology sofort den Protest auf dem anderen Flügel hervorruft und mit dem Verweis auf die ganz anderen Ausprägungen zurückgewiesen wird. Es wird dann ganz nach Bedarf entweder religiös argumentiert und verteidigt oder im Gegensatz dazu mit Berufung auf die Wissenschaftlichkeit. Der Einstieg in das Thema ist deshalb so schwierig, weil Scientology sich als ein umfassendes System verkauft, das alle Gebiete und Fragen des Lebens abdecken will: Wo komme ich her, wo bin ich jetzt, wo gehe ich hin? Solche Fragen, die ganz plakativ benutzt werden, behauptet Scientology, beantworten zu können. So versucht Scientology sowohl den idealistisch gestimmten Menschen als auch den wissenschaftlich Interessierten gleichermaßen anzusprechen.

"Totale Freiheit" nur durch totale Disziplin

K.-D.N.: Welches sind die Kernpunkte dieser "Lehre vom Wissen", wie das Kunstwort Scientology gern übersetzt wird?

N. Potthoff: Einer der zentralen Begriffe ist die "totale Freiheit". Um diese "totale Freiheit" zu erreichen, hat Scientology ein System entwickelt, das in verschiedenen Phasen über Befreiungsgrade, über den Status "Clear" zu den verschiedenen Stufen des "Operierenden Thetan" führt. Letztere reichen von dem OT-Stufen I, II, III usw. bis hin zur heute als erreichbar deklarierten OT-Stufe IX. Fertig ausgearbeitet sind meines Wissens aber bereits OT-Stufen bis XXIV oder XXV, von denen jeweils die nächst höhere freigegeben wird, sobald genügend Scientologen die vorhergehende Stufe erreicht haben. Wenn es genügend OT IX gibt, dann wird OT X freigegeben, wenn es genügend OT X gibt, dann OT XI usw.

Diese Stufen werden als Brücke dargestellt, die dann "Brücke zur totalen Freiheit" genannt wird. Am Ende dieses Weges - so wird verheißen - soll dann das total geklärte, befreite Wesen stehen, das frei ist von allen Lasten der Vergangenheit, auch der vergangenen Leben. L. Ron Hubbard nimmt für sich in Anspruch, als erster Mensch diesen Weg gegangen und die Brücke überschritten zu haben und nun auf der anderen Seite auf uns zu warten. Das proklamiert er in sehr appellativen Formen, zum Beispiel in dem unter Scientologen sehr verehrten "Rons Journal Nr. 37", in dem er mit sonorer Stimme - ob das nun seine eigene Stimme ist oder nicht, sei dahingestellt, auf jeden Fall ist es eine sehr angenehme Männerstimme, die diesen Text verliest - zum Schluß sagt: "I wait for you." Sinngemäß heißt es da etwa: "Ich habe die ganzen Jahre hart gearbeitet, ich gab mein Bestes für euch, und jetzt ist es an euch, euren Beitrag zu leisten. Ich bin auf der anderen Seite, und ich warte auf euch."

Dieses Verstehen der "totalen Freiheit" ist also etwas ganz, ganz Wichtiges in der Scientology. Später, wenn man dann tiefer drinnensteckt, lernt man dann allerdings, daß diese "totale Freiheit" auch nur durch die "totale Disziplin" zu erreichen ist und erkauft wird. Nur, wenn man erst einmal so weit vorgedrungen ist, hat dieser Begriff der "totalen Disziplin" nicht mehr die erschreckende Wirkung, die er normalerweise haben müßte.

K.-D.N.: Wir sollten noch auf weitere grundlegende Begriffe eingehen, die der Klärung bedürfen. Du nanntest bereits den sogenannten "Thetan", der in seiner Bedeutung etwa der Persönlichkeit, der Seele oder dem Ich des Menschen entspricht. Im Grunde genommen wird in der Scientology also der Thetan als das geistige Wesen des Menschen verstanden, das ewig ist. Als Gegenpol zu diesem Thetan wird der Körper gedacht und gewissermaßen zwischen diesen beiden Polen dasjenige, was im Englischen mit "Mind" bezeichnet wird, also was man mit "Verstand", "Sinn" usw. übersetzen könnte. Könntest Du einmal weiter ausführen, worin aus der Sicht der Scientology in diesem Menschenbild die Unfreiheit ursächlich begründet liegt, vielleicht auch unter Einbeziehung einer Klärung des Begriffs "Engramm"?

N. Potthoff: Der Freiheitsbegriff, den Scientology sehr plakativ in den Vordergrund stellt, ist sehr eng mit dem ewigen Traum der Menschheit, mit der Sehnsucht nach Erlösung verknüpft, wie sie auch in den Religionen verheißen wird, im Christentum zum Beispiel als Erlösung durch Jesus Christus. Man findet diesen Erlösungsgedanken in allen Religionen der Welt, auch in allen östlichen. Nun leben aber heutzutage sehr viele Menschen in dem Gefühl, daß diese Erlösung weder erreicht ist, noch auf den uns bekannten Wegen erreichbar sein wird. Das äußert sich insbesondere in den westlichen Kulturen bei sehr vielen Menschen in einer Resignation, daß die Kirche versagt habe, daß auch die Politik, die Wissenschaft und gesellschaftliche Institutionen bei der Lösung der drängenden Probleme versagt hätten und daß auf sie keine Hoffnungen mehr zu setzen seien. Scientology hat auch deshalb so viel Erfolg, weil sie diese Ernüchterung der Menschen für sich zu nutzen weiß. Hier setzt Scientology an, das kann man auch bis in ihre Entstehungsgeschichte zurückverfolgen.

Nach dem letzten Weltkrieg war eine ungeheure Ernüchterung eingetreten, die durch das folgende Wirtschaftswunder in der Bundesrepublik oder durch das heftige Gewinnstreben der Amerikaner - nach der Maxime: Erfolg um jeden Preis - nur überdeckt wurde. Trotz des zunehmenden wirtschaftlichen Wohlstands wurden vielen Menschen die tiefgreifenden Mängel bewußt, die nach wie vor fortbestanden: "Irgendwie kommen wir nicht dahin, wo wir eigentlich hinwollen." Hier setzt Scientology in den fünfziger Jahren in den USA ein, versprach die absolute Freiheit und bot einen leicht begehbaren, praktikablen Weg, der an den herrschenden Erfolgsmaximen anknüpfte. Dieser Weg wurde von Hubbard kurzerhand als erkundet bezeichnet: "Ich, L. Ron Hubbard, habe diesen Weg erfolgreich beschritten und ich versichere euch, ihr könnt mir folgen." So einfach war das.

Scientologisches Menschenbild

Wenn nun der einzelne diesen Weg beschreiten will, dann wird er sofort mit einer Fülle von neuen Ideen und Vorstellungen konfrontiert. Und so kommen wir zu solchen Begriffen wie dem des "Thetan". Wo die Kirche im allgemeinen von der Seele spricht, sagt Hubbard: Der Mensch besteht aus drei Teilen, 1. aus dem Thetan - das ist der Mensch als Wesenseinheit an sich; der Thetan ist körperlos, hat keine räumliche Ausdehnung, er ist zeitlos und entspräche somit dem Individuum -, und dieser Thetan hat 2. einen "Mind", einen "Verstand", und mittels dieses Verstandes kontrolliert er 3. den Körper. Hubbard versinnbildlicht das am Beispiel des Autofahrens, indem er sagt: So wie der Mensch in ein Auto steigt und es über die verschiedenen Mechanismen steuert und kontrolliert, so steuert und kontrolliert auch der Thetan über den Mind den Körper.

Laut Hubbard besteht das Hauptproblem des Menschen, in dem seine Unfreiheit begründet sei, darin, daß diese Steuerungseinheit, also der Mind, in zwei Teile gespalten sei, und zwar in den analytischen Verstand ("analytical mind") und in den reaktiven Verstand ("reactive mind"). Im analytischen Verstand laufen die ganzen klaren Befehle, die bei vollem Bewußtsein, in der richtigen Reihenfolge und den Tatsachen entsprechend vollzogen werden. Im analytischen Verstand weiß man also, was man tut, und man ist aus klarem Bewußtsein Herr der Lage, während im reaktiven Verstand oder Sinn nur Reaktionen auf bestimmte innere und äußere Reize ablaufen. Diese Reaktionen seien vernunftlos und unterlägen nicht der bewußten Willenskontrolle des Menschen. In diesem reaktiven Verstand werden nun die Gründe für Kriege, Haß, Eheprobleme, Kinderfeindlichkeit, Umweltprobleme usw., also für alles, was irgendwie schiefläuft und von Übel ist, angenommen.

L. Ron Hubbard stellt Anfang der fünfziger Jahre mit seinem Buch "Dianetics" sozusagen ein Do-it-your-self-Therapieprogramm vor, das den Menschen befähigen soll, diesen reaktiven Verstand aufzuräumen, alle falschen Befehle zu löschen und letztlich den reaktiven Verstand zu entfernen. Wenn dieser Zustand erreicht sei, sei der Mensch geklärt, Hubbard nennt diesen Zustand "clear". Um zu verdeutlichen, wie die menschlichen Verhaltensweisen ablaufen, wenn der Mensch noch nicht clear ist, benutzt Hubbard das Bild eines Computers, bei dem irgendwo eine Zahl festhängt, zum Beispiel die Vier, die bei jeder Addition hinzugezählt wird, obwohl man sie nicht über die Tastatur eingegeben hat. Man tippt also zum Beispiel 3 plus 7, und anstatt die Summe 10 zu erhalten, erhält man 14. So laufen nach Hubbard auch die menschlichen Verhaltensweisen: Man hat sich entschlossen, eine ganz bestimmte Handlung auszuführen, aber weil im reaktiven Verstand unbewußte Befehle festhängen, kommt etwas ganz anderes dabei raus, als man sich ursprünglich vorgenommen hat. Erst wenn diese unbewußten Befehle gelöscht sind, ist der Mensch clear, dann ist er befreit von unkontrollierten Handlungen, von bloßen Reaktionen, dann wird er zum Beispiel auch nicht mehr unnötig zornig, und sei dann sogar von allen Krankheiten befreit. Denn Hubbard geht davon aus, daß alle Krankheiten psychosomatisch bedingt seien, also vom Unterbewußten bestimmt. Auch die Neigung zu Unfällen ist für ihn demzufolge dadurch bestimmt, daß im Gehirn einige falsche Programme ablaufen. Selbst Krankheiten wie Tuberkulose oder ähnliche legt man sich nach Hubbard aus einem Schutzmechanismus zu, der im reaktiven Verstand abläuft.

Teile dieses Mechanismus sind die von Hubbard sogenannten Engramme, die von ihm gewissermaßen als Eindrücke oder Einkerbungen auf einer Zeitspur ("time track") verstanden werden. Diese Zeitspur kommt dadurch zustande, daß alle Erlebnisse des Menschen in ununterbrochener Reihenfolge in Eindrucksbildern aufgezeichnet werden; sie entspricht also im Grunde genommen der Erinnerung des Menschen. Diese Einprägungen sollen alle vorhanden und wirksam sein, auch wenn viele von ihnen nicht bewußt werden oder erinnert werden können. Die Engramme wirken in der Gegenwart fort, auch wenn sich der Mensch ihrer nicht bewußt erinnert, und zwingen den Menschen zu bestimmten Verhaltensweisen und Reaktionsmustern, indem gewissermaßen aus der Vergangenheit gestörte Befehlsketten ablaufen.

Löschen der Engramme durch Auditing

K.-D.N.: Was bietet Hubbard zur Behebung dieser vermeintlichen Störungen an?

N. Potthoff: Die "Therapie", die Hubbard entwickelt hat, basiert darauf, daß der einzelne durch die Hilfe eines Unbeteiligten zu diesen Störungen, Eindrücken und falschen Befehlen zurückgeführt wird. Unter Anleitung und ständigem Wiederholen, durch sanften Druck oder auch massiven Zwang wird man zu diesen Engrammen zurückgeführt, wovor man sonst durch die eigenen Abwehrmechanismen zurückschrecken würde. Dieser scientologisch trainierte Mensch, der die Anleitung vornimmt und den Hubbard "Auditor" nennt, hat nur die eine Aufgabe, dem einzelnen schiebend und zwingend dazu zu bringen, seine Abwehrmechanismen zu überwinden und zu dieser bösen Einprägung, die Schmerzen auslöst, Kontakt aufzunehmen. Es kommt dann darauf an, das böse Ereignis noch einmal zu erleben, zu begreifen, was damals passiert ist, es in den analytischen Verstand umzuschichten und damit auszulöschen.

So wird also davon ausgegangen, daß im reaktiven Verstand eine Fülle solcher Ereignisse als Engramme eingeprägt sei, wobei nach Hubbard die schlimmsten Erlebnisse die schmerzhaften Verluste seien, zum Beispiel der Tod der Mutter, der Tod von

Geschwistern, Freunden usw. oder auch nur der Verlust des Teddybären, der verschwunden ist. Als wichtige Faktoren der Engramme werden immer Schmerz und Bewußtlosigkeit genannt.

Wenn alle Engramme auf der Zeitspur gelöscht sind, gilt der Mensch dann als "geklärt". Irgendwann sagte dann Hubbard, daß während seiner Arbeit mit Menschen an ihren Engrammen die erstaunliche Tatsache festzustellen gewesen sei - er hätte vorher nie daran gedacht -, daß plötzlich auch Engramme aus früheren Leben aufgetaucht seien. Als Wissenschaftler habe er sich dann dieser Aufgabe gestellt, und so sei er in die Erforschung früherer Leben hineingeraten. Er habe dann festgestellt, daß auch die Engramme aus früheren Leben ihre Auswirkungen in der Gegenwart haben.

K.-D.N.: So stellt sich die Zeitspur als eine nie endende Aneinanderreihung von Eindrücken dar, seien diese von Hubbard nun Engramme oder Faksimiles genannt. Die Zeitangaben, die von Menschen gemacht werden, die im Auditing vermeintliche Erlebnisse aus früheren Leben wiederholt haben, gehen dann zum Teil ins schier Fantastische; es kann zum Beispiel die Rede von Erlebnissen sein, die Billionen von Billionen Jahren zurückliegen sollen. Gibt es eine bestimmte Reinkarnationsvorstellung, die in der Scientology gelehrt wird?

N. Potthoff: Die Reinkarnation ist in der Scientology ein sehr diffuses Thema. Offiziell wird nicht darüber gesprochen. Es gibt aber schriftliche Anweisungen in einem Richtlinienbrief, durch die verboten wird, in irgendeiner Weise abwertend darüber zu sprechen. Dieses Thema sei ausschließlich dem Auditing vorbehalten, da könne man darüber sprechen, welche Vorstellungen auch immer man dazu habe. Es können nach Hubbard natürlich auch Vorstellungen sein, die ganz dem reaktiven Verstand entspringen, so daß man sich zum Beispiel einbildet, Napoleon, Hitler oder sonstwer gewesen zu sein.

Solche falschen Identifikationen hängen für Hubbard mit sogenannten "Valenzen" zusammen, d.h. mit der Übernahme von Eigenschaften und Verhaltensweisen eines anderen. Der eine Mensch neige mehr der "gewinnenden Valenz" zu, also zum Beispiel dem starken autoritären Vater - dieser Vatertypus werde dann als Rolle "dramatisiert" -, der andere hingegen mehr der "verlierenden Valenz", d.h. zum Beispiel der Mutter, die vom Vater immer geprügelt worden sei. Der verlierenden Valenz neige man zu, wenn man - so Hubbard - eine gewisse Abwärtsentwicklung genommen habe. Dann "dramatisiere" man die Ängste, die Verluste, den Schmerz, man weine viel, könne sich nicht am Leben erfreuen usw. Eine ganze Reihe weiterer Valenzen sollen den Menschen bestimmen. Dem Auditor soll es gelingen, herauszufinden, in welcher Valenz der Mensch steckt, um an ihn heranzukommen und ihn auditieren zu können. Er soll den Menschen, den er vor sich hat, auditieren und nicht eine seiner angenommen Valenzen, weil dies sonst zu Fehlergebnissen führen könnte. Da gibt es also für den Auditor eine Reihe von Anweisungen, Appellen und Informationen, damit er mit den Situationen und Vorstellungen umgehen kann, die in allen möglichen Formen auftreten können, wenn das Faß der früheren Leben im Auditing erst einmal angestochen ist. Der Auditor darf davon nicht überwältigt werden, denn es ist ja auch eine ziemliche Belastung für jemanden, sich so etwas anzuhören.

Deshalb gibt es auch das strenge Training für den Auditor, das vorher absolviert werden muß. Er muß lernen, zwei, drei oder auch vier Stunden wirklich völlig regungslos vor einem Menschen zu sitzen und sich ohne innere Anteilnahme, ohne persönliche Reaktion, ohne Lachen oder Weinen das anzuhören, was dieser Mensch sagt. Er muß wirklich lernen, wie ein Roboter stillzusitzen und nach Art eines Video-Rekorders nur aufzuzeichnen und mitzuschreiben, was da kommt, ohne sich irgendwie davon beeindrucken zu lassen.

K.-D.N.: Ein auf mechanische Prinzipien reduzierter Beichtvater.

N. Potthoff: Ja, in einer sehr extremen Form. Hubbard bezeichnet das Auditing auch als eine gewisse Form der Beichte. Er vergleicht es ein wenig mit der katholischen Beichte, wobei er allerdings zu dem Ergebnis kommt, daß Auditing natürlich wesentlich besser sei.

Der Beichtvater hört nur zu, während der Auditor noch eine gewisse Kontrolle und Leitung innehat. Der Beichtvater gibt keinen Kommentar, sondern er legt nur eine Buße auf, und damit ist der Fall erledigt. Die katholische Kirche gibt zwar schon thematische Vorgaben, welche Art von Verfehlungen in Frage kommen, die man zu beichten habe, aber es wird in der Beichte kein methodischer Druck ausgeübt.

"Das ist dein Problem"

K.-D.N.: Was geschieht mit einem Menschen, wenn er beim Auditing an einen Punkt kommt, an dem eine alte Wunde aufbricht, die er nicht ertragen kann, und er an den Rand eines Nervenzusammenbruchs gerät, wie es in einem Fall filmisch dokumentiert ist?

N. Potthoff: Aus scientologischer Sicht stellt sich die Sache so dar, daß es die Pflicht des Auditors ist, niemanden in solchem Dilemma steckenzulassen, sondern den PC - das ist der "Preclear", der sich dem Auditing unterzieht - da durchzubringen. Wenn der PC heult oder auch einen Nervenzusammenbruch hat, dann muß der Auditor dieses Verhalten als "Dramatisierungen aus dem reaktiven Verstand" interpretieren, bleibt dabei selbst ganz ruhig und unbeteiligt und hält ihn an, das zugrundeliegende Erlebnis immer wieder zu erzählen. Und jetzt kommt der fatale Effekt: Nehmen wir einmal an, dieses schlimme Erlebnis, das er jetzt wiedererlebt, ist der Verlust eines nahestehenden Menschen, zum Beispiel der Tod seiner Frau. Er erlebt diesen Verlust noch einmal, der ganze Schmerz bricht wieder aus ihm heraus, gewissermaßen das ganze Elend seines Lebens. Dann bringt der Auditor ihn dazu, es immer wieder zu erzählen, zehnmal, fünfzehnmal, wenn es sein muß zwanzigmal, bis er schließlich diesem Erlebnis gegenüber völlig gleichgültig geworden ist. Das geht so weit, bis ihn der Tod seiner Frau schließlich gar nicht mehr interessiert, bis er die Sache vollkommen unbeteiligt wie einen äußeren Vorgang beschreibt. Das ist ein ganz vertrackter Vorgang, der dann abläuft, wenn er die Sache so oft erzählt, bis er schließlich bereit ist, auch über das Schlimmste zu lachen. Hubbard benennt genau diesen Punkt, an dem der Mensch bereit ist, über solche schwerwiegenden Erlebnisse zu lachen, als Durchbruch. Jetzt ist er durch, jetzt ist er in bezug auf dieses Ereignis clear. Wenn alle Ereignisse dieser Art gelöscht sind, dann hat er insgesamt die Stufe "Clear" erreicht.

Nach meiner Erfahrung - ich habe das bei mir erlebt und bei vielen anderen, zum Beispiel auch bei meiner eigenen Frau - entsteht dann ein Mensch, der absolut gleichgültig dem Schmerz anderer Menschen gegenüber reagiert. Das ist eigentlich der Punkt, wo ich zum ersten Mal sehr nachdenklich wurde. Der Schmerz des anderen Menschen interessiert ihn nicht mehr. Und ähnlich pervers wie es auch Bhagwan empfiehlt, ist dann die innere Haltung: "Das ist dein Problem, sieh zu, wie du damit fertig wirst, mich interessiert das nicht." All die vielen auditierten Menschen erreichen diesen Punkt, an dem sie schließlich sagen: "Das, was dir passiert, ist dein Problem, es hat mit deiner Zeitspur zu tun. Was dramatisierst du da? Nimm Auditing, dann geht das schon weg. Aber bitte behellige mich nicht damit." Damit geht die Nächstenliebe verloren, denn man interessiert sich nicht mehr wirklich für die Nöte des anderen Menschen. So extrem, daß meine Frau, als ich halbtot im Krankenhaus lag, zu mir sagte: "Du mußt OT III werden, *das* ist dein Problem." Ich lag da mit zertrümmerten Knochen, der Beckenring war gebrochen, die Hand war zertrümmert - keiner wußte, ob ich je wieder malen könnte -, mein Schädel, meine Rippen waren gebrochen, die Perspektive eines Lebens im Rollstuhl war nicht von der Hand zu weisen. Und meine Frau saß vor mir und sagte: "Du muß OT III werden, das ist alles." Diese Gefühlskälte war für mich unfaßbar. In diesen neun Wochen, in denen ich flach auf dem Rücken liegen mußte, habe ich nachgedacht, verdammt lange nachgedacht.

K.-D.N.: Hattest Du einen Unfall, oder was war dem vorausgegangen?

N. Potthoff: Ja, meine Frau ging voll in die Sekte rein und ließ mich im Rohbau unseres Ateliers - so eine Art Fluchtdomizil - allein zurück. Um mich abzulenken, fing ich in der Nacht an - es war 23.00 Uhr, mitten im Winter, die Nacht vor Weihnachten -, oben unterm Dach zu arbeiten, um es abzudichten. Es war minus fünf Grad. Weil wir kein Geld mehr hatten, hatten wir uns von einem Freund einen Getreideboden angemietet. Die Miete stundete er uns, bis wir zahlen könnten. Das Gebäude war überhaupt nicht isoliert, und es waren dort ganze Berge von Dreck. In diesem Dreck ließ mich meine Frau allein, ging zurück nach Düsseldorf und machte einen neuen Staff-Vertrag mit der Sekte. Das führte - bis sie schließlich auszog - monatelang zu Spannungen, weil ich von der einen Seite drängte und die Scientologen von der anderen Seite her den Gegendruck entfachten. Die Scientologen fühlten sich behelligt und fingen an, meine Frau von mir zu lösen. Sie sagten ihr, daß ich ein SP ("Suppressive Person"), ihr Unterdrücker sei, weil ich Scientology störe und ihr Schwierigkeiten bereite. Sie zog dann also schließlich aus und ließ mich in dem Durcheinander allein, und ich fing in besagter Nacht an zu arbeiten. Das Gerüst brach zusammen, ich stürzte ab und fiel acht Meter tief auf den Betonboden.

Meiner Frau sagte man sogar - alles im Sinne der scientologischen Vorstellung -, der Unfall sei ein Akt der Unterdrückung, der Erpressung gewesen, weil ich sie dadurch hätte zwingen wollen, zu mir zurückzukommen.

Von der anfänglichen Zuwendung und Wärme, mit denen Scientologen Neulingen begegnen, die, auf der Straße angesprochen, sich einem Persönlichkeitstest unterziehen und schließlich, weil sie sich mit ihren Schwierigkeiten verstanden wähnen, im Auditing landen, ist dann nichts, aber auch wirklich gar nichts mehr zu entdecken. Scientology ist wie ein Riesentrichter, dessen Kanal immer enger wird und an dessen Ende ein riesiger Staubsauger für den nötigen Ansaugdruck sorgt. Es wird immer enger, bis man schließlich ein total funktionierendes Rädchen im Management der Scientology ist. Am Anfang ist es aber noch eine sehr herzliche Angelegenheit, und Hubbard sagt auch ganz deutlich: "Gebt den Menschen Wichtigkeit", und knüpft so an das Mangelerlebnis der meisten Menschen an, denn wir leben doch oft in dem Gefühl, daß uns niemand wirklich wichtig nimmt. Wenn dann ein Mensch mit seinen vielen Frustrationen, Lebensenttäuschungen, mit der ganzen Kritik, die er bisher über sich hat ergehen lassen müssen - angefangen vom Elternhaus über die Schule usw. -, auf die Scientology trifft, dann geht sein Herz auf. Er fühlt sich endlich verstanden. Das ist natürlich ganz besonders der Fall, wenn sich in seinem Leben gerade etwas zusammengeballt hat - Ehekrise, Berufskrise oder ähnliches -, so daß er sich mit seinen Problemen aufgenommen fühlt, mit denen er sich gerade herumschleppt. Bei Männern habe ich erlebt, daß dann die Neigung zum Weinen sehr groß ist, was ja auch ein Zeichen dafür ist, daß sie sich vom Druck der Konvention befreit fühlen, die ihnen das Weinen als unmännlich verbietet. Im Auditing erleben sie dann, daß sie ihr Herz endlich einmal voll ausschütten können. Auch wenn der einzelne - wie im vorhin angesprochenen Fall - an Punkte gelangt, an denen er dem Nervenzusammenbruch nahe ist und nur noch schluchzt und heult, so ist sein subjektiver Eindruck von dem Geschehen doch gut. Er wird hinterher immer sagen, daß es ein tolles Erlebnis gewesen sei: "Das war wahnsinnig gut, ich fühle mich sauwohl."

Defizite werden ausgenutzt, um ein faschistisches System zu etablieren

K.-D.N.: Wo liegt der Unterschied zu einer korrekten Therapie, die zum Ziel hat - zum Beispiel in der Arbeit mit Drogensüchtigen -, dem Menschen Hilfe zur Selbsthilfe zu geben, um ihn nach einer gewissen Zeit der Führung und Begleitung wieder in die Selbständigkeit zu entlassen.

N. Potthoff: Gerade das letztere geschieht bei Scientology eben nicht, denn die Menschen werden ja nicht in die Selbständigkeit entlassen. Im Gegenteil: Sie werden ja festgehalten, und die strenge Führung wird immer strenger, bis hin zur totalen Disziplin. Das ist auch das, was ich "Narconon" vorwerfe, denn sicher ist es ein Problem des Süchtigen, nicht die notwendige Selbstdisziplin zu haben, aber das rechtfertigt keine faschistoiden Methoden zur Disziplinierung, durch die nur die Drogenabhängigkeit durch die Abhängigkeit von der Scientology ersetzt wird.

Das Fatale ist, daß Scientology nicht nur im Bereich der Lehre mit Halbwahrheiten operiert, die dem einen oder anderen einleuchtend erscheinen mögen, sondern daß Scientology auch in der Anwendung zunächst tatsächlich zu funktionieren scheint. Sonst könnte sie auch gar nicht diesen wirtschaftlichen Erfolg haben. Wenn man sich an die Regeln hält, laufen zunächst wirklich viele Dinge im Leben besser. Das bestätigen dann ja auch viele Aussagen von Menschen, die diese Veränderungen erlebt oder beobachtet haben: "Seit mein Sohn den Kommunikationskurs besucht hat, räumt er abends seine Sachen weg, ist pünktlich zum Essen da, und ich kann nur positive Veränderungen an ihm feststellen."

K.-D.N.: Das scheint mir ein wichtiger Punkt zu sein, und zwar im Hinblick darauf, wie man mit Scientology und auch anderen Sekten umgeht. Man muß auch immer die Möglichkeit sehen, daß Scientology und andere Gruppen einen auf Defizite hinweisen, sei es in der Gesellschaft oder auch im eigenen persönlichen Verhalten, und daß man auch dann von diesen Gruppen lernen kann, wenn man sie voll berechtigt kritisiert und ablehnt. Bei einigen fanatischen Gegnern scheint es geradezu so zu sein, daß sie im Grunde genommen auch dagegen kämpfen, sich ihrer eigenen Defizite bewußt zu werden.

N. Potthoff: Das sehe ich ganz genauso. Einige fanatische Gegner bekämpfen Scientology scheinbar in der Tat, um ihre eigenen Defizite zu verdrängen, und weil sie um ihr eigenes Weltbild fürchten, das sie sich aufgebaut haben. Scientology macht einen Mangel an Disziplin sehr deutlich, der bei sehr vielen Menschen in unserer Gesellschaft vorherrscht.

Aber was ich gesagt habe, gilt nur für bestimmte fanatische Gegner, denn Scientology muß entschieden kritisiert werden, weil Mängel in der Gesellschaft ausgenutzt werden, um ein faschistisches System zu etablieren. Die fanatischen Gegner spielen den Scientologen natürlich voll in die Hände, weil sie im Grunde genommen nur bewirken, die Leute noch tiefer in Scientology hineinzustoßen. Die Scientologen machen sich die fanatische Gegnerschaft strategisch zunutze, indem sie diese zum Beispiel mit der Judenverfolgung gleichsetzen.

K.-D.N.: Ist es möglich, den Weg in die Scientology systematisch zu betrachten? Gibt es Stationen auf diesem Weg, die in jedem Fall die gleichen sind?

Der Weg in den Trichter von Scientology

N. Potthoff: Ich würde sagen, der typische Scientologe entspricht dem vordergründigen Bild, das Scientology gerne zeigen möchte. Es wird eine Welt ohne Krieg, ohne Gewalt vorgegaukelt, in der der Gute in Frieden leben kann. Der typische Scientologe ist eigentlich ein Idealist. In der Mehrzahl trifft man in der Scientology eigentlich nette Menschen - sicherlich zum Teil mit verqueren Vorstellungen von den Möglichkeiten, die ein Mensch grundsätzlich hat. Häufig haben sie auch schlechte Ausbildungen oder abgebrochene Studien hinter sich. Oft findet man, daß sie schon eine Menge von Schwierigkeiten mit der Gesellschaft hatten, daß sie sich nicht so richtig einordnen konnten in den üblichen Lauf der Dinge. Viele stammen noch aus der 68er-Studentenrevolte, leben in der Erinnerung daran oder haben zumindest Bücher darüber gelesen. Weiterhin kann man in der Scientology viele Frauen treffen, die die Unterdrückung der Frau sehr bewußt erleben und die sich darüber freuen, daß es in der Scientology auf die Begriffe Mann oder Frau gar nicht mehr ankommt, da der Thetan geschlechtslos ist. Das sind einige oft anzutreffende Charakteristika.

Neben diesem idealistischen Einstieg, der auch bei mir ausschlaggebend war, möchte ich eine weitere Einstiegsmöglichkeit nennen, die man auch verallgemeinern kann. Ganz typisch ist auch der Einstieg, der durch eine momentane Lebenskrise, die man gerade durchlebt, bestimmt wird. Das habe ich in vielen Gesprächen feststellen können, und zwar nicht nur in bezug auf die Scientology, sondern auch in bezug auf andere Gruppierungen. Das momentane Lebensproblem macht einen empfänglich für die Art von Lösungen, die dann angeboten werden, ob diese nun von Bhagwan oder von der Scientology kommen, ist dann fast egal.

K.-D.N.: Man wird auf der Straße von einem Scientologen angesprochen, geht dann mit in die Räume der Scientology, unterzieht sich einem Persönlichkeitstest und führt dann auch das erste Gespräch. Ist der Scientologe angehalten, methodisch so vorzugehen, möglichst schnell und direkt die Defizite seines Gegenübers aufzudecken, um dann die entsprechenden Lösungen anzubieten?

N. Potthoff: Ich bin damals darauf trainiert worden, diese Tests auszuwerten. Unsere Anweisungen zielten auf folgendes ab: Wenn ich das Auswertungsdiagramm einem Menschen vorlege - egal ob dieses nun richtig ist oder nicht, ob er damit übereinstimmt oder nicht -, dann ist er zunächst einmal beeindruckt und betroffen, irgendwie erschreckt es ihn. Der ganze wissenschaftliche Anstrich, die schöne graphische Auswertung der Masse von 200 Fragen machen Eindruck auf ihn. Nun sitzt er da und hört sich an, was der Testbesprecher ihm mit wohlgewählten Worten dazu erzählt, indem er ihn vielleicht auf bestimmte grundlegende Schwierigkeiten mit Menschen hinweist, daß er wohl oft das Gefühl habe, er könne sich nicht so äußern, wie er es gerne möchte, daß er sich übervorteilt fühle usw. Das sind Binsenweisheiten, zu denen dann jeder sagen kann: "Ja, genau so ist es." Das ist die Einstiegsphase, die genauso gehandhabt wird wie in der klassischen Verkaufstechnik: "Erreichen Sie Übereinstimmung." Man stellt die Fragen so, daß Zustimmung, daß ein "Ja" hervorgerufen wird. Man darf nie auf eine Verneinung hinarbeiten. Sollte sich im Verlauf des Gesprächs aber doch einmal ein "Nein" ergeben, muß man sofort das Thema wechseln und einen anderen Punkt ansprechen.

Wenn man so die ersten Übereinstimmungen erzielt hat, der andere nickt und sich immer mehr zuneigt, steuert man die Konkreta an. Man versucht dann, nach einem Gießkannenprinzip herauszufinden, ob er in der Ehe Probleme hat oder ob seine Schwierigkeiten mehr im Beruf zu finden sind. Wenn auf die erste Frage nach Problemen in der Ehe zur Antwort kommt: "Nein, mit meiner Frau habe ich überhaupt keine Probleme", dann wird sofort das Thema gewechselt, und zwar so lange, bis der Problemherd gefunden ist und er zum Beispiel sagt: "Ja, ich habe Schwierigkeiten in der Schule." Jetzt hat man den Faden gefunden, und nun wird da weitergebohrt. In dem Augenblick, wo ein wirkliches, auch ihm wesentliches Problem angesprochen wird, er immer wieder "Ja" sagt und allem zustimmt, dann wird die Lösung angeboten: "Genau da kann Scientology helfen." Spätestens in dem Moment ist es die Verpflichtung des Testbesprechers, den Test beiseite zu legen und das Aufnahmeformular zu präsentieren, um die Unterschrift zu bekommen. Es wird ihm also sofort der erste Kurs angeboten, entweder Auditing oder der Kommunikationskurs.

Die erste Konditionierung

Der klassische Einstieg ist der Kommunikationskurs, mit dem man an die lapidaren Feststellungen anknüpfen kann: "Du hast Probleme, mit anderen zu sprechen. Man hört dir nicht zu", oder: "Man läßt dich nicht ausreden", oder: "Du hast das Gefühl, daß viel mehr in dir steckt, als du auszudrücken in der Lage bist." Daran kann man dann sehr einfach anknüpfen und die Vorzüge des Kommunikationskurses anpreisen: "Hier lernst du ganz elementar, wie du deine Gedanken formulierst, wie du deine Barrieren überwindest, an die du immer wieder stößt." Und dann hat man ihn.

Im Kommunikationskurs erfolgt dann die erste Form der Konditionierung, wenn auch noch relativ sanft. Man lernt zum Beispiel, die Angst vor dem Gesicht des gegenübersitzenden Menschen zu verlieren. Das mag auch ganz richtig sein, wenn es mit mehr Menschlichkeit und einer besseren Grundabsicht gemacht würde. Aber in Scientology ist es von der ersten Sekunde an eine Drohgebärde, mit der man Macht über andere erreichen will. Der normale Mensch zuckt zurück, wenn er fixierend angeschaut wird. Und genau auf den Gewinn von Macht über andere zielt das Training ab. Man nennt das zwar zunächst nicht so, aber man lernt es sehr schnell. Man kommt aus dem ersten Training raus, und während man in der Straßenbahn sitzt, bemerkt man dann plötzlich, daß man es aushält, dem Gegenübersitzenden starr in die Augen zu schauen. Man hat auch auf einmal kein ungutes Gefühl mehr vor Aufzügen, in denen jeder auf seine Schuhspitzen starrt, und fühlt sich in dieser Beziehung nun den anderen überlegen. Es ist ein erstes tolles Gefühl, daß man sich stärker fühlt als die Menschen um einen herum. Und das ist dann die Basis, um weiterzumachen.

Aus rohem Fleisch einen Scientologen machen

K.-D.N.: Wie geht es dann weiter?

N. Potthoff: Das Org-System in der Scientology ist so gegliedert, daß jede Org (Organisation) eine große Abteilung für Öffentlichkeitsarbeit enthält. Ich war seinerzeit der Leiter dieser Öffentlichkeitsabteilung in Düsseldorf. Unsere Aufgabe war es, Kontakte mit der Öffentlichkeit aufzunehmen, zum Beispiel über den Buchverkauf, und um die ersten grundlegenden Kurse zu verkaufen. Dazu gehören der Kommunikationskurs oder das Dianetic-Auditing. Das ist alles noch recht preiswert, d.h. fünf Stunden kosten so um die 225 Mark. Wenn man weiß, wie schwer es ist, von der Krankenkasse einen Therapeuten bezahlt zu bekommen, bzw. was eine normale Therapiestunde kostet, dann erscheint dies am Anfang als eine recht preisgünstige "Therapie". Deshalb gibt es auch Scientologen, die sagen, daß Scientology nicht teuer sei.

Dann wird von den Mitarbeitern in der Öffentlichkeitsabteilung aufgerechnet: "Ich habe hier Kurse für insgesamt 760 Mark. Das ist das gesamte Buch des ehrenamtlichen Geistlichen. Da lernt man alles über Kommunikation, wie man in der Ehe besser zurechtkommt, in einer gefährlichen Umwelt besser überlebt, es beinhaltet den kleinen Studierkurs usw. - alles ganz grundlegende Kurse des Lebens. Wenn man dieses Buch absolviert hat, ist man bestens ausgerüstet." Das sind Argumente, um die Menschen zur Teilnahme zu motivieren. Natürlich will man nicht, daß sie danach aussteigen, sondern daß sie dann weitermachen. Die Öffentlichkeitsabteilung ist die Pufferzone und die Arbeit in ihr heißt im Jargon: "Aus rohem Fleisch einen Scientologen machen."

Wenn diese Pufferzone durchlaufen ist, geht es dann weiter in die Abteilung 4, in der dann das professionelle Auditing ansteht. Da kostet dann die Stunde ca. 250 Mark, und man ist schnell 7.500 Mark für ein bißchen Lebensreparatur los. Die Bücher kosten dann 250 Mark, der Tonbandkurs 2.500 Mark und ähnlich.

Mystery sandwich - auf der Neugierde laufen lassen

K.-D.N.: Steigen vor dem Übergang in die Abteilung 4 viele aus?

N. Potthoff: Ja, da ist natürlich ein großer Verlust auf den "Linien". Rechnen wir einmal so: Bei 100 Büchern, die verkauft werden, gelingt es, 40 Menschen so anzusprechen, daß sie reinkommen. Von diesen 40 machen dann vielleicht 20 einen Einsteigerkurs. Von diesen 20 kann man dann wiederum vielleicht 6, 7 halten, um sie auf Abteilung 4 zu bringen. So ungefähr ist die Verteilung.

Nachdem die Grundkonditionierung erreicht ist und der entsprechende Mensch glaubt, für sich positive und brauchbare Erlebnisse zu haben, wird er systematisch bearbeitet, auch das nächstliegende, nämlich professionelles Auditing zu nehmen. Dann sieht er in der Org überall Leute mit strahlenden Gesichtern herumlaufen, liest an allen Wänden Erfolgsberichte, wie phantastisch das Auditing war. In den Berichten tauchen dann auch die Fachbegriffe auf, und dann liest der Neuling staunend und überlegt sich, was die Leute wohl im Auditing erleben. Dann sagt ihm vielleicht ein Scientologe: "Tja, das kann ich dir nicht sagen, das muß man einfach machen und selbst erleben." Man arbeitet also immer mit der Neugierde. Auch dazu gibt es sehr exakte und dezidierte Anweisungen. Man arbeitet mit dem sogenannten "Mystery sandwich", d.h. ein bißchen Wissen verpackt man in ein Geheimnis. Die Kunst dabei ist eben, den Scientology-Anfänger auf seiner eigenen Neugier weiter laufen zu lassen. Wenn man diese Strategie richtig praktiziert, kann man wirklich jedem alles verkaufen. Und wie man sieht, funktionieren die Verkaufsmethoden.

K.-D.N.: Ist das auch der Zeitpunkt, an dem den Leuten beigebracht wird, daß Geld unwichtig ist?

N. Potthoff: Schon nach der ersten Grundkonditionierung, durch die erstmals ein schönes Machtgefühl erlebt und eine gewisse Sicherheit im Leben errungen wird, wird auch systematisch an diesem Punkt gearbeitet: "Was ist Geld? Freiheit ist es, worauf es ankommt. Und Auditing ist so toll, daß man es im Grunde genommen gar nicht bezahlen kann." Dann kommen die wirklich gewieften Registrare ins Spiel, die teilweise auch noch mit 3, 4 Leuten im Team arbeiten, die wirklich ausgebuffte Verkäufer sind und mit jedem Trick arbeiten. Es gibt ein amerikanisches Buch (Les Dane: Big League Sales) zur Verkaufstechnik, auf das sich Hubbard bezieht, indem er sagt, man müsse die Mauersteine aus dem Widerstand herausbrechen. Er hat dann verschiedene Typen klassifiziert und die Widerstände benannt, die jeweils auftreten können. Der eine muß erst seine Frau fragen, der andere führt seinen Urlaub ins Feld, den er dann nicht mehr bezahlen kann usw. Dann gibt Hubbard Anweisungen und läßt es auch trainieren, wie man solche Widerstände überwindet, wie man den einzelnen überzeugt, diesen so wichtigen Kurs zu belegen. Wenn jemand zum Beispiel anführt, daß er doch gar nicht so viel Geld verdiene, wird die Geldbarriere damit überwunden, daß an die Erfolge der ersten Kurse erinnert wird: "Denk doch nur daran, welche Fortschritte du noch machen wirst. Du wirst ja nicht ewig Angestellter bleiben, sondern später tausendfach das verdienen, was du heute investierst." Angesichts solcher Verheißungen wird dann bei den meisten der letzte Widerstand gebrochen. Dann aber geraten sie in das Räderwerk, in dem die Versprechungen natürlich nie eingehalten werden können. Man wird durch Scientology nicht intelligenter, sondern nur ärmer! Es ist der vertrackte Mechanismus in uns selbst, der hier zur Überwindung der Geldbarriere greift. Wir neigen dazu, unsere Hoffnungslosigkeit immer gegen die Hoffnung auszuspielen. Dieser Mechanismus wird ja vielfach professionell genutzt, sei es durch Lotterie- oder Glücksspielgesellschaften, sei es durch Scientology, indem die totale Freiheit versprochen wird und die Leute dann auch tatsächlich glauben, daß sich ihre Investitionen später um ein Vielfaches auszahlen werden.

K.-D.N.: Wir sind jetzt immer noch in Abteilung 4, immer noch auf der Stufe des Konsumenten, der nun allerdings auch bereit ist, erhebliche finanzielle Opfer zu bringen. Werden nun auch Taten gefordert, zum Beispiel selbst aktiv am Bücherverkauf teilzunehmen? Wann erwacht das Interesse, für Scientology zu arbeiten?

N. Potthoff: Im Grunde ist aus Scientology-Sicht jeder Scientologe, egal wo er gerade steht, wann er angefangen hat, schon ein Mitarbeiter, ein FSM, was im Amerikanischen "Field staff member" heißt und auf deutsch "Freier Scientology-Mitarbeiter" genannt wird. Er wird es dadurch, daß man ihn anhält, Bücher zu verkaufen und so zur Verbreitung der Idee beizutragen. Dazu sind die Leute besonders leicht zu bewegen, wenn sie selbst nicht viel Geld haben und es nicht reicht, die Kurse zu finanzieren. Dann heißt es zum Beispiel: "Okay, wir verstehen deine Lage, es gibt viele, denen es so geht wie dir. Wir machen dir einen Vorschlag." Ihm wird dann zum Beispiel der Verkauf von 100 Büchern angeboten, die ihn - sagen wir einmal - 1.000 Mark kosten würden, die er dann aber für 2.000 Mark verkaufen könnte. Von den verdienten 1.000 Mark, heißt es dann, könne er seinen nächsten Kurs finanzieren. Oder man sagt ihm: "Was ist mit deinem Vater, mit deiner Mutter, oder wie steht es mit deinen Freunden? Bringe die auf Kurs, und du bekommst 10 Prozent von allem, was sie einzahlen. Damit kannst du alles finanzieren, was du in Scientology machen möchtest. Dadurch ist die Brücke für dich begehbar." So hat man dann auch die Leute bei der Stange, die kein Geld haben und die sich dann verzweifelt bemühen, andere Leute anzusprechen und sie in die Scientology hineinzubringen. Sie werden gewissermaßen zu Missionaren. Durch das Konfrontationstraining macht es ihnen dann auch tatsächlich nichts mehr aus, auf der Straße zu stehen, Zettel zu verteilen, Bücher anzubieten und Leute in Gespräche zu verwickeln. Was sie sich vorher nie getraut hätten, tun sie jetzt ganz selbstverständlich, obwohl es beim Einstieg in Scientology nie von ihnen beabsichtigt war.

Rapport beim Ethik-Offizier

K.-D.N.: Wie sieht das Auditing in Abteilung 4 aus?

N. Potthoff: In Abteilung 4 geht es darum, den Menschen endgültig von seinen Engrammen zu befreien. Das Dianetic-Auditing war demgegenüber nur ein leichter Aufgalopp, ein Vorgeschmack auf das eigentliche Auditing, das Hubbard später entwickelt hat. Dazu heißt es, daß Dianetic nicht falsch sei, das Auditing in der Abteilung 4 aber eine Weiterentwicklung sei, die effektiver und schneller Erfolge zeige. Dieses Auditing wird mit Hilfe des E-Meters durchgeführt, das Hubbard eigens dafür entwickelte. Es wird dann gesagt, daß diese "New Era-Dianetic" zwar teurer sei, daß es durch das Auditing mit dem E-Meter aber auch nur 6, 7 Monate dauere, bis man clear sei. Wenn man sich darauf einläßt, ist man in der Abteilung 4 voll auf Linie. Von da ab wird auch das ganze Leben des entsprechneden Menschen sehr bewußt und gezielt geplant.

In Abteilung 6 werden dagegen die Kurse noch verhältnismäßig locker gehandhabt, d.h. man kann zum Beispiel noch Kaffee trinken und mit den Leuten reden. Zwar bekommt man auch einen Rüffel, wenn man zu spät kommt, aber das wird später, etwa in der Abteilung 4, sehr viel strenger gehandhabt. Wenn man dann zu spät zum Kurs kommt, gibt es den sogenannten Ethik-Zettel, d.h. es wird sofort notiert. Wenn man dann drei von diesen Ethik-Zetteln bekommen hat, muß man zum Ethik-Offizier, der sich die Sache etwas genauer anschaut. Es wird dann nachgeforscht, ob irgendetwas in seinem Leben nicht in Ordnung ist. Wenn es dann zum Beispiel heißt, er habe die Straßenbahn nicht pünktlich erreicht, dann stellt man bei genauerem Nachfragen vielleicht fest, daß er sich vorher noch mit seiner Frau gestritten hat und das der eigentliche Grund für das Zuspätkommen ist. So wird gesucht, ob es irgendwo ein sogenanntes Ethik-Problem gibt, das es zu handhaben gilt. Möglicherweise versucht seine Frau, ihn von Scientology abzuhalten, oder er hat inzwischen auch von irgendwelchen Leuten erzählt bekommen, daß Scientology nicht ganz astrein ist, und er ist vielleicht nachdenklich geworden, ob es das Richtige für ihn sei. Dann bekommt er einen Kurs verpaßt über das Aufspüren von Unterdrückern und Gegnern. Da lernt er eine ganze Menge kennen!

Time 6/91

Für mich war dieser Kurs ein Schlüsselerlebnis, und ich weiß, daß es auch vielen anderen so ergangen ist. Während man im Kommunikationskurs noch gelernt hat, anderen fest und starr ins Gesicht zu schauen, bekommt man in diesem Kurs zur Entdeckung von Unterdrückern nun eine ganze Reihe eindringlicher Informationen über die Menschen, die man nicht mag, und vor allem auch darüber, warum man sie nicht mag. Es wird einem deutlich gemacht, daß es sich um ganz bestimmte Typen handelt, mit denen etwas nicht in Ordnung ist. Jetzt lernt man diese Typen anhand ihrer ganz bestimmten Merkmale zu analysieren und sie rechtzeitig herauszufinden.

Ich absolvierte diesen Kurs, als ich schon etwa fünf Jahre Ehekrise hinter mir hatte. Meine erste Frau hatte andere Ziele als ich, und ich war nicht bereit, noch länger von meinem Weg abzuweichen. Da kam mir dieser Kurs über die Merkmale von Unterdrükkern sehr gelegen, denn ich konnte jetzt ganz klar ausmachen, daß meine Frau es ist, die mich behindert. So werden Menschen sehr schnell zu Störenfrieden gemacht und die Auseinandersetzung mit ihnen nicht mehr als lebendiges Korrektiv empfunden. Hier habe ich also meine erste Frau, die anfangs auch in der Scientology war, dann aber wieder rausgegangen ist, im Sinne dieses Kurses als Unterdrückerin gesehen. Das Kuriose ist, daß sie es sogar war, durch die ich zur Scientology gekommen war. Als ich diesen Kurs machte, war sie fast schon wieder draußen.

Durch den Kurs kam ich also zu der bequemen Einsicht, daß nicht ich es sei, der meine Lebenskrise verursacht hat, sondern daß sie dafür verantwortlich sei. Ich konnte nicht der Verursacher sein, denn ich war ja der Überzeugung, daß ich ein "weitsichtiger Mensch" sei, der sich auf dem Weg der "Wahrheit" befände. Nach der Scientology-Ideologie gehörte ich nun zu den Fähigen, die Scientology noch fähiger macht, während mit Leuten, die aussteigen, natürlich irgendetwas nicht stimmen kann. Das war damals eine sehr willkommene Argumentation.

Ich mußte dann aber bald feststellen, daß auch innerhalb der Scientology mit solchen Argumenten gearbeitet wird. Die Ethik-Zettel werden dann nur so hin- und hergeschoben. Die Neigung, andere Menschen fertigmachen zu wollen, geht auch in Scientology nicht verloren. Karrieresucht, Neid usw. spielen auch dort ihre Rolle.

K.-D.N.: Gibt es in der Scientology keine Schicht von unantastbaren Autoritäten?

N. Potthoff: Unantastbar ist nur der, der eine beständig steigende Statistik vorzuweisen hat.

K.-D.N.: Verkaufsstatistik?

N. Potthoff: Egal welche. Wenn ich zum Beispiel im Pressebereich arbeite, dann hätte ich etwa eine blendende Statistik, wenn ich in der Lage wäre, die Presse zu veranlassen, möglichst oft positive Berichte über Scientology zu bringen. Es handelt sich also nicht nur um reine Verkaufsstatistiken. Es ist ein sehr ausgeklügeltes System, in dem Funktionen und Statistiken ineinandergreifen. Ein Kursleiter zum Beispiel hat keinen direkten Einfluß auf den Verkauf, sondern seine Aufgabe ist es, den Kursraum voll zu haben und dafür zu sorgen, daß fleißig und ohne Stockungen studiert wird. Er muß für seine Statistik möglichst viele Studentenpunkte erreichen, die am Ende des Tages zusammengezählt werden. Studentenpunkte erreicht man dadurch, daß es zum Beispiel für eine bestimmte Anzahl von Seiten, die studiert wurden, eine bestimmte Anzahl von Punkten gibt. Punkte gibt es für Check-outs - also Abnahmen durch den Kursleiter -, für Demonstrationen mit dem Demokit, für Demonstrationen komplexerer Zusammenhänge mit Knetgummi usw. Die Punkte werden dann addiert und in die Statistik eingetragen. Und wenn die Statistik, in der dem Kursleiter alle Punkte seiner Studenten eingetragen werden, immer schön nach oben zeigt, ist er unantastbar.

K.-D.N.: Wann beginnt die interne Ethik-Überwachung?

N. Potthoff: Mit Sicherheit beginnt sie beim Eintritt in die Abteilung 4, womit man offiziell eigentlich auch als Scientologe eingestuft wird. Ein Ethik-Ordner wird für jeden geführt, egal ob Mitarbeiter oder Student, wie ich es einmal nennen möchte. Dann gibt es noch Leute, die man aufgrund ihrer Finanzkraft gewähren läßt, so daß sie zunächst nur ihre Auditing-Stunden bezahlen, ohne zunächst zu studieren. Bei denen verschiebt sich das nur ein bißchen, denn studieren muß jeder. Man nimmt am Anfang ein wenig Rücksicht auf die dicke Brieftasche und darauf, daß diese Leute sich vielleicht zu fein sind, sich in einen Kursraum mit Frau Müller und Herrn Meier zu setzen. Sie durchlaufen erst einmal die "höheren Weihen" mit Reinigungs-Rundown und Liferepair. Sie beginnen sofort mit Auditing der Abteilung 4, bezahlen für Dienstleistung, wie sie es gewohnt sind. An Scientology sind sie erst einmal überhaupt nicht interessiert. Diesen Leuten verkauft man also ein wenig "Lebensreparatur" (Liferepair Auditing) und natürlich den Reinigungs-Rundown, das ist ein Auditingverfahren in der Sauna, bei dem durch Schwitzen bis zu fünf Stunden täglich Giftrückstände aus dem Körper entfernt werden sollen. Diese Gifte, Rückstände von Alkohol, Medikamenten etc., sollen angeblich im Fettgewebe des Körpers abgelagert sein und von da aus das "klare Denken" beeinflussen.

Nun, wer zwei Wochen lang täglich fünf Stunden in der Sauna sitzt und dabei tassenweise Vitamine schlucken muß, der bekommt gehörige Halluzinationen. Aber man hat ihn ja vorher schon auf "Cognitions", Erkenntnisse, vorbereitet und dann werden sie auch so gedeutet. Der "Frischling" ist davon so beeindruckt, daß er von da an den Scientologen seine "geistige Errettung" wirklich zutraut.

Manager bekommen dann die L's, d.h. Listen, um noch "tougher" und wirkungsvoller in der Geschäftswelt zu werden. Das sind dann auch die Vorzeige-Scientologen, denen man zunächst etwas mehr Spielraum läßt. Aber irdendwann nimmt man sie sich auch zur Brust und sagt: "Die Brücke hat zwei Wege, der eine ist Auditing, der andere Training. Und Ron sagt" - und dann zeigen sie ihm die entsprechende Policy -, "daß es natürlich gut ist, auditiert zu werden, daß das Auditing durch das eigene Training aber noch viel wirkungsvoller werden kann." Irgendwann hat man ihn dann auch im Kursraum, wo er dann genauso seine Heftchen studieren, seine Check-outs bescheinigen lassen und seine Knetdemos machen muß wie jeder andere auch.

Es ist ein hartes Universum ...

K.-D.N.: Wessen Aufgabe ist es, ihn zum Studieren zu bewegen?

N. Potthoff: Das ist meist der Registrar, der ihn zu überzeugen versucht. Gelingt es ihm nicht, geht er sofort zum Ethik-Offizier, um ihn auf die Schwierigkeiten aufmerksam zu machen, damit er diesen Fall unethischen Verhaltens untersucht. Daraufhin wird der entsprechende Manager also erst einmal freigeblasen von irgendwelchen Gegenabsichten, die er vielleicht hat. Die scientologische Auffassung von Ethik - neben einigen hübschen plakativen Formulierungen -, wie sie Scientology-intern gehandhabt wird, zielt nur darauf ab, “Gegenabsichten und Fremdabsichten” zu entfernen. Und wenn jemand nicht auf Kurs geht, sich nicht konform verhält, dann ist es für die Scientologen ganz klar, daß Gegenabsichten oder Fremdabsichten in ihm stecken. Die müssen raus. Also holt ihn sich der Ethik-Offizier zum Gespräch und fragt ihn, warum er nicht auf Kurs gehen will. Dann beginnt die Indoktrination, indem er Texte zu lesen bekommt, wie wichtig dies ist und wie wichtig jenes ist: “Es ist ein hartes Universum. Man muß hart werden. Wir können nicht überleben, wenn irgendeiner ausschert. Und bist du an Bord, dann bist du zu den gleichen Bedingungen an Bord, wie alle hier. Dann heißt es entweder beim Versuch sterben oder gewinnen. Das ist die einzige Art, Scientology zu machen: Entweder du bist drinnen, oder du bist draußen. Und wenn du drinnen bist, dann hast du genau das zu tun, was als nächstes auf deinem Weg notwendig ist.” So oder ähnlich klingt das denn. Dann geht er mit sich zu Rate, resigniert vielleicht und sagt sich: “Na gut, ich mach es”, vielleicht sogar ohne innerlich so richtig überzeugt zu sein. Dann würde er aber spätestens nach einigen Wochen wieder beim Ethik-Offizier landen, und irgendwann gibt er seinen Widerstand auf. Zumal dann noch damit gedroht wird, daß man nicht auditiert werden darf, wenn man in Ethik-Handhabung ist.

Da von einigen reichen Leuten die Scientology als eine Art Status-Zeichen und Privileg betrachtet wird, droht hier für sie ein echter Verlust, der sich auch auf die Aberkennung aller ihrer Abschlüsse erstrecken würde. Er selbst hat vielleicht nie einen guten Gruppenkontakt gehabt, er war nicht der Charmeur während des Studiums oder im Geschäftsleben, vielleicht fühlt er sich ein bißchen zurückversetzt, hat immer nur seine Arbeit gekannt, und dadurch ist für ihn jetzt Scientology sein persönliches Gütezeichen, so wie andere ihren tollen Wagen vorzeigen oder ihre Mitgliedschaft in einem exklusiven Club. Durch sie meint er, seine Klasse und Überlegenheit demonstrieren zu können. Um das nicht zu verlieren, absolviert er dann zähneknirschend die Ethik-Handhabung. Das sind bestimmte Schritte, die dann gemacht werden müssen und die ihm dann quittiert werden. Erst danach darf er wieder zurück auf Auditing.

Es ist also eine permanente Disziplinierung, der Trichter wird immer enger, der Widerstand wird abgeschliffen, bis der entsprechende Mensch immer stromlinienförmiger wird. Schließlich pariert er und ist genauso lenkbar wie alle anderen von Anfang an, die eigentlich nie etwas anderes gelernt haben als zu gehorchen. Wenn man ihnen sagt: “Nimm das Buch”, dann nehmen sie das Buch.

K.-D.N.: Wie weit erstrecken sich solche Anweisungen in das Leben? Ist es richtig, daß zum Beispiel darauf gedrängt wird, man solle sich von seinem Ehepartner oder seinen Freunden trennen, wenn aufgrund der Ethik-Akten bekannt ist, daß diese gegen Scientology eingestellt sind?

N. Potthoff: Ich habe aus Düsseldorf gehört, daß auch in den Gesprächen mit den wirklich reichen Leuten von Anfang an ganz brutal gesagt wird: “Wenn deine Frau nicht will, daß du Scientology machst, dann will sie im Grunde genommen nichts anderes, als dich fertig zu machen. Dann kann ich dir nur raten: Trenne dich sofort von ihr! Sie hat etwas dagegen, daß du frei bist. Mach dir mal Gedanken darüber, warum sie das nicht will. Überleg dir, was dein Ziel ist.”

K.-D.N.: Stimmt es, daß diese Ethik-Akten von Anfang an auch im Hinblick darauf angelegt werden, daß jemand eines Tages abspringt, um seine Schwächen und Fehler dann gegen ihn verwenden zu können? Ich kann mir vorstellen, daß im Laufe der Zeit in der Ethik-Akte doch einiges an freimütigen Bekenntnissen, zugestandenen Schwächen und Fehlern zusammenkommt.

N. Potthoff: Der normale Scientologe wird darüber nicht nachdenken, auch nicht der Auditor und nicht einmal der Ethik-Offizier, der die Akte führt und betreut. Wenn dann aber wirklich jemand ausgestiegen ist und sich zum Gegner erklärt, dann sieht die Praxis so aus, daß die Akte von der Abwehrabteilung geholt und mit Hilfe dieser Aufzeichnungen angefangen wird, eine Abwehrstrategie aufzubauen. Man sucht sich die Schwachstellen, auch indem man Einblick in die Auditing-Akten nimmt. Solche Vorgänge sind in der klassischen Spionageabwehr ganz normal. Auf diesem Gebiet sind die Scientologen genauso fit wie irgendeine Geheimpolizei.

K.-D.N.: Gehen wir mal weiter den internen Weg. Ist die Gliederung in Abteilungen so zu verstehen, daß nach der Abteilung 4 weitere Abteilungen als hierarchische Stufen folgen?

N. Potthoff: Nein, der Weg von der Abteilung 4 führt nur in die nächst höhere Org für die ersten OT-Stufen. Von da aus führt dann der Weg nur noch in die nächst höhere Org nach Los Angeles oder Florida, wo dann die OT-Stufen ab OT III geliefert werden. Flag hat sich als "Mekka des Auditing mit den besten Auditoren" das Recht vorbehalten, daß nur dort das "Absolute" geliefert wird. Das findet also nur in Florida statt, was natürlich auch ein gewisses Elitebewußtsein schafft.

Mitarbeiterverträge über einige Billionen Jahre

K.-D.N.: Ist mit der Absolvierung von Kursen und dem Erreichen bestimmter Stufen auch ein Aufstieg innerhalb der Org und ein Zugewinn an Macht und Einfluß verbunden?

N. Potthoff: Der Eindruck mag bei einzelnen so sein, daß ihre eigene Ausbildung - sprich: ihre Entwicklung als freies Wesen in OT-Stufen - ihnen auch irgendwie Einfluß und Macht innerhalb der Org geben könnte. Das ist aber nicht richtig. Ein OT VII hat weniger Macht in einer Org als ein kleiner Registrar, d.h. die mächtigsten Personen sind eigentlich die Mitarbeiter, je nachdem, welche Aufgabe sie in der Hierarchie der Organisation haben.

So sind die Registrare nicht nur gehalten, Bücher und Kurse zu verkaufen, sondern auch unter den Studierenden neue Mitarbeiter anzuwerben. Zusätzlich werden Teams zusammengestellt, zum Beispiel aus Kopenhagen oder Florida, die dann durch Europa, Neuseeland oder wo auch immer von Org zu Org reisen, um Mitarbeiter zu werben, so etwa auch direkt für die Sea-Org. Die fragen dann in den einzelnen Orgs, wer nach Ansicht der dortigen Mitarbeiter dafür in Frage käme. (Sea-Org = entstanden aus den ehemaligen Schiffsmannschaften, als Hubbard noch auf Schiffen über die Weltmeere zog. Ein Mitglied der Sea-Org unterschreibt einen Mitarbeitervertrag über einige Billionen Jahre, also für seine zukünftigen Leben gleich mit.)

Es geht dann zum Beispiel darum, wer gute Ergebnisse beim Studieren erzielt, so daß er die Hauptthesen voll begriffen hat, wer wirklich "tough" ist usw. Diese Leute holt man sich dann zum Einzelgespräch ran. Da sitzt dann der Sea-Org-Officer in seiner tollen Uniform, der einen in einem netten Gespräch nach den eigenen Vorstellungen befragt, und ob man nicht Lust hätte, im besten Team der Welt zu arbeiten. Er erzählt einem von der gigantischen Aufgabe der Sea-Org und ihrem heroischen Kampf, damit diese Erde nicht untergehe, und malt noch einige Schreckensvisionen. Im Laufe des Gesprächs schätzt er dann wie ein klassischer Verkäufer ab, wo das Interesse schon bei oberflächlicher Berührung eines Themas anspringt, um dann das Gespräch in dieser Richtung zu intensivieren. Dann kommt er näher, und wenn es klappt, kommt dann schließlich der Sea-Org-Vertrag, wenn es geht gleich mit konkretem Einstiegsdatum: Ab dann und dann stehe ich zur Verfügung. Es wird einem auch Hilfe angeboten, die noch anstehenden Angelegenheiten zu erledigen, wie zum Beispiel den Arbeitsplatz aufzugeben, die Firma zu verkaufen oder was auch immer. Wenn derjenige ein konkretes Einstiegsdatum noch nicht ins Auge fassen kann oder will, läßt man ihn einen Vertrag unterzeichnen, der die Absichtserklärung enthält, irgendwann in die Sea-Org zu gehen. Dann hat man jedenfalls eine Adresse und Pluspunkte für die Statistik dieser "Mission". So eine Absichtserklärung habe auch ich unterschrieben, und ich wurde dann regelmäßig gefragt, wann ich denn nun so weit sei, und ob man mir dabei irgendwie helfen könne.

L. Ron Hubbard - "Als er noch auf Schiffen um die Weltmeere zog"

“Power-change: Das größte Spiel ist Scientology”

So werden ständig Mitarbeiter geworben, entweder für die Org oder auch gleich für die Sea-Org. Dabei ist es ganz egal, ob jemand aus einem Beruf kommt, ob jemand arbeitslos ist, eine Ausbildung hat oder nicht, ob jemand Hausfrau, Student, Schüler, Industriemanager oder Firmenbesitzer ist. Mehr und mehr werden jetzt auch Leute gesucht, die bereit sind, ihre ganze Firma zu verkaufen. Auch dafür gibt es eine Strategie, die sich an Zustandsformeln im Leben orientiert: einmal nach oben von “Nichtexistenz” bis zur “Macht” und nach unten bis ins “Chaos” hinein. Für den Zustand der Macht hat Hubbard es etwa so formuliert: “Wenn du ein Spiel gespielt hast, und es war toll, du hast alles erreicht, was du erreichen konntest, dann ist es Zeit, daß du ein neues Spiel spielst: Power-change. Und das größte Spiel, das im Universum gespielt werden kann, ist Scientology.” Und so ist die Leiterin des Celebrity Centers, eine gut ausgebildete Top-Managerin aus der Eifel mit eigener großer Firma, eines Tages so weit gewesen, daß sie gesagt hat: “Okay, ich habe alles erreicht, was ich hier erreichen kann. Das Spiel ist für mich zu klein. Jetzt gebe ich Ron das zurück, was ich ihm verdanke. Ich gründe ein Celebrity-Center für die Manager, für die Künstler.”

K.-D.N.: Was ist von den Versprechungen zu halten, die mit dem Erreichen der verschiedenen OT-Stufen verbunden sind? Es werden zum Beispiel Möglichkeiten in Aussicht gestellt, daß der Thetan exteriorisieren kann, daß er also seinen Körper verlassen kann, daß der Thetan Herr über Zeit und Raum wird oder auch an zwei Orten gleichzeitig sein kann.

N. Potthoff: Wir haben vorhin von den drei Teilen des Menschen gesprochen: Thetan, Mind und Körper. Das Problem des Thetan ist laut Hubbard, daß er denkt, er sei der Körper. Und so lange er denkt, er sei der Körper, lebt er in diesem wie in einem Gefängnis. Dann empfindet er die ganze Welt als Elend, hat Zeit, sich mit seinen Krankheiten zu beschäftigen, in sich hineinzuhorchen und sich mit allem möglichen Unsinn zu befassen. Das Ziel von Auditing ist, den Thetan zu befreien, ihm klarzumachen, daß er eben nicht der Körper *ist,* sondern einen Körper *hat.* Und nun sagt Hubbard, daß die günstigste Stellung des Thetan etwa ein Meter hinter dem Kopf sei. Von da aus könne er den Körper praktisch dirigieren, ihn über die Straße führen, ihm helfen, Bilder zu malen oder was auch immer. Er nennt das tatsächlich “exteriorisieren”. Diesbezüglich hat er zwei Problemfälle charakterisiert: zum einen, daß der Thetan zwanghaft im Körper ist und nicht mehr hinaus will, zum anderen, daß der Thetan außerhalb des Körpers ist und nicht mehr hinein will. Diese Zustände werden mit ganz bestimmten Phänomenen und auch mit Leiden verbunden beschrieben. Diese Leiden sollen durch Auditing geheilt werden - Geistheilung. Die erste Stufe, die erreicht wird, heißt “Clear”. Man ist sich bewußt, einen Körper zu haben, und man ist frei von den Zwängen innerhalb oder außerhalb sein zu müssen. Als geklärtes Wesen hat man die freie Wahl und Möglichkeit, dort zu sein, wo man sein möchte: innerhalb oder außerhalb des Körpers.

OT-Marionetten

Was die weiteren Stufen betrifft, bin ich zu der Überzeugung gelangt - ich will es jetzt mal bewußt ein bißchen böse formulieren -, daß Hubbard dann zu dem Schluß gelangt ist, ein Clear sei noch nicht so stromlinienförmig, noch nicht so von eigenem Willen befreit, wie er es sich vorgestellt und gewünscht hat. Er konnte noch nicht alles aus ihm herausholen. Also mußte Hubbard noch einen Schritt weitergehen. Er mußte den einzelnen noch stärker indoktrinieren und konditionieren, noch stärker in Richtung einer Gleichschaltung bearbeiten. Deshalb hat er die OT-Stufen erfunden. Das ist jedenfalls meine sehr kritische Analyse dazu. Ich habe beobachten können, daß ein Clear noch nicht im Sinne des Scientology-Systems funktioniert, denn er ist manchmal noch viel zu querköpfig. Mit den OT-Stufen hat Hubbard - oder das Management, oder wer auch immer dahinter steckt - die Konditionierung so weit getrieben, den einzelnen so weit in die Schizophrenie getrieben, daß er von da an wirklich wie eine Marionette geführt werden kann. Von da an kann man ihm wirklich alles verkaufen, was immer man ihm verkaufen will.

Ich habe die OT-Stufen nie absolviert, aber einige Materialien dazu gelesen. Sie unterscheiden sich grundlegend von Dianetic-Auditing, wo noch mit halbwegs Realbegriffen wie Zeitspur, Engrammen usw. und persönlichen Schicksalen gearbeitet wird. Bei den OT-Stufen geht es nur noch um frühere Leben und das total Abstrakte, in das man sich hineinsteigern muß, um da noch Empfindungen zu haben. Da kommen die ganzen scientologischen Science-Fiction-Vorstellungen hinein, indem zum Beispiel vom interplanetarischen Krieg die Rede ist, vom bösen Xenn, von gewaltigen Implants (Einpflanzungen) von Atombomben, daß die Erde nur eine Strafkolonie sei, daß der Thetan von der Vorstellung zu befreien sei, er könne nur auf der Erde leben usw. usf. Da kommen dann Vorstellungen und Wünsche auf, daß der Mensch mit seinem Thetan "nach Hause" möchte, so eine Art "Nach-Hause-Telefonieren-Syndrom", so etwas wie ein Ur-Instinkt, wie er auch durch den ET-Film in vielen Menschen angesprochen wurde. Diese verqueren Vorstellungen werden dann für die Leute, die sich da hineinsteigern, zur täglich erlebten Realität. Für sie wird es auch völlig normal zu behaupten, sie könnten an zwei Orten gleichzeitig sein, oder zumindest zu glauben, daß sie diese Fähigkeit in absehbarer Zeit erreichen könnten. Ich habe das zu meiner Zeit als Scientologe immer mit großer Skepsis betrachtet.

Körper-Thetanen nach Art von Blutegeln

K.-D.N.: Mit der OT III-Stufe soll die Austreibung von Dämonen verbunden sein. Was ist damit gemeint?

N. Potthoff: Wie das in der Praxis aussieht, habe ich - wie gesagt - nicht selbst erlebt. Wie Hubbard dazu in seinem Journalen verlauten läßt, hängt das mit der berühmt-berüchtigten Feuerwand, die es zu überwinden gilt, und dem intergalaktischen Krieg zusammen. Das sind sehr merkwürdige Vorstellungen, nach denen die Menschen vor Urzeiten mit "Implants" versehen auf diese Erde geschickt wurden. Daher sind wir nun mit einer Fülle von Körper-Thetanen behaftet, die nach Art von Blutegeln an uns herumwimmeln, uns aussaugen und uns die Kraft nehmen. OT III soll nun die entscheidende Phase sein, in der man diese Feuerwand durchstößt. Dieser Durchbruch soll so gewaltig sein, daß man - so Hubbard - dabei nicht nur fast sein Leben verliert, den Urknall noch einmal erlebt, sondern daß dabei auch die ganzen Körper-Thetanen verlorengehen.

Erst dadurch wird man wirklich frei. Vorher ist man noch mit diesen Thetanen behaftet, die durch den damaligen Atomknall so deformiert sind, daß sie nicht einmal in der Lage sind, einen eigenen Menschenkörper zu bewohnen. Sie können nur existieren, indem sie sich wie ein Blutegel an einen anderen dranhängen. Wenn man durch die "Feuerwand durchgeht", werden diese Dämonen also endgültig abgestreift. Damit sei erst der erste entscheidende Schritt zur wirklichen Freiheit getan.

Heute sehe ich es so, daß Hubbard sein Ziel, den Menschen wirklich total verblöden zu lassen, erst mit OT VII erreicht. Da fliegt dann wirklich jedes eigenständige Denken über Bord. Wenn Menschen diese Stufe in Florida absolviert haben, kommen sie wirklich wie blöde zurück.

K.-D.N.: Wenn eine zunehmende Entmenschlichung das Ziel dieses Stufenweges ist - so sieht es ja aus -, dann frage ich mich, was das für Wesen sind, die diesen Weg absolviert haben und an der Spitze stehen.

N. Potthoff: Wenn ich es wieder etwas zynisch formulieren darf, würde ich sagen: Weiß der Teufel wie, aber dem Hubbard ist es gelungen, mit seinen Wahnvorstellungen seine Science-Fiction-Kreaturen zu erschaffen. Ihm ist es tatsächlich gelungen, durch Konditionierung, psychischen Streß und einer Art Gehirnwäsche die Menschen so umzuformen, daß sie wie Roboter oder Androiden funktionieren. Das Faszinierende ist, daß sie immer noch im guten Anzug rumlaufen, daß sie immer noch Auto fahren und zwei und zwei zusammenzählen können - das können sie sogar verdammt gut -, aber das, was wir als Menschsein empfinden, scheint völlig verloren zu sein.

K.-D.N.: Kann man das Gefühl haben, daß hier eine stark strukturierte Intelligenz wie durch Hüllen wirkt?

N. Potthoff: Es ist ein ähnliches Phänomen, wie wir es von dem Umgang mit Computern kennen: Wir wissen zwar, daß es sich nur um Maschinen handelt, haben aber trotzdem einen ungeheuren Respekt vor der Leistung, die sie imstande sind zu erbringen. Und ähnlich treten die OT VII und OT VIII auf. Es wird in Zukunft noch ein interessantes Feld sein, herauszufinden, wie es dem Hubbard gelungen ist, was er sich dazu ausgedacht hat, Menschen so zu deformieren. Es ist ein unglaubliches Experiment. Wir klagen ja heute die Arzneimittel-Hersteller an, daß sie Versuche an Tieren durchführen. Hubbard hat sich nie gescheut, Versuche an Menschen durchzuführen!

K.-D.N.: Haack weist in seinem Buch "Scientology - Magie des 20. Jahrhunderts" darauf hin, daß Hubbard ab etwa Ende 1946 eine Zeitlang in der kalifornischen Gruppe des O.T.O. war. Er befreundete sich mit dem Ordensmeister Jack Parsons, mit dem er auch magische Rituale abhielt.

"Von Aleister Crowley gibt es eine 'Moonchild' genannte Erzählung, die von der vorgeburtlich präparierten Menschwerdung einer Göttin berichtet. Parsons Versuch, mit Hilfe einer jungen Okkultistin unter Hubbards Assistenz in einem Ritual ein Kind zu zeugen, in dem 'Babalon - eine Erscheinungsform der großen Mutter-Göttin Nuit' inkarnieren soll. Hubbard fungiert bei diesem makraben Ritus als eine Art Seher, der beschreibt, was während des Aktes 'auf der Astralebene' vor sich geht.

Man berichtet Crowley darüber, der allerdings in einem Brief an einen anderen O.T.O.-Magier schreibt: 'Ich könnte rasend werden, wenn ich über die Iditotie dieser Tölpel nachdenke.'" (Friedrich-W. Haack: Scientology - Magie des 20. Jahrhunderts. München [2]1991, S.38)

In seiner Crowley-Biographie schreibt John Symonds, indem er auf diese Aussage bezug nimmt:

"Doch der 'Tölpel' Hubbard erwarb in aller Stille durch Crowleys Schriften jene magischen Geheimnisse, die ihm wenige Jahre später halfen, seine berühmte Scientology Kirche zu gründen." (ebd., S.39)

Hubbard hat vielleicht - so Haack - das Symbol-Kreuz der Scientology den von Crowley entworfenen Tarot-Karten entlehnt, auf deren Rückseite sich dieses Symbol findet. Kannst Du weiteres zu Hubbards Verbindung zum O.T.O. sagen?

N. Potthoff: Nein, über die Vorgeschichte weiß ich auch noch sehr wenig. Was mich aber grundlegend darin interessiert, ist, daß es offensichtlich einzelnen Gruppen gelingt, einen Einstieg in die menschliche Psyche zu finden, die uns noch sehr geheimnisvoll erscheint. Solche Dinge sind uns zum Beispiel über den Voodoo-Kult, über asiatische Riten usw. beschrieben. Offensichtlich hat das Phänomen Mensch noch ein paar Türchen, die wir noch nicht kennen. Einzelnen Gruppen ist es aber gelungen, da oder dort Zugang zu finden. Das Fatale ist, daß man in solchen Geheimbünden hemmungslos bereit ist, mit dem Menschen zu experimentieren, um einen Zugang zu finden und für die eigenen Zwecke auszunutzen.

K.-D.N.: Aufgrund solcher Äußerungen kann man zu der Ansicht gelangen, daß Scientology gewissermaßen eine Tarnorganisation ihrer selbst ist, d.h. daß im Kern Dinge ausgeführt werden, die auch der breiten Masse der Scientologen unbekannt und verschlossen sind.

N. Potthoff: Es ist ein höllisches Thema, wie Hubbard es in seinem Größenwahn geschafft hat, durch eine Mixtur aus Geheimbündlerei, Psychoterror und Verkaufsstrategie die Menschen dazu zu bewegen, freiwillig als Versuchsobjekte zur Verfügung zu stehen. Aber dieser geheimbündlerische Aspekt ist schwer zu greifen.

Machtkampf zwischen "Roten" und "Grünen" nach Hubbards Tod

K.-D.N.: Schwer zu greifen ist in manchen Aspekten auch die Biographie Hubbards, die von der Scientology geschönt und mit einem Wust von Legenden umrankt verkauft wird. Als weitgehend im Dunkeln liegend wird allgemein auch sein Tod bezeichnet. Deutlich zu bemerken ist aber, daß nach seinem Tod, der auf das Jahr 1986 datiert wird, verstärkt Ausbreitungskampagnen betrieben wurden, nachdem Ende der siebziger Jahre eine Krise bzw. ein Stillstand festzustellen war. Welche Ziele sind damit verbunden, daß seither zunehmend versucht wird, Einfluß in der Wirtschaft zu gewinnen? Vier Schritte einer Verwaltungsanordnung, die diesem Vorhaben dienen soll, sind im *Spiegel* zitiert:

"Suche dir ein Geschäft aus, welches bereits sehr gut arbeitet."

"Wende dich an den höchsten Direktor und verbreite Scientology."

"Lokalisiere SP's (Suppressive Person: jemand, der Scientology stört) in der Organisation und wirf sie hinaus."

"Auditiere die leitenden Angestellten und zeige ihnen, um was es sich handelt, das wird dann den Zyklus in Gang setzen ... die leitenden Angestellten werden die Jungmanager und das andere Personal dazu drängen, Auditing zu nehmen." (*Der Spiegel*, 14/1991, S.33)

N. Potthoff: Ich glaube, daß Hubbard eine Sache klar erkannt hat, nämlich daß das Hauptproblem der Magier in der Geschichte immer der Mangel an Kapital war. Sie brauchten immer einen Fürsten, der sie finanziell unterstützte, was sie dadurch erreichten, daß sie sagten, sie würden versuchen, Gold herzustellen.

Bei Scientology gibt es eine Zweiteilung in "Rot" und "Grün". Zu Rot gehören die ganzen Schriften für die Auditoren, zu Grün die Schriften über Verwaltungstechnik, Management. Entsprechend haben sich auch gegensätzliche Haltungen unter den Scientologen ausgeprägt: Die Roten nennen die Grünen besessen, das seien die Macher, und die Grünen nennen die Roten weltfremd, weil sie nur auf ihrem Auditoren-Stuhl säßen und keine Ahnung hätten, was im Management alles geleistet werden muß.

Einer der führenden Roten war ein Mann mit Namen David Mayo, ein Auditor, der Hubbards Vertrauter war. Sie haben zusammen die ganzen Auditing-Prozesse geschrieben und auch gegenseitig ausprobiert. Mayo war also der Chef-Fall-Überwacher von ganz Scientology und kam gleich nach Hubbard. Die höchsten Grünen waren ein Ehepaar Brooker und ein Mann mit Namen David Miscavitch. Diese drei - so sagt die Scientology-Lesart - seien aus den sogenannten Missonars entstanden, Fabelwesen, die noch nie die Erde betreten hätten. Sie seien von Hubbards Heimatplaneten zu seinen persönlichen Diensten auf die Erde geschickt worden.

Diese waren die einzigen Kontaktpersonen zu Hubbard. Das führt David Mayo in seinen Schriften aus. Miscavitch wurde als Topmanager sehr schnell klar, daß zur Machtübernahme in Scientology die Isolierung der führenden Auditoren und Fallüberwacher notwendig sei. Diese fragen - zum Teil heute noch -, ob man das Auditing nicht preisgünstiger anbieten könne, da es für die Menschen doch so immens wichtig sei. Miscavitch kam zu der Überzeugung, daß sie genauso zu bekämpfen seien wie die Gegner draußen. Also haben er und seine Mitstreiter dafür gesorgt, daß David Mayo aus dem direkten Umkreis von Hubbard entfernt wurde. Mayo beklagt sich in vielen Briefen, daß man ihn blockiere, seine Post zensiere und ihn nicht mehr zu Hubbard lasse. Er wunderte sich darüber, was denn nun los sei. Das führte dann schließlich Ende der siebziger Jahre zu einer ersten Revolution, wo es in den ganzen Missionen zum Aufstand kam und zur berühmten Mission-Holder-Conference führte. Da wurden die Scientologen reihenweise zu SP's erklärt, bekamen Hunderttausende von Dollar Strafe aufgebrummt, mußten ihre Missionen aufgeben und durften ihren Posten erst dann wieder übernehmen, als sie ihre Strafe bezahlt hatten. Auch in Deutschland rollten die Köpfe einiger Mission-Holders.

Welche Partei kommt in Frage?

Irgendwann beruhigte sich das wieder, und das war auch die Zeit, als ich zu Scientology kam. Ich erlebte damals als Manager in Scientology den organisatorischen Aufschwung und habe dann auch an den Strategien und Managementanweisungen mitgearbeitet, die zum Ziel hatten, die Spitze eines Unternehmens zu packen. Dazu gehörte auch die Ausdehnung auf politische Aktivitäten. Welche Partei kommt in Frage? Im Prinzip natürlich alle, aber in kleinen Parteien kann man schneller aufsteigen. Die Leute, die ich in Düsseldorf und Richtung Süden kannte, haben sich allerdings nicht auf die politische Linie eingelassen, sondern sich ganz auf die Wirtschaft konzentriert. In

Hamburg hingegen hat man offensichtlich auch die politische Linie in Angriff genommen. Daher jetzt auch die Vorfälle mit der FDP.

Darüber hinaus gibt es noch andere Policies, die darauf hinwirken, Sympathieträger und Opinion-Leader für Scientology zu gewinnen, sogenannte Celebrities. Dazu zählen zum Beispiel Julia Miguenes, Chick Corea, Gottfried Helnwein, John Travolta, Priscilla Presley, Carl-W. Röhrig und andere.

K.-D.N.: Wie ging es dann in der Entwicklung der Scientology nach der ersten Palastrevolution Ende der siebziger weiter?

N. Potthoff: Nachdem man David Mayo endgültig isoliert und zum SP erklärt hatte, hatten die Manager die ganze Macht an sich gerissen. Sie haben dann Scientology völlig neu organisiert und als oberste Behörde die IAS (International Association of Scientologists) gegründet. Damit hat man das alte Scientology-System gekippt, vom Kirchensockel gestoßen. Die Kirche hat man seither gewissermaßen nur noch als Nebenbetrieb, sozusagen als Feigenblatt.

Der IAS hat man die Gesamtverantwortung für Scientology übertragen. Sie kontrolliert auch inzwischen sämtliche Copyrights, d.h. den Fluß aller Tantiemen. Dafür verpflichtet sie sich, daß Scientology auf alle Zeit und Ewigkeit geliefert wird. Sie haben damals damit geprahlt, daß sie sich einen ähnlichen Status wie Interpol gegeben hätten, daß sie nämlich exterritorial seien. Wenn irgendwo in einem Land Scientology verboten würde - das befürchtete man damals bereits -, nehmen wir einmal an, die Org Düsseldorf würde auf einen Erlaß des Staatsanwalts geschlossen, dann wäre am nächsten Tag der neue Besitzer die IAS, und die könne man nicht verbieten. Sie würde dann praktisch wie eine Botschaft in Düsseldorf Scientology betreiben. Das war die Argumentation.

Diese neue Stellung läßt sich die IAS obendrein noch in zweierlei Hinsicht versilbern: einmal indem sie den Kirchenbeitrag abgeschafft und dafür den IAS-Beitrag eingeführt hat, der entweder 600 Mark jährlich oder ca. 4.000 Mark auf Lebenszeit beträgt. Zum anderen hat man sich gleichzeitig, da das immer noch nicht genügte, die reichen Scientologen systematisch gegriffen und sie zu Spenden aufgefordert. Um dem ganzen noch einen Namen zu geben, wurden diejenigen, die durch besonders großzügige Spenden in die Kriegskasse hervortraten, "Patrons" genannt. Um diesen Ehrentitel zu erhalten, ist eine Spendenhöhe von mindestens 40.000 Dollar nötig. Mehr ist natürlich immer erwünscht. Man kann aber auch schon durch kleinere Spenden, zum Beispiel 5.000 Dollar, irgendwelche anderen Ehrentitel als Förderer der Scientology erhalten. Inzwischen hat man auch wieder ein Schiff gekauft, die "Freewinds" - ganz im Stil der Sea-Org-Tradition -, um auf ihm OT VIII liefern zu können, nachdem die OT-Stufen bis OT VII bereits fertig waren. OT VIII wird also auch wieder ganz isoliert und geheimbündlerisch, mit der alten Sea-Org-Mystik verbunden und mit dem Hauch der Exklusivität angeboten. Damit wird dann auch der ganze enorme finanzielle Aufwand gerechtfertigt. Gleichzeitig, d.h. etwa 1984/85 wurde die Strategie eines vermeintlichen Glaubenskampfes entwickelt, d.h. man behauptet, daß Scientology genauso verfolgt würde wie seinerzeit die Juden. Es gab den "Kreuzzug für religiöse Freiheit", der in Oregon Scientologen aus aller Welt zusammenströmen ließ.

Ende 1984 war die weltweite Installierung von IAS. Dem folgten auch wieder heftige Machtkämpfe. Durch David Mayo war die Splittergruppe der Freien Scientologen entstanden, die sich in der Schweiz niedergelassen und auch in Deutschland Fuß gefaßt hatte. Diese Gruppe opponierte natürlich sehr stark, und viele ältere Scientologen, zum Beispiel aus der Müncher Org, hatten sich ihr angeschlossen. Entsprechend heftig wurde dann gefetzt, als aus Amerika der IAS-Trupp kam und die Gretchenfrage gestellt wurde: "Wo gehörst Du hin?" 1985 hatte der IAS sich dann gegen die alten Scientologen durchgesetzt. Die junge Garde der 25-, 30jährigen hatte sich durchgesetzt. Anfang 1986 wurde Hubbard dann ganz plötzlich vom IAS für tot erklärt. Von da an wurde das Management noch straffer durchgezogen.

K.-D.N.: Welche Bedeutung hat in diesem Zusammenhang die Clear-Deutschland-Kamagne?

N. Potthoff: Man hat die OT-Komitees, die es vorher auch schon gab, neu etabliert und mit neuer Wichtigkeit versehen. Den OT VII-Abschlüssen in Deutschland hat man denn gesagt, daß sie nun dafür verantwortlich seien, daß ganz Deutschland geklärt wird. Sie riefen also den Plan "Clear Deutschland" aus, und die OT VII sollten dafür sorgen, daß er auch durchgeführt wird. Ein bestimmter Prozentsatz der Bevölkerung sollte also "clear" werden.

Der Ausstieg aus Scientology

K.-D.N.: Wie ist Dein Ausstieg aus Scientology im einzelnen verlaufen?

N. Potthoff: Ich habe zum Glück die Grundveranlagung, lieber selbst zu denken, als für mich denken zu lassen, und das wurde nie ganz verschüttet. Allerdings bin ich mir auch der Wichtigkeit von Gruppenarbeit so weit bewußt, daß ich auch mal eigene Betrachtungen und persönliche Ziele hintenan stellen kann.

Ich habe mich also in den Dienst der Sache gestellt und war von vornherein eigentlich sehr engagiert. Meine damalige Freundin, die dann meine zweite Frau wurde, hat schon nach wenigen Wochen einen Mitarbeitervertrag unterschrieben. Da sie Mitarbeiterin war und zur Auditorin ausgebildet wurde, war ich bereit, zumindest die FSM-Arbeit zu machen. Ich war ja auch noch Graphik-Designer und hatte mein Atelier. Dann traten gewisse Schwierigkeiten auf. Die Eltern meiner zweiten Frau waren Gegner und bekämpften unsere Zugehörigkeit zu Scientology. Das trieb uns in eine Verteidigungshaltung und immer tiefer in Scientology rein. Trotzdem hat sie dann wegen der Angriffe vorübergehend Scientology verlassen müssen. Wir haben uns dann eine Zeitlang über die Bücher Hubbards mit Scientology befaßt, ohne nach Düsseldorf zu fahren. Als die Geschäfte schwieriger wurden, fuhren wir dann doch wieder nach Düsseldorf, unterschrieben Vollzeitverträge und wurden aufgrund unserer beruflichen Qualifikationen gleich auf das Org-Bord gehievt. Wir bekamen also unsere Funktionen. Ich wurde Sekretär für Öffentlichkeitsarbeit und stieg dann wenige Wochen später zum Chef der gesamten Öffentlichkeits-Abteilung auf. Im Dezember 1984 habe ich dann den Status "Clear" erreicht.

Dann traten aber sehr schnell eine Reihe von Ernüchterungen ein. Nach der Freude, diesen Status "Clear" zu haben, was ja in der Scientology etwas galt, blieb mir dann doch nicht verborgen, daß sich mit mir eigentlich nichts verändert hatte. Durch die bisherigen Studien hatte ich zwar eine Menge gelernt, doch grundlegend hatte sich doch nichts geändert: weder war ich intelligenter geworden, noch hatte ich himmelhoch über allem stehend den besseren Durchblick, wie es von der Scientology versprochen wird.

Als ich auf dem neuen Posten sehr hart und intensiv gearbeitet hatte, um auch bald so ziemlich die erfolgreichste Abteilung 6 in ganz Europa zu haben, kam es dann auch zu Reibung und Angriffen. Das führte dazu, daß ich mich mit dem internen Scientology-System intensiver auseinandersetzen mußte, obwohl ich das eigentlich nicht wollte. Ich wurde nach Kopenhagen zitiert, da ich für bestimmte Mißstände in der Org verantwortlich sein sollte. Nun bin ich nicht auf den Mund gefallen, habe auch eine gute politische Vorbildung und konnte mich daher in Kopenhagen sehr massiv zur Wehr setzen und die Leute dort fordern. Da ich vorher sehr viele Policies gelesen hatte, war ich sehr fit auf dem Gebiet, und sie hatten einen sehr schlechten Stand. Dadurch lernte ich Scientology in ihren inneren Strukturen noch intensiver kennen und mußte feststellen, daß man seinen Posten innerhalb von einer Stunde los sein kann. Das schließt nicht aus, daß man später dann irgendwann wieder voll rehabilitiert wird. Zu diesem blitzschnellen Degradieren und Wiederbefördern paßte auch, daß ich nun häufiger den Sea-Org-Leuten in ihren Uniformen begegnete. Da wurde mir erstmals klar, wie militaristisch die innere Struktur aufgebaut ist. Da ich Kriegsdienstverweigerer und überzeugter Pazifist bin, fragte ich mich, was da eigentlich vorgeht. Und dann fing ich an, weiter zu bohren. Dadurch wurde ich natürlich immer unbequemer. Zwar habe ich weiterhin sehr gut meine Arbeit gemacht und dachte zunächst auch, daß es sich unter Umständen nur um menschliche Mängel handeln könnte, die nichts mit dem System zu tun haben, aber diese Frage ließ mir immer weniger Ruhe.

Das führte Mitte 1985 schließlich dazu, daß ich mir sagte, es geht so nicht weiter. Meine Firma war fast ruiniert, und das alles nur wegen meines unglaublichen Einsatzes in Düsseldorf. Mir war klar, daß ich nun erst einmal Ordnung schaffen mußte, entweder meine Firma schließen und dann wieder zurückgehen, oder was auch immer. Auf jeden Fall wollte ich erst einmal in Ruhe darüber nachdenken. Ich habe daher einen Antrag auf Beurlaubung gestellt, wie es formell auch richtig ist. Ich habe meine Gründe angeführt, und aus meiner damaligen Sicht und nach Kenntnis der Policies war es auch scientologisch völlig korrekt. Mein Antrag wurde abgelehnt. Ich habe dann gesagt: "Okay, wenn ihr nicht wollt, dann komme ich eben nicht mehr. Das könnt ihr mit mir nicht machen." Nachdem ich dann wieder ein paar Wochen zu Hause saß und meiner ganz normalen Arbeit nachging, kam plötzlich ein Gefühl der Erleichterung. Und ich habe mich gefragt, was es eigentlich war, was ich da gemacht habe: mich den ganzen Tag mit Scientologen rumzuschlagen, Telexe zu beantworten, mit Kopenhagen oder Florida zu telefonieren, dubiose Testbesprechungen durchzuführen usw. Eines Abends sagte ich dann zu meiner Frau: "Also eins werde ich Dir sagen, in die Sea-Org gehe ich nie." Das war also der erste Schritt des Begreifens. Einige Wochen später kam dann der zweite Schritt des Begreifens: "Ich glaube, ich gehe auch nie wieder zurück auf meinen Posten." Damals war ich aber immer noch Scientologe. Nur wollte ich mit dem ganzen Wust der Organisation nichts mehr zu tun haben, das war mir zu dubios. Ich hielt nur noch an der für mich ideell-philosophischen Seite fest.

Dann wurde ich Ende 1985 von der Leiterin des Celebrity Centers angesprochen, ob ich ihr helfen könnte, CC aufzubauen. Da muß ich dann etwas doof im Kopf gewesen sein, so daß ich mir sagte: "Ah ja, das ist Scientology für Künstler, das ist vielleicht ohne diesen ganzen verdammten Leistungsdruck, den Statistik-Run und alles Dubiose, das du gerade kennengelernt hast." Da, dachte ich, könnte ich mich scientologisch noch einmal reinhängen, und ich habe ihr also geholfen, das CC aufzubauen, habe geholfen, es einzurichten, Briefbögen zu entwerfen usw. Meine Frau war sauer, daß ich mich darauf eingelassen hatte, dahin zu gehen und zu helfen, und ich habe zu dem Zeitpunkt nicht richtig begriffen, daß meine Frau damals auch innerlich begonnen hatte, aus Scientology rauszugehen.

Im folgenden Frühjahr, als wir die Stadt verließen und auf den Bauernhof zogen, wurde meine Frau dann sehr intensiv von der Leiterin des Celebrity Centers angesprochen, doch da zu auditieren. Obwohl wir vorher etwas anderes abgesprochen hatten - wir wollten beide als Künstler, sie als Musikerin, ich als Designer, arbeiten und neu aufbauen -, stimmte ich zu, als sie sich entschloß, dort zu helfen. Sie rutschte daraufhin wieder tiefer und tiefer hinein, wurde nach Hamburg geschickt, wo man sie dann überredete, wieder einen richtigen Staff-Vertrag zu machen, mit dem Hinweis, daß sie, wenn sie die Zeit erstmal durchstehen würde, danach eine viel, viel bessere Musikerin sein würde. Da stand also meine Frau vor mir, war überglücklich und sagte, daß sie es einfach machen müsse. Als ich auch noch ihre Angst davor, sich im Dreck unserer Baustelle wohlfühlen zu müssen, sah und bemerkte, daß es für sie keine Perspektive war, Balken zu schleifen, Wände hochzuziehen und Mauern zu verputzen, haben wir einen Kompromiß vereinbart, der darauf hinauslief, daß sie teils in Düsseldorf, teils bei mir auf dem Hof sein würde. Das Ergebnis war: Ich sah sie nicht mehr. Und da wurde ich sauer. Ich sah sie nur noch montags, an ihrem freien Tag, und nachts um 2.00 Uhr, wenn sie nach Hause kam. Unsere Probleme wirkten sich auf ihre Mitarbeit aus, und aus Sicht der Scientologen war die Sache klar: Wenn jemand in seiner Arbeit nachläßt, die Statistik fällt, wenn jemand unter Druck gerät, muß es auch irgendwo einen Unterdrücker geben, der dafür verantwortlich ist. Ich war natürlich sehr schnell als Unterdrücker ausgemacht. Sie fingen dann an, meine Frau gegen mich aufzuhetzen, sie wurde immer kühler, fing an, nicht mehr mit mir zu schlafen. Dadurch bekam ich wiederum Probleme. Dadurch aber, daß ich nun immer verärgerter und bissiger wurde, geriet meine Frau nun vollends in die Arme der Scientologen. Sie hatte überhaupt keine Lust mehr, nach Hause zu kommen, und fing an, in Düsseldorf zu übernachten. Im Dezember, kurz vor meinem Geburtstag, zog sie aus. Kurz vor Weihnachten geschah dann der Unfall, auf den die lange Phase des Nachdenkens folgte. Dadurch war ich dann endlich raus aus der ganzen Geschichte. Sie ist heute noch dabei.

Trennungsbefehl per Ethik-Order

Nachdem ich aus dem Krankenhaus entlassen war, habe ich mit ihr noch einmal Kontakt aufgenommen, einerseits um unsere finanziellen Angelegenheiten zu klären, andererseits um abzuklären, wo noch Möglichkeiten der Kooperation sind. Das habe ich auch als Scientologe immer so gesehen, daß es für mich zwangsläufig kein Problem war, wenn jemand kein Scientologe ist. Also dachte ich, daß auch sie es ähnlich sehen könnte und es kein Problem für sie wäre, daß ich nun kein Scientologe mehr war. Das sahen natürlich andere anders! Und eine Woche später, nachdem wir in Düsseldorf nach Dienstschluß essen gegangen waren und die Dinge besprochen hatten, habe ich sie dann das letzte Mal bis zur Scheidung gesehen. Sie hatte sich von den Scientologen überzeugen lassen, daß ich die ganze Org krankgemacht hätte und dafür verantwortlich sei, daß alle Statistiken zusammengebrochen waren. Dann schrieb sie mir einen Abschiedsbrief, in dem sie mir mitteilte, daß sie gesehen habe, was ich gemacht hätte, daß das schändlich sei und sie nichts mehr mit mir zu tun haben wolle. Dann bekam ich noch einen schriftlichen Trennungsbefehl von Scientology: Per Ethik-Order wurde mir untersagt, meine Frau zu sehen. Rechtlich hatte das natürlich keine Bedeutung, aber meine Frau hielt sich daran.

"Man muß verdammt gut Bescheid wissen, um helfen zu können"

K.-D.N.: Wie kann man im Umgang mit einem Scientologen erreichen, daß er nachdenklich wird bzw. daß man ihn aus der Scientology herausholt? Kann man überhaupt jemanden herausholen?

N. Potthoff: Die erste Voraussetzung dafür ist die Gesprächsbereitschaft des anderen. Ohne die geht natürlich gar nichts. Für mich scheidet Deprogramming grundsätzlich aus, weil es keine Lösung ist. Das muß ich ganz entschieden sagen.

K.-D.N.: Was bedeutet Deprogramming?

N. Potthoff: Deprogramming bedeutet, daß man durch eine angeblich berechtigte - wie Vertreter solche Vorgehensweise meinen - Gehirnwäsche wieder umgedreht wird. Meiner Ansicht nach ist das aber nur Pychoterror mit anderen Vorzeichen. Ich kann zwar verstehen, daß es Menschen gibt, die in ihrer verzweifelten Lage keine andere Möglichkeit für sich sehen, ich kann es aber nicht akzeptieren.

K.-D.N.: Ist denn die Bereitschaft zur Verständigung bei einigen vorhanden?

N. Potthoff: Ja, ich habe einigen geholfen, Scientology zu verlassen. Dafür ist aber Voraussetzung, daß man verdammt gut Bescheid wissen muß, wenn man mit solchen Menschen redet. Man darf den Leuten nicht mit diesen grotesken Bildern kommen, mit dem ganzen Guru-Zauber, wie es dann von einigen Fanatikern, die gegen Scientology sind, vorgebracht wird, die sich dann überhaupt über Kirche und Religion, frühere Leben usw. aufregen. Die werden nie jemanden dort rausholen können. Das ist aber nicht mein Thema. Ich sage ihnen klipp und klar, daß es nicht meine Sache ist, darüber zu entscheiden, ob es frühere Leben des Menschen gibt oder nicht. Das ist Sache eines jeden einzelnen. Ich will auch nicht über Religion diskutieren. Ich kann ihnen aber anhand meiner eigenen Geschichte und anhand von Policies zeigen, daß es nicht wahr ist, daß Scientology eine Religion ist. Ich sage einem Scientologen: "Wenn du denkst, Scientology sei für dich eine Religion, okay, dann ist es dein Bier. Aber Scientology als Organisation ist keine Religion. Darüber habe ich Belege."

Ich gehe sehr intensiv auf die Themen ein, die damit zusammenhängen, wie ein Mensch deformiert wird. Ich versuche zu zeigen, was die Psychologie dazu herausgefunden hat. Ich versuche, einfach transparent zu machen, wie wir als Mitarbeiter geschult werden, den Leuten das Geld aus der Tasche zu ziehen.

K.-D.N.: Entstehen nicht auch Schwierigkeiten, wenn man jemandem gegenübertritt, um ihm deutlich zu machen, daß er deformiert sei, man selber hingegen nicht, und man ihm daher helfen wolle?

N. Potthoff: Natürlich, das ist ja auch eine Vorstellung, die in die Irre führt. Worauf es ankommt, ist, daß man sehr sachlich und fundiert mit den Leuten spricht. Denjenigen, die bereit waren, so mit mir zu sprechen, habe ich auch helfen können.

Ein nichtgelebtes Vakuum

K.-D.N.: Hast Du das Gefühl, daß bei Dir von der Schulung und dem ganzen Psychodruck noch irgendetwas hängengeblieben ist?

N. Potthoff: Das habe ich in all den Jahren immer wieder verneint, aber ich habe dann festgestellt, daß die wichtigste Aufräumaktion erst im Frühjahr letzten Jahres, also 1990, stattgefunden hat. Da habe ich viel mit interessierten Journalisten gesprochen. Indem ich ihre Fragen beantwortet habe, sind mir die Zusammenhänge deutlicher geworden. Danach hatte ich einen guten Abstand zu den Jahren in Scientology, ohne meine Vergangenheit zu verleugnen.

Auch in Gesprächen mit anderen ehemaligen Sektenmitgliedern habe ich viel aufarbeiten können. Und in den Gesprächen, in denen es darum ging, wie bestimmte Dinge in den verschiedenen Sekten gehandhabt werden, ob es Vergleichbares oder Unterschiede gibt, wie zum Beispiel mit der Sexualität umgegangen wird usw., ist mir klargeworden, daß ich jetzt genau an den Dingen arbeite, die mich beschäftigt haben, als ich so 32, 33 Jahre alt war. Das waren also die letzten Jahre, bevor ich zu Scientology ging. Insofern kann man sagen, daß die zehn Jahre seither wie ein nichtgelebtes Vakuum sind. Von meiner persönlichen Entwicklung her hat sich in den Jahren kaum etwas bewegt. Natürlich ist in den Jahren auch eine Menge passiert: Ich bin ein besserer Maler geworden, ich habe natürlich auch eine Menge Eindrücke gesammelt, meine Kinder sind älter geworden usw. Nur das Wesentliche, das mich damals in die Scientology reingebracht hat, das bearbeite ich erst heute. Seit ich das weiß, kann ich auch sagen, daß die Wirkung der Scientology vorbei ist.

K.-D.N.: Als wir uns vorhin trafen, vertratst Du die These, man müsse politisch mit der Scientology umgehen. Was meinst Du damit?

N. Potthoff: Würde man Scientology von einer religiösen Seite her betrachten will, dann denke ich, daß man als aufrichtiger Mensch immer ein ziemliches Maß an Toleranz zeigen muß. Dann wird aber die Argumentation ungeheuer schwierig. Denn dann hat man es eben sehr schnell mit Einzelpersonen zu tun, die ein ganz bestimmtes religiöses Bild haben, und Scientology nutzt nur dieses Bild für ihre Zwecke. Wenn ich solche religiösen Bilder und Aspekte angreife, dann greife ich nur einen Einzelmenschen in seinen religiösen Vorstellungen an und schade dem System Scientology überhaupt nicht. Von daher hat es auch strategisch überhaupt keinen Wert, dort anzusetzen. Jeden Einzelfall muß man sich natürlich sehr genau anschauen, aber auf keinen Fall hat es einen Wert, auf einem Podium zu sitzen, die religiösen Aspekte vorzutragen und Scientology von daher zu bekämpfen, denn Scientology ist keine Religion.

Eine meiner letzten Handlungen in Scientology war, daß ich für eine Veranstaltung eine Tonbandkassette erstellt habe, und zwar unter dem Motto, daß Scientology die Welt regieren und wie sie dann aussehen würde. Dafür habe ich Nachrichtensendungen entworfen mit Meldungen über das, was dann auf der Welt passieren würde. In den Monaten danach habe ich mir dann Gedanken gemacht, was wirklich passierte, wenn Scientology die Welt beherrschen würde, d.h. daß der gesellschaftspolitische Einfluß so stark wäre, daß durch die Scientologen Kriterien für den Umgang der Menschen miteinander gesetzt würden. Da habe ich gesehen, daß es eine politische Frage ist. Wir haben mit der Scientology ein System, das antidemokratisch ist, das nur einen militärischen Beförderungsmechanismus kennt, das willkürlich bestraft - “Kopf ab”, damit Ruhe herrscht, und dann wird weitergearbeitet -, das mit Feindbildern und Schwarz-Weiß-Malerei arbeitet, wie wir es aus allen totalitären Systemen kennen. Das Wesentliche ist aber der gänzlich undemokratische Umgang mit der Würde des einzelnen Menschen. Dem einzelnen Menschen wird kein individuelles Recht mehr gegeben, sondern er wird nur noch nach dem Nutzen beurteilt. Hat er eine gute Statistik, ist er okay, hat er eine schlechte, ist er falsch. Deshalb bin ich der Meinung, daß Scientology ein Thema für Politiker und für eine politisch-rechtliche Betrachtungsweise ist. Es muß einmal gründlich aufgearbeitet werden, welche Anhaltspunkte die Scientology mit ihren Texten selbst liefert, um sagen zu können, daß es sich um ein antidemokratisches und staatsgefährdendes Gebilde handelt, das sich da ausbreitet und deshalb verboten werden müßte. Das wäre, meine ich, der vernünftigste Denkansatz.

K.-D.N.: Meinst Du, ein Verbot würde wirklich etwas bringen?

N. Potthoff: Nach der Niederlage im Zweiten Weltkrieg und dem Machtverlust der Nationalsozialisten hat der Faschismus nicht aufgehört zu existieren. Die Probleme, die durch Scientology deutlich werden, würde es auch nach einem Verbot weiter geben. Wenn man aber an die vielen Einzelschicksale denkt, wäre es doch eine Beruhigung, wenn so eine Gruppe verboten wäre. Man hätte dann vielleicht mehr Chancen, im Einzelfall helfen zu können.

K.-D.N.: Es läuft ja gerade ein Strafantrag der Hamburger Bürgerschaftsabgeordneten Ursula Caberta (SPD) wegen “Bildung einer kriminellen Vereinigung”, der allerdings auch schon von Scientologen entsprechend gekontert wurde.

N. Potthoff: Nun ja, ich sehe diesen Strafantrag mit einem lachenden und einem weinenden Auge. In der Sache finde ich es berechtigt, aber der Ausgang ist noch fraglich.

Nachdem wir im Bereich der Sekten, auch speziell im Bereich der Scientology, von der ganzen Guru-Berichterstattung Gott sei Dank weggekommen sind und in den letzten Monaten der wirtschaftliche Aspekt der Scientology sehr intensiv in der Presse bearbeitet worden ist, wird es jetzt Zeit, den rechtlich-politischen Aspekt aufzuarbeiten. Es mag zweitrangig sein, mit welchen demokratischen Mitteln es schließlich gelingen wird, die Wirksamkeit von Scientology einzuschränken, sei es nun durch ein Verbot, durch Entzug der Geschäftsfähigkeit oder was auch immer.

Ich wünsche mir, daß durch ein rechtliches Vorgehen die gesamte Beratertätigkeit, die Therapeuten und Sozialhelfer eine bessere Chance haben, sich mit den Opfern von Gruppierungen jeglicher Art intensiver befassen und ihnen besser helfen zu können, als es bisher der Fall ist. Meine Hoffnung ist, daß die vielen Menschen, die sich mit dem Thema auseinandersetzen, auch gleichzeitig daran erinnert werden, sich zu fragen, was eigentlich die Mängel unserer Gesellschaft sind, und daß sie dabei vielleicht etwas lernen.

Mun-Child

BERICHT ÜBER MEINE EHEMALIGE MITGLIEDSCHAFT IN DER VEREINIGUNGSKIRCHE/MUN-SEKTE*

Klaus Engels

"Überlege einmal! Dein Leben ist nur der Funke eines Traums. Eines Tages wird dieser Traum für dich beendet sein. Über monotone, farblose Träume spricht man nicht, wohl aber über gute oder schlechte. Also lebe! Lebe einen aufregenden Traum!"

Worte von Sun Myung Mun

Die inneren Voraussetzungen, ein Munie zu werden

Meine Geschichte fängt eigentlich vor dem Amtsgericht Pirmasens an. Dort wurde ich nach 7jähriger Ehe auf Antrag meiner Frau Marie-Claude geschieden. Ich wohnte noch sechs Monate in unserer Wohnung in Busenberg/Pfalz allein. Diese ersten sechs Monate waren sehr schwierig für mich, und ich trug mich ernsthaft mit dem Gedanken, Selbstmord zu verüben, da vieles, was man in den Jahren aufgebaut hatte, menschlich und materiell auf einmal vorbei war. Ich brachte nach vielen schlaflosen Nächten jedoch den Mut auf, zu einem Internisten zu gehen, da es physisch immer mehr bergab mit mir ging. Er verordnete mir, unter seiner Aufsicht eine Zeitlang Valium-Tabletten zu nehmen, damit ich wieder ruhig schlafen konnte. Vor allem die Einsamkeit und mit keinem Menschen über meine Probleme sprechen zu können, setzte mir sehr zu. Natürlich fehlte mir auch die Beziehung zu meiner Frau.

Nach einem halben Jahr zog ich dann nach Dillingen/Saar und baute mir eine neue Existenz als freier Handelsvertreter auf. Durch die Scheidung kam auch der Bruch mit meiner Mutter, da sie mir die alleinige Schuld daran gab. So war ich also mit all' meinen Problemen auf mich allein gestellt und hatte auch keinen Rückhalt in der Familie. Dabei hatte ich ein starkes Bedürfnis nach Liebe und Zuneigung.

Im Oktober 1982 hatte ich eine Bewerbung in Hannover laufen und mußte zu diesem Zweck dorthin reisen. Die Besprechungen zogen sich allerdings sehr in die Länge. Im November 1982 ging ich nachmittags in der Innenstadt von Hannover spazieren und sah den Büchertisch der Vereinigungskirche. Ich hatte bis zu diesem Zeitpunkt nur bruchstückhaft über die Person Sun Myung Muns gehört. Ich verwickelte mich dort in ein längeres Gespräch mit Lothar. Dieser lud mich dann auch abends ins Zentrum in Hannover ein.

Der neue Bruder Klaus

Abends besuchte ich gegen 19.00 Uhr das Zentrum, und ich fühlte mich sofort sehr umsorgt. Eine für mich völlig neue Atmosphäre umgab mich, von der ich spürte, daß ich

*Aus: Hans-Joachim Rosina: Faszination und Indoktrination. Beobachtungen zu psychischen Manipulationspraktiken in totalitären Kulten (Jugendreligionen). München 1989, S. 115 ff. Der leicht gekürzte Abdruck erfolgt mit freundlicher Genehmigung des Autors.

sie einfach nicht mehr würde missen wollen. Während des Abendessens führte ich dann ein lockeres Gespräch mit dem Centerleiter Horst. Man fragte mich nach meiner persönlichen Situation und nach meinem beruflichen Werdegang. Nach dem Essen bat mich Horst in einen anderen Raum, um ein persönliches Gespräch zu führen. An dieser Stelle möchte ich ein Wort von Sun Myung Mun zitieren, was Horst in diesem ersten persönlichen Gespräch anführte und welches bei mir große Wirkung hinterließ: "Gottes wahre Liebe sollte das gemeinsame Ziel aller Menschen sein, für das sie ihre selbstsüchtigen Wünsche aufgeben. Dann wird Einheit möglich sein. Die wirksamste Methode, alle Schranken zu beseitigen - zwischen Mann und Frau, Eltern und Kindern und auf allen Ebenen zwischenmenschlicher Beziehungen - ist die, sich für andere zu opfern."

Wir sprachen dann über recht alltägliche Dinge (Politik, Gesellschaft usw.). Er lud mich dann am nächsten Tag zum Frühstück ein.

Am nächsten Morgen war ich sehr überrascht. Es erwartete mich ein wundervoll gedeckter Frühstückstisch mit kleinen Namenskärtchen, die an jedem Platz standen. Neben mir war der Platz einer "Schwester", Elke, die mich liebevoll umsorgte. Während dieses Frühstücks lächelte sie mich unaufhörlich an und strahlte eine mir bis dahin unerklärliche Atmosphäre einer reinen warmen Herzenshaltung aus, die mich sofort faszinierte. In mir kam das Gefühl auf, die Gegenwart dieser Schwester möchtest Du nicht mehr missen.

Gegen 11.00 Uhr war dann der erste Gottesdienst, den ich in dieser neuen Gesellschaft erlebte. Horst hielt die Predigt, und mir fiel auf, daß an der Argumentation und Auslegung nach den Bibelstellen vieles realitätsbezogener war als in den Gottesdiensten, die ich bisher besucht hatte. Es war einfach alles persönlicher und mehr auf den Menschen bezogen.

Nach dem Gottesdienst gab es dann Kaffee und Kuchen mit einer anschließenden Diskussion über das soeben Gehörte. Elke widmete mir ihre besondere Aufmerksamkeit und fragte mich, wie mir denn der Gottesdienst gefallen hätte. Um nun das geistige Umfeld, in dem ich mich befand, verstehen zu können, muß man sich die Wirkung der Predigt einerseits und das vermittelte Gefühl "Einer für alle - alle für einen" vor Augen führen. Ich fühlte mich wirklich geborgen, und mehr und mehr reifte in mir der Gedanke, ein Teil dieser Gesellschaft zu werden. Den ganzen Sonntag hatte ich das Gefühl, Mitglied einer Familie zu sein und eine wirkliche Schwester zu haben. Ein Gefühl, was ich bis dahin nicht kannte. In mir war eine ungeheure Begierde geweckt, wirklich ein Teil dieser Familie zu werden und auch meinen Beitrag dafür zu leisten. In diesem Sinne fragte ich dann Horst nach den Möglichkeiten und wie nun alles weitergehen sollte. Zunächst sollte ich mich weiter um meine zukünftige Arbeitsstelle kümmern, aber ich wäre natürlich jederzeit im Zentrum willkommen.

Nach einer Woche bekam ich einen Bescheid von der Firma, daß sie sich für einen anderen Mitbewerber entschlossen hätte. Irgendwie war ich nicht besonders traurig darüber, denn in meinem Herzen wollte ich ja schon etwas anderes tun. Zunächst gab mir dann Horst einmal die Woche Einführungsvorträge in die "Göttlichen Prinzipien" mit dem Hinweis, Mitte Dezember 1982 zu einem 7-Tages-Workshop nach Camberg zu fahren. In dieser Zeit brauchte ich nichts zu tun, außer an den Vorträgen teilzunehmen. Ich war einfach Gast und wurde aufgebaut, um mit dem richtigen inneren Aspekt nach Camberg zu fahren.

Die ersten Tage in Camberg mit den Vorträgen waren für mich nicht einfach, da die äußerliche Atmosphäre dort auf mich wie eine Jugendherberge wirkte und ich eigentlich die häusliche Umgebung des Zentrums in Hannover sehr vermißte. Die Atmosphäre der Vorträge strengte mich auch sehr an, und ich fühlte am vierten Tag eine ungeheure geistige Leere in mir und das Gefühl, irgendwie ausgebrannt zu sein. Man sagte mir, das wäre völlig normal und es ginge jedem so am Anfang.

Am fünften Tag behandelten wir dann ausführlich den Komplex der geistigen und substantiellen Welt, eine Thematik, die mich immer schon sehr beschäftigt hat. Man kann es umschreiben mit "Sinn des Lebens". Es wurde dargestellt, wie schuldig wir Menschen seit dem Fall im Paradies doch sind und welchen Schuldkomplex in unserem bisherigen Leben wir auf uns geladen haben. Ich dachte: Wenn das alles wahr ist, so hast du in deinem ganzen Leben nur gesündigt, und es wäre doch besser, nie geboren worden zu sein. Doch ich könnte in meinem Leben Wiedergutmachung leisten und später nach dieser Wiedergutmachung die Kollektivsünde erlassen bekommen; Voraussetzung hierfür wäre allerdings, Mun als Messias anzuerkennen. Nur durch ein "neues Leben" oder Wiedergeburt und den Vorgang der Segnung könnte ich Vollkommenheit erlangen. Unter diesem Eindruck "akzeptierte" ich Mun als Messias und war damit ein neues Mitglied in der Familie.

Mein erstes Gelöbnis und Gottestag

In den ersten Tagen zwischen Weihnachten und Neujahr zog ich dann mit meiner Habe als offizielles Mitglied in ein Wohncenter in Hannover ein. Dies ist nicht zu verwechseln mit dem offiziellen Missionscenter. Dort lebten ein Student aus Togo, Schwester Elke und ich. Wir hatten dort jeder unser möbliertes Zimmer und eben ein gemeinsames Wohnzimmer, Bad und Küche. Dieses Wohnzimmer zu dritt zu unterhalten war sehr schwierig, da die Wohnung jeden Monat 1.000 DM Kaltmiete kostete.

Schwester Elke zog fast im gleichen Zeitpunkt mit mir ein. Sie hatte vorher eine eigene möblierte Wohnung. Nach langen Gesprächen und der persönlichen Ausstrahlung des Centerleiters Horst gelang es ihm, Elke in das Centrumsgeschehen in jeder Hinsicht fester zu integrieren. Der Centerleiter betonte immer wieder, es sei wirklich zu ihrem Besten und nur so könne sie weiter geistig wachsen.

An dieser Stelle möchte ich auf ein Erlebnis zu sprechen kommen, was auf mich einen tiefen, aber negativen Eindruck machte: Niko, der Student, hatte von der Universität zwei Karten zu einem Neujahrsball bekommen. Er wollte eigentlich sehr gern dorthin gehen, aber dort wurde ja nun getanzt, und es war vorauszusehen, daß die Kapelle auch einige langsame Stücke spielen würde. Von seinen weiblichen Kommilitonen war niemand frei, und er bemerkte, daß er natürlich wisse, daß er unmöglich eine Schwester fragen könne, mit ihm dort hinzugehen, obwohl er sicher keine unmoralischen Gedanken dabei hegen würde. Unsere Schwester Elke sagte ihm darauf, er müsse das verstehen, weil bei einer etwaigen Berührung bei einem langsamen Tanz natürlich falsche (satanische) Gefühle entstehen könnten und es von keiner Schwester zu erwarten wäre, daß sie sich dieser bewußten Gefahr aussetzen würde. Niko antwortete darauf, es wäre doch eigentlich schizophren, wenn wir hier schon als Bruder und Schwester zusammenlebten und gegenüber der Außenwelt immer so stolz darauf wären, aber doch Theorie und Praxis weit auseinanderklafften. Elke argumentierte, das wäre eben auch ein Teil der Wiedergutmachung, daß wir bewußt auf solche Vergnügen verzichten müßten. Anhand dieses Beispiels wurde mir zum ersten Mal die Feindlichkeit gegenüber zwischenmenschlichen Beziehungen innerhalb der Sekte bewußt.

Einige Tage später, es war ein Samstag, sollte ich die Feuertaufe als junges Mitglied erleben. Bis zu diesem Zeitpunkt hatte mit mir noch niemand über ein wesentliches Ritual gesprochen: *"Das Gelöbnis"*. An diesem Samstag war noch ein Mitglied im Center, welches jedoch eine eigene Wohnung in Hannover hatte. Gegen 4.15 Uhr früh, ich schlief zu diesem Zeitpunkt sehr fest, kam er in mein Zimmer. Nachdem er mich mehrere Male gerufen hatte und ich keine Antwort gab, schüttelte er mich so lange, bis ich wach war. Völlig aus dem Schlaf gerissen, fragte ich, was denn los sei. Er bedeutete mir, daß ich mich waschen sollte, meinen Anzug, weißes Hemd und Krawatte anziehen sollte, um dann am Gelöbnis teilzunehmen. Ich hatte zu diesem Zeitpunkt keine Ahnung von der geistigen Bedeutung dieses Rituals, aber ich folgte seinen Anweisungen, da es mir als unausweichlich erschien.

In unserem Wohnzimmer war der Tisch mit einer weißen Damasttischdecke gedeckt. Darauf brannten zwei Kerzen. Zwischen den Kerzen stand ein Bild von Mun mit seiner Frau. Bereits auf dem Boden lagen für jeden eine Textkarte mit dem Gelöbnis.

Wir mußten uns dreimal auf den Boden werfen, so daß das Gesicht die Erde berührte. Dann sprachen wir den Text des Gelöbnisses und sollten danach individuell eine bestimmte Zeit beten. Auf mich wirkte dies alles sehr befremdend. Vor allem der Text. Ich fragte mich ernsthaft, wozu dies alles. Nach ca. 30 Minuten war alles vorüber und wir tranken Kaffee. Bei dieser Gelegenheit fragte ich dann nach dem Sinn des Gelöbnisses, und mir wurde erklärt, dies würde zur selben Zeit weltweit von allen Geschwistern vollzogen, um damit eine geistige Einheit unter allen Brüdern und Schwestern herzustellen, zum anderen, um uns daran zu erinnern, daß alles, was wir tun und denken, für Gott und für die wahren Eltern - Mun und seiner Frau - tun. Im übrigen wäre es eine äußerst wirksame Erkenntnis, etwaige satanische Einflüsse abzuwehren und später beim Beten gewisse Verfehlungen oder mangelnden Einsatz zu bereuen. Da wir in dieser Welt ja noch keine Vollkommenheit erreicht haben - nur Mun und seine Familie seien vollkommen -, sei dies außerordentlich wichtig und für unser eigenes geistiges Wachstum von großer Bedeutung.

Ich bemerkte dazu, daß mir wohl klar sei, eine geistige Verbindung an einem Tag zwischen allen Geschwistern auf der Welt herzustellen, daß aber der Text des Gelöbnisses befremdlich sei. Man sagte mir dazu, daß ich nach einiger Zeit einen inneren Aspekt bekommen würde, der mir die wahre Bedeutung des Gelöbnis in einem anderen Licht erscheinen lassen würde, daß ich dies sogar voller Dankbarkeit tun würde, da ich ja gelobe, als Arbeiter an dieser einen Welt des Herzens mitzuwirken. Einigermaßen verwirrt ging ich dann zu Bett.

Am nächsten Tag, Sonntag, der übliche Ablauf: Frühstück im Missionscenter, Gottesdienst, Freizeit. Der Sonntag ist der einzige Tag, an dem man seinen Neigungen (sofern sie nicht satanisch sind) nachgehen darf. Ich meine damit, man kann lesen, Briefe schreiben, spazierengehen oder alle Geschwister einigen sich auf etwas gemeinsames: Sport oder Spiel.

Nun rückte der wichtigste Feiertag innerhalb der Sekte immer näher: Der 31.12. *"Gottestag"*. Da wir in dem Wohncenter mehr Platz hatten, fand hier der Gottestag statt. Das bedeutendste Ereignis im Jahr ist um 24.00 Uhr. Wenn alle anderen in der "Außenwelt" das Neue Jahr mit einem Glas Sekt begrüßen, wird das Gelöbnis gesprochen, d.h. also, das Neue Jahr mit Gott und den Wahren Eltern beginnen! Nachdem wir das Gelöbnis gesprochen hatten, gingen wir alle hinaus zu den Herrenhäuser Gärten in Hannover, um uns am "Holy Ground" zu treffen. Da die Sekte ja über keine eigene Kirche, ich meine damit gesegneten Raum, verfügt, hat Mun in Deutschland mehrere Plätze in der Natur mit dem "heiligen Salz" geweiht. In Hannover ist dies ein alter verknöcherter Baum. An diesem versammelten wir uns im Kreis und mußten dort ca. eine halbe Stunde beten. Nach dieser Zeremonie gingen wir alle wieder ins Centrum zurück.

Mitglieder im Center Hannover (anläßlich der Feier zum "Elterntag" 1983).

Die erste Mission - Fundraising

Zunächst möchte ich den Begriff "Fundraising" erklären. Diese englische Formel umschreibt einfach das Geldbeschaffungsunternehmen innerhalb der Sekte. Anfang Januar 1982 bekamen wir von einer Druckerei in Pinneberg sehr schönes, umweltfreundliches Briefpapier. Ein Set verkauften wir privat von Tür zu Tür für 12,- DM. Der Gewinn an einem Set betrug 6,- DM. Die Leute waren wirklich begeistert davon. Mit "wir" meine ich Horst, Elke und mich. Außerdem wurden zu dieser Zeit auch noch andere Artikel verkauft, um die beiden Centren zu finanzieren. Am Wochenende gingen zwei Geschwister in die Lokale und verkauften Rosen. Ein besonders begehrter Artikel waren Batik-Postkarten mit Blumenmotiven. Alle diese Artikel verkauften wir mit Reisegewerbekarte, so daß rechtlich an diesen Verkäufen nichts auszusetzen war. Heute verfügen alle Mitglieder aus Deutschland und den EG-Staaten über eine Reisegewerbekarte. In dieser Zeit verkauften aber auch japanische Mitglieder, die über keine Reisegewerbekarten verfügten. Ganz besonders in Hamburg und Bremen waren diese recht erfolgreich.

Im Februar kam aus Amerika unser neuer Regionalleiter für die Nord-Region. Er hatte in Amerika schon Erfahrung im Business gesammelt. Als erste bedeutende Amtshandlung wurde eine 40-Tage-Fundraising-Bedingung festgesetzt. Es wurden aus Mitgliedern der Region zwei Teams gebildet, ein kleineres und ein größeres. In dem größten Team, welches sechs Personen umfaßte, war auch ich. Wir sollten den Raum Hannover/Braunschweig/Harz bearbeiten. Es handelte sich um Modeschmuck aus Mexiko, Pillendöschen und Tiere aus Keramik. Das Material wurde vom Personalleiter beschafft, und wir verkauften mit einer Kalkulation von 400 %. Die Erlöse wurden einmal pro Woche auf das Privatkonto eines Mitglieds in Hamburg eingezahlt. Da ich aus meiner früheren beruflichen Praxis Verkaufen gelernt hatte, fiel mir dies sehr leicht, und ich hatte an manchen Tagen Umsätze zwischen 400/500 DM. Der durchschnittliche Umsatz des Teams pro Tag lag bei ca. 1.000 DM. Nach einer Woche rief der Regionalleiter in Hannover an und bestellte mich zu einer Besprechung nach Hamburg. Meine erste Mission hatte ich erfolgreich absolviert.

Der Aufbau des Business in der Nord-Region

Ich war von diesem Anruf sehr überrascht und hatte keine Ahnung, was wohl auf mich zukommen würde. Im Headquarter in Hamburg dankte mir der Regionalleiter für die erfolgreiche Arbeit im Team und übertrug mir eine neue wichtige Mission. Er bat mich, mir Gedanken zu machen, in welcher Form und mit welchen Produkten wir eine eigene Handelsgesellschaft unter meinem Privatnamen ins Leben rufen könnten. Für mich war das eine faszinierende Aufgabe und keineswegs schwer, da ich von früher her wußte, wie man ein solches Unternehmen am besten startet. Er stellte mich von allen anderen Aufgaben, die im Centrum anfielen, frei und stattete mich auch mit allen Privilegien aus, die hierfür nötig waren. Ich konnte Telefongespräche in jeder beliebigen Höhe führen, das Centrum war auch angewiesen, mir das Geld für Portokosten, Briefpapier etc. zu geben. Ich fuhr also nach Hannover. Zunächst telefonierte ich mit Botschaften, Handelsmissionen etc. und ließ mir von dort Adressenmaterial von exportorientierten Unternehmen des jeweiligen Landes kommen. Der Kreis der Länder war mir freigestellt, und es kristallisierte sich bald die Region Südostasien als die erfolgversprechendste heraus.

Im Mai 1982 wurde aus Kostengründen das Wohncenter in Hannover aufgelöst, und Elke und ich zogen in das Missionscenter. Hier herrschte nun wieder ein ganz anderer Rhythmus, und die ersten Wochen fiel es mir sehr schwer, mich an diese geistige Atmosphäre zu gewöhnen. In dieser Zeit kam auch ein neuer Bruder ins Centrum, der sehr missionsbewußt war und meiner Meinung nach keinen Bezug zur Realität hatte. Von den verschiedenen Aufgabenstellungen her waren wir von Anfang an wie Feuer und Wasser.

In diese Zeit fällt nun ein Ereignis, was meine bisherigen negativen Einschätzungen nur noch unterstrich, nämlich wie menschenfeindlich doch die Beziehungen der einzelnen innerhalb der Sekte waren. Elke ging es an einem Tag physisch nicht besonders gut und sie konnte sich nicht entschließen, eine Aufgabe in dem täglichen Arbeitsplan wahrzunehmen. Der Bruder fragte in einem sehr scharfen und vorwurfsvollen Ton, was sie den ganzen Tag über für Gott getan hätte. Hier muß man sehr genau differenzieren, denn mit der Arbeit für Gott ist auch die Arbeit für den Messias gemeint, der wiederum identisch mit Mun ist. Dies hat Elke sehr getroffen, und es war natürlich keine Verbesserung der Atmosphäre im Centrum. Ich muß nun sagen, daß dieses Mitglied zu diesem Zeitpunkt bereits Centerleiter war und innerhalb der Hierarchie eine gewisse Autorität besaß. Da ich vom Regionalleiter mit einer Sonderaufgabe betraut war, hatte der Centerleiter mir in diesem Sinne nichts zu sagen. Horst war zu diesem Zeitpunkt aufgrund seiner längeren Mitgliedschaft Department-Leiter für das Business geworden, natürlich nur auf einer Position innerhalb der Sekte. Wenn es also zu Schwierigkeiten kommen würde, was meine Person anging, hatte er allenfalls die Befugnis, mir Anweisungen zu geben. Diese Doppelstrategie, Centerleiter einerseits und Departmentsleiter andererseits, führte im Centrum zu Spannungen, da die übrigen Mitglieder kaum Verständnis dafür aufbrachten, was wir taten und mit welchem Hintergrund.

Im Mai/Juni kam nun eine neue Situation hinzu. Die Hälfte aller Mitglieder in Deutschland sollte im Juni nach Amerika fliegen, um dort für Mun in speziellen Teams Mitgliederwerbung und Fundraising zu betreiben. Für die Tickets wurde in der Nordregion nun viel Geld gebraucht, und so gingen von den einzelnen Centren wiederum alle der Geldbeschaffung nach. Auch diese Aktion wurde erfolgreich beendet und Mitte Juni flogen diese Mitglieder nach Amerika. Anfang Juli waren die vorbereitenden Arbeiten für unser Business soweit abgeschlossen, daß wir eigentlich anfangen konnten. Um mir nun auch die "wahren innerlichen" Aspekte zu vermitteln und damit ich auch wisse, daß ich dies alles für Gott tue, sollte ich im Juli zu einem 21-Tage-Workshop in die Regelsmühle fahren. Dies ist neben Camberg das zweite Trainingscentrum der Vereinigungskirche.

Der 21-Tage-Workshop in der Regelsmühle

Da Elke und ich bisher noch keinen 21-Tage-Workshop belegt hatten, fuhren wir Anfang Juli in die Regelsmühle. Die Einteilung des Workshops sah folgendermaßen aus: Die ersten sieben Tage Prinzipienkurs (ähnlich wie in Camberg), sozusagen eine Art von Exerzitien. Dann zwei Tage Mitgliederwerbung in Erlangen. Darauffolgend weiterer 7-Tage-Prinzipien-Kurs durch Christian (Regionalleiter der Südwest-Region). Er gilt als einer der besten Lehrer in der Vereinigungskirche. Von ihm stammt auch ein Kurs auf Video. Danach zwei Tage VoC (Victory over Communism), eine politische Einführung in die Vereinigungslehre. Danach ein Tag Unification Thought. Dies ist die Lehre der Vereinigungstheologie im ökumenischen Sinne. Vorgesehen war noch ein Tag Fundraising. Der letzte Tag sollte der Übung in Prinzipien-Kursen, einer individuellen Reflexion sowie einem Bericht über den Kurs vorbehalten sein.

Die ersten sieben Tage waren für mich sehr trocken und langweilig, da im wesentlichen der Stoff behandelt wurde, den ich von Camberg bereits kannte. Was mir neu war

Gruppenbild vom 21-Tage-Kurs, Regelsmühle 1983 (x Klaus Engels)

und auf mich wenig inspirierend, um nicht zu sagen, abstoßend wirkte, waren in erster Linie die Testimonies (Lebensläufe) der ersten Anhänger von Mun in Korea. Hier wären die Namen Mr. Lee und Mr. Yu zu nennen. Die Lebensläufe wurden vorgelesen und mit entsprechenden Ergänzungen versehen. Das VK-Mitglied Doris war lange Jahre Auslandsmissionarin in Panama und äußerst missionsbewußt. Sie legte uns nahe, den entbehrungsreichen Lebenslauf dieser Leute innerlich nachzuvollziehen und ihn als Musterkurs für unser weiteres Leben anzusehen. Dies sagte sie natürlich immer mit dem Hinweis auf Mun, wie er und seine Leute doch gelitten hätten unter Verfolgung, Entbehrungen und Gefängnis. Es heißt, ohne dieses geistige und substantielle Fundament hätten wir heute nicht den geistigen Standard, den wir besitzen. Unser Standard ist zwar immer noch auf der untersten Stufe der Vollkommenheit, aber ohne das Wirken dieser Leute wären wir auf einem Standard, der sich unterhalb alles Menschlichen bewegt. Durch den Sündenfall sind wir ja schon in der Skala der Vollkommenheit ganz unten und leben eben in der satanischen Welt, indem das Böse jederzeit von uns Besitz ergreifen kann. Nur durch das substantielle Opfer von Mun und seiner Frau können wir heute mit dem Standard leben, wie unser tägliches Leben in der Vereinigungskirche aussieht. Eben durch den tiefen Glauben an diesen Musterkurs und dem Willen, dies nachvollziehen zu wollen, bekämen wir von der guten geistigen Welt die Kraft, dieses Leben in Demut, Dienen und Opferbereitschaft durchzustehen.

Unter Demut ist zu verstehen, ein Leben ohne Freude an den materiellen und schönen (sprich satanischen) Seiten unseres Daseins zu führen. Hierzu gehört der Verzicht auf

Der 21-Tage-Kurs besucht das Jahrestreffen der Vereinigungskirche in Camberg, Juli 1983. Motto des Jahrestreffens: "Hoffnung durch Vertrauen in Gott und unsere Kirche".

Rauchen, Alkohol und Sex. Der Geist soll ja den Körper beherrschen und nicht umgekehrt. Unter Dienen ist schlechthin die Arbeit für die gesamte Bewegung gemeint. Das Wort Opferbereitschaft beinhaltet ähnliche Aspekte wie Demut, nur mit dem wichtigen Zusatz, für Mun auch ein Leben in Armut in Kauf zu nehmen und, wie es im Gelöbnis steht, wirklich bis zum letzten Tropfen Blut zu kämpfen und die Feinde zu vernichten. Nur so kann das Himmelreich auf Erden errichtet werden.

Hier empfand ich nun massiv und persönlich, daß auf sehr geschickte Weise, unter dem Deckmantel von Gott, der Versuch gemacht wurde, uns als treue Vasallen in Muns weltweites Arbeitsheer einzugliedern. Gegen dieses Ansinnen sträubte ich mich nun ganz gewaltig. Ich schrieb dann auch in die "reflection", daß ich bisher sehr gut nach meiner eigenen Einschätzung und meinem gesunden Menschenverstand gelebt hätte und mir nun plötzlich sagen lassen sollte, was ich zu tun oder nicht zu tun hätte. Dies lehne ich ganz entschieden ab. Weil ich es als geistige Vergewaltigung empfand, legte es in mir den Grundstein zu einem kritischen Bewußtsein.

Ich möchte noch ein anderes Gespräch mit einer Schwester wiedergeben, welches vor einem ganz anderen Hintergrund die Scheinheiligkeit der Lehre Muns und der damit verbundenen Praktiken widerspiegelt. Während der Mittagspause eines folgenden Tages kam ich mit dieser jungen Frau über das Thema Segung (sprich Hochzeit) ins Gespräch und sie erzählte mir ihre Geschichte. Sie war in Korea bei der letzten Segnung dabei. Vor einer Segnung findet im allgemeinen ein Matching von Mun statt, bei dem er die Partner willkürlich aussucht und zusammenstellt. Diese junge Frau war nun schon das dritte Mal bei einem Matching anwesend. Bei den beiden vorangegangenen Matchings ist sie entweder nicht vorgeschlagen worden oder der männliche Partner lehnte ab. Was nicht gern gesehen wird, da ja durch Mun Gott den Partner auswählt, was aber möglich ist. Diese junge Frau kann von Natur aus keine Kinder bekommen, was ja im Sinne der Lehre von Mun einen schweren Nachteil bedeutet. Aus diesem Grund ist sie in Korea wieder abgelehnt worden. Dem männlichen Partner wird hierfür vollstes Verständnis entgegengebracht, denn von wem kann man wohl verlangen, daß aus seiner Familie später einmal keine Munies kommen? Die Frau wurde in dieser Hinsicht ganz klar als Mensch zweiter Klasse degradiert. Sie ist im übrigen ein sehr gläubiges Mitglied und hofft weiter, daß es irgendwann doch einmal klappt. Welch eine Art von Liebe wird hier praktiziert! Bei dieser Erzählung fiel mir das böse Wort vom "Untermenschen" ein, welches in der NS-Zeit geprägt wurde. Es sind in der Tat sehr ähnliche totalitäre Aspekte zwischen Mun und Hitler zu bemerken. Welcher Irrglaube dazu gehört,nach solchen Erfahrungen der Lehre Muns treu zu bleiben, ist mir persönlich unverständlich! Es ist nur zu verstehen nach einer perfekten Versiegelung des Menschen, indem er annimmt, durch seinen persönlichen Opfer- und Leidensweg Wiedergutmachung für seine Ahnen in der geistigen Welt zu leisten und auch für sich selbst, um einmal in der geistigen Welt ein Leben in einem höheren Standard führen zu können.

Nach den ersten sieben Tagen sollten wir das theoretisch Gelernte nun auch in die Praxis umsetzen. Zu diesem Zweck fuhren wir an zwei Tagen nach Erlangen, um "anzusprechen", d.h. in der Öffentlichkeit Passanten in ein Gespräch zu verwickeln, um sie dann mit der Lehre Muns in Verbindung zu bringen. Der Zweck ist auf diese Weise, zunächst Gäste und dann Mitglieder zu gewinnen.

Nach Absolvierung des Kurses fuhren Elke und ich zurück nach Hannover. In mir hatte der Kurs jedoch mehr Zweifel und Kritik erregt als eventuelle Antworten gegeben. Ich war zu diesem Zeitpunkt bemüht, sehr analytisch zu denken und innerlich bewußt eine distanzierte Haltung zu den Mitgliedern einzunehmen.

Die Gründung der Firma

Kurz nach meiner Rückkehr gründeten Horst und ich unsere Firma als Gesellschaft des bürgerlichen Rechts in Hannover. Sie lief auf meinen und Horsts Namen. Also hatte sie nach außen nichts mit der Vereinigungskirche zu tun. Da wir aber noch im Centrum wohnten und die Adresse Kanalstraße 8 unter Insidern einfach zu bekannt ist, griffen wir zu einem kleinen Trick. Wir nahmen als Büroadresse die Wohnung der Mutter eines Mitglieds in Hannover, wohin auch im wesentlichen die Geschäftspost ging. Bei unseren ausländischen Lieferanten bestand ja keine Gefahr, und so konnte die Post ruhig in die Kanalstraße 8 gehen. Alle Korrespondenz und Bestellungen liefen auf meinen Namen. So konnte von außen wirklich niemand Verdacht schöpfen. Diesen Weg haben vor uns bereits einige andere Businessunternehmen in Deutschland beschritten, welche in Wahrheit zu Muns Imperium gehören.

Ab Oktober wurde mein Verhältnis zu Horst schwieriger, da er mich auf sehr geschickte Weise in Gespräche verwickelte (meist am Wochenende), in denen er nachfragte, ob ich denn schon ein Gotteserlebnis gehabt hätte. Hiermit ist gemeint, während des Betens oder des Gelöbnisses das starke innere Gefühl zu haben, Gott oder die Wahren Eltern erlebt zu haben. Dies ist nämlich ein sehr wichtiger Punkt; indem man innerlich alle Zweifel beiseite schiebt und somit völlig in der Familie aufgeht, ist es wohl möglich, daß man in einen solchen Zustand gerät. Bei mir war das aber nie der Fall, weil ich die ganze Zeit nie von Mun als Messias überzeugt war. Eines Sonntags diskutierte ich mit Horst über Swedenborgs "Himmel und Hölle". Dieses Buch interessierte mich schon irgendwie, und ich zog Vergleiche mit den Göttlichen Prinzipien. Horst meinte, wenn ich daran mehr glauben würde als an die Prinzipien, müsse ich eben aus der Kirche austreten. Dies war das erste Mal, daß er von Austritt sprach. In der darauffolgenden Zeit bestürmte er mich immer wieder mit der Frage, zu welchem Zweck oder Sinn ich wohl in der Vereinigungskirche wäre. diese Zeit kostete mich ungeheure Energie. Nach mehreren Gesprächen dieser Art stand für mich fest, aus der Kirche auszutreten. Ich empfand es als permanentes Eindringen in meine Intimsphäre und gleichzeitig als Versuch, mein eigenes Ich zu eliminieren. Die Taktik war mir klar. Nach dem 21-Tage-Kurs war man wohl der Meinung, diese Zeit hätte gereicht, um mich zu einem 100%-Munie zu machen. - Weit gefehlt!

Eine weitere geistige Belastung kam noch hinzu, das Gefühl zu haben, aus der Sekte auszusteigen, aber keine Kontaktadresse zu haben, wo man sich hätte hinwenden können. Ich fühlte immer mehr die Zuspitzung der Situation, obwohl ich mich bemühte, gelassen zu bleiben. Mir ging es Anfang Dezember wirklich physisch nicht gut. Aufgrund des seelischen Drucks bekam ich Herzbeschwerden. Es waren krampfartige Beschwerden, manchmal hatte ich das Gefühl, es läge eine Bleiplatte auf meinem Brustkorb. Ich kannte diese Beschwerden von früher, als ich noch in der Industrie tätig war und wußte, dies ist ein Alarmzeichen. In dieser Beziehung möchte ich noch kurz das Gespräch mit einem Internisten wiedergeben, welches ich im September 1983 hatte. Es ging um die Aufnahme in eine private Krankenkasse. Nach der Untersuchung führten wir ein sehr offenes Gespräch, und er wies mich damals schon darauf hin, daß unter gewissen Belastungen mein Herz unruhig werden würde. Ich schilderte ihm auch meine Lebensumstände, ohne jedoch die Vereinigungskirche zu erwähnen. Er hat es damals bestätigt, daß seelische Mängel oder Kämpfe durchaus auf physische Organe übergreifen können, wie das bei mir der Fall war.

Ich hatte kein Mitgefühl der anderen zu erwarten, weil es mir physisch sehr schlecht ging. Wer krank wird, ist für die Gruppe nicht mehr tragbar, da man ja nichts mehr für Gott und die Wahren Eltern leisten kann. In diese Zeit wurde nun von Kim eine Gebetsbedingung festgesetzt. Während dieser Bedingung soll dreimal täglich dafür gebetet werden, daß Mun in seinem Steuerprozeß in Amerika zum Supreme Court zugelassen wird. Neben seinem Bild steht eine Namensliste der fünf Richter. Weltweit beten alle Munies für die geistige Beeinflussung dieser fünf Richter. Ich hatte mich schon von jeher gegen Bedingungen dieser Art gesträubt.

Horst meinte, darüber müßten wir noch sprechen. Dieses Gespräch dauerte von ca. 19.00 Uhr abends bis 5.00 Uhr früh. In diesem Gespräch beschuldigte er mich zunächst, durch mein Verhalten den geistigen Standard der anderen Geschwister herunterzuziehen. Er meinte damit, daß durch mich andere kein positives Geben und Nehmen mehr haben bzw. sich nicht mehr austauschen können. Der zweite Punkt war, daß er an mir den entsprechenden inneren Aspekt vermisse, d.h. durch Gebet und Arbeit wirklich eine vertikale Beziehung zu Gott zu haben. Er betonte mehrmals, mir in meiner inneren Entwicklung nur helfen zu wollen, d.h. zu einem höheren inneren Standard zu gelangen. Horst wies mehrfach darauf hin, daß wir ja nicht in der Familie wären, um unsere tägliche Arbeit zu verrichten, sondern um einem höheren Zweck zu dienen, nämlich durch unser Wirken das Himmelreich auf Erden zu errichten. Dies wiederum kann nur gelingen, wenn man eine tiefe Verbundenheit mit Gott und den Wahren Eltern in sich spürt. Daher sei dieser Innere Aspekt von so elementarer Bedeutung. Daher sei auch diese Gebetsbedingung so wichtig. Sicher hätte jeder von uns Regungen, Gefühle, innere Anfechtungen, Angriffe aus der bösen geistigen Welt etc. Die Kraft, diese Gefühle zu kontrollieren und die Überzeugung zu gewinnen, ob es sich um eine Attacke aus der bösen oder guten geistigen Welt handelt, könne man nur im Gebet finden. Daher spiele das Gebetsleben in der Vereinigungskirche auch so eine dominierende Rolle. "Du mußt ständig prüfen, ob die böse geistige Welt, sprich Gott, sagen will, was du tun sollst. All dieses herauszufinden, kann nur im Gebet geschehen." Man solle sich eben, geistig gesehen, vor Gott und den Wahren Eltern nackt ausziehen und sagen: "Vater, hier bin ich, mit allen Sünden von mir und meinen Vorfahren behaftet, wie es im Gelöbnis steht, daß ich mein Leben opfere, um für dich da zu sein."

Dieses wurde von mir verlangt. Man muß sich vorstellen, daß ich seit Monaten unter einem ungeheuren seelischen Druck stand. Dieses Gespräch brachte das Faß zum Überlaufen. Es bedeutete, daß ich aufgrund meiner Arbeit für Mun allein nicht als Mensch geachtet wurde, sondern erst dann, wenn ich diesen letzten Schritt vollzogen hätte. Hier gab es für mich nur eine Antwort: NIEMALS!

Ich empfand dieses Gespräch mit Horst als letzten Versuch, meine Identität auszulöschen. Im Sinne des Strafgesetzbuches würde man diesen Tatbestand wohl mindestens als Nötigung bezeichnen. Hier wurde mir nun am eigenen Leib die menschenfeindliche Gesinnung der Vereinigungskirche demonstriert.

Der Zufall wollte es, daß mir morgens um 5.00 Uhr im Centrum ein Exemplar von Reader's Digest in die Hände fiel und ich dort die Adresse und Telefonnummer der "Aktion für geistige und psychische Freiheit" in Bonn fand. Sofort war mir klar: das ist die Lösung. Am nächsten Morgen stellte ich mich krank, weil ich wußte, daß ich dann allein im Centrum sein würde. An diesem Morgen tat ich so, als wäre nichts geschehen und erklärte nur, daß ich mich aufgrund der Gespräche krank fühlen würde. Am Vormittag rief ich dann in Bonn an und man versprach mir auch sofortige Unterstützung. Ich packte also meine persönliche Habe zusammen und fuhr nach Bonn, wo ich am Bahnhof erwartet wurde.

Zusammenfassung

Heute muß ich sagen, daß ich mich wie neugeboren fühle und das Empfinden habe, aus einem langen bösen Traum wieder aufgewacht zu sein. Ich möchte zum Schluß noch einmal Bezug nehmen auf die Worte von Mun, die am Anfang stehen: "Lebe einen aufregenden Traum". Aufregend war dieser Traum schon, aber ich kann nur jeden warnen, sich auf diesen Trip zu begeben. Er kann in der Tat lebensgefährlich werden. Lebensgefährlich deshalb, weil dir langsam und dosiert, aber immer stärker werdend die

Berechtigung entzogen wird, dein Leben so zu gestalten, wie es deinem Intellekt und deinen angeborenen Anlagen entspricht. Du wirst auf eine kalte und unmenschliche Weise entmündigt. Leider nehmen viele junge Menschen heute dieses süße Gift zu sich und sterben daran einen im voraus geplanten, aber sicheren geistigen Tod.

Ich mache heute von den Geschwistern niemandem einen Vorwurf. Im Gegenteil, sie tun mir sehr leid, weil wirklich viele nette und sympathische junge Menschen darunter sind. Schlimm ist nur die Organisation, die dieses süße Gift austeilt. Deshalb meine eindringliche Warnung an alle, die meine Geschichte gelesen haben:

Solltet ihr in irgendeiner Weise in Berührung mit der Vereinigungskirche kommen, distanziert euch sofort - denn später kann es bereits zu spät sein. Laßt euch nicht von einer liebevollen Einladung zum Tee ins Centrum locken! Diese Einladung ist bereits die erste Dosis von dem tödlichen Gift.

Ich möchte mit einem Satz von Immanuel Kant schließen: “Wage zu denken”.

Über ein Seminar Gideon Fontalbas

Arfst Wagner

Auch innerhalb der anthroposophischen Bewegung gibt es Gurus. Manchmal kann man auch erleben, daß Rudolf Steiner selbst wie ein Guru betrachtet wird. Besondere Blüten treibt die Anthroposophie aber am Rande ihrer "offiziellen" Strömung, und diese "Randerscheinungen" sind oft ausgesprochen interessant. Oft interessanter jedenfalls als das "Offizielle", denn am Rande mangelt es an Bürgerlichkeit.

Einige dieser interessanten Persönlichkeiten haben Enormes auf verschiedenen Gebieten geleistet, so etwa Hugo Erbe*, Alexander von Bernus, Werner Bohm und Hans Hasso von Veltheim-Ostrau. Sie gehören zu einer Gruppe Dissidenten der ersten Reihe. Von ihnen lebt heute keiner mehr. Andere Dissidenten waren zunächst Mitglieder der "offiziellen" Strömung, flogen dann aber hinaus. Hier muß man ganz prominente Namen nennen: Ita Wegman, Elisabeth Vreede und auch Marie Steiner. Letztere wurde zwar nicht aus der Anthroposophischen Gesellschaft hinausgeworfen, aber sie bekam die letzten Jahre ihres Lebens keine Mitteilungen der Vorstandstermine mehr, woraufhin sie an den Sitzungen des Vorstandes, dem sie immer angehörte, nicht mehr teilnehmen konnte.

Anfang der sechziger Jahre gab es dann eine ganze Reihe von Rauswürfen: Lothar-Arno Wilke und eine Reihe seiner damaligen Mitarbeiter, unter ihnen der bekannte Sprachgestalter und Schriftsteller Dr. Johann Wolfgang Ernst und der Dreigliederungsaktivist Rudolf Saacke.

Es hatte sich nach Rudolf Steiners Tod durch diese und ähnliche Vorgänge eine gewisse Zersplitterung der anthroposophischen Bewegung vollzogen. Erst nach den Ausschlüssen Anfang der sechziger Jahre wurde man vorsichtiger im Umgang mit dem Statutenpunkt Nr. 5, der da lautet: "Durch Beschluß des Vorstandes kann ein Mitglied ohne Angabe von Gründen aus der Gesellschaft ausgeschlossen werden."

Umso hellhöriger wird man, wenn in der Gegenwart wieder gelegentlich Dissidenten auftauchen, die nicht auf der bekannten Linie der anthroposophischen Arbeit liegen, sondern etwas andere Ansätze ihrer Tätigkeit zugrunde legen. So mußte der Vorstand (Unterzeichneter war Jörgen Smit) vor Jahren in dieser Richtung tätig werden, ohne allerdings unseres Wissens jemanden auszuschließen. Es ging um einen gewissen Gideon Fontalba bzw. Gideon Arbenz (alias Flachsmann, alias Hoffmann), der sich seit einiger Zeit in der anthroposophischen Randzone bemerkbar machte und noch macht. Es ist kaum sein Ziel, hier ein Schmarotzerdasein zu pflegen, dafür scheinen seine Wege doch zu eigen. Mit Sorge betrachteten eine ganze Reihe von Anthroposophen dennoch dessen Tätigkeit, da diese viele junge Menschen anzusprechen scheint, die man sich offenbar gern innerhalb der normalen anthroposophischen Gesellschaftsevolution wünschte. Außerdem geht unter seinen Anhängern das Gerücht, Fontalba solle der wiederverkörperte Christian Rosenkreutz bzw. der Graf von St. Germain sein.

In der Vorstandsnotiz konnte man in der Beilage zur Wochenschrift *Das Goetheanum* ("Was in der Anthroposophischen Gesellschaft vorgeht - Nachrichten für deren Mitglie-

---

*Siehe zu Hugo Erbe das Interview des Verfassers mit Hellmut Finsterlin: Schwieriges Erbe. In: FLENSBURGER HEFTE Nr. 18: Biologisch-Dynamische Landwirtschaft. Flensburg 1987 der" vom 05.02.1989) lesen, Gideon Arbenz (Fontalba) habe ein Eurythmiestudium absolviert, sei im März 1969 Mitglied der Anthroposophischen Gesellschaft geworden und 1981 wieder ausgetreten. Er habe dann seine "Schule der Weißen Quelle" gegründet und nenne sich jetzt eben Gideon Fontalba.

Dann wird darauf hingewiesen, daß einige seiner Mitarbeiter, die früher Mitglieder der Anthroposophischen Gesellschaft gewesen seien, inzwischen "konsequenterweise ... ausgetreten" (aus der Anthroposophischen Gesellschaft, A.W.), andere aber geblieben seien. Einige seien sogar Mitglied der Freien Hochschule für Geisteswissenschaft. Dann heißt es: "Es ist aber nicht haltbar, Mitglied der Freien Hochschule für Geisteswissenschaft am Goetheanum zu bleiben, wenn man gleichzeitig Mitarbeiter in der 'Schule der Weißen Quelle' von Gideon Fontalba sein will."

In den folgenden Monaten wartete ich vergebens auf eine sachbezogene Auseinandersetzung, besonders weil ich von Freunden hörte, die ich sehr schätzte, daß sie auch zum Fontalba-Kreis abgewandert waren. Von ihnen konnte ich zum Beispiel erfahren, daß endlich einmal jemand über die Aussagen Rudolf Steiners hinausgehe. So könne man von Fontalba von acht Ätherarten hören - sprach doch Rudolf Steiner nur von deren vier!

Auch hörte man viel Lob über Fontalbas Eurythmie. Desweiteren spreche er über Asuras, über das Rosenkreuz, über Meditationserfahrungen (!), über Sai Baba und vieles andere mit einer offenbaren Sachkenntnis, die zum Teil ihresgleichen suche. So entstand langsam der Eindruck, die sachliche Auseinandersetzung werde aus mangelnder Sachkenntnis vermieden ...

Daher reifte konsequenterweise mein Entschluß, mir diesen Gideon Fontalba einmal selber anzuschauen, um zu einer eigenen ausgewogenen Urteilsbildung zu kommen, die

Graphik auf der Ankündigung des Seminars in Fulda. In ihr wird die "Schule der Weißen Quelle" im Untertitel bezeichnet als "Internationale Lebens- und Geistesschule der kommenden Sonnenkultur".

unser Zeitalter nunmal verlangt. Aus dem "hohen Norden" ohne große Umstände erreichbar erschien Fulda. Das Thema des Seminars, "Form und Bewegung - Tanz des lebendigen Tempels", klang sehr interessant. Termin: 13. bis 15. Oktober 1989.

Ich hörte bereits, daß dieses Interesse nicht ganz ungefährlich sein sollte: seien doch drei treue Mitarbeiter des Emerson-College in England wegen dieses Interesses gefeuert worden.

Die Hinfahrt endete zunächst bei Kassel im Stau. Vom Vortrag am Freitagabend bekam ich nur Fragmente mit: durch ein offenes Fenster. Auf jeden Fall konnte ich einer sehr konzentrierten Atmosphäre bei den ca. 70 bis 80, meist jüngeren Zuhörern gewahr werden.

Am Samstagmorgen atmete ich auf: Pünktlichkeit war auch des Meisters Stärke nicht. Er kam 20 Minuten zu spät. Alle Anwesenden wurden mit "Brüder und Schwestern" angesprochen.

"Wir sind alle ein sich drehendes Ohr. Einmal spricht dieser, einmal jener. Wir wollen eine Hörgemeinschaft bilden. ... Die 'Schule der Weißen Quelle' ist in einem ständigen Bildungsprozeß. Sie *ist* nicht. Sie ist nur in dem Maße da, als wir sie bilden." Etwas später: "Wenn wir die Schule institutionalisieren wollten, so wäre das der Mord an einem Geschöpf, dem Wesen der Schule. Es gibt keine Mitgliedskarte. Man braucht sich nicht irgendwo einzutragen. Man gehört nicht zu etwas. Ich gehöre euch nicht und ihr gehört mir nicht. Wir müssen Ge-hör entwickeln."

Als ich diese Worte in mir wirken ließ, bemerkte ich, daß sie etwas in mir ansprachen, das auch ich lange gesucht, aber trotz großer Hoffnungen und der Lektüre vieler Vorträge Rudolf Steiners innerhalb der "real existierenden Anthroposophie" nur punktuell, und wenn, dann meist bei Dissidenten gefunden hatte.

"Durch die Arbeit wird kein Zwang für die Teilnehmer entstehen, im nächsten Leben wieder zusammenarbeiten zu müssen, so wie es in anderen Gruppierungen der Fall ist. Die 'Schule der Weißen Quelle' möchte einen karmischen Freipunkt schaffen."

"... die 'Schule der Weißen Quelle' verbittet sich jedes Missionieren. Überzeugen ist unnötig. Wir brauchen keine Über-Zeugung. Wir sind gezeugt. Somit wäre eine Über-Zeugung einmal zuviel."

Am Ende seiner einleitenden Worte ließ Fontalba einige Kerzen anzünden, die in der Mitte des Raumes einen Tisch schmückten, der wiederum von Blumen umgeben war. Dazu wurden die "Hüter-Engel der Gemeinschaften" gebeten, "alles zu verwandeln, was wir noch nicht verwandeln können". Die Hüter-Engel wurden auch als "Hüter der Tore" bezeichnet. Dann wurde ein "Torspruch" gesprochen ...

Es wurde darauf hingewiesen, daß die Veranstaltung von den Rosen des Rosenkreuzes inspiriert ist. Nun begannen die Bewegungsübungen, auf die ich selbstverständlich besonders gespannt war.

Die erste Übung gestaltete sich folgendermaßen: Alle ca. 70 Teilnehmer schritten durch den Saal; jeder auf seinem eigenen Weg, einfach so ... Sie gingen nicht, sie schritten. Jeder für sich. Das dauerte etwa zehn Minuten. Dann gab es einen Erfahrungsaustausch. Jeder berichtete, wie es ihm in den zehn Minuten ergangen war. Hier ging mir - wie mir schien - etwas Entscheidendes auf: Fontalba begann dort, wo jeder sich befand, an der untersten Leistungsgrenze, beim Selbstverständlichen. Unter den Teilnehmern waren auch Eurythmisten. Mit einigen konnte ich anschließend sprechen. Aus den

Gesprächen wurde mir deutlich: Von Fontalba konnte man hier lernen, was eigentlich selbstverständlich sein sollte, sonst aber meist versäumt wird: den Ausgangspunkt im Alltag finden, dann den Austausch.

Nun sollten wir mit den Händen die Luft wahrnehmen. "Die Grundelemente des Tanzes sollen im Menschen frei werden. Die Menschen sollen nicht in ihren Erfahrungen ertrinken." So wurde sinngemäß gesagt. Die Teilnehmer sogen die Worte Fontalbas wie Atemluft ein. Immer wieder sprach er während der Übungen. So entstand eine intime Atmosphäre.

Fragen kamen fast keine. Man hatte den Eindruck, das Wohlgefühl war den Teilnehmern das Wesentliche. Probleme wurden keine bewegt. Es gehe darum, dem Leib Wohlbehagen zu geben. So der Meister. "Ein wesentliches Element der Tiefengymnastik ist, daß wir mit den Muskelspannungen und -lösungen umgehen lernen."

Irgendwie war alles, was Fontalba sagte, eigenartig bekannt. Daß er Eurythmist war bzw. gewesen war, wußte ich. Am Schluß des Übteils sagte er dann: "Die beiden ausgereiftesten Formen des modernen Initiations-Tanzes sind die Paneurythmie von Duno und die Eurythmie von Steiner. Beide müssen aber weiterentwickelt werden."

Auf die Beschreibung der komplizierteren Übungen möchte ich verzichten, denn da schleicht sich doch manche Ungenauigkeit ein, und man würde diesen Übungen wohl dadurch kaum gerecht.

Im weiteren wurde vom Meister mitgeteilt: "Die physischen Leiber berühren sich nicht, aber wie wir jetzt sitzen, durchmischen sich unsere höheren Leiber. Das unterliegt nicht unserer Freiheit." Und nach einer weiteren Übung: "Wir haben jetzt etwas Gewaltiges getan. Wir haben uns gegenseitig beschenkt. Was im Raum war, haben wir durch die Atembewegung gesteigert. Aus freiem Wollen und bewußt. Daran haben nicht nur die Menschen in diesem Raum teil, sondern es geht darüber hinaus."

Das ging nun allerdings über das hinaus, was mir tragbar schien. Meiner Ansicht nach lag hier ein reichlich verschwommener Begriff von "Bewußtsein" vor. Diese Haltung dem Bewußtsein gegenüber erinnerte mich an die, die ich aus der Lektüre von Fritjof Capras "Wendezeit" kannte. Auch in den weiteren Äußerungen Fontalbas klang begrifflich nichts Neues durch. Nur einmal: "Begriffe sind tote Dinge." Das konnte ich allerdings mit einer anthroposophischen Erkenntnismethode nicht in Zusammenklang bringen.

Auch die Bewegungsübungen - das beschriebene Durch-den-Raum-Schreiten, das Wahrnehmen des anderen usw. - kannte ich von diversen "New Age"-Veranstaltungen her. Dort waren sie vor zehn Jahren nichts Neues. Es muß allerdings gesagt sein: Es handelte sich hier offenbar um einen Einführungskurs. Die weiteren Schritte blieben den neuen Teilnehmern verborgen. Merkwürdig war nur, daß die meisten sich jedoch kannten, man "wußte Bescheid". Fast alle Teilnehmer waren nicht zum ersten Mal bei einer Veranstaltung mit Gideon Fontalba.

Nachmittags hatten wir dann einen Kurs bei einer Sängerin. Gewisse Ansätze dieses Singunterrichts waren mir von den Übungen der Werbeck-Svärdström-Schule her bekannt. Allerdings schienen die Elemente, wie auch bei der Eurythmie, aus ihrem Zusammenhang herausgenommen.

Mitten in einer sehr leisen Übung, bei der ein M gesummt wurde, öffnete sich die Tür und quer durch den Saal schritten, mit laut knallenden Schritten, Gideon Fontalba und ein anderer Herr mit langem Bart, der fast die gesamte Zeit hindurch nicht von Fontalbas Seite gewichen war, der mir aber unbekannt blieb. Sie setzten sich. Die Übung wurde vollkommen zerstört. Der Meister schien sich um uns Übende nicht zu kümmern. Hier war der Punkt erreicht, wo mir gewisse andere Dinge wichtiger wurden, als an dem Seminar weiter teilzunehmen. Fontalba machte sich in seiner anschließenden Darstellung noch über andere lustig, zum Beispiel über sogenannte "Anthroposophen". Das wollen wir ihm aber nicht übelnehmen, denn das tut manch anderer auch, und - vielleicht - nicht immer ganz zu Unrecht.

Ich entschloß mich also am Ende des Samstagabends, das Seminar am Sonntag nicht mehr zu besuchen. Schlicht und einfach, weil es sich nicht lohnte! Habe ich vielleicht etwas Wesentliches übersehen? Immer noch beunruhigt mich, daß einige Freunde, die ich sehr schätze, von Fontalba nicht lassen wollen. Vielleicht sollte ich erneut ein Seminar besuchen und - vielleicht - unvoreingenommener?

Nein, unvoreingenommen war ich eigentlich nach Fulda gefahren. Menschen, die so dargestellt werden, wie es im Mitteilungsblatt im *Goetheanum* mit Fontalba geschah, finde ich zunächst einmal sehr interessant. Schade, wenn dann das, was durch solche Art von "Reklame" an Erwartungen erregt wurde, nicht eingelöst werden konnte. Aber vielleicht haben mich meine Erwartungen daran gehindert zu erleben, was wirklich bei dem Seminar geschah? Ich kann aber nicht anders, als zunächst meinem Wahrnehmungsvermögen zu vertrauen.

Nichts wird so heiß gegessen, wie es gekocht wird. Wieder einmal hat sich die alte Regel bestätigt. Vielleicht sollen sich die Getreuen Gideon Fontalbas fragen, inwieweit dieser ihr Urteilsvermögen im Sinne der Entfaltung der Bewußtseinsseele anspricht. Vielleicht könnte ihnen dann auch das Werk Rudolf Steiners wieder interessanter werden.

Die Gegner Fontalbas könnten sich folgendes fragen: Was versäumen wir, zum Beispiel in der Eurythmieausbildung, daß immer wieder Menschen, auch Menschen mit einiger Kompetenz, den Weg zu Fontalba oder anderen suchen? Könnte man nicht in der Eurythmieausbildung eine Kultur des Gesprächs über die Erfahrungen, die man bei der Ausübung dieser Kunst machen kann (oder nicht macht) entwickeln? Unterhalten wir uns andererseits oft genug über unsere Meditationserfahrungen oder Probleme?

Auf jeden Fall sollten mündige Anthroposophen selbst entscheiden können, inwieweit eine Mitgliedschaft in der "Weißen Quelle" mit einer Mitgliedschaft in der Freien Hochschule für Geisteswissenschaft vereinbar ist. Für ein solches Urteil benötigt man Informationen, nicht Urteile anderer.

Und die Eulen hörten zu

LUZIFEREHRENRITUAL IN EINER VOLLMONDNACHT

Wolfgang Weirauch

Es war der heißeste Tag des Jahres 1989, am heißesten Ort in der Bundesrepublik Deutschland. Ulla von Bernus hatte mich eingeladen, an einem Luziferehrenritual bzw. Vollmondritual teilzunehmen. Der Ort selbst soll nicht mitgeteilt werden.

Wir - Ulla von Bernus, einige ihrer Schüler und ich - trafen uns am 16. August 1989 in einem Hotel, es war der Abend vor einer Mondfinsternis. Ich war Gast und mußte im Prinzip nur eine einzige Bedingung erfüllen: schwarz gekleidet erscheinen.

Ein vorbereitender Akt war die Zeit der Mondfinsternis selbst, am nächsten frühen Morgen. Dazu verließen wir alle schwarz gekleidet morgens um 02.30 Uhr bei Regen das Hotel; zu gerne hätte ich gewußt, was der Herr in der Rezeption sich dabei gedacht hat!

Ulla von Bernus

Ziel war ein Haus mit Balkon, von wo die Mondfinsternis abgewartet werden sollte, die um 03.21 Uhr begann. Leider war der Himmel bewölkt, so daß von der Mondfinsternis selbst nichts zu sehen war.

Während dieser ein bis zwei Stunden wurden auf dem Balkon verschiedene Gegenstände, zum Beispiel ein Dolch, Bilder und manches mehr ausgebreitet, um durch die Strahlung der Mondfinsternis "aufgetankt" zu werden. Verschiedene Worte wurden gesprochen, Namen und Zeichen in die Luft geschrieben sowie Fotos von drei "unliebsamen Personen" auf einen Dolch gespießt und gegen den verfinsterten Mond emporgestreckt.

Das eigentliche Luziferehrenritual - kein Todesritual - fand am Abend desselben, gerade begonnenen Tages statt. Ulla von Bernus und ihre Schüler verschwanden auf ihre Hotelzimmer, um sich in eine achtstündige Konzentration zu begeben. Abends ging es los. Ulla von Bernus sprühte Funken, bedingt durch verschiedene Astralbilder, die ihr während der Konzentration gekommen waren. Mit zwei Wagen fuhren wir in einen nahegelegenen Wald zu einem einsamen Haus, in dem bereits drei Menschen gewaltsam zu Tode gekommen waren: Einer hatte sich erhängt, die anderen wurden zu Tode gespritzt bzw. erschossen.

Ansonsten war es eine Nacht wie aus dem Bilderbuch: Die Dämmerung brach herein, die Tannen umsäumten den Platz des kommenden Geschehens, nur ein leises Bachrieseln erfüllte die fast absolute Stille. Der Vollmond erleuchtete später den blauschwarzen Nachthimmel.

Die Phase der Vorbereitung begann, alle Utensilien - vom Tonband über das Räucherbecken bis zum "Altarbild" - wurden ausgeladen, mit einer Sense mähte man den Platz des Rituals und schließlich durchstreifte noch einer der Teilnehmer mit einem Schrotgewehr das umliegende Gelände und feuerte einige Schüsse ab, um etwaige unfreiwillig-unliebsame Beobachter zu vertreiben. Im weiteren begann man mit den direkten Vorbereitungen zum Ritual. Nachdem ein Luziferbild als Altarbild nach Norden ausgerichtet worden war, zog einer der Schüler mit einem Dolch von Norden nach Süden im Uhrzeigersinn den äußeren Schutzkreis, ein anderer den inneren. Zusätzlich schrieb man die Namen Luzifer, Rofocale, Adonai und Ariel innerhalb des Kreises in die vier Himmelsrichtungen, ferner schrieb man jeweils ein bis zwei Pentagramme daneben. (Näheres siehe: Interview mit Ulla von Bernus unter der Zwischenüberschrift: Die Grundhandgriffe für das Vollmondritual.)

Nachdem alle Vorbereitungen abgeschlossen waren, versenkten sich die Teilnehmer für etwa eine halbe Stunde in Konzentration. Kein Laut - außer dem Bachgeriesel - durchzog die Nacht. Ich war gespannt, was sich ereignen würde.

Nach dieser Konzentrationsphase kam Leben in den Wald, denn nun wurden die Naturgeister angerufen, ein Part, der nicht notwendigerweise zum Vollmondritual hinzugehört. Dazu wurden drei Kassettenrekorder eingeschaltet, laut Ulla von Bernus zum verstärkten und wirksameren Heranziehen der Elementargeister: Gewitter, Sturm, Wasserrauschen und Wolfsgeheul ertönten nun von den Bändern durch die Stille des Waldes. Das war schon eine leicht außergewöhnliche und abenteuerliche Atmosphäre. Gleichzeitig begann Ulla von Bernus zu sprechen bzw. die Anrufung der vier Elementargeistergruppen zu intonieren. Die Worte wurden teils lateinisch, teils deutsch gesprochen, zum Beispiel: "In nomine luzifer, rex et imperator, Herr über mich, salamandre,

Altarbild

venete, venete, venete." Auch der Geist der Erde wurde angerufen: "Geist der Erde, 3 x 7 hängst du, 4 x 7 gehst du, 7 x 9 fliegst du, Geist der Erde, venete, venete, venete."

Wieder trat eine Ruhe- und Konzentrationsphase ein, die Tonbänder waren mittlerweile abgespielt, und Stille beherrschte wieder den Ritualplatz.

Für das eigentliche Ritual verließen alle kurz den Kreis und zogen sich schwarze Ritualmäntel mit Kapuzen an und entzündeten Sturmlaternen sowie einen Räucherofen. Vor dem Ritual verneigte sich Ulla von Bernus mit gekreuzten Händen auf der Brust und begann ihre Worte damit, daß sie, seine "unwürdige Dienerin", darauf warte, daß Luzifer ihre Bitte erhöre: "Luzifer, Herr über mich. Ich werde nie gegen deinen Willen handeln, damit du mich aufnehmen mögest in deinen Schutz. Teile mir deine Befehle durch deinen Begleiter Rofocale mit."

Verschiedene Passagen des Rituals wurden besonders intoniert, manche dreimal wiederholt. Der Wesenheit des Luzifer wurde immer wieder Zeit, Raum und Ewigkeit zugesprochen, und er wurde darum gebeten, ihr - Ulla von Bernus - den Weg zu zeigen und die geistigen Bitten, die sie habe, zu erfüllen.

Währenddessen war das Feuer durch eine Mitarbeiterin zur Rechten geschürt worden, und es entwickelte sich die Szenerie, daß die drei auf dem Dolch gespießten Fotos "mißliebiger Personen" in die Flammen geworfen wurden. "Mord, morde ihn, hol ihn dir!" wurde dabei gemurmelt. Wie Ulla von Bernus in dem nachstehenden Interview klarstellt, war dies aber weder ein Todesritual, noch hätte Luzifer diese Aufforderung angenommen.

Die weiteren Textpassagen kann ich aus der Erinnerung nicht mehr genau wiedergeben; es waren teils allgemeine Ausführungen über die ägyptische Zeit, Satan und Luzifer als "Herr über die Gottheiten der Planeten".

Das Ritual kulminierte in der Bitte, daß die, die den Weg Luzifers in Wahrheit - also im Geiste, ohne materielle Forderungen - gingen, von Luzifer gesegnet werden mögen, diejenigen aber, die es aus materieller Gier täten, sollten bestraft werden.

Nachdem der Ritualtext zu Ende gesprochen war, schüttete einer Wasser in den glühenden Ofen, so daß das eindrucksvolle Bild einer kerzengraden Wasserdampfsäule entstand, die steil nach oben - gegen den blauschwarzen Nachthimmel gut sichtbar - aufstieg. In diesen Dampf wurde ein Kelch mit Traubensaft gehalten, der anschließend zur Kommunion herumgereicht wurde. Ich als Gast ließ ihn an mir vorübergehen. Ulla von Bernus beendete das Luziferehrenritual damit, daß sie alle anderen umarmte.

Wir verließen wieder den Kreis und sahen dabei, daß während des Rituals die umliegenden Tannen voller Waldkäuzchen waren, die in diesem Moment davonflatterten.

Während einer Fernsehsendung

POLARITÄTEN IN DER NATUR

**Die Pharmazeutischen Prozesse
als Fortführung des Kräftewirkens
in der Natur**

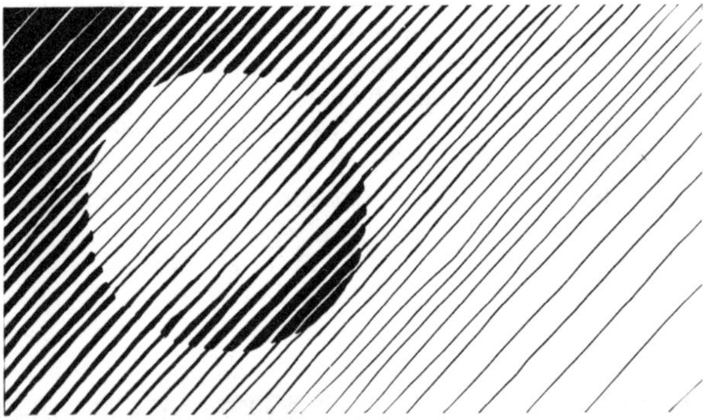

Pharmazeutische Prozesse binden Polaritäten. Wärme und Kälte, Licht und Dunkelheit, Ruhe und Bewegung. Dies ist die Besonderheit der WALA-Heilmittel und der Dr. Hauschka-Kosmetik. Entwickelt auf Grundlage der Geisteswissenschaft Rudolf Steiners führen sie zu einem neuen Verständnis von Qualität.

Sie wollen mehr darüber erfahren? Fragen Sie uns.
WALA-Heilmittel GmbH, D-7325 Eckwälden/Bad Boll.

WALA-Heilmittel
aus der Natur für den Menschen

WALA

The Rites of Lucifer

INTERVIEW MIT ULLA VON BERNUS

von Wolfgang Weirauch

Bereits für unser FLENSBURGER HEFT Nr. 13 führten wir ein Interview mit Ulla von Bernus. Wegen des guten Kontaktes, den ich mittlerweile zur ihr habe, sowie der Wichtigkeit und Fülle des Themas, haben wir uns entschlossen, ein weiteres Interview als Fortsetzung zu veröffentlichen.

Mit dem Gespräch, das Sie im Anschluß lesen können, möchten wir Ihnen einen Einblick in verschiedene Bereiche der Magie geben, vor allem in den luziferischen Einweihungsweg, wie ihn Ulla von Bernus versteht. Es handelt sich dabei um einen 3x3stufigen Einweihungsweg - basierend auf den *Rites of Lucifer*, Texte, die nach alter, aber ungewisser Tradition überliefert sind -, der den Schüler mit den verschiedensten magischen Praktiken - Ritualen, Beschwörungen von Geistwesenheiten usw. - vertraut machen soll und der in einer Priesterweihe kulminiert. Wer diese Schwelle zum Priester Luzifers überschreite, so Ulla von Bernus, binde sich für immer an Luzifer, sowohl in diesem als auch im nachtodlichen bzw. in den nächsten Leben.

Fernerhin wurden in diesem Interview noch verschiedene Pakte, Exorzismus, Spiritismus, die Arbeit mit dem Schwarzen Spiegel besprochen sowie eine Korrektur zu unserem letzten Interview bezüglich der angeblichen Taufe Ulla von Bernus' durch Rudolf Steiner gegeben, was nicht der Wahrheit entspricht.

Wolfgang Weirauch: Was sind die *Rites of Lucifer?*

Ulla von Bernus: Die *Rites of Lucifer* sind eine alte Tradition, die bis in die ägyptische Zeit zurückreicht. Es gibt ein englisches Originalbuch; wer dieses besitzt, weiß ich nicht. Ich bekomme sie von einem Großmeister aus Italien auf Italienisch und übersetze sie selbst ins Deutsche.

W.W.: Welchen Umfang haben diese *Rites of Lucifer?*

U.v. Bernus: 45 Kassetten.

W.W.: Kannst Du noch etwas genauer sagen, aus welcher Zeit sie stammen und wer sie verfaßt hat?

U.v. Bernus: Wer sie verfaßt hat, weiß man genauso wenig wie man weiß, wer das Necronomicon verfaßt hat; zwar heißt es, dies sei der wahnsinnige Araber gewesen, aber ob es stimmt, ist fraglich. Genauso verhüllt sich die Herkunft der *Rites of Lucifer* in einen Schleier.

W.W.: Aber sie stammen aus vorchristlichen Zeiten?

U.v. Bernus: Natürlich.

W.W.: Woher stammt die italienische Fassung?

U.v. Bernus: Die hat der Großmeister aus Italien selbst aus dem Englischen übersetzt.

W.W.: Zum Inhalt eines Ritus, der mir auf einer Kassette vorliegt: In ihm kommt das Motiv vor, daß Luzifer mit der Linken gibt und mit der Rechten nimmt; was bedeutet das?

U.v. Bernus: Alle Magier der linken Seite geben sich bei ihren Begegnungen ebenfalls immer die linke Hand. Alles ist links. Mehr ist damit im Grunde nicht ausgesagt.

W.W.: Luzifer wird Rex infernus genannt, er ist ein hohes geistiges Wesen, welches laut diesem Ritus eine löwenköpfige Krone und Augen aus Smaragden hat.

U.v. Bernus: Der Löwenkopf taucht hauptsächlich in den Konzentrationsübungen auf, denn dort verändert sich das Bild Luzifers in einen Löwenkopf. Der Löwenkopf geht in seiner Tradition auf ägyptische Zeiten zurück.

W.W.: Die Beschreibung von Luzifer scheint mir allerdings etwas zu gegenständlich, zwar liest man in der Bibel ähnliche Schilderungen geistiger Wesen, aber irgend jemand muß eine Schauung Luzifers gehabt haben und sie in die beschriebenen gegenständlichen Bilder unserer Sprache gekleidet haben. Wie geht das vor sich?

U.v. Bernus: Das entsteht aus Evokationen Luzifers. Wenn man eine Luzifer-Arbeit durchführt, so taucht Luzifer nur sehr selten auf. Luzifer-Beschwörungen sollte man nicht machen, weil sie oft tödlich sind. Allerdings gibt es diese Luzifer-Beschwörung innerhalb der *Rites of Lucifer*, aber man darf sie nicht durchführen, weil sie einfach tödlich wirkt. Luzifer ist eine Gottheit und ist deshalb genau wie Satan nicht zu beschwören. Auftauchen kann Luzifer höchstens bei einem Luzifer-Pakt, aber nur eventuell. Die Erscheinung Luzifers wird überall so geschildert, daß er das schönste geistige Wesen ist, der sich aufbäumende und angeblich verstoßene Engel. Bereits im Ur-Chaos geschah es, daß Luzifer die Seite wechselte. Das Erscheinen Luzifers ist überwältigend. In den *Rites of Lucifer* gibt es auch die Formulierung: "Die schönste Gottheit bist Du!" Er taucht in Gold gehüllt auf, aber mit gefährlichen Augen. Voraus schickt Luzifer immer Rofocale. Innerhalb der Luziferritualien, die gefeiert werden, steht immer der Name Rofocale; in Wirklichkeit heißt er Lucifuge-Rofocale. Hierzu gibt es wiederum die speziellen Beschwörungen für Lucifuge-Rofocale. Luzifer taucht niemals zuerst auf, sondern schickt immer Rofocale voraus.

Der schwarze Astalwolf, von dessen Zunge Blut tropft

Wenn also wirklich etwas auftaucht, so ist es meist Rofocale. Vorher tauchen aber noch die gesamten Astraldämonen auf, die in seiner Begleitung sind, zum Beispiel die Katzen der dritten Astralebene - also der höchsten -, Katzen aus der Venussphäre, ferner seine rote Begleitkatze. Zusätzlich erscheint sein Astralwolf, der ist schwarz, mit roten Augen und heraushängender Zunge, von der Blut tropft. Das sind die Astralwesen, die in seiner Begleitung erscheinen, denn jede Geistwesenheit hat ihre speziellen astralen Begleitwesen. Bei einem Luzifer-Pakt tauchen zusätzlich noch die Wesenheiten der Mars- und Venussphäre auf.

Aber Luzifer selbst taucht nur eventuell bei den Pakten auf, möglicherweise noch bei einem Luzifer-Todesritual. Seine Begleitwesen erscheinen dafür meist sehr schnell, besonders die Katzen, die bereits bei den Luzifer-Konzentrationen auftauchen können.

W.W.: Was ist eine Luzifer-Konzentration?

U.v. Bernus: Man stellt dazu ein Luziferbild vor sich hin; wenn man eine entsprechende Arbeit beginnen will, legt man diese Arbeit vor das Luziferbild, und vor dieses Bild wiederum stellt man drei Kerzen. Luzifers Zahlen sind 3, 5, 9. Dreimal die 9 umgekehrt ergibt 666. Gearbeitet wird nur bei Vollmond, dann aber wiederum nur an Dienstagen und Donnerstagen. Das gilt für Ritualien innerhalb des Kreises. Für scharfe Konzentrationen, eventuell auch für Ritualien, muß man beachten, daß man diese nur an solchen Tagen durchführt, die in ihrer Quersumme entweder eine 3, eine 5 oder eine 9 ergeben.

W.W.: Noch einmal zurück zu diesem einen Ritus: Es taucht dort das Motiv der Schlange des Lebens mit den zwei Augen aus Mondsteinen auf, sowie das der Schlange des Todes, die leere Augenhöhlen hat. Ferner wird die Schlange der Wiedergeburt erwähnt, welche nur ein Auge auf der Stirn besitzt. Was bedeuten diese Schlangen?

U.v. Bernus: Das sind die drei Stationen des Ganzen, die Tod und Leben beinhalten. Die Schlange des Lebens ist die Schlange der Geburt in die Materie, die Schlange des Todes steht für den Tod, also wenn man auf die Astralebene verschwindet, und die Schlange der Wiedergeburt, mit dem einen Auge in der Mitte, steht für die unendliche Folge von Wiedergeburten des Menschen. Denn unser Planet ist noch nicht sehr weit entwickelt. Wenn man mit Außerirdischen in Kontakt steht, so weiß man, daß unser Planet im Grunde noch ein Affenplanet ist. Diese drei Schlangen sind also lediglich eine Symbolik. Zwar gehören die Schlangen auch zur Welt Luzifers, tauchen aber nicht innerhalb seiner Ritualien als Astralwesen auf. Nie!

W.W.: Wenn davon gesprochen wird, daß Luzifer Erfolg in Geist und Materie sendet, wie ist das zu verstehen? Welche Stellung und Haltung gegenüber Luzifer muß man einnehmen, damit dies geschieht?

U.v. Bernus: Man muß immer seinen geistigen Weg gehen. Luzifer steht an der Seite Satans, ist aber im Gegensatz zu diesem erreichbar. Satan ist genausowenig wie Christus für den Magier erreichbar. Michael-Beschwörungen gibt es natürlich, denn er ist erreichbar und steht genauso an der Seite von Christus, wie Luzifer an der Seite von Satan steht. Das gilt aber nur für den Magier, welcher sowohl zu Luzifer als auch zu Michael Kontakt aufnehmen kann, zu Satan und Christus dagegen nicht. Christus und Satan sind die obersten Gottheiten. Und wenn mir jemand sagt, er hätte mit Christus einen Kontakt gehabt, so muß ich nur lachen. Ich habe auch mit Satan noch keinen Kontakt gehabt.

Ich hatte einmal ein interessantes Traumerlebnis, und zwar tauchte nachts ein Baby mit einem seltsamen toten Schädel auf, und ich wußte sofort, daß dies Satan ist. Ferner tauchte ein schwarzes Buch mit roten Seiten auf, auf denen nichts stand. Ferner schaute ich Satan noch einmal in sitzender Haltung, und zwar in der ägyptischen. Nach diesem Traum sah ich den Film "Omen 3" - nicht davor -, wo die Konfrontation des reinkarnierten Christus mit Satan vorkommt. Als Satan im Film den Kopf umdrehte, erkannte ich plötzlich den Totenschädel wieder, den ich im Traum gesehen hatte. Das hat selbst mich erstaunt. Im Grunde war es kein Traum, sondern ein Nachterlebnis, und zwischen Nachterlebnissen und Träumen mache ich einen großen Unterschied. Ich weiß genau, wann ich einen Traum habe und wann es ein Erlebnis ist.

W.W.: Bist Du bei einem Nachterlebnis wach?

U.v. Bernus: Nein, wach bin ich nicht, aber ich weiß genau, wann ein Erlebnis gegeben wird und wann es lediglich Träume sind.

Es gibt aber auch Erlebnisse, bei denen ich wach bin. Zum Beispiel erinnere ich mich genau daran, wie mir von hinten - im Astralbereich ist ja alles transparent - aus der Wand eine Hand gereicht wurde, die einen mit einem Tuch verhüllten Kristall auf der Handfläche hielt. Ich griff mit meinen beiden physischen Händen nach dieser Kugel, aber das Wesen zog seine Hand mit der Kristallkugel zurück und ich konnte sie nicht erreichen.

W.W.: Wie deutest Du dieses Erlebnis?

U.v. Bernus: Daß mir dort etwas gezeigt worden ist, was ich noch nicht habe und in dem Moment auch nicht bekommen sollte. Es waren damit aber geistige Dinge gemeint, denn es war mit einem Tuch verhüllt; ich wußte aber, daß darunter ein Kristall verborgen war. Bei diesem Erlebnis war ich vollkommen wach.

In der Schülerschaft Luzifers

W.W.: Wann ist man ein Schüler Luzifers, was muß man dazu befolgen?

U.v. Bernus: Man muß konsequent seinen geistigen Weg gehen. Wenn einer diesen Weg geht und glaubt, er komme dadurch leicht an Materie - also an Geld - heran, so ist dies genauso ein Irrtum, als wenn man diese Materie auf dem weißen Weg erreichen wollte. Satan ist für die eiskalte Technik zuständig, Luzifer für die Natur. Wenn es zum Beispiel bereits bei den Luzifer-Konzentrationen zu knallen oder zu knistern beginnt, so kann alles ringsherum aus Metall oder Beton sein, es wird trotzdem nach Holz klingen. Man darf niemals glauben, den Weg Luzifers zu gehen, um dadurch Geld zu erhalten, denn dann geht es keinen Schritt weiter. Wahrscheinlich wird in diesem Falle derjenige, der diesen Weg so beschreitet, auch noch das verlieren, was er bereits hat. Krankheiten und jegliches Mißgeschick können zusätzlich darauf folgen. Luzifer ist hier absolut mitleidlos.

Man muß den Weg Luzifers genauso wie den weißmagischen Weg im Geiste beschreiten. Daß er nachher trotzdem Materie dazugibt, kann sein. Ist jemand bereits Millionär, so braucht er nichts dazu, ist es aber jemand, der nichts hat und durch den Mangel an Geld keine Zeit hat, den Weg Luzifers im Geiste zu beschreiten, dann wird Luzifer die Materie - also das Geld - auf die seltsamsten Weisen, die man sich nur vorstellen kann, dazugeben. Aber wer den Weg Luzifers gehen will, um zu Geld zu kommen, zu Erfolg oder zur Macht, wird nie etwas erreichen.

Die drei Stufen der Luzifer-Einweihung

W.W.: Wenn man ein Schüler Luzifers ist, kann man dann diesen Weg ganz individuell gehen, oder muß man dazu von einer Loge oder einer sonstigen Gruppierung von Menschen aufgenommen werden?

U.v. Bernus: Da immer sämtliche Inhalte von Mysterienschulen von Mund zu Ohr weitergegeben worden sind, muß man auch in diesem Falle jemanden haben, der einem den Weg der *Rites of Lucifer* weist, denn die *Rites of Lucifer* sind ein Weg, auf dem ein Schritt systematisch nach dem anderen kommt. Auf diesem Weg wird auch nichts vernebelt und auf sämtliche Folgen in klarer Weise aufmerksam gemacht.

Der Weg der Luzifer-Einweihung besteht aus drei Stufen, die wiederum in sich je drei Stufen haben, so daß es also im ganzen neun sind. Jeder Schüler kann an der Stufe stehenbleiben, an der er stehenbleiben will, jeder kann sagen, daß er bis zu einer bestimmten Stufe voranschreiten will, um sämtliche bis dahin zu übenden Praktiken mitzumachen, aber dann nicht weitergehen möchte. Kommt er aber an die erste Stufe der dritten Einweihung - der Priesterweihe -, dann gibt es von diesem Moment an kein Zurück mehr. Darauf wird in den *Rites of Lucifer* auch vollkommen und deutlich aufmerksam gemacht. Der Schüler wird darauf hingewiesen, sich unbedingt die Konsequenzen vor Augen zu führen, die er nun kennt, und es sich genauestens zu überlegen.

W.W.: Kannst Du diese dreimal drei Stufen ein wenig näher charakterisieren?

U.v. Bernus: Zur ersten Stufe gehört zum Beispiel das Mondritual. Vorher aber ist die Konzentration notwendig. Der Schüler muß sich vorerst auf das Bild Luzifers konzentrieren, kann auch eine Arbeit zwischen sich und das Bild legen, auf die sich seine Konzentrationskräfte beziehen sollen, es darf dabei aber nicht um das Verlangen nach Geld gehen.

W.W.: Was kann das für eine Arbeit sein, die er vor das Bild legt?

U.v. Bernus: Das kann das Foto eines Menschen sein, auf den er einwirken will, genauso aber auch jede andere Arbeit, die er gerade macht, zum Beispiel das Studium irgendwelcher geistiger Inhalte. - Am Anfang der ersten Stufe sind also die Konzentrationsübungen, die bestimmt über drei Monate geleistet werden müssen, bevor der Schüler zum Mondritual zugelassen wird. Er muß seine Konzentrationen erklären können, also dasjenige, was er währenddessen erlebt hat. Diese Erlebnisse werden von seinem Lehrer genauestens abkontrolliert. Durch diese Konzentrationsübungen verschafft sich der Schüler die Stabilität, um in das Mondritual hineingehen zu können, denn instabile Leute können dabei erschrecken, zum Beispiel dann, wenn sie sehr sensitiv bzw. hellsichtig sind. Ein solcher Mensch kann zum Beispiel sehen, wie um den Kreis Astralwesen schleichen, oder er bemerkt, daß es zu knallen und zu krachen beginnt. Wenn man dieses Mondritual in der Natur durchführt, so kann man zusätzlich bemerken, daß die Naturwesen auftauchen. Deswegen wird mit dem Schüler vor allem der Kontakt mit den Naturwesen geschult, denn dieser ist außerordentlich wichtig. Der Schüler muß einen möglichst guten und engen Kontakt zu allen Naturwesen, zur Tierwelt und zum ganzen Planeten besitzen.

Auf keinen Fall gibt es innerhalb irgendeines Luziferrituals ein Blutritual, denn Luzifer lehnt jedes Tier- bzw. Menschenopfer total ab. Räucherungen kommen allerdings vor, vorwiegend Mondräucherungen und Schwefelräucherungen; andere Räucherungen nicht.

Nach den Konzentrationsübungen und dem Mondritual kann man überlegen, ob der Lehrer den Schüler zu einem anderen Ritual zuläßt. Natürlich muß der Lehrer dazu wissen, ob der Schüler für diese Sache bereits tragfähig ist. Bei den Vollmondritualien kann dagegen nichts passieren, deswegen kann auch jeder Mensch dabei sein; allerhöchstens kann man einen Schock erhalten, wenn man zum Beispiel eine Astralkatze herumschleichen sieht. Das gleiche gilt natürlich für die Konzentrationen, bei denen ebenfalls nichts geschehen kann, auch wenn Astralwesen dabei auftauchen können, das Bild Luzifers sich verändern kann oder es in den Ecken zu knistern und zu knallen beginnt. Luzifers Bild kann sich natürlich auch in einen Löwenkopf verwandeln, die Augen können gefährlich zu glühen beginnen, so daß man nichts weiter als die Augen erblickt. Aber passieren kann dabei nichts!

Gefährlich wird es erst bei Pakten und Todesritualien. Bei allen diesen Arbeiten kommt es im Grunde darauf an, wie stabil der Schüler bereits ist, um alles das, was ihm entgegenkommt, verkraften zu können. Das liegt alles in der Verantwortung des Lehrers, der individuell für die bestimmte Person wissen muß, ob sie es verkraften kann bzw. noch nicht. Diese Verantwortung muß der Lehrer grundsätzlich tragen.

W.W.: Gehören die Pakte und die Todesritualien zur zweiten Stufe oder gehören sie zu gar keiner Stufe und werden zusätzlich je nach Stabilität des Schülers vorgenommen?

U.v. Bernus: Das Todesritual zum Beispiel gehört zu überhaupt keiner Stufe, sondern ist eine Arbeit. Pakte sind etwas, was ein Mensch durchführen kann oder nicht, es steht ihm frei.

Die Kerzen dürfen nicht verlöschen

W.W.: Was gehört nun zur zweiten Stufe der ersten Einweihungsstufe?

U.v. Bernus: In dieser Phase hat sich der Mensch bereits weiter auf seinem geistigen Wege geschult und wird sich immer weiter schulen müssen. Zu diesen Schulungen gehören die abendlichen Konzentrationen, die man regelmäßig durchführen sollte und die nicht unter einer halben Stunde pro Abend liegen dürfen. Bei diesen Konzentrationen kann es geschehen, daß eine Zeitverschiebung entsteht, daß man zum Beispiel vermeint, man hätte bereits eine halbe Stunde in der Konzentration verbracht, aber wenn man dann auf die Uhr schaut, so wird man bemerken, daß bereits zwei Stunden herum sind. Auf diese Zeitverschiebung muß man bei magischen Arbeiten im Kreis sehr acht geben, und zwar wegen der abbrennenden Kerzen. Der kontrollierende Magier, wenn er dabei ist, muß also ganz materiell darauf achten, wie weit die Kerzen heruntergebrannt sind, so daß nach den Konzentrationen, die im Kreis stattfinden, die magische Arbeit zu einem Ende gebracht werden muß, bevor die Kerzen heruntergebrannt sind. Denn wenn eine magische Arbeit nicht beendet ist, bevor eine der Kerzen ausgeht, kann es gefährlich werden.

Bei allen anderen Arbeiten, mit Ausnahme des Mondrituals, wird immer mit dem Dreieck gearbeitet. Das Dreieck wird etwa im Abstand von zwei Metern von dem Kreis gezeichnet, darüber wird der Name Luzifer geschrieben, sowie rechts und links von dem Dreieck sein Sigill.

W.W.: Das Dreieck und das Sigill Luzifers werden außerhalb des Kreises gezeichnet?

U.v. Bernus: Genau. Aber mindestens zwei Meter entfernt. Wenn man ein Ritual in einem geschlossenen Raum abhält, dann muß der Raum mindestens so groß sein, daß dieses Dreieck zwei Meter vom Kreis entfernt liegen kann, weil es sonst gefährlich wird. Bei Todesritualen soll dieses Dreieck sogar zweieinhalb bis drei Meter vom Kreis entfernt gezeichnet werden.

W.W.: Was beinhaltet die dritte Stufe der ersten Einweihungsstufe?

U.v. Bernus: Daß der Mensch in weitere Ritualien hineinkommt, zum Beispiel in die Planetenritualien. Diese Planetenritualien haben mit Luzifer nichts mehr zu tun, sondern es gehört dazu zum Beispiel das Herbeiholen der Mars- und Venuswesenheiten. Bei diesen sollte man es auf dieser Stufe bewenden lassen, die Saturnwesenheiten sollten lieber nicht geholt werden, denn die Saturnwesenheiten sind sehr gefährlich. Der Magier kann alle Arbeiten mit Luzifer alleine machen, muß aber im Herbeiholen sämtlicher sonstiger Wesenheiten genauestens geschult werden, und zwar deswegen, damit er sie alle kennenlernt, damit er weiß, was auf ihn zukommt - jetzt und nach dem Tode. Jede

Geistwesenheit hat andere Begleiter, die natürlich auch nach dem Tode mit dem Menschen in Kontakt treten. Deswegen bedarf es einer genauen Kenntnis dieser Wesenheiten durch den Magier. Der Magier muß also lernen, die Planetenwesen zu unterscheiden, die Planetengottheiten kennenzulernen, die Planetenwesenheiten zu beschwören.

W.W.: So sind also die drei Stufen der ersten Einweihungsstufe ein fortwährendes Schulen der Konzentrationskräfte und des Herbeiholens von Wesenheiten?

U.v. Bernus: Richtig, es geht um die Schulung und darum, daß man immer höher kommt, nicht aber darum, daß man etwas will. Es geht lediglich um das Kennenlernen und Herbeiholen sämtlicher Geistwesenheiten. Natürlich müssen diese Geistwesenheiten der Reihe nach angesprochen werden, und zwar in vorsichtiger Weise. Deswegen beginnt man mit den Mondwesenheiten, später folgen die Venuswesenheiten und dann die Marswesenheiten, die sehr aggressiv sind.

Die zweite Einweihungsstufe

W.W.: Was gehört zu den drei Stufen der zweiten Einweihungsstufe?

U.v. Bernus: Selbstverständlich gibt es auch von jedem Planeten verschiedene Wesenheiten. Deswegen gehört es zu diesen drei Stufen der zweiten Einweihungsstufe, daß man diese unterscheiden lernt, der Reihe nach durchgeht und bei der dritten Stufe vollendet in der Lage sein muß, alle Geistwesenheiten im Griff zu haben. Ferner muß man die Beschwörungen sämtlicher Geistwesenheiten kennen. Es ist verboten, sich ein Mars- oder Venuswesen heranzuholen, es anzuschauen und dann wieder wegzuschicken. Denn wenn ich den direkten Kontakt zu Luzifer habe, brauche ich nicht an diese Wesenheiten irgendein Anliegen zu stellen, allerdings sollte ich mir Fragen mit geistigem Inhalt überlegen, die ich an diese Wesenheiten richte. Ich sollte mir diese Fragen gut überlegen, sie können hochgeistig sein, denn diese Wesenheiten haben ein unendliches Wissen. Wenn ich diese Fragen mit Respekt an die Wesen richte, dann werden sie mir antworten. Aber irgend etwas von ihnen zu wollen, ist verkehrt, außer zu erfahren, welche Begleitwesen mitgebracht werden.

Natürlich darf man auch wissen wollen, auf welche Weise diese Wesenheiten erscheinen, denn man bemerkt sie nicht immer, oftmals ist es auch totenstill im Raum, was nicht heißt, daß diese Wesenheiten nicht anwesend sind. Deswegen muß man auch immer die Entlassungsformel sprechen. Wenn man die Entlassungsformel nicht spricht, wenn man das Räucherbecken, welches immer brennt, nicht löscht, bevor man den Kreis verläßt, so kann dies böse Folgen haben. Wenn jemand meint, daß keine Geistwesenheiten im Raume anwesend waren, weil es still war, weil er kein Knistern und Knacken gehört hat, so kann dies ein folgenschwerer Irrtum sein. Mit dieser Haltung - vorzugehen als wären sie nicht da - können die Wesenheiten den Schüler aus dem Kreis locken, und dann passiert etwas. Oftmals kann es gerade dann besonders gefährlich werden, wenn Totenstille herrscht, denn dann versuchen die Wesenheiten, den Schüler mit List und Tücke aus dem Kreis herauszulocken. Deswegen muß jeder die entsprechenden Entlassungsformeln kennen. Das Erstaunliche ist, daß es keine Literatur gibt, in der vollendete Entlassungsformeln enthalten sind, ob das bei Aleister Crowley ist, bei Bardon, bei

Nettesheim oder bei Lévi. Viele bringen Beschwörungsformeln, aber wo bleibt die Entlassungsformel?

W.W.: Wie kommt es, daß in den entsprechenden magischen Büchern die Entlassungsformeln nicht abgedruckt sind?

U.v. Bernus: Das weiß ich auch nicht. Ich würde jedenfalls niemals ein Buch in dieser Form herausbringen, allein schon deswegen nicht, weil man nicht alles preisgeben darf. Denn ansonsten fängt jedes Lieschen Müller an, Astaroth zu beschwören, was natürlich absolut ins Auge gehen wird. Deswegen sind alle Beschwörungsformeln, Ritualien usw. meist verschleiert oder nicht ganz richtig gebracht. Der Magier muß dann also aus den Büchern herauslesen, was Crowley, Bardon, Nettesheim oder Lévi in Rätseln sprechen, ob die Zahlenmagie dabei ist usw. Wenn schon keine Entlassungsformeln gebracht werden, so wäre es eine totale Verantwortungslosigkeit, genaue Beschwörungsformeln und Ritualtexte in einem Buch zu bringen, weil dann natürlich sehr viele Menschen prompt aus Neugierde in diese Arbeiten einsteigen würden. Man braucht dann nur noch ein wenig Rauschgift zu nehmen, und schon wird man sich so mutig fühlen, sich irgendeines der Wesenheiten vorzunehmen. Wenn man auf eine derart unvorbereitete Weise eine Beschwörung inszeniert, so geht es ins Auge oder es tut sich überhaupt nichts. Denn die Geistwesenheiten akzeptieren natürlich nicht jede Form von Blödsinn, meist erscheint dann nicht einmal ein Astraldämon.

Nach der Priesterweihe gibt es kein Zurück mehr

W.W.: Du sagst, daß der Schüler auf den drei Stufen der zweiten Einweihungsstufe mit sämtlichen Wesenheiten in Kontakt zu treten habe; was macht nun die letzte, die dritte Einweihungsstufe aus?

U.v. Bernus: Hierbei muß sich der Schüler tausend Mal überlegen, ob er überhaupt die erste der dritten Einweihungsstufe betritt, denn in dem Moment kommt die Priesterweihe, und dann kann er nicht mehr zurück.

W.W.: Die erste Stufe der dritten Einweihungsstufe ist bereits die Grenze?

U.v. Bernus: Ja. An dieser Grenze möge er es sich überlegen, da er sich von diesem Zeitpunkt an bewußt sein muß, daß er dann vom Tod bis zum nächsten Leben durch Luzifers Reich gehen muß. Das kommt in den *Rites of Lucifer* vor und ist nicht verheimlicht. Diese Konsequenz möge er sich genauestens überlegen, auch daß diese Zeit nicht sehr angenehm sein wird.

W.W.: Wird das Durchgehen durch Luzifers Reich in irgendeiner Weise geschildert?

U.v. Bernus: Das Gehen durch Luzifers Reich umfaßt die Begegnung mit sämtlichen Dämonen, von den niedersten angefangen. Die Begleitdämonen von Luzifer sind immer diejenigen der dritten Astralebene, also der höchsten. Sein Reich ist das, was die katholische Kirche die Hölle nennt. Mit dieser Konsequenz muß sich der Schüler auseinandersetzen, aber er wird dafür im nächsten Leben wieder Kontakt zu Luzifer bekommen. In diesem Sinne sind auch die Beschwörungen, die er vorher machen kann, zu sehen, nämlich daß er dadurch wenigstens einen Teil der Geistwesenheiten kennenlernt, die er im Nachtodlichen erleben wird. Aber nur ein sehr kleiner Teil von ihnen gehört zu Luzifers Reich. Wenn ein Schüler vor der ersten der dritten Einweihungsstufe stehenbleibt, so hat er zwar einen Teil der Geistwesenheiten kennengelernt, er wird sie auch nach dem Todc wiedersehen, aber er hat keinen Eid auf Luzifer geleistet. Er kann also ohne Gefahr vorher stehenbleiben. Aber wenn er zur Priesterin oder zum Priester geweiht wird - dafür gibt es auch ein spezielles Ritual -, kann er nicht mehr zurück.

W.W.: Kannst Du dieses Priesterritual ein wenig schildern?

U.v. Bernus: Hierbei wird der Schüler vom Priester oder der Priesterin, die diesen Grad bereits inne hat, zum Priester oder zur Priesterin geweiht und muß dabei den Eid ablegen, daß er nie wieder von Luzifers Weg abweicht. Wenn doch, so würde das den absoluten und sofortigen Tod bedeuten. Er muß sich zusätzlich - wie bereits erwähnt - darüber klar sein, daß er nach dem Tode nicht mehr frei ist, sondern als Priesterin das Reich Luzifers betreten muß. Man obliegt auch einer Schweigepflicht, nichts von den Geheimnissen weiterzugeben.

W.W.: Hast Du diese dritte Stufe mit den entsprechenden Aussichten betreten?

U.v. Bernus: Ja, mit allen Konsequenzen!

W.W.: Wann war das?

U.v. Bernus: Das ist schon reichlich lange her.

W.W.: Ist diese Priesterweihe ein fester Ritualtext?

U.v. Bernus: Ja. Jedes Ritual hat einen festen Text, wobei der Priester bzw. der amtierende Magier durchaus eigene Worte mit hinzubringen kann, denn man soll nicht glauben, daß, wenn ein Wort einmal anders gesprochen wird, gleich das ganze Ritual damit zunichte gemacht werden würde. Die zugkräftigsten Ritualien sind die alten hebräischen und ägyptischen. Natürlich geht es nicht, daß irgend jemand kommt und irgend etwas daherplappert. Es ist sogar so, daß Ritualien in englischer Sprache - man höre und staune - zugkräftiger sind als in der deutschen.

W.W.: Wie erklärst Du Dir das?

U.v. Bernus: Das kann ich schwer sagen. Es gibt ein Ritual innerhalb der *Rites of Lucifer*, bei dem es im englischen Ritualtext immer wieder heißt: "Lucifer, Lucifer, Lucifer, remember ...", dann wird Rofocale angesprochen, und weiter heißt es - ich übersetze -: "... denn Ihr Götter seit vergeßlich." Es ist gleich, in welcher Sprache man dieses Ritual spricht, am Ende kommt aber immer wieder das Wort aus dem englischen Original: "remember".

Wenn der Schüler zur ersten Stufe der dritten Einweihung gelangt, muß er natürlich vorher auch schon einen intensiven Kontakt zu den Saturnwesen gehabt haben. Die Saturnwesen sind sehr gefährlich, ziehen außerordentlich viel Kraft ab, so daß der Magier sowohl geistig als auch physisch stabil sein muß. Der Magier muß auch innerhalb seiner Arbeit für seine Stabilität selber sorgen. Er muß sehen, daß er seine physische Gesundheit behält; dafür gibt es eine ganz bestimmte Praktik. Es wird innerhalb der *Rites of Lucifer* beschrieben, wie er sich zu sehen hat, damit er diese physische Stabilität behält.

W.W.: Wie geht das?

U.v. Bernus: Das möchte ich nicht genau sagen, denn es gehört zu den internen Ritualien, aber natürlich ist es Bestandteil der Schulung. Denn man muß wissen, daß jeder Magier durch die Begleitwesen von Geistwesenheiten, also besonders durch die Astraldämonen, sehr viel Vitalkraft abgezogen bekommt. Die Räucherungen dienen auch zur Manifestation von Wesenheiten; genauso wie sie die Vitalkraft des Magiers abziehen, ziehen sie die Kraft aus den Räucherungen, um sich stärker manifestieren bzw.

materialisieren zu können. Auch die Geistwesenheiten ziehen Kräfte von dem Magier ab. Je schwerer die Beschwörungen der Geistwesenheiten sind, desto mehr Kraft wird abgezogen.

Die größten Kräfte ziehen die Saturnwesenheiten ab, deswegen sind sie die letzten, mit denen man auf dem Einweihungsweg in Kontakt zu treten hat. Die Beschwörung der Saturnwesen ist die letzte Übung, bevor man an die erste Stufe der dritten Einweihung gelangt. Der Saturn ist der Todesplanet, und die höchsten Saturnwesenheiten sind nicht Luzifer unterstellt. Alle anderen Planetengottheiten der negativen Seite sind ihm unterstellt, die Saturnwesenheiten aber nicht. Jede Planetengottheit der linken Seite hat dagegen Luzifer zu gehorchen, wie auf der anderen Seite jeder Planetengott Michael zu gehorchen hat.

W.W.: Noch eine Frage zu der Priesterweihe: Können bei diesem Ritual auch Schüler, die noch nicht soweit sind, dabei sein?

U.v. Bernus: Nein, da sind nur der zu weihende Priester und der ausführende Priester anwesend. Das viele Tamtam, welches manchmal inszeniert wird, auch bei Crowleys Messen, beim O.T.O., ist im Grunde überflüssig. Bei der Priesterweihe innerhalb der *Rites of Lucifer* hat niemand dabei zu sein.

W.W.: Aber es ist kein Geheimnis, daß jemand zum Priester geweiht worden ist?

U.v. Bernus: Nein, alle anderen dürfen wissen, daß dieser Mensch jetzt Priester bzw. Priesterin ist. Von so einem Moment kann man sich dann an diesen neu geweihten Priester wenden, entsprechend wie man sich vorher an einen anderen gewandt hat. Vor allem darf es untereinander - wie es in sehr vielen Logen der Fall ist - keinerlei Neid geben, weil der eine schneller etwas geworden ist als ein anderer. Man darf sich nicht gegenseitig vorrechnen, daß man bereits länger dabei sei und deswegen eher zum Priester geweiht werden müsse usw.

Es wird ganz klar gemacht, daß ein wesentlicher Hintergrund davon die Tradition der Vorinkarnationen ist, so daß einer kürzer dabei sein kann, aber schneller vorwärts kommt als ein anderer. Hierüber darf es untereinander überhaupt keinerlei Differenzen geben. Jeder, der Zwist sät oder mit Geld manipuliert, wird sofort ausgeschieden, denn das geht nicht. Wer so etwas macht, wird furchtbare Schläge bekommen und glaubt dann, daß die gesamte Gruppe auf ihn losgeht, was aber gar nicht der Fall ist, denn es kommt von der Gottheit selber. Sie lehnt zum Beispiel vollkommen ab, daß jemand Geld verlangt und reich werden will. Wenn die Gottheit will, dann gibt sie, sonst nicht. Darauf muß sich der Schüler verlassen. Ende.

Diejenigen, die während einer Mondfinsternis arbeiten

W.W.: Das Luziferehrenritual, dem ich beiwohnte, hatte eine Vorbereitung am sehr frühen Morgen direkt vor einer Mondfinsternis. Während dieser Mondfinsternis hast Du bestimmte Gegenstände draußen auf dem Balkon "aufgeladen", wie Du Dich ausdrücktest. Nun gibt es einen Vortrag von Rudolf Steiner über Sonnen- und Mondfinsternis, in dem er unter anderem ausführt, wie die Eingeweihten früherer Zeiten ihre Fragen während des Morgenrots stellten, und daß diese Fragen mit ihren Willenskräften in den Kosmos hinausströmten ...

U.v. Bernus: ... richtig.

W.W.: ... und daß ihnen Antworten während des Vollmonds wiederum entgegenkamen. Ferner führt er aus, daß man während einer Sonnenfinsternis die ungeläuterten Instinkte der Menschen in den Kosmos hinaussenden, während man während einer Mondfinsternis alle bösen Kräfte des Kosmos zur Erde hereinziehen kann: "Aber wiederum wußte der alte Initiierte, daß da ein Geistiges zugrunde liegt, daß, indem der Mond verfinstert ist, die Gedanken durch die Dunkelheit hinunterströmen, daß sie also eine innigere Beziehung zu dem Unterbewußten des Menschen haben als zu dem Bewußten. Und die alten Eingeweihten sagten oftmals im Gleichnisse zu ihren Schülern - ich übersetze es in die moderne Sprache: Die schwärmerischen Menschen gehen bei Vollmondschein spazieren; diejenigen Menschen aber, welche die Teufelsgedanken aufnehmen wollen aus dem Weltenall, nicht die guten Gedanken, die gehen bei Mondenfinsternis spazieren."

U.v. Bernus: Also spazierengehen tut man dabei nicht!

W.W.: Klar, das ist ja auch nur als Bild gemeint. Etwas später fährt Rudolf Steiner noch fort: "... während die Mondenfinsternisse dazu eingerichtet sind, daß zu denjenigen Menschen, die ganz besonders von bösen Gedanken besessen werden wollen, die bösen Gedanken des Weltenalls kommen können." (Rudolf Steiner: Menschenfragen und Weltenantwortungen. GA 213, Dornach 1969, 25.06.1922, S.39 f.). Ist das mit Deinen Vorstellungen übereinstimmend?

U.v. Bernus: Im wesentlichen ist das zutreffend, allerdings lehne ich das Wort "Böse" ab. "Böse" ist ein Ausdruck von Lieschen Müller und Fritzchen Meier, ich nenne es die Negativ-Kräfte. Insofern gibt es auch keinen Teufel, der besonders von der katholischen Kirche hochgehalten wird, sondern es gibt nur die positiven und negativen Geistwesenheiten, angefangen bei den Astraldämonen bis hinauf zu den Gottheiten. "Böse" und "Gut" sind Begriffe, die ohnehin nur für diesen Planeten gelten können, nicht aber für andere Sphären. Ich sehe dies auch so bei den Außerirdischen, die auch nicht "Gut" oder "Böse" kennen, sondern in vollkommener Harmonie miteinander leben und die Ansicht haben, daß wir Menschen auf unserem Affenplaneten sehr unterentwickelt sind, da wir es noch nötig haben, entweder den Weg des Herrn der Materie, Satans, zu gehen oder denjenigen des Herrn des Lichts, also den Weg des Christus. Diese Außerirdischen kommen sich aber nicht als sogenannte "böse" oder sogenannte "gute" Wesenheiten in die Haare, und deswegen lehne ich auch das Wort "Böse" gänzlich ab. - Mit dem Prinzipiellen, was Rudolf Steiner über die Mondfinsternis sagt, gehe ich konform. Natürlich werden alle Gegenstände, die man während der Mondfinsternis hinauslegt, sei es nun ein Dolch, sei es ein Ritualmantel oder ein Bild, mit negativen Kräften aufgetankt.

Mit Luzifer allein in der Dunkelheit

W.W.: Wie bereitest Du Dich auf ein Vollmond- bzw. Luziferehrenritual vor?

U.v. Bernus: Bei einem Vollmondritual können auch unbeteiligte Menschen anwesend sein, weil ihnen währenddessen absolut nichts passieren kann. Derjenige dagegen, der bereits vorbereitet und geschult ist - zum Beispiel durch dreimonatige scharfe

Konzentrationsübungen -, der hat vor dem Vollmondritual eine intensive achtstündige Konzentrationszeit; ferner muß er drei Tage vorher in Askese leben, d.h. er darf kein Fleisch, keine tierischen Fette, keinen Alkohol zu sich nehmen. Drei Tage vorher hat dies jeder pflichtgemäß einzuhalten. Alkohol sollte ohnehin weitgehend gemieden werden. Wer meint, durch Alkohol irgendwelche übersinnlichen Ergebnisse zu erlangen, der irrt, weil er auf eine Astralebene heruntergezogen wird, auf der sich lediglich die niederen Astralwesenheiten einstellen, aber sonst gar nichts. Haschisch und andere Drogen machen zwar transparenter, sind aber auch innerhalb der Magie abzulehnen, weil man das selbst durch seine eigenen Konzentrationen und Meditationen erreichen soll, und zwar ganz bewußt, was sich durch Drogen nur in einer völlig unkontrollierten und wirren Weise einstellen wird.

Zu den drei Tagen der Askese kommt noch der Vollmondtag selbst hinzu: Die letzten acht Stunden, bevor das Ritual am Abend beginnt, darf nur noch getrunken werden, zum Beispiel Obstsäfte. Diese acht Stunden muß der Schüler auch in vollkommmener Konzentration auf Luzifer sein, ohne weitere Wünsche und Gedanken dabei zu haben. Es herrscht lediglich die Konzentration auf Luzifer vor sowie der Respekt, der ihm während des Mondrituals entgegengebracht wird. Man sitzt während dieser Konzentration vollkommen allein, wenn möglich in vollkommener Dunkelheit und Isolation. Natürlich können auch zwei Magier, wenn sie sehr miteinander verbunden sind, im selben Raum liegen bzw. sitzen.

Das Luziferehrenritual oder Vollmondritual

W.W.: Warum findet dieses Luziferehrenritual während der Vollmondkräfte statt, warum nachts und warum muß es vor Mitternacht beendet sein?

U.v. Bernus: Beim Vollmondritual ist es nicht notwendig, daß es vor Mitternacht beendet ist, allerdings beginnt es immer um 22.00 Uhr. Dem Ritual selbst sollte eine halbe Stunde intensiver Konzentration vorausgeschickt werden; für den amtierenden Magier gilt dies ohnehin, aber auch für seine Schüler. Alle konzentrieren sich auf die Ehrenhandlung für Luzifer und haben keine anderen Gedanken während dieser Zeit. Natürlich kann jeder Teilnehmer verschiedene Gegenstände in den Kreis legen, die dann positiv aufgeladen werden, also zu ihren Gunsten - das Wort Vorteil vermeide ich möglichst -, wobei der Betreffende nicht glauben soll, daß, wenn er ein Buch hineinlegt, aus dem er lernen soll, er hernach nicht weiter zu lernen brauche, weil ihm alles von selbst zufiele, sondern es wird lediglich für ihn mit Positivkräften aufgeladen, mehr nicht.

Nach dieser Konzentration beginnt das Ritual, welches im Grunde nicht sehr lange dauert. Der amtierende Magier kann noch weitere Texte hinterhersprechen, wenn er dazu die Neigung verspürt, die natürlich geistigen Inhalts sein müssen. Er kann zum Beispiel um geistige Hilfe bitten, oder er kann vorher - und dann muß das Ritual im Freien stattfinden - sämtliche Naturwesen dazu herbeiholen. Allerdings sollte er sie nicht beschwören, sondern lediglich heranziehen; was man auch mit dem Erdgeist machen kann. Wenn man allerdings den Erdgeist beschwört, so ist es schon sehr gefährlich; allerdings sollte man die Beschwörung des Erdgeistes innerhalb der ersten zwei mal drei Einweihungsstufen üben. Diese nicht ungefährliche Beschwörung des Erdgeistes kommt ja kurz im ersten Teil des "Faust" vor, wobei es sehr interessant ist, daß der Erdgeist diese Beschwörung ablehnt. Bei den modernen Faust-Aufführungen steht Faust nicht mehr im Kreis, die Beschwörung des Erdgeistes muß allerdings im Kreis stattfinden.

W.W.: Besteht die Notwendigkeit, daß man das Luziferehrenritual in regelmäßigen Abständen durchführt?

U.v. Bernus: Bei jedem Vollmond, wenn es möglich ist. Natürlich können wichtige Dinge dazwischen kommen. Wenn man zum Beispiel nachts arbeiten muß, dann ist es nicht so schlimm, wenn es mal ausfällt; trotzdem sollte der Schüler vorher die Askese einhalten und auch während der Zeit des Vollmondes in Konzentration gehen. Aber natürlich gibt es immer Fälle, bei denen man alles nicht einhalten kann. Trotzdem sollte der jeweilige Schüler den Tag des Vollmondes nach Möglichkeit freihalten, um das Ehrenritual zu vollziehen.

W.W.: Kannst Du noch sagen, warum dieses Ritual bei Vollmond, nicht aber bei Neumond zelebriert wird?

U.v. Bernus: Sämtliche Luzifer-Ritualien fallen nur in die ersten vier Tage nach dem Vollmond, andere Möglichkeiten gibt es nicht. In diesen vier Tagen muß entweder ein Dienstag oder Donnerstag enthalten sein. Wenn allerspätestens der vierte Tag nach Vollmond ein Dienstag und Donnerstag ist, dann kann ich das jeweilige Ritual vollziehen, danach geht es nicht mehr. Fällt aber in diese Zeit ein Dienstag oder ein Donnerstag, dann kann ich jede Nacht bis zum Freitag voll durcharbeiten. Samstag geht es nicht mehr. Dienstag und Donnerstag sind Luzifers Tage. Und diese Tage müssen direkt nach Vollmond sein, also schon bei abnehmendem Mond. Mit Neumond hat Luzifer nichts zu tun.

Auch alle anderen Handlungen sollte man möglichst nicht vor dem Schwarzmond durchführen, allerhöchstens Konzentrationen. Der normale Anfangsschüler sollte natürlich möglichst jeden Tag seine Konzentrationen durchführen, damit er schon gewisse Erlebnisse bekommt, die nicht mehr normaler Natur sind. Diese Erlebnisse treten während der Konzentrationen auf, und deswegen sage ich immer wieder zu meinen Schülern: "Ihr sollt mir nichts glauben, ihr sollt selber erleben." Natürlich ist das jeweilige Erlebnis bei den Menschen höchst verschieden: Es kommen Wesenheiten heran, es knallt plötzlich in allen Ecken oder anderes. Man stellt zum Beispiel in der Konzentration irgendeine Frage: "Bitte gebe mir ein Zeichen!" und plötzlich knackt es in irgendeiner Ecke, wo es sonst nicht knackt. Oder die Kerzen beginnen mit einem Male zu gleicher Zeit aufzuflammen oder ganz herunterzugehen. Es kann auch sein, daß die Kerzen plötzlich weißen Rauch von sich geben, was sie normalerweise nicht tun. Wenn so etwas auftritt, dann weiß ich, daß meine Bitte akzeptiert worden ist, daß er mir geantwortet hat.

Gesten und Imaginationszeichen

Natürlich gehören dazu noch bestimmte Handbewegungen, was aber Sache des Priesters ist. Der Schüler braucht sie noch nicht zu beherrschen, da man sie erst während der letzten Stufe der Einweihung lernt. Vorher lernen die Schüler dagegen die Imaginationszeichen in die Luft zu schlagen. Diese Imaginationszeichen sind bei vielen Beschwörungen wichtig; der Magier muß sie allerdings bewußt sehen können.

W.W.: Als geistiges Bild?

U.v. Bernus: Genau. Die Imaginationszeichen ziehen dann die entsprechenden Kräfte an.

W.W.: Kannst Du über die Imaginationszeichen etwas sagen, die während des Luziferehrenrituals geschlagen werden?

U.v. Bernus: Während des Luziferehrenrituals macht der Priester im Grunde nur bestimmte Handbewegungen, zum Beispiel indem er die beiden Daumen gekreuzt an den Konzentrationspunkt des Kopfes drückt, ferner indem er sich vor und nach dem Luzifer-Ritual in ägyptischer Weise vor Luzifer verneigt.

W.W.: Mit gekreuzten Händen auf der Brust?

U.v. Bernus: Richtig.

W.W.: Aber Du hast doch auch bestimmte Gesten in die Luft geschlagen?

U.v. Bernus: Die waren zum Heranziehen gewisser Wesenheiten.

W.W.: Wie schult man sich für die Imaginationszeichen?

U.v. Bernus: Diese Schulung ist im Grunde sehr einfach. Zum Beispiel legt man ein Bild vor sich hin und konzentriert sich darauf. Es kann dann geschehen, daß man dieses Bild direkt vor sich an einem anderen Ort in der Luft hängen sieht. Wenn man dazu in der Lage ist, hat man die richtige Imaginationskraft. Das sind ganz einfache anfängliche Schulungen. Nebenbei gesagt, die weißen Magier vollführen dieses Imaginationstraining ganz genauso.

Aggressionen soll man nicht verpuffen

W.W.: Vor dem Luziferehrenritual hast Du die vier Gruppen der Elementarwesen angerufen, wobei mir auffiel, daß währenddessen drei Tonbänder mit Wolfsgeheul, Gewitter, Sturm und Wasserrauschen gelaufen sind. Kann das nicht störend wirken?

U.v. Bernus: Die Musik zieht die Nixen wahnsinnig an, Töne ziehen immer an. Es ist zum Beispiel auch sehr wichtig, daß der angehende Magier seine Sache nicht vor sich hinleiert, sondern daß er die Aussprache der Worte richtig lernt, daß er nicht piepst, sondern eine eher dunkle Stimme bekommt. Ich komme zum Beispiel mit meiner Stimme überhaupt nicht mehr in die höheren Lagen. Viele Menschen verwechseln mich deswegen am Telefon und sagen oft: "Ich möchte gerne Frau von Bernus sprechen", worauf ich meist entgegne: "Es tut mir leid, ich bin es selber!" Also, es gehört die Schulung der Stimme wohl dazu, ferner das Wissen, an welchen Stellen man mehr oder weniger intoniert. Bei Beschwörungen muß man wissen, an welchen Stellen die geballte Aggression herbeigeholt wird, d.h. daß man sich in vollkommener Harmonie und im Gleichklang mit sich selber befinden muß, denn man soll keine Aggressionen an irgendwelche Dinge, die nicht notwendig sind, verpuffen, sondern der Magier soll seine Aggressionen für sich behalten und stauen, weil er sie für seine Arbeiten, die er durchführt, später braucht.

Es ist völlig widersinnig, im alltäglichen Leben hysterisch zu kreischen oder aggressiv zu brüllen, deswegen meidet der Magier auch streitsüchtige Menschen. Der Schwarzmagier meidet alles, was ihn aus dem Gleichklang bringt; und wenn gesagt wird, daß der Schwarzmagier auf alles immer mit Aggressionen reagiere, so ist das totaler Blödsinn.

Das Universum hat seine Harmonie, und in dieser Harmonie muß der Magier - der weiße wie der schwarze - immer sein. Aus dieser Harmonie fällt er natürlich sofort heraus, wenn er Alkohol trinkt oder Rauschgift nimmt. Dann ist er sofort außerhalb des Rhythmus des Universums. Wenn unser gesamtes Planetensystem aus dem Chaos entstanden ist, heißt dies noch lange nicht, daß ich selber chaotisch sein muß. Im Gegenteil. Man muß ausgeglichen sein, und der Magier liebt keine unausgeglichenen Menschen neben sich. Der Schwarzmagier liebt die Natur genauso wie die rechte Seite, denn wenn ich die Natur nicht liebe, dann bekomme ich auch keinen Kontakt zu den positiven Naturwesen. Diesen guten Kontakt brauche ich aber, denn für viele rituelle Arbeiten müssen sämtliche Naturwesen herbeigeholt werden.

W.W.: Aber meinst Du wirklich, daß dies mit einem Tonbandgerät geht; werden Elementarwesen darauf reagieren?

U.v. Bernus: Die reagieren alle sehr stark, und es spielt keine Rolle, ob dies vom Tonband kommt. Ich denke, daß ein Tonband sehr viel zugkräftiger ist als die Musik, die von irgendwelchen Leuten gespielt wird, die vielleicht nicht einmal dazugehören. Ich brauche bloß mit einer Kassette an einen sauberen Bach gehen, mich konzentrieren und schon bemerke ich, daß die Wasserwesen die Musik gerne hören. Das Wolfsgeheul ist absolut nur für Luzifers Wolf, während die Kassette mit dem Gewitter alle Naturwesen anzieht, vor allem die Luft- und Feuerwesen und die Wasserwesen, wenn der Regen kommt. Diese Kassetten ziehen die Elementarwesen ebenso wie die Sprache an, deswegen muß der Magier auch in der Sprache geschult werden.

Es gibt auch einige Kassetten aus den *Rites of Lucifer*, die ich manchmal nachts leise auf Endlos-Kassette laufen lasse, die gehen dann ins Unterbewußtsein.

W.W.: Du denkst dabei an gesprochene Worte?

U.v. Bernus: Ja.

Die Grundhandgriffe für das Vollmondritual

W.W.: Warum werden beim Vollmondritual, wahrscheinlich auch bei allen anderen, zwei magische Schutzkreise gezeichnet?

U.v. Bernus: Weil man zwischen den beiden Kreisen die Namen schreiben muß und die Spitze des gezeichneten Pentagramms immer den äußeren Kreis um ein kleines Stück überragen muß, und zwar zum Schutz vor den angreifenden Astralwesen. Es gibt natürlich auch Menschen, die ziehen nur einen Kreis und schreiben dann irgend etwas hin, man findet das auch in vielen Büchern. Aber dann ist der ganze Kreis vollgeschrieben, und ich frage mich, wo denn dann der Magier stehen soll.

Bei allen anderen Ritualien, mit Ausnahme des Vollmondrituals, wird der Kreis in exakt drei Teile geteilt. Alle Luzifer-Rituale finden gen Norden statt, Rituale für andere Wesenheiten finden gen Osten statt, nach Süden oder Westen überhaupt keine. Bei einem Luzifer-Ritual steht der Magier in dem Teil, der gegen Norden liegt. Natürlich kann er auch sitzen, zum Beispiel während der Konzentration, aber während des Sprechens muß er stehen. Menschen, die nicht gewöhnt sind, lange zu stehen, sollen sich ruhig einen Stuhl mit in den Kreis hineinnehmen, um sich während der Konzentration zu setzen. Der Magier steht also in dem einen Dreieck, rechts von ihm in einem anderen Dreieck steht das Räucherbecken und eventuell der Mitarbeiter, der dann das Räucherbecken bedient.

Links neben dem Magier liegt die Waffe, wobei die Waffe - Dreizack oder Dolch - so liegen muß, daß sie keinen der heiligen Namen trifft.

Das Zeichnen der Kreise gehört natürlich zu den Praktiken, die der Schüler von Anfang an erlernen muß, manche wissen noch nicht einmal, wie herum sie den Kreis zeichnen müssen. Er muß selbstverständlich auch lernen, den Ritualraum sauberzuhalten, ferner die Namen in den Kreis hineinzuschreiben, er muß wissen, wo die Kerzen stehen, also letztlich sämtliche Grundhandgriffe. Ich habe schon sämtliche Fehler erlebt, zum Beispiel, daß man die Kerzen auf die falsche Seite gestellt hat oder das Sigill Luzifers neben den Namen gemalt hat und nicht, wie es richtig ist, erst ein Pentagramm zu malen und dann daneben das Sigill. Weil dies nicht ganz einfach ist, machen die meisten Schüler ein Vollmondritual bei mir mit und schauen zu, welche Handgriffe man jeweils zu absolvieren hat. Oftmals ist es auch so, daß, wenn die Schüler einige Monate Konzentrationen durchgeführt haben und dann in den Kreis treten, um zum ersten Mal ihr Ritual zu sprechen, dies für sie nicht ganz geheuer ist. Zwar brauchen sie keine Angst zu haben, weil bei einem Mondritual nichts geschehen kann, aber meist ist man am Anfang ziemlich verunsichert. Die meisten haben schon vorher während ihrer Konzentrationen Erlebnisse gehabt und glauben nun, daß sehr viel mehr bei einem Vollmondritual geschehen kann, aber - wie gesagt - es kann dabei nichts passieren. Das gilt natürlich nur dann, wenn alles korrekt und sorgfältig ausgeführt worden ist; wenn der Kreis dagegen an einer Stelle nicht geschlossen ist, können Astralwesen eindringen. Das Korrektsein und die Disziplin des Magiers gehören auch dazu. Unkorrekt ist in der Magie überhaupt nichts.

W.W.: Was wird außer dem Sigill Luzifers an Namen in den Kreis geschrieben?

U.v. Bernus: Exakt nach Norden wird der Name Luzifers geschrieben, rechts und links davon ein Pentagramm, wiederum daneben das Sigill Luzifers; zur Rechten des Magiers wird der Name Rofocale geschrieben, links von diesem Namen ein Pentagramm; gegen Süden gerichtet der Name Adonai, rechts davon ein Pentagramm; zur Linken des Magiers der Name Ariel, rechts davon ein Pentagramm. Neben dem Sigill Luzifers gen Norden hin kommt jeweils eine Kerze, links neben dem Pentagramm bei Rofocale eine Kerze, bei Adonai und Ariel rechts neben dem Pentagramm eine Kerze. Die Pentagramme müssen den äußeren Kreis immer um ein kleines Stück überragen.

W.W.: Diese Namen hast Du auch alle während des Rituals geschrieben, dem ich beiwohnte?

U.v. Bernus: Ja, wenn man das Ritual im Freien durchführt, werden diese Namen immer in der besagten Weise geschrieben. Sie können auch von den Schülern geschrieben werden; derjenige mit der stärksten Konzentrationskraft muß die Namen schreiben, der zweitstärkste muß den äußeren Kreis ziehen, der drittstärkste zieht den inneren Kreis. Das sind nicht die Aufgaben des amtierenden Magiers. Besonders im Freien benötigt man dazu eine starke Konzentrationskraft, weil die Namen sowie der Kreis mit dem Dolch gezogen werden. Der Dolch muß vorher entodet sein, also sauber; möglichst sollte er auch schon drei Tage vor Vollmond in das Mondlicht gelegt werden, damit er zum Ritual vollkommen aufgeladen ist. Selbstverständlich muß man den Dolch jeweils hereinnehmen, bevor es hell wird, um ihn in die Dolchscheide zu stecken oder in ein schwarzes Seidentuch einzuwickeln. Wenn ich einen Dreizack in das Mondlicht lege, muß ich diesen natürlich sowieso in ein schwarzes Seidentuch wickeln.

W.W.: Werden die Pentagramme, die Namen und das Sigill in die Luft geschrieben oder in den Boden geritzt?

U.v. Bernus: Wenn das Ritual im Freien durchgeführt wird, werden die Namen in den Boden gezeichnet; wird es drinnen durchgeführt, so werden die Namen in den Kreis geschrieben. Ein Luzifer-Ritual wird immer auf einem schwarzen Untergrund zelebriert, geschrieben wird mit weißer Kreide, nichts anderes darf verwendet werden! Möglichst sollen alle Farben im Raum den Farben entsprechen, mit denen gearbeitet wird, also das meiste ist schwarz. Der Magier darf auch nichts an sich haben, auch keine Unterwäsche, die nicht schwarz ist. Entweder kann er in schwarzen Schuhen arbeiten oder barfuß. Im Süden arbeite ich auch manchmal draußen barfuß; bei dem Ritual, bei dem Du dabei warst, war es ebenso, aber dies war ja die wärmste Nacht des Sommers.

Beim Mondritual hat man für das Räucherbecken meist nur eine kleine Schale mit vier bis fünf Kohlen, die deswegen natürlich nicht genügend Wärme spenden, und so ist es eher geboten, sich warm anzuziehen. Wenn einem kalt wird, so verliert man meist die Konzentration.

W.W.: Die beiden Kreise werden von Norden nach Süden im Uhrzeigersinn gezeichnet?

U.v. Bernus: Ja. Danach beginnt man, den Namen Luzifers zu schreiben, dann Rofocale, Adonai und als letzten Ariel. In der gleichen Reihenfolge werden auch die Kerzen angezündet, also von innen gesehen zuerst die linke Luziferkerze, dann die rechte, anschließend diejenigen von Rofocale, Adonai und Ariel. Natürlich darf man niemals über einen der heiligen Namen latschen, sondern muß zwischen diesen Namen gehen, wenn man den Kreis verlassen will. Die Kerzen müssen in dem Moment angezündet werden, in dem man den Kreis betritt.

Beim Todesritual zersprengt Luzifer die Karmakette

W.W.: Ich möchte zum Todesritual kommen: Kannst Du einmal den Ablauf eines Todesrituals darstellen?

U.v. Bernus: Bei einem Todesritual wird als erstes Luzifer angerufen, als zweites Lucifuge-Rofocale, in diesem Falle also nicht Rofocale selbst. Als drittes wird Astaroth angerufen, als viertes Demiurgi-Saturni, Osrail. Geschrieben wird in den Kreis genauso wie bei dem Mondritual. Vor einem Todesritual findet natürlich ebenfalls die Askese sowie die achtstündige Konzentration statt, wobei sich der Magier in diesem Falle auf Luzifer und die betreffende Person, die zu Tode kommen soll, konzentriert; oftmals hat der Magier ein Foto der betreffenden Person vor sich, so daß er sich besonders scharf auf diese Person konzentrieren kann. Der geschulte Magier kann sich auf beide konzentrieren, sowohl auf Luzifer als auch auf die betreffende Person. In dem Moment, in dem der Kreis betreten wird, wird gleich das Räucherbecken angezündet.

W.W.: An welchen Tagen wird das Todesritual durchgeführt?

U.v. Bernus: Nur in den vier Tagen nach Vollmond, und zwar am Dienstag um 22.00 Uhr oder am Donnerstag um 24.00 Uhr, wenn diese beiden Tage in die vier Tage nach Vollmond fallen. Saturn-Rituale können natürlich auch am Samstag gemacht werden. Das Luzifer-Todesritual aber nur dienstags oder donnerstags. Ist es am Donnerstag, so wird es um Mitternacht durchgeführt. Natürlich muß man auf die Sommerzeit achten und entsprechend eine Stunde später anfangen.

W.W.: Welche Begründungen haben diese beiden Uhrzeiten, 22.00 bzw. 24.00 Uhr?

U.v. Bernus: Das sind die entsprechenden Zeiten für ein Luzifer-Todesritual.

W.W.: Wie ist nun der genauere Ablauf eines Luzifer-Todesrituals?

U.v. Bernus: Als erstes geht der Magier wiederum eine halbe Stunde in tiefe Konzentration, und zwar in bezug auf Luzifer und die betreffende Person. Von dieser Person hat der Magier zwei Bilder, eines legt er in das Dreieck, das andere hat er in der Hand. Nach einer halben Stunde spricht er die ersten Worte und geht anschließend wiederum eine halbe Stunde in Konzentration. Im weiteren spricht er den zweiten Teil der Ritualworte und geht anschließend wiederum eine Viertelstunde in Konzentration und spricht die nächsten Worte des Todesrituals. Es wird also dreimal gesprochen. Das Dreieck, in dem das Bild des zu Tode kommenden Kandidaten liegt, soll möglichst weit weg sein, mindestens 2.1/2 Meter außerhalb des Kreises.

W.W.: Ist das Luzifer-Todesritual gefährlich?

U.v. Bernus: Es ist neben dem Luzifer-Pakt das Gefährlichste. Beim Todesritual kann Luzifer eventuell selber auftauchen, aber unter 100 Versuchen allerhöchstens einmal. Lucifuge-Rofocale taucht öfter auf, vor allem sind die Begleitwesen von Astaroth und Demiurgi-Saturni auch dabei; die von Astaroth sind finster, und er selber ist gefährlich.

W.W.: Wer ist Astaroth?

U.v. Bernus: Astaroth ist ein neutraler Geist, bekannt aus den Ischtar-Mysterien. Astarte ist Astaroth. Alle Ischtar-Kulte früherer Zeiten sind heute Astaroth-Kulte.

Bei jedem Aufstehen des amtierenden Magiers muß das Feuer brennen; der Mitarbeiter ist es, der in diesen Augenblicken das Feuer erneut entfacht und Schwefel darüber streut. Natürlich darf das Feuer niemals erlöschen; es darf vorsichtig vor sich hin glühen, aber niemals ausgehen, denn dann wird es gefährlich. Darauf muß der Partner achten, der rechts von dem amtierenden Magier steht. Beim Vollmondritual wird das Feuer erst dann entzündet, wenn der Magier nach der Konzentration aufsteht, aber bei allen anderen Ritualien brennt von vornherein das Feuer im Dreifuß. Schwefel wird erst dann auf das Feuer gestreut, wenn der Magier zu sprechen beginnt, und bei jedem erneuten Sprechen wiederum. Natürlich sollte man in geschlossenen Räumen nicht so viel nehmen, daß es einem die Sprache verschlägt. Ob Luzifer das Todesritual annimmt, ist auch noch eine Frage.

W.W.: Was geschieht, wenn Luzifer das Todesritual annimmt?

U.v. Bernus: Wenn er annimmt, zersprengt er in diesem Augenblick eine Karmakette, er zerreißt die Karmakette des Menschen, und das bedeutet den Tod des betreffenden Menschen.

W.W.: Wie stellst Du fest, ob Luzifer annimmt oder nicht?

U.v. Bernus: Das wird sich nachher zeigen, ob der betreffende Mensch zu Tode kommt oder nicht.

W.W.: Merkst Du es auch im Moment des Rituals?

U.v. Bernus: Selten. Es gibt allerdings Fälle, in denen es eindeutig ist, in denen der Magier um ein Zeichen bittet. Dazu muß der Magier aber sehr hoch spielen, damit er es verkraftet. Denn dabei kommen große Mengen von Astralwesen: zum ersten die Begleitwesen Luzifers, im weiteren diejenigen von Lucifuge-Rofocale, dann die Begleitwesen von Astaroth - Astaroth selbst geht auch sehr gern in Angriff -, dann kommen die Begleitwesen von Demiurgi-Saturni.

Jeder, vor allem der amtierende Magier, aber auch seine Mitarbeiter, sind nach einem Todesritual für einige Tage flachgelegt. Man weiß von Crowley, daß er mit ca. 40 Jahren noch sehr vital gewesen ist, aber nach Ritualien ausgesehen hat wie 60. Dies dauerte meist einige Tage, bis er sich wieder regeneriert hatte. Diese Regeneration gilt natürlich auch für jeden anderen Magier. Es werden einem bei einem Ritual besonders viele Kräfte abgezogen, vor allem von Astaroth und den Saturnwesen, so daß der Magier völlig down ist. Es kann sogar manchmal sein, daß trotz des Schutzkreises Übergriffe auf besondere Anziehungspunkte für die Geistwesen kommen, nämlich auf Herz und Leber. Wenn jemand magenempfindlich ist, so wird er oft auch nach einem Ritual Magenschmerzen haben, weil verschiedene Geistwesen irgendwo in die Physis eingreifen. Todesrituale sind wirklich nur in äußersten Notfällen durchzuführen.

W.W.: Was heißt äußerste Notfälle?

U.v. Bernus: Ich tue es natürlich nicht, wenn eine Frau zu mir kommt, die ihren Freund wiederhaben will, ihren Ehemann aber loswerden möchte. So eine Art von Todesritual würde gar nicht angenommen werden, weil es dafür überhaupt keine Basis gibt, ferner widerspricht es auch der Ethik. Solche Sachen macht man eben nicht. Gleiches liegt vor, wenn jemand auf Geld aus ist; ein Todesritual auf jemanden zu machen, damit man an sein Geld kommt, ist völlig abwegig.

Dann kocht die Tasse über

W.W.: Ein Todesritual führst Du also nur auf Personen durch, die Dich angreifen?

U.v. Bernus: Der muß aber schon auf vehemente Weise magisch angreifen, sonst schalte ich ihn anderweitig aus. Man muß ja nicht gleich auf ein Todesritual gehen. Es gibt natürlich viele Menschen, die andere auf ihrem Weg behindern. Nehmen wir an, ein Mensch geht den Weg Luzifers und trifft auf diesem Weg eine Person, die ihn sehr behindert, die ihn in seinem geistigen Weg total hemmt, dann ist es möglich, auf so eine Person das Todesritual zu machen. Meist ist das auch eine Person, die in sehr übler Weise agiert, lediglich auf das Materielle bedacht ist, und wenn das auch noch dazukommt, dann kocht die Tasse über. Wenn der Mensch nun den Weg Luzifers gehen will und dafür seine Freiheit benötigt, dann wird Luzifer zu 99 % dieses Todesritual annehmen und die Karmakette zerreißen. Es ist bei einem Todesritual sogar in einzelnen Fällen möglich, daß Luzifer selber auftaucht; wenn dies geschieht, so ist es ein Zeichen dafür, daß er auf jeden Fall akzeptiert hat. Es gibt also Situationen, in denen der Magier die Stimme Luzifers hört. Dabei zittert alles. Die Stimme kann so erscheinen, daß der Mitarbeitende sie auch hört, oder auch so, daß sie lediglich der Magier innerlich hört.

Wenn die Astralwesen am Kreis kratzen

W.W.: Arbeitest Du bei einem Todsritual mit der Waffe?

U.v. Bernus: Bei einem Todesritual muß immer mit der Waffe gearbeitet werden, da sich die Astralwesen bei einem Todesritual so stark nähern, daß sie am Kreis kratzen und den Kreis zu durchbrechen drohen. Dazu wird die Waffe ins Feuer gehalten, um die Astralwesen dann damit vom Kreis fernzuhalten.

W.W.: Muß die Waffe glühend sein?

U.v. Bernus: Glühend nicht, es genügt, wenn sie heiß ist. Ich persönlich arbeite eigentlich nie mit dem Dreizack, sondern gehe immer mit dem Dolch hart an den Kreis heran. Bei Saturn-Ritualien muß man allerdings mit dem Dreizack arbeiten, da kommt man nicht drumherum. In diesen Fällen hat der Dreizack ziemlich glühend zu sein, denn man kann nicht so nah an den Kreis herantreten, weil der Dreizack ungefähr einen ein Meter langen Stock hat. Aber bei allen Luzifer-Ritualien fühle ich mich von meinem Gott beschützt und arbeite nur mit dem Dolch gegen die Astralwesen.

Kurz und gut, Todesrituale sind Angelegenheiten, die sehr zu bedenken sind, und der Magier, der sie durchgeführt, muß wissen, ob er sich das Karma, das er sich mit einem Todesritual zuzieht, aufladen will. Und dazu wird er wohl kaum in Fällen bereit sein, die völlig unberechtigt sind. Wer ein Todesritual durchführt, welches nicht absolut aus geistigen Gründen gemacht wird, der ist kein Magier, sondern ein Vollidiot. Wenn mich jemand ärgert, kann ich nicht gleich ein Todesritual auf ihn machen, das darf nicht wahr sein! - Von den Saturnwesen könnte so ein fälschliches Todesritual manchmal angenommen werden, von Luzifer aber nicht.

Der Magier muß sich immer bewußt sein, was er tut. Was die Zeitungen alles von mir schreiben, ist meist nicht wahr; vieles, was mir in den Mund geschoben worden ist, habe ich überhaupt nicht gesagt, und ich habe auch immer Zeugen für alle Interviews, die ich gegeben habe. Meist sind es Erfindungen der jeweiligen Journalisten, zum Beispiel der *Bild*-Zeitung, die dann auf der ersten Seite schreiben: “Diese Frau hat 20 Männer umgebracht”. Das ist ein fauler Witz, denn davon habe ich nie geredet. Das sind diese Phantastereien, die man mir bis heute noch anhängt. Man muß sich sehr bewußt sein, wenn man ein Todesritual durchführt; wenn es keine geistigen, sondern materielle Gründe hat, so wird es nicht akzeptiert und fällt auf den Magier selbst zurück. Bei solchen Ritualien wird einem die Frage gestellt: “Was machst du da? Aus welchen Gründen willst du ein Todesritual? Wenn die Person dich nur geärgert hat, dann kannst du sie auch anders bestrafen, dafür bist du Magier!”

Die Fotos gehen in Flammen auf

W.W.: Während des Vollmondrituals, dem ich beiwohnte, wurden Bilder von drei Personen ins Feuer geworfen mit der zumindest verbalen Absicht, sie zu töten. Das kommt dann also nicht der Wirkung eines Todesrituales gleich?

U.v. Bernus: Das hat keine tödliche Wirkung gehabt, außerdem hat Luzifer nicht angenommen, ferner war es keine Sache von mir, sondern eine meiner Mitarbeiter.

W.W.: Aber zwei der drei Bilder hast Du in das Feuer geworfen!

U.v. Bernus: Ich kann Bilder ins Feuer schmeißen, das geschieht bei vielen Sachen, nicht aber ausschließlich beim Todesritual. Bei jeder Bindung oder Trennung, die nichts mit einem Kreisritual zu tun haben, gehen am Ende die Bilder in Flammen auf.

W.W.: Was war dann der Sinn, diese drei Bilder ins Feuer zu schmeißen?

U.v. Bernus: Wie gesagt, ich verbrenne nicht nur Fotos bei Todesritualen, sondern zum Beispiel auch nach einer scharfen Konzentration. Wenn ich bei einer Trennung ein

Foto verbrenne, so ist dies ein Schnitt, mehr nicht. Das Verbrennen eines Fotos ist das Auslöschen einer bestimmten Sache, auf die man geht. Selbstverständlich wird auch beim Todesritual das Foto verbrannt, das der Magier in der Hand hat, begleitet von bestimmten Ritualtexten, die der Magier dabei spricht. Während der Magier das eine der beiden Fotos den Flammen übergibt, bleibt das andere aber im Dreieck außerhalb des Kreises liegen und brät dort einige Tage vor sich hin. Währenddessen wirken die Todeskräfte noch ungeheuer stark.

W.W.: Aber Ihr habt doch "Mord" und "Töte ihn" gerufen, während Ihr die Bilder in die Flammen geworfen habt!

U.v. Bernus: Das stimmt. Im Grunde war das aber eine Sache der Mitarbeiter. Ich habe ihnen gesagt, sie könnten die Bilder hineinschmeißen, aber an sich gehöre dazu ein Todesritual. Soweit waren diese Mitarbeiter noch nicht. Also hat Luzifer auch nicht akzeptiert. Natürlich kann es sein, daß den entsprechenden Personen einige unangenehme Geschichten passieren. Das sage ich meinen Mitarbeitern natürlich vorher und frage sie, ob sie dieses auf sich nehmen wollen. Das kann auch für die Mitarbeiter unangenehme Folgen haben, und in diesem Fall, den Du miterlebt hast, war es so. Aber im allgemeinen ist das Verbrennen von Fotos etwas vollkommen Normales.

W.W.: Wer darf bei einem Todesritual anwesend sein?

U.v. Bernus: Der amtierende Magier muß wissen, daß er nur diejenigen Personen mit hineinnehmen kann, von denen er weiß, daß sie es absolut verkraften können. Und so etwas verkraftet niemand, der nicht vorher wenigstens zwei Jahre ernsthaft gearbeitet hat. Am wenigsten verkraftet man die Angriffe von Astaroth. Ich selbst mache sehr ungern Arbeiten mit Astaroth, weil ich weiß, daß Astaroth bei mir immer in Angriff geht, denn ich habe schon manchen Menschen Astaroth abspenstig gemacht. Seit meiner ägyptischen Zeit stehe ich mit Astaroth auf Kriegsfuß. Natürlich muß ich jeden Schüler in eine Astaroth-Beschwörung einführen, weil er sie später durchführen muß, aber das ist mir genauso unsympathisch wie eine Saturn-Beschwörung. Andere Menschen haben mit Astaroth keine Last, bei mir aber geht er grundsätzlich in Angriff. Andererseits muß Astaroth nicht in jedem Ritual angerufen werden, nur in diesem verdammten Todesritual muß es sein, denn er gehört dazu, weil er auch ein Unterstellter Luzifers ist.

Am gefährlichsten wird es, wenn der schwarze Jaguar als Astralgestalt auftaucht

W.W.: Welche Bedeutung hat Luzifer in der ägyptischen Mythologie?

U.v. Bernus: In der ägyptischen Mythologie hatte er einen anderen Namen: Kurub-Seth. Seth ist Satan im Ägyptischen, und Luzifer ist Kurub-Seth. Ich kann Kurub-Seth auch auf ägyptische Weise anrufen, dies ist allerdings gefährlicher; deswegen lasse ich meine Schüler erst später in ein derartiges ägyptisches Ritual hinein. Für Menschen, die ihre ägyptische Inkarnation erfaßt haben, ist es allerdings weniger gefährlich. Bei einem ägyptischen Ritual stehen drei Negativnamen einem positiven gegenüber.

W.W.: Welche sind dieses?

U.v. Bernus: Gen Norden gerichtet ist dies Kurub-Seth, gegen Westen und Osten Nuit und Hadit und gegen Süden Osiris; Osiris ist also das Positivwesen. Nuit und Hadit sind

Negativwesen, und zwar die Begleiter Ra-Hoor-Khuits, auch eine nicht sehr erfreuliche Geistwesenheit der Ägypter. Ein derartiges Ritual muß in der ägyptischen Tradition geführt werden. Die Begleitwesen von Kurub-Seth sind fast die gleichen, nur sind seine Katzen weitaus gefährlicher. Es sind zwar auch Katzen der Astral- und Venussphäre, aber sie sind wesentlich aggressiver als diejenigen Katzen, die in anderen Ritualen auftauchen. Der Begleitwolf von Kurub-Seth taucht ebenfalls auf. Auch Großkatzen können bei einem derartigen Ritual als Astralwesenheiten auftauchen, am gefährlichsten wird es, wenn der schwarze Jaguar auftaucht. Natürlich tauchen auch wieder die Planeten-, vor allem die Marsdämonen auf. Das Vollmondritual wird ansonsten genauso gestaltet.

W.W.: Du schilderst jetzt das ägyptische Vollmondritual für Luzifer?

U.v. Bernus: Ja, allerdings unter dem Namen Kurub-Seth. An und für sich sind alle ägyptischen Rituale gefährlicher, vor allem wegen der drei Negativwesenheiten, es herrscht nicht mehr das Gleichgewicht wie bei dem Vollmondritual für Luzifer, wo Adonai und Ariel auf der einen Seite ein positives Gleichgewicht abgeben. In der ägyptischen Tradition gibt es sämtliche Luzifer-Rituale, nur eben auch auf Kurub-Seth abgestimmt. Die Tage, an denen die Rituale durchgeführt werden können, bleiben allerdings die gleichen, auch die Kleidung bleibt die gleiche. Es muß dann das Bild Kurub-Seths genommen werden, nicht aber das von Luzifer. Luzifer im Ägyptischen, also Kurub-Seth, ist wesentlich katzenhafter dargestellt, er trägt auch die Löwenmähne. Es kann auch heutzutage auftreten, daß Menschen während der scharfen Konzentration eine Gestalt mit Löwenkopfmähne schauen; das sind dann diejenigen Menschen, die aus der ägyptischen Tradition stammen.

In so einem Falle mache ich den Menschen keine Vorinkarnation, selbst wenn sie es wünschen - bei anderen Menschen tue ich dies schon -, denn in diesem Falle haben sie ihre Vorinkarnation selber zu erfassen. Im übrigen tauchen nicht immer zuerst die letzten Inkarnationen auf, sondern meist die stärksten, die Tausende von Jahren zurückliegen können. Bei mir selbst tauchte zuerst eine Inkarnation aus der vierten Dynastie Ägyptens auf. Dabei habe ich einen ägyptischen Seth-Tempel vollkommen erfaßt, samt des Namens des Hochpriesters. Im weiteren sah ich dann, wie alle Rituale praktiziert und gestaltet wurden.

Diese Tradition ist für einen Magier sehr wichtig, sonst kann er nicht weit kommen. Lebt einer nicht in der ägyptischen Tradition, muß aber in ihr geschult werden, kann es sehr lange dauern, bis er an diese Zeit herankommt.

Bastit forderte Blutopfer

W.W.: Kann für ein Kurub-Seth-Ritual auch das Bild der Göttin Bastit genommen werden?

U.v. Bernus: Man kann es. Für die Göttin Bastit werden auch Ritualien gemacht, wobei niemals die Katze genommen werden darf - also nicht Bastit in der Gestalt der Katze, wie man sie überall sieht. Statt dessen muß die Bastit-Statue genommen werden, also der Katzenkopf mit dem Menschenkörper. Wer in die Kurub-Seth-Rituale hineingeht, muß natürlich auch mit Bastit Kontakt aufnehmen. Weil Bastit früher Blutopfer

Bastit. Papyrus aus Luxor.

forderte, geht ein derartiges Ritual schon in finstere Geschichten hinein. Bastit verlangt im Gegensatz zu Kurub-Seth Blutopfer. Luzifer verlangt nie Blutopfer.

W.W.: In welcher Zeit waren diese Bastit-Kulte; soweit ich orientiert bin, wurden sie irgendwann ausgerottet!?

U.v. Bernus: Etwa 400 Jahre nach Beginn der Zeitrechnung wurden die Bastit-Kulte ausgerottet, weil die Menschen davor Angst hatten, daß sich die Bastit-Priester in Katzen verwandelten und dann Menschen umbringen könnten. Das stimmte übrigens bis zu einem gewissen Grade. Der Bastit-Kult gehört auch in die Tradition von Kurub-Seth. Als man die Bastit-Priester umbrachte, indem man sie zum Beispiel lebendig eingrub, hängte man ihnen immer das Siegel von Kurub-Seth um. Das war ein Katzenkopf.

Sich in einen Werwolf verwandeln

W.W.: Warum hat man das gemacht?

U.v. Bernus: Man meinte, daß das Siegel Kurub-Seths die Kräfte der Hölle entfessele, und in dem Augenblick, in dem man dieses Siegel wieder von den Priestern abnehme, würde Kurub-Seth zu neuem Leben erwachen. Mit diesem Siegel, das man den Priestern umhängte, bannte man demzufolge Kurub-Seth. Es ist ähnlich, wie man dies aus den Vampirgeschichten kennt, daß, wenn der Stock aus dem Vampir herausgezogen wird, dieser wieder zu neuem Leben erwacht. Ähnliches kennt man auch aus den Werwolfgeschichten, die in allen Kulturen in etwa gleich sind: Bei den Eskimos sind es die Bären, bei den Afrikanern die Leoparden, bei den Europäern ist es der Werwolf. Daß es so etwas gibt, ist überhaupt kein Zweifel.

Man kann sich in der Praktik schulen, sich in einen Werwolf zu verwandeln, und zwar dann, wenn man in Angriff übergehen will. Man versetzt sich dabei in eine Großkatze. Natürlich ist das eine Imaginationsübung, bei der man die Großkatze vor sich imaginiert und dann in sie hineinschlüpft. Der physische Körper bleibt natürlich im Bett liegen, aber man fühlt, wie er sich mehr und mehr auflöst, indem man in diese Großkatze hineinschlüpft. Dabei wird diese Katze aktiv, und ich kann dann als diese Katze auf jemanden losgehen. Es gehört zum Training des Schülers in der Magie, daß er auch dieses lernt. Bei diesen Astralangriffen muß ich mich bereits mit dem jeweiligen Tier identifizieren und mit meinem Astralleib in die imaginierte Katze hineinschlüpfen; traditionsmäßig nimmt man hierfür am besten den schwarzen Jaguar. Bei den Azteken ist es auch der Jaguar gewesen, dem als Gott Blutopfer gebracht worden sind.

W.W.: Wie lange praktizierst Du bereits mit dieser Jaguar-Imagination?

U.v. Bernus: Schon sehr lange, bereits in meiner Jugendzeit tauchte der Jaguar bei mir auf, und ich schlüpfe immer in die Jaguar-Imagination, wenn ich in Angriff übergehen will.

W.W.: Beziehst Du auch Elemente des Bastit-Kultes in Deine Arbeit mit ein?

U.v. Bernus: Manchmal. Vielleicht ist es ein dummes Wort, aber man sollte alles ständig trainieren. Das bloße Heranholen von geistigen Wesenheiten hassen diese, nicht aber, wenn man Fragen an sie stellt; und dieses disziplinierte Vornehmen von Fragen sollte man ständig üben. Die Fragen sollten sich aber möglichst nur auf Geistiges beziehen. Ich arbeite nicht mit Blutopfern oder dergleichen. Wer meinen Weg geht, kann an alle geistigen Wesenheiten Fragen stellen. Und insofern kann ich natürlich auch Fragen an Astaroth stellen, und er wird antworten.

Der törichte Pakt mit Luzifer

W.W.: Was ist ein Pakt?

U.v. Bernus: Ein Pakt ist eine Verabredung, die ein Mensch mit einer Geistwesenheit schließt. Vor allem die Marswesen und Astaroth nehmen gerne Pakte an. Astaroth im übrigen ist der gefährlichste Paktierer, auch der bekannteste, vor allem in südlichen Ländern, wie zum Beispiel Italien oder Spanien. Astaroth bietet sofort und schnellstens einen Pakt an, er bietet fast alles an. Nur ist derjenige, der diesen Pakt annimmt, in wenigen Monaten weg vom Fenster, denn viele Geistwesenheiten, im besonderen Astaroth, finden bei den Menschen immer irgendwo ein Loch, in welches sie eindringen, um ihm Schaden zuzufügen.

W.W.: Viele Geistwesenheiten brechen also die geschlossenen Pakte?

U.v. Bernus: Astaroth bricht immer seinen Pakt. Wer das nicht weiß, ist ein Simpel. So etwas kann sogar bis zum Tod führen. Astaroth also schließt zwar Pakte, aber findet immer eine Ritze, durch die er dem Menschen Schaden zufügend in ihn hineinschlüpfen kann.

W.W.: Du erwähntest einst den Luzifer-Pakt; was ist denn das?

U.v. Bernus: Ein Luzifer-Pakt kann auch durchgeführt werden, nur Luzifer bietet nie den Pakt an. Es gibt keinen einzigen Fall, in dem Luzifer gesagt hätte: "Schließe einen Pakt mit mir!" Es kann nur dann geschehen, wenn die betreffende Person selber an ihn herantritt und ihn bittet, mit ihr einen Pakt zu schließen. In 99 % der Fälle nimmt Luzifer nicht an, im Gegensatz zu allen anderen Geistwesenheiten, mit denen zu paktieren ist.

W.W.: Schließt Satan auch Pakte?

U.v. Bernus: Satan ist eine Gottheit, es wäre ein Witz, wenn er Pakte schließen würde. Christus schließt ebenfalls keine Pakte. Mit diesen beiden höchsten Gottheiten kann man keine Pakte schließen. An sie kommt man nicht heran. Es gibt auch keine Satansbeschwörungen, allerdings eine Satansinvokation.

W.W.: Was ist das?

U.v. Bernus: Das ist etwas ähnliches wie das Luzifer-Ritual, und man kann es ein- bis zweimal im Jahr durchführen. Allerdings muß man dann eine wahnsinnig strenge Askese vorher durchmachen. Das ist ein Ehrenritual, bei dem nicht einmal ein Kreis oder ähnliches gezogen werden muß.

Aber zurück zum Luzifer-Pakt: Wenn Luzifer einen Pakt annimmt, dann schließt er ihn nur auf fünfzig Jahre, natürlich gibt es auch Fälle, bei denen die Zeit kürzer ist. Ich kenne zum Beispiel einen Fall, wo ein ganz törichter Luzifer-Pakt geschlossen worden ist.

W.W.: Kannst Du einmal kurz darstellen, worum es bei diesem Pakt ging?

U.v. Bernus: Eine Frau, die ein dreijähriges Kind mit Drüsenkrebs unter den Achseln hatte, hat mit Luzifer einen Pakt geschlossen. Der Junge war bereits von den Ärzten aufgegeben worden und sollte in sehr kurzer Zeit sterben. Sie schloß dann den törichten Pakt, daß der Junge bis zu seinem 21. Lebensjahr von allem Leiden verschont bleiben und die Krankheit ihm weggenommen werden solle. Sie hat diesen Pakt drei Nächte immer wiederholt, aber erst in der dritten Nacht hat Luzifer angenommen. Am nächsten Tag war das Kind gesund, aber die Frau wurde krank, und zwar wurde sie bis zum 21. Lebensjahr dieses Knaben nicht wieder gesund. Dann lief der Pakt ab. Erst zu diesem Zeitpunkt wurde sie wieder gesund. Der Junge ist zur Zeit ein rauschgiftsüchtiger Simpel.

Solche Luzifer-Pakte schließt man nicht! In diesem Fall hat er in die Gesundheit der Frau eingegriffen, denn sie war die ganze Zeit - also 18 Jahre - krank. Luzifer nimmt auch aus Prinzip höchstens drei Wünsche an, wovon einer mindestens ein geistiger sein muß, währenddessen die anderen materieller Natur sein können. Luzifer kann einen Pakt auch teilweise erfüllen, dies steht in seinem Belieben. Jedermann kann natürlich so einen Luzifer-Pakt immer wiederholen, vielleicht nimmt Luzifer einmal an. Der Luzifer-Pakt ist nach dem Todesritual das Gefährlichste, weil in einem Moment Worte gesprochen werden, die ihm quasi in den Mund gelegt werden: "Ich danke dir dafür, daß du meine Wünsche akzeptieren wirst." In so einem Augenblick wird es gefährlich, weil Luzifer dann selber auftauchen kann. Wenn Luzifer selber auftaucht, dann nimmt er meist den Pakt ganz an. Er ist nicht so wie Astaroth, der den entsprechenden Kandidaten hin und wieder über den Jordan schickt. Aber so etwas wie bei der Frau mit ihrem Kind - eine medizinisch nicht festzustellende Krankheit - kann schon auftreten.

Pakte werden mit dem eigenen Blut unterschrieben

W.W.: Gibt es feste Ritual-Worte, wenn man einen Pakt schließen will?

U.v. Bernus: Der Text ist ganz exakt einzuhalten! Diese Paktworte sind so exakt wie nichts anderes einzuhalten!

W.W.: Gibt es ebenfalls bestimmte Zeiten, in denen ein Pakt nur abgeschlossen werden darf?

U.v. Bernus: Wiederum nur innerhalb der vier Tage nach Vollmond, aber nur am Dienstag oder Donnerstag. Andere Tage gehen überhaupt nicht. Anschließend muß immer der Pakt verbrannt werden.

W.W.: Was wird verbrannt?

U.v. Bernus: Die Wünsche, die der betreffende Kandidat aufgeschrieben hat. Er unterschreibt diesen Pakt mit seinem Blut, und dann wird dieser Pakt verbrannt.

W.W.: Man hat also Wünsche an ein geistiges Wesen, unter Umständen sogar an Luzifer; muß man auch bereit sein, etwas von sich zu opfern bzw. anzubieten?

U.v. Bernus: Wer einen Pakt mit Luzifer schließt, muß wissen, daß er später nach seinem Tode durch Luzifers Reich gehen muß. Genauso ist es vor der dritten Einweihungsstufe, man wird ebenfalls auf diese Tatsache hingewiesen. Einen Pakt kann man allerdings schließen, auch wenn man noch nicht die dritte Einweihungsstufe durchgemacht hat. Wer einen Pakt mit Luzifer schließt, wird vorher darauf aufmerksam gemacht: "Schließt du einen Pakt mit mir, dann ist deine Seele mein von dieser Stunde, Minute und Sekunde an." Hier geht es um die Seele, nicht - wie es oft in der Magie sehr verwässert dargestellt wird - um das Ego oder die Kontinuität des Bewußtseins; hier muß das Wort "Seele" benutzt werden. Das bedeutet, daß sich derjenige, der einen Pakt schließt, darüber klar sein muß, daß er nach dem Tode durch Luzifers Reich gehen muß, wenn

Luzifer diesen Pakt annimmt. Nimmt Luzifer diesen Pakt nicht an, dann ist es für beide Seiten ungültig.

W.W.: Wenn man nun einen Pakt mit Astaroth schließt, so wird diesem ja wohl kaum die Seele versprochen werden müssen, was aber dann?

U.v. Bernus: Die Seele wird ihm nicht versprochen. Der Astaroth-Pakt lautet wieder völlig anders, und Astaroth nimmt diesen Pakt sehr schnell an. Das kann sich so äußern, daß man nicht durch Astaroths Reich gehen muß, denn das gibt es nicht, sondern später auf der Astralebene gefesselt wird, und zwar in unangenehmster Weise. Bei diesem Pakt überschreibt man sich Astaroth, folglich hat Astaroth auch später die Macht über diesen Menschen. Wenn Astaroth den Pakt bricht, so ist es die Schuld dessen, der diesen Pakt mit Astaroth eingegangen ist, denn dazu wird ja niemand gezwungen. Wenn Astaroth auftaucht, so beginnt er sofort einen Pakt anzubieten: "Ich geb' dir alles, was du willst, für hundert Jahre!" Luzifer - wie gesagt - macht so etwas nicht, er nimmt allerhöchstens einen Pakt an, der Geistiges enthält, zum Beispiel: "Führe mich im Geiste und schule mich immer mehr!" Bei dem Pakt gibt es die eine gefährliche Stelle, an der der Betreffende überfahren werden soll, und dabei muß der Magier weit im Kreis zurücktreten, weil es sonst sehr risikoreich wird.

Ein Pakt muß allein ausgeführt werden

W.W.: Wie wird beim Pakt gearbeitet?

U.v. Bernus: Ebenfalls mit dem Dreieck, gleichfalls gen Norden und auch mit den gleichen Namen wie beim Vollmondritual.

W.W.: So einen Pakt führt man allerdings ganz alleine aus?

U.v. Bernus: Er darf nur alleine durchgeführt werden. Der Magier muß in diesem Falle für das Feuer sorgen, genauso für alles andere, niemand darf dabei sein. Wer zu so einem Pakt in einen Kreis steigen will, muß es alleine machen. Auch der jeweilige Priester darf nicht dabei sein. Es ist übrigens seltsam, daß 80 % aller Menschen sofort einen Luzifer-Pakt schließen wollen.

W.W.: Was ist daran das Seltsame bzw. wie erklärst Du Dir das?

U.v. Bernus: Es sind fast ausschließlich materielle Gründe, die die Menschen dazu bringen. Das ist leider so. "Gib mir Geld und Reichtum für die nächsten 50 Jahre", ist dann meistens die eine Triebfeder für einen Pakt. Weitere Gründe für einen Pakt sind dann oft Gesundheit für die nächsten 50 Jahre bzw. das Aussehen eines 35jährigen für die nächsten 50 Jahre. Mancher Idiot wünscht sich vielleicht auch das Aussehen eines Zwanzigjährigen, wenn er ein Simpel ist. Diese materielle Seite der Pakte wird sogar manchmal von Luzifer angenommen, ob es dann allerdings angenehm ausgeht, das ist die Frage. Ich habe kaum einen gekannt, der bei einem Pakt nicht sofort Mäuse wollte, aber darauf kann ich pfeifen. Wenn ich das Geld habe, das ich benötige, um im Geiste in Ruhe arbeiten zu können, so ist es genug. Dafür brauche ich keinen Pakt zu schließen, sondern vertraue auf meinen Gott, daß er mir das gibt, was ich respektieren kann. Ich vertraue schließlich darauf, daß er mir das gibt, was ich brauche, um im Geiste in Ruhe und Konzentration arbeiten zu können. Wenn ich täglich schuften müßte, um Geld zu verdienen, so könnte ich nicht geistig arbeiten. Das weiß auch mein Gott, und ich vertraue darauf, daß er mir die entsprechende Grundlage dafür besorgt.

Wichtig und interessant ist es dagegen, geistig zu forschen, sich für das Weltgeschehen zu interessieren, sich darum zu bekümmern, was auf unseren Planeten in Zukunft zukommt. Das sind geistige Dinge, und wer geistige Dinge erfragt, bekommt auch von jedem geistigen Wesen entsprechende geistige Antworten; selbst von Astaroth. Er knurrt vielleicht herum, wenn man keinen Pakt mit ihm schließt, aber die Antworten wird er geben müssen, wenn man ihm im Geiste Fragen stellt. Daß er trotzdem in Angriff geht, daß er einem körperlich dabei sehr schaden kann, das ist selbstverständlich eine Begleiterscheinung.

W.W.: In welcher Weise schaust Du denn Astaroth als Bildgestalt, wenn er auftaucht?

U.v. Bernus: Meistens als Schlange bzw. als ein ineinandergewursteltes Schlangenbündel. Dies macht einen fiesen Eindruck, wobei mir Schlangen von vornherein nicht unsympathisch sind. Aber die Art, wie Astaroth aus einem Schlangenknäuel auftaucht, ist nicht sehr erfreulich. Astaroth gehört nicht zu den Wesen, die ich auffordern würde, sich in eine andere Gestalt zu verwandeln. Im Grunde ist es mir völlig egal, wie die Geistwesen, gleich welche, ausschauen, wenn sie auftauchen. Schön ist nur Luzifer, Lucifuge ist auch nicht gerade eine Schönheit. Kurz und gut: Pakte sind im Grunde genommen abzulehnen. Wozu das?

Beschwörungen nach dem Necronomicon können tödlich ausgehen

W.W.: Was ist im Unterschied zu einem Pakt eine Beschwörung?

U.v. Bernus: Ein Pakt schließt ein Mensch persönlich mit einer Geistwesenheit, eine Beschwörung kann ebenfalls mit jeder Geistwesenheit durchgeführt werden, hat aber mit einem Pakt überhaupt nichts zu tun. Eine Beschwörung wird für eine bestimmte Sache durchgeführt, sei es nun ein Todesritual oder auch eine geistige Frage an eine Geistwesenheit. Zwar kann man alle Wesen beschwören, ob sie sich aber beschwören lassen, ist auch noch eine Frage. Man kann auch die Geister mit Hilfe des Necronomicons herbeiholen, dem Ritualbuch, das auch Aleister Crowley benutzt hat. Crowley hat dieses einige Male gemacht: einmal in Ägypten in der Wüste, zweimal am Loch Ness. An diesen Stellen soll es jetzt noch unheimlich zugehen.

W.W.: Welche Wesen hat er beschworen?

U.v. Bernus: Er hat die Wesen aus dem Necronomicon und diejenigen nach den Angaben des wahnsinnigen Arabers hergeholt. Nach dem Necronomicon zu arbeiten ist eine tödliche Gefahr, der sich Crowley ausgesetzt hat. Ich kannte jemanden, der nicht mehr lebt, der ebenfalls mit dem Necronomicon gearbeitet hat und der durch diese Arbeiten sowie durch einen Pakt in den Tod gejagt worden ist. Ich habe gerade von einem jungen Mann gehört, der mit dem Necronomicon arbeitet, aber ich kann noch nichts genaueres darüber sagen, weil ich ihn noch nicht gesprochen habe. Die Wesen des Necronomicons sind die Wesen der Urzeit. Interessant ist, daß es im Necronomicon keine Entlassungsformeln gibt. Man kann die Geister also nur herbeiholen, sie aber wieder fortzujagen, ist schon Crowley sehr schwer gefallen.

W.W.: Was passiert bei einer Luzifer-Beschwörung?

U.v. Bernus: Luzifer sollte man überhaupt nicht beschwören, denn das bringt meistens den Tod. Noch viel eher aber wird es dann geschehen, wenn man keinen rein geistigen Weg geht. Im Grunde läßt sich Luzifer überhaupt nicht beschwören und schickt nur einige luziferische Dämönchen, denn davon gibt es eine große Anzahl.

Die Entlassungsformel

W.W.: Kannst Du den Wert und die Wichtigkeit der Entlassungsformel einmal kurz darstellen?

U.v. Bernus: Die Entlassungsformel ist das A und O, wenn ich sie nicht kenne, dann verschwinden die Geistwesenheiten nicht und man ist im Kreis gefangen oder es passiert einem etwas, wenn man den Kreis verläßt. Es ist aber nicht unabdinglich, daß etwas passiert, meistens ist es auch nicht sehr schlimm. Vielleicht bricht man körperlich zusammen. Crowley war ebenfalls nach der Pan-Beschwörung vollkommen lädiert, obwohl er die Entlassungsformel wußte. Trotzdem haben die Geistwesenheiten über den Kreis gegriffen und Crowley angegriffen. Aber ohne die Entlassungsformel geht im Grunde gar nichts. Sie sind nur in den jeweiligen Büchern nicht enthalten.

W.W.: Wie kommt es, daß die Entlassungsformeln nicht enthalten sind?

U.v. Bernus: Wahrscheinlich haben alle, die das aufgeschrieben haben, ob dies nun Bardon, Lévi oder Nettesheim gewesen sind, nicht gewollt, daß jedermann gleich in eine Beschwörung hineinhopst. Da es sehr große Gefahren mit sich bringt, ist es im Grunde sinnlos, derartige Bücher zu schreiben. Natürlich kann man ein Buch über Magie schreiben, das beinhaltet, daß man sich mit der Magie nicht einlassen solle, weil es ganz bestimmte Folgen haben wird. Die Entlassungsformeln sind immer auf den hierarchischen Rang der Geistwesenheit abgestimmt. Was sie übrigens gar nicht mögen, sind Entlassungsformeln wie: "Ziehe hin in Frieden ...", was heißt denn das? Schließlich ist es die Sache der Geistwesenheiten, Frieden zu bringen oder nicht. Jede Geistwesenheit hat eine andere Entlassungsformel, Zwangsformeln für niedere gefährlichere Geistwesenheiten, andere wiederum für Luzifer, die seinem hohen Stand entsprechen.

Gesichter im Schwarzen Spiegel

W.W.: Oft hört man auch von der Spiegel-Magie; wie geht man vor, wenn man mit dem Schwarzen Spiegel arbeitet?

U.v. Bernus: Man stellt den Spiegel vor sich auf, schaut hinein und konzentriert sich. Nebenbei stellt man eine Kerze auf, damit man etwas sehen kann. Natürlich gibt es vielerlei Sorten Schwarzer Spiegel, der beste aber ist derjenige von Crowley bzw. derjenige, der nach seinen Angaben hergestellt wird.

W.W.: Ist es der, der zwei verschiedene Seiten hat?

U.v. Bernus: Genau, die eine Seite vergrößert, während die andere normal ist. Diesen Schwarzen Spiegel kann man auch kaufen. Bei den Übungen fängt der Spiegel meistens an, sich zu verschleiern, Nebel ziehen vor, bis schließlich wechselnde Gesichter auftauchen, oftmals von verstorbenen Menschen. Natürlich sind diese vollkommen ungefährlich, aber manche Menschen bekommen einen Schrecken, wenn sie Tote sehen. Das sind die Astralleiber der Toten, die sich herandrängen, und dann wechseln dabei die

Bilder vom jungen Mädchen bis zur alten Oma. Im Grunde ist das äußerst langweilig. Geht es dann weiter, tauchen meistens lediglich Augen auf, schrägstehende gefährliche Augen. Entweder bekommt man dadurch einen totalen Schock oder man ist davon fasziniert. Beides ist für einen Anfänger gleich schlecht, denn wenn die Augen im Spiegel auftauchen, kann diese Geistwesenheit auch aus dem Spiegel heraustreten. Dies ist bei der Fraternitas Saturni geschehen, und zwar bei einem Maler, der von diesen Augen fasziniert gewesen ist, also von dem Gesicht, welches im Spiegel auftauchte, und die Spiegelmagie jeden Abend praktizieren mußte. Er malte dann dieses Wesen.

W.W.: Was kann dabei passieren bzw. was ist ihm passiert?

U.v. Bernus: Das Wesen kann aus dem Spiegel heraustreten; in diesem Fall würgte das Wesen den Maler, wenn er auch mit dem Leben davonkam.

W.W.: Was für ein Wesen war das?

U.v. Bernus: Das weiß ich nicht, aber hohe Geistwesenheiten erscheinen im Schwarzen Spiegel nicht. Meist sind es gefährliche Astraldämonen, die schon gewisse Kräfte haben. Der Kreis wird ja auch zum Schutz gegen diese Astraldämonen gezogen, weil sie Kräfte abziehen bzw. aggressiv werden können. Wenn ich Lehrgänge gebe, dann sage ich immer: "Wenn Sie etwas sehen oder merken, was Ihnen gefährlich wird, dann brechen Sie sofort ab." Man braucht eine fortwährende Kontrolle, damit einem nichts geschehen kann. Bei den Versuchen während meiner Lehrgänge setze ich mich auch dazu und beobachte, was sich nähert. Es gibt Menschen, die in den Schwarzen Spiegel schauen, kurz erschrecken, aber im weiteren dagegen stabil sind.

W.W.: Warum gibst Du Kurse bzw. Übungen mit dem Schwarzen Spiegel, lediglich zu Konzentrationszwecken oder auch aus anderen Gründen?

U.v. Bernus: Vor allem zur Konzentration, denn dies ist eine weiterführende Übung gegenüber der, daß man sich lediglich auf ein Bild konzentriert. Zusätzlich aber sollen sie kennenlernen, was an Wesenheiten alles auf sie zukommen kann. Sie müssen das Komplexe von allem kennenlernen. Wenn man dann später praktiziert, kann man das Wesen, welches bereits bei einer Übung mit dem Schwarzen Spiegel aufgetaucht ist, dirigieren. Genauso ist es mit Astralangriffen, die trainiert man auch zuerst unter sich selber. Es ist oftmals ein Trugschluß, wenn jemand bereits mit seinem Astralleib auftreten kann, um einen anderen zu würgen, daß dieser etwas davon merkt. Da kann der Astral zudrücken solange er will, er hat noch nicht die Kraft dazu. Folglich probiert man es erst untereinander aus, indem man sich kneifen oder in den Haaren raufen läßt. Diese Praktik beherrscht man erst dann, wenn man entsprechendes am eigenen physischen Leib wahrnehmen kann. Sonst bildet sich der entsprechende Praktikant ein, er hätte einen anderen im Schlaf gewürgt, dabei hat dieser wie im siebenten Himmel geschlafen.

W.W.: Wenn man jetzt bei der Arbeit mit dem Schwarzen Spiegel Angst bekommt, was geschieht dann?

U.v. Bernus: Dann sollte man abbrechen, weil es unter anderem das zentrale Nervensystem schädigen kann. Andererseits sollte man auch sagen, daß ständig Gesichter und Wesen auftauchen und man vor ihnen keine Angst haben sollte. Im Grunde ist alles sehr ungefährlich. Natürlich bekommt man oftmals einen Schrecken, wenn viele Gesichter auftauchen, die auch noch sehr schnell wechseln. Es ist meist auch ein Zeichen, daß derjenige, der viele Gesichter schaut, ein Mensch ist, zu dem auch bei anderen Praktiken Geistwesenheiten kommen würden. Aber wenn man Angst hat, sollte man abbrechen. Das ist genauso wie mit den Tieren, wenn ein Hund merkt, daß man vor ihm Angst hat, dann greift er eher an, als wenn man ihm ruhig entgegengeht. Genauso ist dies mit den Geistwesenheiten, die einem im Spiegel erscheinen. Wenn jemand Angst hat, dann greifen die Astraldämonen an.

Beim Exorzismus werden die Menschen gefesselt

W.W.: Hin und wieder führst Du auch einen Exorzismus durch. Wie gehst Du dabei vor?

U.v. Bernus: Einige Male habe ich einen Exorzismus durchgeführt, möchte es aber nicht mehr tun, weil dies eine zu anstrengende Arbeit ist. Dabei muß man die Astraldämonen aus dem betreffenden Menschen heraustreiben. Wenn er nur umsessen ist, dann geht es schnell, wenn er bereits besessen ist, dann ist es sehr schwer. Jeder geschulte Exorzist weiß, daß er in so einem Falle von den Astraldämonen angegriffen wird. Es gibt einen Film von dem englischen Hexenmeister Sanders, in dem der bekannteste Exorzist Englands, ein katholischer Priester, der im Exorzismus geschult ist, auftritt und selber sagt, daß er von den Astraldämonen angegriffen wird. Die katholische Kirche praktiziert den Exorzismus Romanum, der die Dämonen wieder in ihr Reich zurückschickt.

W.W.: Wohin schickst Du sie?

U.v. Bernus: Christus hat sich Materie genommen, denn er hat sie in die Schweineherde gejagt, und diese stürzte sich ins Meer. Im Grunde könnte man sagen, daß auch Christus mit dem “Du sollst nicht töten” recht großzügig umging. Nun war Christus in der Lage, eine Schweineherde zu nehmen; ein Magier ist dazu nicht in der Lage, denn eine Schweineherde werden die Dämonen nicht von ihm annehmen. Ich mache es ähnlich und schicke die Dämonen ebenfalls nicht wieder in ihr Reich, die Astralebene, zurück, sondern nehme dafür unliebsame Personen, wenn es sein muß. Aber der Exorzismus ist eine wahnsinnig anstrengende Angelegenheit, die über Tage, oft über Wochen, geht. An dem Exorzismus mit der Anneliese Michels haben die beiden katholischen Priester zwei Jahre lang gefummelt. Bei ihr war es soweit, daß lediglich die Dämonen noch das physische Überleben dieses Mädchens sicherten; in so einem Falle führt es meist zum Tod des Menschen. Das ist dann Karma, daran hätte ich mich niemals gemacht.

W.W.: Was geschah mit den Frauen, mit denen Du Exorzismus durchgeführt hast?

U.v. Bernus: Die Menschen verändern vollkommen ihre Stimme, die Dämonen schauen aus den menschlichen Augen heraus, oftmals knurren und fauchen die Menschen in unnatürlichen Lauten. Ich habe noch niemals einen Exorzismus alleine durchgeführt, um immer einen Zeugen zu haben und um nicht sagen zu können, daß ich mit den Menschen herummanipuliere. Genauso mache ich es übrigens auch mit Hypnose-Sitzungen. In extremen Fällen des Exorzismus kette ich die Menschen mit Handschellen an, da sie oftmals herumtoben und erstaunliche Kräfte entfesseln. Wenn die Dämonen beim Exorzimus aus den Augen des Besessenen schauen, versuchen sie Macht über denjenigen Menschen zu bekommen, der sie austreiben will. Dabei muß man sehr widerstandsfähig sein. Genau wie bei der Experimentalmagie ziehen auch hier beim Exorzismus die Dämonen erhebliche Kräfte des Exorzisten ab, so daß man hinterher vollkommen geschlaucht ist. Man kann als Exorzist mit dem Kreis arbeiten, wobei der zu Exorzierende außerhalb des Kreises sitzt, damit der Exorzist nicht angegriffen wird. Aber das habe ich selber nicht so gemacht.

W.W.: Mußtest Du in manchen Fällen auch physische Gewalt anwenden, indem Du Deine zu exorzierenden Frauen fesseltest?

U.v. Bernus: Gefesselt wird immer, auch die katholische Kirche fesselt beim Exorzismus. Dies geschieht zum Selbstschutz der betreffenden Kandidaten, weil diese sich dabei oft selbst verletzen. Vor allem legt man Handfesseln an, damit er sich nicht die Haare ausreißt und rückt ihn von einem Tisch weg, damit er nicht mit dem Kopf auf den Tisch aufschlägt. Denn der Dämon geht in erster Linie auf die Zerstörung der Person selber aus, erst in zweiter Linie auf die Zerstörung des Exorzisten. In dem Film "Der Exorzist" wurden ebenfalls beide Priester umgebracht, was im übrigen ein authentischer Fall ist. Allerdings war es kein Mädchen, sondern ein Junge, an dem der Exorzismus durchgeführt worden ist. Zwar haben sie die Dämonen aus dem Jungen herausbekommen, aber dafür haben die Dämonen die beiden Exorzisten gepackt. Der Exorzist ist aber nur dann zu packen, wenn er nicht ganz hasenrein ist.

W.W.: Haben die beiden Fehler gemacht?

U.v. Bernus: Fehler haben sie nicht gemacht, sondern es waren einfach keine weißen Magier, denn dann hätten die Dämonen nicht angegriffen. Zwar waren sie geschulte Exorzisten, aber sie haben nicht im Sinne ihres Gottes gelebt, denn dann hätten die Dämonen nicht angegriffen. Zwar hätten sie auch sonst angegriffen, aber nicht - im wahrsten Sinne des Wortes - die Exorzisten ermordet.

Besessen durch spiritistische Praktiken

W.W.: Bei dem Exorzismus an dem Mädchen Anneliese Michels wird ja alles in sehr erschreckender Weise deutlich, also zum Beispiel die verzerrten Gesichtszüge, auch das Fauchen und Knurren in der Stimme. Die Dämonen gaben sich bei ihr auch sehr "hehre" Namen, wie zum Beispiel Hitler, Nero oder gar Luzifer. Wie kommt es, daß die katholische Kirche glaubt, daß eine Wesenheit wie Luzifer in einen Menschen einfahren könnte?

U.v. Bernus: Die katholische Kirche glaubt aufgrund des Exorzismus Romanum, daß Luzifer dies in der Tat tun könnte; das ist natürlich kompletter Unsinn. Luzifer wie auch Satan interessieren sich natürlich einen Dreck für Lieschen Müller.

W.W.: Was liegt bei Besessenen grundsätzlich vor? Wann können Dämonen in sie einschlüpfen?

U.v. Bernus: Entweder bringt man sich das als Karma aus Vorinkarnationen mit, daß die Dämonen in diesem Leben zupacken können, oder man hat sich dies durch spiritistische Praktiken zugezogen. Wer sich mit Spiritismus beschäftigt, Tisch- oder Glasrücken durchführt, mit der Planchette arbeitet, automatisch schreibt oder ähnliches, der geht auch mit Toten um und durchlöchert durch diese zweifelhaften Praktiken seinen Astralleib, so daß die Dämonen in ihn einschlüpfen können. Aber kein Hitler und auch kein Satan schlüpfen dabei ein, sondern immer nur niedere Astralwesenheiten, allerdings nennen sich diese Dämonen Luzifer oder Satan, um den Menschen das Fürchten zu lehren.

W.W.: Gibt es noch viele geschulte katholische Priester?

U.v. Bernus: Da fragst Du mich zuviel, wahrscheinlich gibt es in England noch eine ganze Anzahl. In dem Film von Sanders kommen recht viele vor; er wurde 1974 gedreht, und zu dieser Zeit gab es allein für London 23 geschulte Exorzisten. Die Exorzisten in England haben sehr viel zu tun. Das liegt daran, weil dort schon seit längerer Zeit sehr intensiv spiritistisch praktiziert wird, indem man glasrückt oder automatisch schreibt oder auch Rauschgift nimmt, und schon ist man von den Dämonen gepackt. Ich kenne zum Beispiel ganz banale Hausfrauenkreise, die bei mir anrufen, weil es bei ihnen im Haus umgeht oder spukt. Ich frage dann immer, ob diese Frauen irgendwelche spiritistischen Praktiken durchgeführt haben, was natürlich immer der Fall ist. In so einem Fall ist es natürlich sehr leicht, die Wesen wieder aus dem Haus herauszubekommen.

Im übrigen gibt es mehr Besessene als man glaubt. Die Anstalten sind voll davon, und die Ärzte wissen gar nicht, daß sie Besessene dort haben. Aber auch eine große Anzahl Besessener läuft noch frei herum. Man nennt diese Menschen dann schizophren. Bei Schizophrenen ist es ja auch so, daß sie periodisch Zustände haben, in denen sie vollkommen normal sind. Das ist bei Besessenen ganz genauso, und die meisten Ärzte können dies nicht unterscheiden. Außerdem glauben sie sowieso nicht daran. Wenn ich den Ärzten sage, daß es sich bei gewissen Personen nicht um Schizophrene, sondern um Besessene handelt, halten sie mich für eine Spinnerin, und dann gibt man den Besessenen Spritzen, um sie damit in Schach zu halten.

"Rudolf Steiner hat mich nicht getauft"

W.W.: Im letzten Interview *(Siehe FLENSBURGER HEFTE Nr.13*, Red.) ist uns ein Fehler unterlaufen, indem ich aus der Biographie über Alexander von Bernus, Deinen Vater, zitiert habe, daß Du von Rudolf Steiner getauft worden seist. Natürlich kann dies nicht angehen, da Du noch gar nicht geboren warst, als Rudolf Steiner bereits verstorben war. Wie erklärst Du Dir, daß so etwas in dieser Biographie steht?

U.v. Bernus: Dafür habe ich keine Erklärung, und auch wenn ich eine hätte, so möchte ich sie nicht geben, und zwar aus Rücksichtnahme auf gewisse Personen. Selbstverständlich hat Rudolf Steiner mich nicht getauft.

W.W.: Wie viele Schwestern hast Du?

U.v. Bernus: Nur eine Stiefschwester.

W.W.: Und die heißt nicht zufällig auch Ulla?

U.v. Bernus: Nein. Ich habe nichts mit ihr zu tun. Sie ist jünger als ich. In diesem Zusammenhang sind sehr viele seltsame Geschichten aufgetreten, auf die ich aber nicht eingehen möchte.

"Ich halte die Waldorfschulen für die besten Schulen"

W.W.: Aber auf der Waldorfschule bist Du gewesen?

U.v. Bernus: Ja, natürlich. Auf der Waldorfschule in Stuttgart nach dem Zweiten Weltkrieg.

W.W.: Wie viele Jahre?

U.v. Bernus: Fünf Jahre. Ich halte die Waldorfschule für sehr gut, aber zum Besuch der Waldorfschule gehört sehr viel Eigeninitiative, wenn man das Pensum wirklich nutzen will. Auf der Waldorfschule wird man zu nichts gezwungen, alles ist mehr oder weniger freiwillig, und das ist bei Kindern manchmal nicht unbedingt angebracht. Man hat heute ja die vielseitigsten Nebeninteressen - Computer, Musik, die man mit Walkman hört usw.-; zur Waldorfpädagogik gehört aber eine Portion Eigeninitiative, und daß die Eltern dahinterstehen. Wer es auf dieser sehr guten Schule weiterbringen will, muß sich persönlich einsetzen, weil nicht der Leistungsdruck wie auf anderen Schulen ausgeübt wird. Ich halte die Waldorfschulen deswegen für die besten Schulen, weil sie von einem anderen geistigen Niveau ausgehen. Mir hat keine Stunde auf der Waldorfschule leid getan. Natürlich war ich von jedem Religionsunterricht befreit; es gibt ja an der Waldorfschule den evangelischen und katholischen Religionsunterricht sowie den der Christengemeinschaft, aber ich habe an keinem teilgenommen, denn das wollte ich nicht. Ich habe auch Eurythmie nicht mitgemacht.

W.W.: War das möglich?

U.v. Bernus: Das ging. Mein Vater hatte sehr gute Kontakte zu dieser Waldorfschule. Mir kam die Eurythmie von Anfang an sehr komisch vor, vor allem, was durch I-O-A angezogen wird; das war für mich etwas, was ich nicht unter Kontrolle hatte, und ähnelte fast der Runenmagie. Ich habe deswegen nicht mitgemacht, weil ich es nicht liebe, unkontrolliert geistige Wesenheiten anzuziehen. Deswegen habe ich meinem Vater gesagt, daß ich davon befreit werden möge.

"Ich befragte die schemenhaften Astralleiber neben mir"

W.W.: Du hast in dem ersten Interview *(Siehe FLENSBURGER HEFTE Nr.13*, Red.) ausgesagt, daß Du Deinen schwarzen Weg mit etwa 17 Jahren begonnen hast. Kannst Du bitte noch einmal schildern, wie das geschehen ist?

U.v. Bernus: Auch vorher habe ich mich bereits für diese Bereiche interessiert und habe mir aus der sehr großen Bibliothek meines Vaters immer diejenigen Bücher herausgeholt, die von dem schwarzen Weg handelten. Ich habe dann Nettesheim gelesen oder "Flita" von Mabel Collins und habe auch sehr schnell begonnen, viele Philosophen zu studieren. Schon etwa mit zehn Jahren habe ich mir verschiedene magische Bücher herausgezogen.

Außerdem habe ich bereits als Kind Tote gesehen, hatte aber niemals Angst vor ihnen. Ich habe sie gefragt, was sie wollten, wenn schemenhafte Astralleiber neben mir standen. Manchmal beschlich es mich auch eiskalt, so daß ich merkte, daß irgend etwas anwesend war. Dergleichen hatte ich immer sehr viele Erlebnisse. - Mit 16 Jahren erlebte ich eine Vorinkarnation von mir in einem ägyptischen Seth-Tempel, die ich dann auch aufgeschrieben habe. - Fernerhin habe ich es immer geliebt, mich in die Einsamkeit zurückzuziehen. Mit Mädchen habe ich nie gespielt, denn für sie hatte ich überhaupt nichts übrig. Mit Puppen habe ich auch nicht gespielt. Zwar hatte ich zwei Bärchen, die ich sehr geliebt habe, Puppen aber habe ich von Anfang an abgelehnt. Mit lebenden Tieren habe ich mich dagegen unentwegt beschäftigt, gleich ob dies Pferde, Hunde oder Katzen waren. Mein Vater hat mir absolute Freiheit gegeben, auch zu lesen, was ich wollte.

Wenn ich ihm erzählt habe, daß ich nachts etwas geschaut habe, so hat er das immer akzeptiert. Er hat mich auf gar keine Weise in irgend etwas beeinflußt. Daß er mich nicht als Spinnerin abgestempelt hat, hat mich sehr bestärkt, vor allem auch, daß er aus seiner geistigen Anschauung heraus davon überzeugt war, daß das stimmt, was ich ihm erzählte.

Wenn der Grünkappen-Lama die Hand ausstreckt

W.W.: Gab es nun ein Erlebnis, aufgrund dessen Du Deinen schwarzen Weg konsequent einschlagen wolltest, oder hat sich das langsam ergeben?

U.v. Bernus: Langsam, bis ich dem Tibetaner auf der Straße begegnete und er zu mir gesagt hat: "Du kommst mit mir", was ich dann befolgt habe. Dies war der Grünkappen-Lama.

W.W.: Diese Begegnung fand in London statt?

U.v. Bernus: Genau. Nebenbei gesagt, dieser Grünkappen-Lama war ganz normal angezogen, nicht so wie der Dalai-Lama. Von dem Dalai-Lama, der da in seinem gelben Gewand herumläuft, halte ich im übrigen gar nichts; wenn er eine Inkarnation des Bodhisattva wäre, dann bräuchte er keine Brille. Er bräuchte auch keine Operation in Deutschland und schon gar nicht Bücher im Bauer-Verlag aufzulegen.

W.W.: Wie war das erste Gespräch mit dem Grünkappen-Lama, und wie habt Ihr Euch für die Schulung verabredet?

U.v. Bernus: Er hat gesagt, daß er mich mitnehmen würde, und wir vereinbarten einen Termin. Vorher mußte er noch nach China, obwohl dies bereits Sperrgebiet war, aber er hatte Möglichkeiten, hinüberzugelangen. Auf welche Weise die Grünkappen-Lamas es angestellt haben, über die Grenze zu kommen, entzieht sich meiner Kenntnis total. Auf jeden Fall konnten sie es. Die Grünkappen-Lamas sind sehr gefährlich. Niemand darf die Art und Weise ihrer Schulung preisgeben. Wenn sich Außenstehende zu sehr für ihre Praktiken interessieren, dann können sie das zwar tun, aber wenn sie das tun, dann ist es meist zu spät. Wenn jemand sieht, daß ein Grünkappen-Lama die linke Hand nach ihm ausstreckt und einen grünen Handschuh anhat, dann ist es meist zu spät und er wird sterben.

W.W.: Wie verlief Deine Schulung?

U.v. Bernus: Das ist ja das, über das zu sprechen nicht erlaubt ist! Aber sie schulen sehr intensiv, sehr hart, für die westlichen Regionen ist es im Grunde unmöglich. Man sagt auch, daß hin und wieder Gewalt angewendet wird, aber das weiß ich nicht genau. Aber sie beeinflussen die Schüler nicht, sondern sagen ihnen, daß sie selber arbeiten müssen. Es geht hier ähnlich zu wie bei den Crowleyanern, bei denen man während der Schulung auch zusammen im Kreis sitzt, und - wenn jemand bei der Konzentration in sich zusammensackt - ihn mit dem Stock von hinten auf die Schulter schlägt. Das ist in etwa die Linie der Grünkappen-Lamas. Man hat einen bestimmten Zeitrahmen für die Konzentration, in welchem man dann die Disziplin bewahren muß. Aber im Grunde sind es keine westlichen Methoden, und ich würde sie niemals anwenden. Aber die Lamas haben natürlich das Recht dazu und teilen einem auch vorher mit, daß man einer sehr harten Schulung unterzogen wird. Bei den Lamas, in der absoluten Abgeschlossenheit, kann man nicht entfleuchen.

W.W.: Wie aber hast Du Dich von dem tibetischen Weg getrennt?

U.v. Bernus: Getrennt habe ich mich von ihm nicht, sondern ich habe ihn regulär beendet. Das ist kein Problem, denn sie entlassen einen, damit man den eigenen Weg findet. Es stimmt übrigens nicht, daß sie immer in Grün herumlaufen. Das Bild, das dort oben hängt, welches ich gemalt habe, stellt meinen Lehrer dar. Hin und wieder gehen sie auch in goldroten Ritualgewänden herum. Die Grünkappen-Lamas haben auch einen sehr guten Kontakt zu Shamballah, aber das ist jetzt wieder ein ganz anderes Thema. Wo liegt Shamballah, wo liegt Agartha, was sind die Schwarzen, was sind die Weißen? Darüber teilen sich die Ansichten.

W.W.: Welche Ansicht hast Du?

U.v. Bernus: Ich denke, daß Shamballah die Schwarzen und Agartha die Weißen sind. Beide Orte liegen nicht mehr auf dem Planeten, sondern in der Erde, im Erdinneren. Außerdem sind sie transparent. Das ist ein weites Feld, welches vor allem die Außerirdischen erklären können. Darüber könnte man vieles sagen, auch wie die Außerirdischen in die Transparenz gehen. Steiner hat meines Wissens nichts über Außerirdische gesagt?

W.W.: Nein, hat er nicht.

U.v. Bernus: Das wundert mich. Hat er angenommen, daß unser Planet der einzig bewohnte ist?

W.W.: Insofern Du an physisch inkarnierte Menschen denkst, ja. Selbstverständlich sind alle Planeten von geistigen Wesenheiten bewohnt, nicht aber von physisch-materiellen.

U.v. Bernus: Das ist ein Ding! Meiner Ansicht nach entspricht das auch keiner Logik, daß wir innerhalb der ganzen Sonnensysteme die einzigen verkörperten Wesenheiten sein sollten. Dann wäre ja das gesamte Universum für uns Idioten geschaffen. Das kann nicht sein!

Der mausgraue Weg

W.W.: Oftmals wurde in bezug auf das erste Interview mit Dir die Frage gestellt, wie Du den Unterschied zwischen schwarz und mausgrau siehst. Kannst Du das bitte noch einmal kurz darstellen?

U.v. Bernus: Auf der einen Seite muß man den Unterschied zwischen dem schwarzen und dem mausgrauen Weg sehen, auf der anderen Seite den zwischen dem weißen und dem mausgrauen Weg. Den mausgrauen Weg lehne ich vollkommen ab. Ein mausgrauer Weg ist es zum Beispiel, wenn man üble Sachen mit bestimmten Bibelsprüchen heranholt oder wenn die Moslems entsprechendes durch Koransprüche herbeiziehen. Mausgrau ist es, wenn man mit niederen Geistwesenheiten arbeitet und weder vor der einen noch vor der anderen Seite, der schwarzen oder der weißen, Respekt hat, also wenn man vor den Gottheiten keinen Respekt hat.

Für mich selbst kann ich sagen, daß ich nicht den weißen Weg - also den Weg des Christus - gehe, aber selbstverständlich muß ich ihm als der Gottheit der anderen Seite den vollen Respekt zollen. Das ist einfach eine Sache der Sauberkeit. Natürlich kommt man auf diesem Gebiet sehr schnell zu den Ritualien. Die katholische Kirche hat wenigstens noch Ritualien, durch die man mit der Gottheit in Kontakt kommt, die evangelische Kirche hat dies nicht. Deswegen ist Luther für mich lediglich ein in einem anderen Jahrhundert geborener Guru. Außerdem hat er sich gegen Ende seines Lebens auch noch an den Hexenprozessen beteiligt, wobei die wenigsten wirklich Hexen waren. Die katholische Kirche hat noch Ritualien, ob die jeweiligen Priester noch in Ordnung sind, ist eine zweite Frage, aber sie haben wenigstens noch Ritualien. Die alten Dome liegen noch meist in einem Dämmerlicht, wodurch die Konzentration gefördert werden kann und wo auch Kräfte angezogen werden. Insofern akzeptiere ich die katholische Kirche, wenn jemand ihren Weg im Geiste konsequent gehen will. Wenn man davon überzeugt ist, würde ich niemals jemanden davon abzubringen versuchen. Wenn jemand dagegen der evangelischen Kirche angehört und ein Kreuzchen um seinen Hals trägt, so frage ich mich, was das soll, vor was das schützen soll. Innerhalb der katholischen Kirche kann natürlich das Kruzifix - ich betone, wenn man ehrlich davon überzeugt ist - einen Schutz bieten. Das ist genau das gleiche, wie wir schwarzen Magier auch unsere Schutzzeichen tragen. Ich finde es schlecht, wenn sich verschiedene Menschen dergleichen als Schmuckstücke umhängen und gar nicht wissen, warum sie es sich umgehängt haben.

Mausgrau wird auch von der weißen Seite gearbeitet, wenn man mal schnell Geistwesenheiten der anderen Seite zur Hilfe nimmt. Das geht nicht! Genauso wenig darf ich, wenn ich den schwarzen Weg gehe, von der weißen Seite Geistwesenheiten zu Hilfe holen. Mausgrau bedeutet also, wenn man von der jeweils anderen Seite Wesenheiten zu Hilfe holt oder wenn man sich lediglich mit niederen Geistwesenheiten beschäftigt.

Sexualmagie

W.W.: Sexualmagie wäre dann ebenfalls mausgrau?

U.v. Bernus: Selbstverständlich. Zumindest dasjenige, was heute als Sexualmagie praktiziert wird, das sollte man lieber in den Schlafzimmern durchführen. Mit der wirklichen Sexualmagie hat das nichts mehr zu tun. Bei der wirklichen Sexualmagie werden Kräfte herangezogen, der Tantra-Yoga arbeitet ja ohne jegliche Berührung. Auf diese Weise kann man natürlich eine Fülle von Kräften heranziehen, aber ob man das will oder nicht, ist wiederum eine andere Angelegenheit. Ich selbst mache damit gar nichts. Ich lehne es sogar ab, und zwar deswegen, weil ich durch die Sexualmagie keine hohen Geistwesenheiten heranziehen kann. Wenn bei vielen schwarzen Messen Männlein und Weiblein kreuz und quer miteinander herummachen, so sind dies sehr fiese Angelegenheiten, durch die niedere Geistwesenheiten herbeigeholt werden. Das sind die Dämonen der Sexualsphäre.

In ähnlicher Weise arbeiten auch in der Spielbank die Gelddämonen. Was heute an schwarzen Messen angeboten wird, ist einfach widerwärtig. Natürlich kann man schwarze Messen auch auf hohem geistigen Niveau durchführen, ich selbst tue dies auch. Dabei geht aber es nicht um Sexualmagie, sondern unter anderem um die Ehrerbietung gegenüber der Gottheit. Über den Tantra-Yoga ließe sich vielleicht noch diskutieren, aber ich lehne ihn ab. Wenn man sich ernsthaft auf einen geistigen Weg begibt, wird man feststellen, daß man mit Tantra-Yoga nicht weiterkommt und seine geistige Entwicklung hemmt.

▣

Wasch mich, aber mach mich nicht naß!

RUDOLF STEINER UND DER O.T.O.

Thomas Höfer

Die Taktik ist alt und bequem: Kann man jemandem in der Sache nichts Rechtes anhaben, so stellt man ihn als unglaubwürdig, als nicht ganz astrein hin. Am besten läßt sich dies erreichen, indem man ihn in Zusammenhang mit Personen oder Institutionen bringt, deren Anrüchigkeit evident ist. Auch wenn die Liaison rein fiktiv sein sollte - ein klein wenig des klebrig-faulen Odems der Unehrenhaftigkeit wird an dem Beschuldigten haftenbleiben. Der Wege ins Unterbewußtsein der ohnehin eher an Sensation denn an Wahrhaftigkeit interessierten Massen sind viele, und Vorurteile haben ihre Quelle nicht im lichten Intellekt.

Als ich das erste Mal erfuhr, daß einige offizielle Vertreter gewisser religiöser Bekenntnisse öffentlich einen Zusammenhang zwischen Rudolf Steiner und dem O.T.O. - Ordo Templi Orientis oder Orientalischer Templerorden - herstellten, vermutete ich diese Taktik. In der Folgezeit versuchte ich, mit den bescheidenen Mitteln, die einem interessierten Laien zur Verfügung stehen, das tatsächliche Verhältnis Rudolf Steiners zum O.T.O. zu ergründen. Der Vorwurf des Dilletantismus mag mich zu recht treffen, denn die Fakten sind nicht leicht zu beurteilen. Gegenstand des Interesses ist ein Zeitraum von 1906 bis 1914 in der Biographie Rudolf Steiners. Die betreffenden Vorgänge werden vor allem von Steiner selbst recht umständlich dargestellt, so daß allein die Form der Darstellung einigen gar nicht einmal gegnerisch Gesinnten Anlaß zur Polemik gibt. Doch dazu später mehr. Wichtig zu sagen ist noch, daß der 1987 erschienene Band "Zur Geschichte und aus den Inhalten der erkenntniskultischen Abteilung der Esoterischen Schule 1904 - 1914" der Rudolf Steiner Gesamtausgabe sehr zur Erhellung der Sachlage beigetragen hat und wichtiges Material zur Verfügung stellt.

Zunächst zu den gemachten Vorwürfen. Ausgangspunkt ist die Behauptung, die Anthroposophie sei mit dem christlichen Glauben nicht vereinbar. Die Haltlosigkeit dieses Vorwurfes nachzuweisen, ist hier nicht der Ort. Eine Begründung für diese Behauptung wird aus der Verbindung Rudof Steiners zum O.T.O. abgeleitet. Steiner habe bestimmtes Gedankengut aus den Kreisen des Ordens übernommen, die in keiner Weise christlich seien. Der Schluß, daß die gesamte Anthroposophie daher unchristlich sein müsse, liegt dann nahe. Was hat es mit dem Orientalischen Templerorden auf sich, daß der Kontakt zu ihm derart anrüchig erscheint?

Der Ordo Templis Orientis

Es kann an dieser Stelle unmöglich auf die gesamte Entwicklung des Ordens eingegangen werden. Diese ist ausführlich bei Karl R.H. Frick geschildert und kann dort nachgelesen werden. In diesem Zusammenhang sind lediglich die Person eines seiner Gründer, Theodor Reuß, und die Zielsetzung des Ordens von Interesse.

Den kenntnisreichen Ausführungen von Frick zufolge wurde der O.T.O. am 1. September 1901 von Karl Kellner, Franz Hartmann und Theodor Reuß gegründet (Frick,

S.462). Der Orden wurde als Geheimgesellschaft konzipiert, die alle erdenklichen mystisch-maurerischen und okkult-magischen Strömungen unter einem Dach zusammenfaßte. Später übernahm Reuß allein die Führung des Ordens.

"Mit dem Jahr 1906 war das Wirken von Reuß innerhalb der symbolischen Maurerei praktisch beendet. Die Nichtanerkennung der Reußschen Logengründungen durch den deutschen Großlogenbund veranlaßte auch die Leitung der nur 'reguläre' Freimaurer aufnehmenden Societas Rosicruciana in Anglia, den 'irregulären' Maurer Reuß aus ihren Reihen auszuschließen. Wie wir früher erfuhren, war Reuß aus der Londoner Loge, in der er das 'Licht der Maurerei' erblickt hatte, bereits 1881 ausgeschlossen worden. Er gehörte seit jener Zeit keinem 'regulären' maurerischen System mehr an. Nun begann er, unabhängig von der Freimaurerei, im Rahmen des O.T.O. alle bisherigen von ihm gegründeten oder 'wiedererweckten' Geheimgesellschaften zu integrieren. Schon nach dem Tode von Kellner war 1905 die oberste Instanz des O.T.O. ... nach Berlin verlegt worden. Reuß war als nunmehriger alleiniger Leiter des Ordens bemüht, den O.T.O. nach seinen Intentionen zu 'reformieren'." (Frick, S.479)

Reuß war eine überaus zwielichtige Gestalt, ein Hansdampf in allen Gassen des Okkultismus und der Geheimgesellschaften. Einer seiner hervorstechenden Charakterzüge war eine ausgeprägte und unermüdliche Sammlerleidenschaft. Alle für ihn nur erreichbaren Freimaurerdiplome und Riten eignete er sich an, ohne aber jemals den Weg eines regulären Freimaurers zu gehen. In der Absicht, ganz groß herauszukommen und in Sachen Geheimgesellschaften ein Wörtchen mitzureden, gründete er zahlreiche Logen; keine wurde anerkannt. Niemals erlangte Reuß die Bedeutung, die er gerne gehabt hätte. Und ausgerechnet Rudolf Steiner nahm ihn ernst!

Um das Selbstverständnis und die Zielsetzung des O.T.O. zu beleuchten, sei hier aus dessen Mitteilungsorgan, der *Oriflamme*, zitiert.

"Es ist bekannt, daß der Orden existiert, es ist aber seine Größe nicht bekannt. Er stammt von einem uralten sagenhaften Orden ab, der sich mit der Verbesserung und geistigen Fortentwicklung der Menschheit beschäftigte. Er bewahrt vor Irrtümern bei dem Streben nach Wohlstand und hilft Männern und Frauen bei ihren erfolgreichen Bestrebungen, die absolute Wahrheit zu erfahren. ...

In diese geweihte Gesellschaft kann nur aufgenommen werden, wer die Kraft besitzt, sich selbst zu überwinden, um zur inneren Erleuchtung zu gelangen. Keiner, der einmal aufgenommen ist, kann wieder ausgeschlossen werden, es sei denn, er ist selbst an dem Ausschluß schuld, weil er untreu gegenüber den Regeln des Ordens wurde und die bei den praktischen Übungen im Orden erfahrenen Wahrheiten vergessen hat. ...

Unser Orden ist kein Freimaurer-Orden pure et simple, aber jedes Mitglied Unseres Ordens, sei es Mann oder Frau, denn Unser Orden steht beiden Geschlechtern gleichmäßig offen, *muß* durch die sämtlichen Grade der Johannis Freimaurerei, wie auch der Hochgrad-Maurerei hindurchgehen, ehe ein Mitglied ein Erleuchteter Unseres Ordens werden kann.

Unser Orden besitzt den *Schlüssel,* der alle maurerischen und hermetischen Geheimnisse erschließt, es ist die Lehre von der Sexual-Magie, und diese Lehre erklärt *restlos* alle Rätsel der Natur, alle freimaurerische Symbolik und alle Religions-Systeme ...

Obgleich nun diese Lehre von der Sexual-Magie eben das Geheimnis des O.T.O. ist und sich nicht eignet zur Publikation in einer Druckschrift, welche weitesten Kreisen zugeht, so hat die Ordensleitung doch beschlossen, zur Information wahrhaft Suchender, einen ganz kleinen Zipfel des Schleiers, der unser Geheimnis bedeckt, hier ... zu heben.

Wir haben es gar nicht nötig, die 'Öffentlichkeit' erst um Entschuldigung zu bitten, daß wir es wagen, diese delikate Frage öffentlich anzuschneiden, denn es steht doch fest, daß die Sexual-Frage die brennendste Frage unserer Zeit geworden ist. Beweise hierfür brauchen wir auch nicht anzuführen, jede Tageszeitung enthält solche in Hülle und Fülle." (Jubiläumsausgabe der Oriflamme von 1912, S.16-23. Zitiert nach Frick, S.481-483)

Genau die erwähnte Sexualmagie macht den Kontakt zum O.T.O. in den Augen vieler Menschen eminent anstößig. Hinzu kommt, daß die finstere Gestalt Aleister Crowleys im Zusammenhang mit dem O.T.O. eine entscheidende Rolle spielt. Crowley hatte in England eine eigene Geheimgesellschaft gegründet, 1912 kam es zur Vereinigung mit dem inzwischen von Reuß geleiteten O.T.O., wobei sich Crowley insbesondere von den sexualmagischen Riten angezogen gefühlt haben dürfte. Zieht man weiter in Betracht, daß die Hauptformel Crowleys lautet "Tu, was du willst, soll sein das ganze Gesetz", ist unschwer vorstellbar, daß bürgerliche Moralvorstellungen, von sexuellen Komplexen durchsetzt, durch das Gedankengut des Orientalischen Templerordens in Wallung gebracht werden.

Rudolf Steiner und der O.T.O.

Was hat nun Rudolf Steiner mit dieser nach Skandal und sexuellen Gelüsten riechenden Geheimgesellschaft zu tun? Im "Lexikon des Geheimwissens" von Horst E. Miers, auf das man sich in diesem Zusammenhang immer wieder beruft, heißt es:

"1906 wurde Steiner von Reuß zum Rex Summus, d.h. Großmeister des O.T.O. und seines Zweiges Mysteria Mystica Aeterna gemacht; der Bruch mit Reuß erfolgte ca. 1918. In diesem Zusammenhang gründete Steiner einen neuen 'Inneren Kreis' nach Freimaurer-Gesichtspunkten, d.h. mit drei Graden, deren Eingeweihte aus seiner Hand ein goldenes Kreuz erhielten. Der Text der Rituale soll (lt. Wittemanns, Histoire des Rose-Croix, Paris 1925) aus Werken von Elivas Levi, den Steiner hoch schätzte, zusammengestellt sein." (Miers, S.386)

Nun ist das Nachschlagewerk von Horst Miers nicht gerade die zuverlässigste Quelle, aber vollständig aus der Luft gegriffen sind die hier erwähnten Vorgänge nicht. - In der schon erwähnten *Oriflamme* wurde Ostern 1906 folgende Nachricht veröffentlicht:

"Dem Br.Dr. Rudolf Steiner, 33.°, 95.°, in Berlin und den mit demselben verbundenen Brüdern und Schwestern ist die Erlaubnis erteilt worden, in Berlin ein Kapitel und einen Grossrat der Adoptionsmaurerei unter dem Namen *'Mystica aeterna'* zu gründen. Br.Dr. Steiner wurde zum stellvertretenden Grossmeister mit Jurisdiktion über die von ihm aufgenommenen oder aufzunehmenden Mitglieder ernannt. Schwester Marie von Sivers wurde als General-Großsekretärin für die Adoptionslogen eingesetzt." (Zitiert nach Möller/Howe, S.164)

Für diese von Reuß erteilte Berechtigung hatte Steiner 1500 Mark bezahlen müssen. Außerdem erhielt Reuß für jedes von Steiner aufgenommene Mitglied von diesem 40 Mark, für ein Diplom über dem 18.° 10 Mark.

> "Wenn Br.Dr. Steiner für den hundertsten (100.) Kandidaten die in diesem Vertrage stipulierte Gebühr von Vierzig Mark (40 M.) an Br. Reuß bezahlt haben wird, ernennt Br. Theodor Reuß den Br.Dr. Rudolf Steiner zum Amtierenden General-Großmeister 33.° 90.° 96.° für das Deutsche Reich, mit Jurisdiktion über sämtliche im Deutschen Reiche bestehenden Organisationen des Ritus und Ordens." (Aus: "Vertrag und brüderliches Übereinkommen" zwischen Steiner und Reuß. In: GA 265, S.83)

Tatsache ist, daß Steiner nicht nur de facto Mitglied des O.T.O., sondern auch einer seiner höchsten Würdenträger war. Allerdings war es nicht die Sexualmagie, die Steiner an Reuß und seiner Einrichtung interessierte. Weder mit der Person Theodor Reuß noch mit einer seiner zahlreichen Unternehmungen dürfte Steiner etwas zu tun gehabt haben.

Der Memphis-Misraim-Ritus

Was veranlaßte Rudolf Steiner, an Theodor Reuß heranzutreten und mit ihm oben genanntes Geschäft abzuschließen? Neben der Sexualmagie war von Anfang an der sogenannte Memphis-Misraim-Ritus Bestandteil des O.T.O. Diesen Ritus hatte Reuß im Jahre 1902, also bereits vor der Gründung des O.T.O., von dem britischen Okkultisten John Yarker - eine in Freimaurerkreisen ebenfalls als ominös geltende Gestalt - käuflich erworben. Yarker seinerseits hatte diesen Ritus am 23. Februar 1872 von dem umstrittenen Harry J. Seymour erworben (Frick, S.203). Und auf diesen Ritus zielte Steiners Bemühen. In seiner Autobiographie heißt es hierzu:

> "Einige Jahre nach dem Beginne der Tätigkeit in der Theosophischen Gesellschaft trug man von einer gewissen Seite her Marie von Sivers und mir die Leitung einer Gesellschaft von der Art an, wie sie sich erhalten haben mit Bewahrung der alten Symbolik und der kultischen Veranstaltungen, in welchen die 'alte Weisheit' verkörpert war. Ich dachte nicht im entferntesten daran, irgendwie im Sinne einer solchen Gesellschaft zu wirken. Alles Anthroposophische sollte und mußte aus seinem eigenen Erkenntnis- und Wahrheitsquell hervorgehen. Von dieser Zielsetzung sollte um das Kleinste nicht abgegangen werden. Aber ich hatte immer Achtung vor dem historisch Gegebenen. In ihm lebt der Geist, der sich im Menschheitswerden entwickelt. Und so war ich auch dafür, daß, wenn irgend möglich, Neu-Entstehendes an historisch Vorhandenes anknüpfe. Ich nahm daher das Diplom der angedeuteten Gesellschaft, die in der von Yarker vertretenen Strömung lag. Sie hatte die freimaurerischen Formen der sogenannten Hochgrade. Ich nahm nichts, aber auch wirklich gar nichts aus dieser Gesellschaft mit als die rein formelle Berechtigung, in historischer Anknüpfung selbst eine symbolisch-kultische Betätigung einzurichten." (Steiner: Mein Lebensgang, S.335)

Steiner wollte also von Reuß nur die Berechtigung erwerben, eine eigene kultische Einrichtung zu begründen, die zwar historisch an den Memphis-Misraim-Ritus anknüpfte, inhaltlich aber von diesem nichts übernahm. In einem Brief Steiners an A.W. Sellin aus dem Jahre 1906 heißt es hierzu:

"Als ich nun anfangen wollte, in der angegebenen Richtung zu wirken, oblag es mir für gewisse Vorgänge der höheren Plane bei denen, die solches suchten, ein Ritual einzuführen. Dieses Ritual kann kein anderes sein als dasjenige, welches der Okkultismus seit 2300 Jahren anerkennt, und das von den Meistern der Rosenkreuzer zubereitet worden ist. Wenn in diesem Ritual sich etwas findet, was in die drei Johannesgrade herübergekommen ist, so beweist das nur, daß diese Johannesgrade etwas aus dem Okkultismus aufgenommen haben. Meine Quelle ist nur der Okkultismus und die Meister. ... Herrn Reuß habe ich nun gesagt, was sich in die folgenden Sätze formulieren läßt: Ich will *nichts*, aber auch gar nichts von Ihrem Orden. Ich werde aber in einer Richtung wirken, von der der Orden vorgibt, daß es die seinige ist. Es kommt nun nur darauf an, daß der Orden für sich, nicht für mich, anerkennt, daß ich dies im Sinne der Grade tue, die der Orden als die seinigen in Anspruch nimmt. Ich mache zur Bedingung, daß der Orden mir nichts mitteilt von seinen Ritualen. Niemand soll je sagen können: ich habe von dem Orden etwas empfangen. Ich will meinen Schritt bloß vom Standpunkte okkulter Loyalität betrachtet wissen. Und es darf niemand ein Recht haben, ihn je anders zu deuten." (GA 265, S.68 f.)

Steiner handelte also offenbar nach übergeordneten Gesichtspunkten, die es unerheblich machten, daß alle von Reuß vertretenen Riten irregulär waren.

Unklarheiten

Daß Steiner eine eigene erkenntniskultische Abteilung begründet hat, kann ihm nicht zum Vorwurf gemacht werden. Dazu müßte man sich mit den Inhalten des dort Gepflegten auseinandersetzen. Erstaunlich ist aber die Tatsache, daß für ein an sich wertloses Diplom eine große Summe Geldes bezahlt wurde. Weiter erstaunt es, daß er über Theodor Reuß nicht besser informiert war, um zu wissen, daß ihn allein der Kontakt zu dieser Person in ein schräges Licht setzt. Auch wenn ihm Reuß nur unumgänglicher Mittelsmann zum Yarker-Diplom war und er sich mit ihm daher nicht weiter auseinanderzusetzen brauchte, bleibt unklar, woran Steiner historisch anknüpfte, indem er sich auf Yarker berief. Die historische Kontinuität und die okkulte Loyalität, die Steiner als Beweggrund angab, scheinen sich vor allem darin auszudrücken, daß man einander Diplome abkauft.

Ähnlich unklar blicken auch die Historiker Helmut Möller und Ellic Howe, die eine Beschreibung des Lebens von Theodor Reuß vorgelegt haben. Für sie ist das Handeln Steiners nicht nachvollziehbar, und aus ihren Worten schimmert Spott, daß Steiner eitel genug gewesen sei, Reuß das Diplom um der Großmeisterwürde willen abzukaufen:

"Nicht die Kontaktaufnahme mit dem Generalsekretär der Theosophischen Gesellschaft (Adyar) Steiner gibt Rätsel auf, auch wenn Reuß zur Hartmann-Richtung der Theosophie gehörte, sondern daß Steiner das Angebot 'von gewisser Seite' zu diesem Zeitpunkt akzeptierte. Zwar hatten die früher geschilderten Vorgänge keine Schlagzeilen gemacht und auch in der Freimaurerwelt ... wohl allenfalls ein begrenztes Echo gefunden, doch hätte Steiner bei seinen Verbindungen der freimaurerische Status der Yarker-Riten nicht entgehen können, wie es bei der Verflechtung von fringe masonry und Okkultismus auch unerfindlich ist, daß ihm jene Interna verborgen geblieben sein

sollten, wenn er sich ernsthaft um eine Überprüfung seiner neuen Alliierten bemüht hätte. Sei es, daß er sich düpieren ließ, sei es, daß ihm das Angebot und die Würde eines Großmeisters gelegener kamen, als er später als Oberhaupt der Anthroposophischen Gesellschaft wahrhaben wollte: Zum Preis von 1500 Mark 'nahm (er) das Diplom der angedeuteten Gesellschaft, die in der von Yarker vertretenen Strömung lag', an.
Zu seiner Rechtfertigung brachte Steiner vor, er habe 'immer Achtung vor dem historisch Gegebenen (gehabt). In ihm lebt der Geist, der sich im Menschheitswerden entwickelt. Und so war ich auch dafür, daß, wenn irgend möglich, Neu-Entstehendes an historisch Vorhandenes anknüpfe', von dem er 'nichts, aber auch wirklich gar nichts' übernommen haben will 'als die rein formelle Berechtigung, in historischer Anknüpfung selbst eine symbolisch-kultische Betätigung einzurichten'. Es ist Steiner, der hier so argumentierend 'das Lächerliche mit der Grimasse des Ernstes behandelt', nicht diejenigen, die 'später ... Bescheinigungen, die von Marie von Sivers und (ihm) bei der Anknüpfung an die historische Yarker-Einrichtung unterschrieben worden sind, ... (als) Ausgangspunkte für allerlei Verleumdungen' benutzt haben sollen. Und es spricht zumindest für ein etwas gestörtes Verhältnis zu 'historisch Vorhandenem' - handelt es sich auch um Histoire Yarkerscher Provenienz -, wenn er in der besten Manier alpenländischer Bauerntheater die Konsequenzen seines Handelns neutralisieren will: 'Unsere Unterschriften waren unter 'Formeln' gegeben. Das Übliche war eingehalten worden. Und während (sic) wir unsere Unterschriften gaben, sagte ich mit aller Deutlichkeit: das alles ist Formalität, und die Einrichtung, die ich (sic) veranlasse, wird *nichts* herübernehmen von der Yarker-Einrichtung.' Was auch immer von der recht peinlichen Apologese zu halten ist, so gibt doch Steiner selbst zu, daß er sich auf der Grundlage jenes Diploms der 'angedeuteten Gesellschaft' jahrelang 'symbolisch-kultisch' betätigt hat, auch nach Gründung der Anthroposophischen Gesellschaft, und daß deren 'symbolisch-kultische Abteilung' erst mit Beginn des Weltkrieges 'eingeschlafen' sei." (Möller/Howe, S.164 f.)

Freimaurer und Großmeister des O.T.O.

Es kann als erwiesen und unbestreitbar gelten, daß Rudolf Steiner Freimaurer, wenn auch einer irregulären Richtung, und Großmeister des O.T.O. war, auch wenn seine Frau, Marie Steiner-von Sivers, dies später unter dem Druck des Nationalsozialismus abstreiten wollte (vgl. Frick, S.525 f.). Man wird ferner akzeptieren müssen, daß Steiner aus Gründen der Loyalität an Reuß herantrat und Geld an diesen bezahlte, auch wenn schwer verständlich ist, warum Steiner nicht allein schon, um Verdächtigungen aus dem Weg zu gehen, ohne den Kontakt zu Reuß handelte, wie er es ja durchaus in Erwägung gezogen hatte:

"Hätte sich das Angebot von Seiten der angedeuteten Gesellschaft nicht eingestellt, so hätte ich die Einrichtung einer symbolisch-kultischen Betätigung ohne historische Anknüpfung getroffen." (GA 28, S.336)

Die Annahme, er habe von der Anrüchigkeit Reuß' nichts gewußt, ist unhaltbar, denn in dem schon zitierten Brief an Sellin schreibt er, es seien "sogar hierher naive Menschen ins Haus gekommen, um in geschäftiger Weise anzubringen, was sie von Reuß wissen, oder gar mich zu 'warnen'. Aber das alles geht in Wahrheit mich nicht das allergeringste an." (GA 265, S.70)

Das Problem ist nur, daß es heute, angesichts der geringen Nachvollziehbarkeit dieser Handlungsweise, schwerfällt, Steiner und die Anthroposophie vor verleumderischen Angriffen übelwollender Gegner wirkungsvoll und glaubwürdig zu schützen. Vielleicht wird man eines Tages nicht mehr anders können, als zuzugeben, daß Steiner einen Fehler gemacht hat - aber irren ist menschlich.

Literatur:

1) Karl R.H. Frick: Licht und Finsternis II. Graz 1978
2) Horst E. Miers: Lexikon des Geheimwissens. [5]1982, o.O.
3) Helmut Möller/Ellic Howe: Merlin Pelegrinus. Vom Untergrund des Abendlandes. Würzburg 1986
4) Rudolf Steiner: Mein Lebensgang. GA 28, Tb. Dornach [8]1982
5) Rudolf Steiner: Zur Geschichte und aus den Inhalten der erkenntniskultischen Abteilung der Esoterischen Schule 1904 - 1914. GA 265, Dornach 1987

Carola Cutomo

MEDIALITÄT – BESESSENHEIT – WAHNSINN

188 Seiten, kart., DM 19,80. ISBN 3-926841-19-2

Eine lebensnahe Schilderung einer Frau, die durch spiritistische Praktiken – Glasrücken, Tischrücken, automatisches Schreiben – in den Sog von Dämonen geriet. Carola Cutomo berichtet über ihre Zustände der Besessenheit, wie sich ihr in spiritistischen Experimenten angeblich Verstorbene nähern und nach und nach so weit aufdrängen, daß sie ganz in den Bann, Besitz und Gehorsam dieser Wesenheiten gerät. Ihre Medialität führt schließlich dazu, daß sie erleben muß, wie sie tagein, tagaus innere und äußere Stimmen hört, die sie durchs Leben hetzen und sogar zwingen, aus ihrem physischen Leib herauszutreten.

Carola Cutomo – der Name wurde vom Herausgeber geändert – stand am Rande des Abgrunds, kurz vor dem Wahnsinn, aber sie wurde geheilt und hat diesen Tatsachenbericht – der *nicht* auf der Grundlage der Anthroposophie geschrieben wurde – noch unter den Eindrücken ihrer Besessenheit geschrieben. Im FLENSBURGER HEFT Nr. 13 – siehe auch dort das Interview mit Carola Cutomo – sind anthroposophische Erkenntnishilfen und Erklärungsversuche unter anderem zum weiten Problemfeld spiritistischer Praktiken gegeben.

Flensburger Hefte Verlag

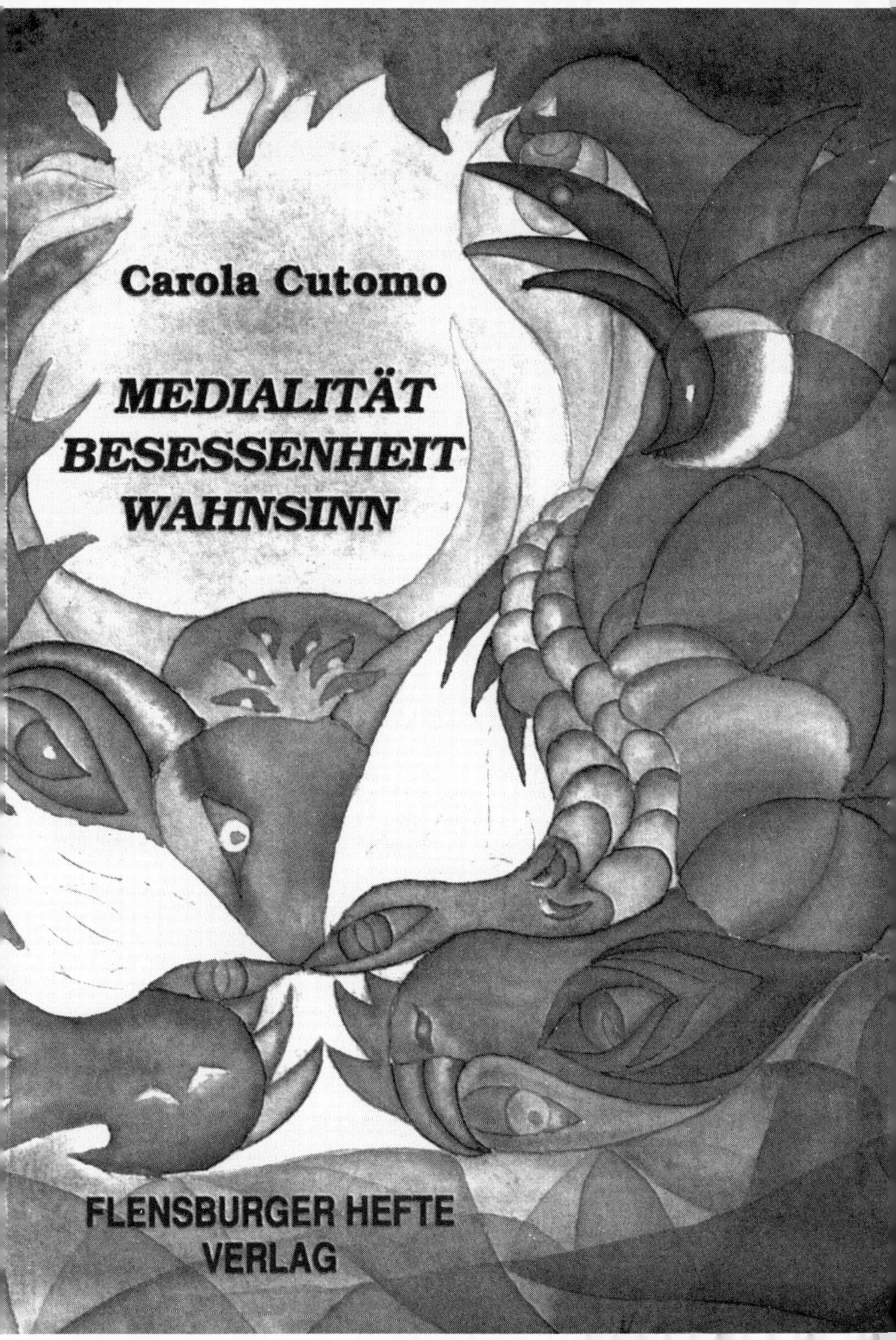
Carola Cutomo
MEDIALITÄT
BESESSENHEIT
WAHNSINN
FLENSBURGER HEFTE
VERLAG

Tue, was du willst

INTERVIEW MIT OLAF THORBRÜGGE

von Wolfgang Weirauch

Olaf Thorbrügge, *geboren 1967 in Dortmund, beschäftigt sich seit 1985 mit der Magie. Ende 1986 kam er zum Orden Thelema, schied aber Mitte 1990 wieder aus. Seit 1988 (mit einer ca. einjährigen Pause) ist er mit der Herausgabe und Redaktion der Zeitschrift Abrahadabra beschäftigt.*

Der Thelema-Orden ist seit jeher berühmt-berüchtigt, zum Beispiel durch einen laufenden Prozeß wegen angeblicher Vergewaltigung, sexualmagischer Übungen, schwarzmagischer Rituale u.v.m. Gegründet wurde diese Gruppe Anfang der siebziger Jahre in Berlin von Michael D. Eschner, genannt "Orden Thelema". Mittlerweile hat sich einiges verändert: Der Orden ist ins Wendland nahe der ehemaligen deutsch-deutschen Grenze gezogen, und auch die Strukturen wurden umgestellt, man bezeichnet sich nicht mehr als Orden, sondern als "Netzwerk Thelema", das bedeutet, daß verschiedene unabhängig voneinander lebende Gruppen in einem losen Verbund arbeiten. Michael D. Eschner selbst hat sich weitgehend zurückgezogen, wohnt aber noch im selben Haus wie Olaf Thorbrügge, mit dem wir das folgende Gespräch führten.

In diesem Haus mit den heruntergelassenen Rolläden befindet sich zum einen der Peyn und Schule-Verlag, der vorwiegend die Schriften von Crowley verlegt, aber auch andere Bücher magischen Inhalts, Räucheröle vertreibt und vieles mehr, zum anderen die Monatszeitschrift *Abrahadabra*, die Olaf Thorbrügge federführend leitet.

Natürlich fährt man nicht ohne Vorurteile zu so einem Interview, zumal wenn man durch die spektakuläre Sensationspresse eingestimmt ist, aber: Während des Gespräches verschwanden diese Vorurteile vollkommen - was nicht heißt, daß wir immer einer Meinung waren -, und wir lernten einen kenntnisreichen, um Selbsterkenntnis, Ehrlichkeit und Erkenntnis bemühten Menschen kennen, der sich genauso konsequent auf einen magischen Willensweg begeben hat, wie er sich liebevoll um seine kleinen Flußkrebse und seine Tigerpython kümmert. Olaf Thorbrügge hat sich mittlerweile ohne Zwist aus der Gruppe gelöst, weil er deren momentane Beschäftigung für sekundär hält, wohnt aber noch mit einigen von ihnen zusammen.

Im folgenden Gespräch geht es vor allem um Aleister Crowley, seine Weltanschauung, seinen Willensweg anhand des "Buches des Gesetzes", wir sprachen ferner über das Necronomicon, den O.T.O., Satanismus, Sexualmagie sowie die gnostisch-katholische Kirche. Was Aleister Crowley betrifft, der weithin als der "verruchteste Mann des Jahrhunderts" und als größter bzw. bekanntester Schwarzmagier gilt, so lohnt es sich ebenfalls, vorurteilsfrei das zu lesen, was Olaf Thorbrügge dazu sagt, auch wenn dies sicherlich seine ganz individuelle Meinung ist.

Wolfgang Weirauch: Mit welchen Zielen wurde der O.T.O. von Kellner und Hartmann bzw. später (1912) von Reuß gegründet?

Olaf Thorbrügge: Darüber gibt es die verschiedensten Ansichten, zumal die Selbstdarstellung des O.T.O. ihre kleinen Schönheitsfehler hat. Oft heißt es, daß der O.T.O.

eine riesige Organisation gewesen sei, was aber überhaupt nicht stimmt, denn zu Zeiten von Kellner und Crowley hatte der O.T.O. weltweit höchstens 50 bis 80 Mitglieder. Die Ziele sind ebenfalls umstritten. Reuß selber hat einmal mitgeteilt, er habe den O.T.O. neu begründet, weil er das Geheimnis der Templer wiederentdeckt habe, und er wollte eine Organisation gründen, in der die sexualmagischen Geheimnisse der Templer verbreitet und gelehrt werden könnten. Andere dagegen behaupten, Reuß habe dies aus Geldgründen getan bzw. weil er in Freimaurerkreisen nicht sehr angesehen war und deswegen seinen eigenen Verein gegründet habe.

W.W.: Rudolf Steiner kaufte von Reuß das im Grunde wertlose Patent zur Gründung des Großrates "Mystica aeterna" für 1.500 Mark, zahlte zusätzlich 40 Mark für die ersten 100 Mitglieder an Reuß und wurde nach Aufnahme des 100. Mitgliedes automatisch zum General-Großmeister. Da - zumindest nach Ansicht von Reuß - die Loge "Mystica aeterna" zum O.T.O. gehörte, war Rudolf Steiner also einer der höchsten Würdenträger des O.T.O!?

O. Thorbrügge: Das kann man so sehen, muß man aber nicht. 1906 hat sich Steiner vom O.T.O. und von Reuß losgesagt und wollte mit ihm nichts mehr zu tun haben. Ähnlich geht es noch heute zu, also daß es immer wieder Abspaltungen gibt, so daß die gesamte Organisation sehr schwer zu überblicken ist. Natürlich kommt heute auch noch hinzu, daß sich alle nicht darüber einig sind, wer nun der rechte Nachfolger ist. Soweit ich informiert bin, hat Rudolf Steiner diverse Techniken übernommen und abgeändert, seinem Weltbild entsprechend, d.h. entschärft. - Bekannt waren sexualmagische Techniken allerdings schon seit Tausenden von Jahren bei verschiedenen Tantra-Adepten; zu diesen Techniken gehörte auch das sogenannte Ekeltraining, also die Überwindung der Dualität Geist-Körper. Soweit ich mich auskenne, hat Steiner beim O.T.O. nur ein kurzes Gastspiel gegeben und sich dann von ihm getrennt.

O.T.O.-Grade gegen Pornohefte

W.W.: Nun hat Steiner aber dezidiert betont, er kümmere sich nicht um Reuß und seine Praktiken, er wolle mit dem Erwerb des Patentes lediglich historisch anknüpfen. Die Loge "Mystica aeterna" gehörte zum O.T.O., Rudolf Steiner erwirbt das Patent, ist damit auch berechtigt, Mitglieder aufzunehmen; ist er deshalb wirklich Mitglied des O.T.O.? Bedarf es dazu nicht noch eines zusätzlichen Aufnahmeritus?

O. Thorbrügge: Rein theoretisch ja, rein praktisch nein. Die "Mystica aeterna" ist nicht direkt eine Loge des O.T.O., sondern gehört zum Ritus von "Memphis Misraim". In den Gründungspapieren taucht der Begriff O.T.O. nicht auf. Reuß hat beide Organisationen oft miteinander verbunden. Nach der Satzung muß man in die verschiedenen Grade initiiert werden, wenn man seinen eigenen Verein gründen will. Auch muß man verschiedene Prüfungen ablegen, bestimmte Fähigkeiten erlangt haben, die unterschiedlichsten Praktiken durchgeführt haben und Beweis seiner Ergebnisse liefern. So weit die Theorie. In der Praxis aber kann man - wie Du selbst gesagt hast - die Grade nämlich kaufen. Das kann man heute genauso wie damals. Nach meinen letzten Informationen kann man sich heutzutage die höchsten Grade des O.T.O. gegen Pornohefte erwerben.

W.W.: Was soll das denn heißen?

O. Thorbrügge: Man schickt den entsprechenden Leuten Pornohefte und sie schicken einem einen Grad.

W.W.: Aber das ist doch irre! Wer macht denn so etwas?

O. Thorbrügge: Den Namen möchte ich hier jetzt nicht nennen, meine Information ist aber aus sicherer Quelle, denn ich kenne jemanden, der sich seinen O.T.O.-Grad auf diese Weise erworben hat.

W.W.: Man hört ja hin und wieder, daß Steiner und Crowley eine Begegnung hatten. Ich habe nie einen Beweis dafür einsehen können.

O. Thorbrügge: Material gäbe es wahrscheinlich nur von Augenzeugen, eine Begegnung ist jedoch eher unwahrscheinlich. Das Thema müßte demnächst auch in unserer Zeitschrift *Abrahadabra* in der Artikelserie von P.R. König über den O.T.O. erscheinen. König ist eine wahre Fundgrube über den O.T.O., denn er hatte Zugang zum Archiv von Reuß, hat zusätzlich sehr viele Augenzeugen persönlich angeschrieben, gesprochen und entsprechende Informationen gesammelt.

Crowley kürte sich zum Weltoberhaupt des O.T.O.

W.W.: Am 12. April 1912 wird Crowley Großmeister des O.T.O. für Großbritannien und Irland, nicht aber für Amerika. Inwiefern hat sich Crowley 1917 und 1919 im O.T.O. gegen den Willen von Reuß selbständig gemacht, und auf welche Weise hat er eigenständige Rituale entwickelt?

O. Thorbrügge: Es gab zum Beispiel einen Streit zwischen Reuß und Crowley, inwieweit das thelemitische Gedankengut mit in den O.T.O. aufgenommen werden solle. Reuß war strikt dagegen, einige andere Leute ebenfalls, aber Crowley hat es einfach gemacht. Das heißt, daß er die Rituale des O.T.O. an thelemitische Formeln und thelemetisches Gedankengut angepaßt hat, vor allem an das "Buch des Gesetzes". Ich habe einmal die Original-O.T.O.-Rituale gelesen, und die sind zu weiten Teilen höchst lächerlich.

W.W.: Inwiefern?

O. Thorbrügge: Es kommt darin zum Beispiel vor, daß sich der Priester besäuft und dann auf allen vieren zum Altar kriecht.

W.W.: Das ist im Ritualtext entsprechend vorgegeben?

O. Thorbrügge: Genau so ist es vorgegeben. Crowley hat das Ganze dann ein wenig mystischer gestaltet und die thelemitischen Gedankengüter, "Tue, was du willst, Liebe ist das Gesetz, Liebe unter Willen", mit hineingebracht. Crowley wurde von 2 Hochgraden, also Trägern des neunten und zehnten Grades, kurzzeitig zum Weltoberhaupt gemacht, was diese jedoch kurze Zeit später widerriefen. Crowley hat sich darum wenig gekümmert, so daß er sich letztlich selbst zum Weltoberhaupt gekürt hat, für sich den elften Grad beanspruchte (den er erst einführte) und deswegen sehr umstritten war.

W.W.: Inwieweit waren es die sexualmagischen Praktiken, die Crowley zum O.T.O. gezogen haben, oder sind sie erst durch ihn hineingekommen?

O. Thorbrügge: Die Legende besagt, daß eines Tages Reuß an die Tür von Crowley klopfte und ihn fragte, wie er die tiefsten Geheimnisse des O.T.O. einfach so veröffentlichen könne. Crowley wußte allerdings nicht, worüber Reuß sprach, bis dieser ihn auf die zwei Rituale im "Buch der Lügen" hinwies, "Sternrubin" und "Sternsaphir", die angeblich das tiefste Geheimnis des O.T.O. beinhalten. Crowley hat seine Unkenntnis geäußert, aber doch recht schnell verstanden, worum es ging, woraufhin Reuß ihm Irland und Großbritannien als Herrschaftsbereich für den O.T.O. geschenkt hat.

Die sexualmagischen, besser sexualyogischen, Praktiken gehörten schon vorher dem O.T.O. an, was man unter anderem in der *Oriflamme*, der Zeitschrift des O.T.O., nachlesen kann. Diese sexualmagischen Praktiken wurden dann als Geheimnis der Templer mystifiziert. Der O.T.O. leitete sich selbst direkt von den Templern ab, um damit seine Bedeutung zu steigern. Ähnlich machte es auch der Orden Golden Dawn, wo MacGregor Mathers seine Legitimation dadurch erbringen wollte, daß er diesen Orden auf geheime und ältere Orden in Deutschland zurückführte, was allerdings nie bewiesen werden konnte. Im Prinzip gehört dies alles in den Bereich der Legendenbildung.

Das Geheimnis der Unsterblichkeit

W.W.: Zu den wenigen Dokumenten über den Lehrinhalt der Rituale des O.T.O., die an die Öffentlichkeit gelangt sind, gehört das "Manifesto des Groß-Orientes" des Memphis- und Misraim-Ritus aus dem Jahre 1903, unter anderem auch in der "Historischen Ausgabe" der *Oriflamme* von 1904, S.31, abgedruckt:

"Eines der Geheimnisse, die unser Orden in seinem höchsten Grade besitzt, besteht darin, daß er dem gehörig vorbereiteten Bruder die praktischen Mittel liefert, den wahren Tempel Salomos im Menschen aufzurichten, das 'verlorene Wort' wiederzufinden, das heißt, daß unser Orden dem Eingeweihten und auserwählten Bruder die praktischen Mittel liefert, die ihn in den Stand setzen, sich schon in diesem irdischen Leben Beweise seiner Unsterblichkeit zu verschaffen.

Diese praktischen Mittel sind aber keine 'Geisterbeschwörungen' oder andere 'spiritistische Praktiken', sondern es sind Mittel, die sich nur mit der inneren Stimme und mit den inneren Sinnen des Kandidaten selbst beschäftigen und alle spiritistischen Praktiken direkt und strengstens ausschließen und verdammen.

Dieses Geheimnis ist eines der wahren maurerischen Geheimnisse und eben ausschließlich das Geheimnis der okkulten Hochgrade unseres Ordens. Es ist auf unseren Orden durch mündliche Überlieferung von den Vätern aller wahren Freimaurerei, den 'weisen Männern des Ostens', überkommen und wird auch von uns wieder mündlich weitergegeben. Selbstverständlich hängt der Erfolg dieses praktischen Unterrichts zur Erlangung dieses Geheimnisses wiederum ganz vom Kandidaten selbst ab. ...

Diejenigen Brüder, welche nun dieses Geheimnis gefunden hatten, bewahrten es als ein köstliches, selbsterrungenes Eigentum, und um von den Alltagsmenschen nicht verkannt oder gar verspottet zu werden, verbargen sie es unter Symbolen, so wie wir das heute noch tun." (In: Karl R.H. Frick: Licht und Finsternis II. Graz 1978, S.480 f.)

Was ist mit diesen praktischen Mitteln für den Beweis der Unsterblichkeit gemeint?

O. Thorbrügge: Ich denke, daß damit der vollständige Astralaustritt gemeint ist. Das bedeutet, daß man sich so vollständig von seinem physischen Leib trennen kann, daß der physische Leib von außen gesehen starr bzw. scheintot ist, und daß man mit dem Astralkörper andere Wahrnehmungen bekommt, die auch beweisbar sind. Diese Beweise sind zum Beispiel, daß man materielle Dinge in Bewegung bringt oder von anderen Orten nachprüfbare Informationen einholt. Dieser Austritt kann in verschiedenen Stufen erfolgen, zum Beispiel durch die Verfestigung des Ätherkörpers; der vollständige Astralaustritt wird allgemein angesehen als einhergehend mit dem Kundalini-Aufstieg bis zum Scheitel-Chakra. Das dürfte auch mit den inneren Sinnen gemeint sein, die in dem von Dir verlesenen Text angesprochen sind.

Man erreicht das, indem man die Kundalini-Energie so lange aufsteigen läßt, bis man aus seinem Körper austreten kann, und dann mit den inneren Sinnen die eigene Person als unsterblichen Körper wahrnimmt, wobei man klar sagen muß, daß die Grenze zum Selbstbetrug oder zur Träumerei sehr verwaschen ist. Denn es gibt viele Leute, die von Astralaustritten berichten, wo man sich wirklich fragen muß, ob diese Personen wirklich das, was sie sagen, noch ernst meinen; ich denke dabei zum Beispiel an Murphy. Denn wenn die Wesen auf der Astralebene, die er in seinem zweiten Buch beschreibt, wirklich so dämlich sind, dann lohnt es sich kaum, mit ihnen Kontakt aufzunehmen. Ich denke, daß mit dem Geheimnis der Unsterblichkeit wirklich der Astralaustritt gemeint ist, den ich weitgehend mit dem Kundalini-Aufstieg gleichsetzen möchte, wie er auch im Raja-Yoga bzw. im Tantra vollzogen wird.

W.W.: Wurden diese Astralaustritte im O.T.O. geübt?

O. Thorbrügge: Crowley auf jeden Fall hat es getan und darüber in diversen Büchern geschrieben. Auch im Golden Dawn wurden diese Astralaustritte geübt, ebenfalls Ätherkörperaustritte. Aber inwieweit das jetzt im O.T.O. fortgesetzt worden ist, kann ich nicht sagen, ich weiß es lediglich von Crowley und den Leuten in seiner engen Umgebung. In bezug auf den heutigen O.T.O. hört man nicht mehr sehr viel von praktischen Übungen, und nach meinen Informationen ist es lediglich ein Quatschverein geworden, in dem man sich nur trifft, um über Magie zu reden, aber keine Magie praktisch durchführt.

Die Vereinigung mit dem heiligen Schutzengel

W.W.: Ein weiteres Zitat aus der *Oriflamme*:

"Wir lehren, die erste Vorbedingung auf dem Wege zur Erkenntnis des Schöpfers aller Welten ist die wahre, wirkliche Selbsterkenntnis. Diese wirkliche Selbsterkenntnis ist der Grundstein zum esoterischen Tempel in des Menschen Brust. Ist diese Vorstufe erklommen, dann kann der Neophyt seine Wanderschaft beginnen. Dieselbe muß unter eisernem Schweigen geschehen. Der Weg ist dunkel, aber aus der Ferne wirft der Heilige Gral seinen blutroten, feurigen Schein der selbstlosesten Menschenliebe auf den Weg des ernst suchenden Wanderers. Schwere Proben hat der Wanderer zu bestehen, aber dem wahrhaft Standhaften winkt die Gemeinschaft der Tempelweisen, der esoterischen Templer und Rosenkreuzer, denen das 'Licht vom Osten' ewig erstrahlt in höchster Reinheit." (*Oriflamme,* 1912, S.19-21; zit. nach: Karl R.H. Frick: Licht und Finsternis II. Graz 1978, S.482 f.)

Auf welchen Wegen wurde diese Selbsterkenntnis im O.T.O. zu erlangen versucht?

O. Thorbrügge: Nun hören sich diese mystischen Worte natürlich immer sehr schön an, und man kann damit sehr viele Menschen beeindrucken. Aber oft ist gar nicht so viel dahinter. Das Konzept ähnelt dem von Crowleys A.·.A.·. (Astrum Argenteum, der von

Crowley gegründete thelemitische Orden), wo über dem Abyss die Stadt der Pyramiden ist, in der die Meister des Tempels wohnen. Dies alles wird als der Heilige Gral bezeichnet, also der Sprung über den Abyss und die Vereinigung mit seinem heiligen Schutzengel.

Jedenfalls hat Crowley diese Sachen geübt, ebenfalls einige Menschen in seinem näheren Umkreis, zum Beispiel Victor Neuburg sowie Janet Wolf, eine Frau, mit der er gegen Ende seines Lebens in regem Briefkontakt stand, welcher unter dem Titel "Magick without tears" veröffentlicht wurde. Er hat sie auf jeden Fall dazu angeleitet, Kontakt mit ihrem heiligen Schutzengel aufzunehmen, Astralaustritte durchzuführen sowie letztlich durch den Abyss zu gehen. Von Reuß dagegen habe ich noch nie gehört, daß er auf irgendeine Weise praktisch gearbeitet hätte. In der Zeit nach Crowley habe ich nur vom O.T.O. in der Schweiz und von der Fraternitas Saturni in Berlin gehört, daß sie auch praktisch gearbeitet haben. Da gibt es einige Anekdoten von kleinen magischen Kriegen.

Was die Selbsterkenntnis angeht, so ist dies im Prinzip unabdingbar, wenn man eine gewisse Stufe erlangen will. Man muß es nicht unbedingt so mystisch beschreiben, wie in der *Oriflamme*, sondern es reicht, wenn man *ernsthaft* ehrlich zu sich selbst ist, ansonsten verliert man sich automatisch in den Traumnebelgebilden. Je nach magischer Schule wird mit Selbsterkenntnis auch der heilige Schutzengel verstanden, für Crowley jedenfalls war diese Stufe der Selbsterkenntnis sein heiliger Schutzengel, andere bezeichnen dies als Erleuchtung, wiederum andere als die Vereinigung mit dem eigenen Genius.

W.W.: Was ist denn nun genau dieser heilige Schutzengel?

O. Thorbrügge: Wenn man es in der personifizierten Form wie bei Crowley nimmt, so kann man sagen, daß der heilige Schutzengel das ist, was ich in der Zukunft schon bin, und ich kann mich schon heute mit ihm vereinen und habe dann die Erkenntnis meiner selbst, denn der heilige Schutzengel steht über Raum und Zeit, kann somit sämtliche Inkarnationen von mir überschauen.

W.W.: Ist dieser heilige Schutzengel nun eine eigenständige Wesenheit oder lediglich das höhere Ich des Menschen bzw. ein Ziel, das der Mensch eines Tages erreichen wird?

O. Thorbrügge: Crowley hat sich dazu teilweise sehr widersprüchlich geäußert. Seine interessanteste Äußerung dazu steht in "Magick", wo er schreibt, daß er diesen Zustand als "Schutzengel" beschreibe, weil er davon ausgehe, daß diese Bezeichnung so absurd sei, daß niemand ernsthaft an eine solche "Person" glauben könne, was natürlich der Personifizierung, die oben angesprochen ist, entgegensteht. Andere wiederum personifizieren diesen heiligen Schutzengel durchaus als ihren Geistführer. Es kommt auch immer wieder darauf an, wie man die ganze Angelegenheit sehen will: Was ich wahrnehmen will, das sehe ich, meine Konzepte haben Wirklichkeit für mich, weil ich die objektive Wahrheit, wie sie von vielen proklamiert wird, noch nicht gefunden habe und ich auch noch nicht sehe, daß ich sie finde. Solange ich also ohne Wahrheit dastehe, kann ich mir Konzepte aussuchen, die möglichst genau das ausdrücken, was ich will. Insofern ist es für manche Menschen einfacher, den heiligen Schutzengel als Person anzusehen, mit dem sie Kontakt aufnehmen können, für andere Menschen ist es wiederum für ihre Denkungsart einfacher, das Ganze als Zustand zu betrachten. Und da muß man nun sehen, daß man sich durch diesen Dschungel durcharbeitet, ohne sich selber zu verlieren.

W.W.: Nun gibt es aber doch ein Ritual zur Anrufung des heiligen Schutzengels. Ist es dadurch nicht klar, daß dieser Schutzengel eine eigenständige Wesenheit ist?

O. Thorbrügge: Nein, ist es nicht. Man kann es genausogut als Anrufung des höheren Ichzustandes betrachten. Das Ritual selbst sagt nichts darüber aus, ob der heilige Schutzengel eine eigenständige Wesenheit ist oder nicht. Natürlich ist es beim Ritual günstiger, den heiligen Schutzengel als eigenständige Wesenheit zu betrachten, denn dann kann man mit ihr kommunizieren, aber ob es nun ein Teil von mir ist oder nicht, bleibt sich im Endeffekt gleich. Schließlich kommt es darauf an, ob ich Erfolg habe oder nicht; welches Konzept letztlich dahintersteckt, ist ziemlich gleichgültig. Allein auf den Erfolg, den ich auf meinem Weg habe, kommt es an.

Crowley und Mathers brachten gegenseitig ihre Hunde um

W.W.: Auf welchen Wegen hat Crowley den Bezug zur Magie gefunden? Seine erste Ordenszugehörigkeit war wohl die im Golden Dawn; wie kam es dazu?

O. Thorbrügge: Crowley selbst beschreibt, daß er bereits als Kind außergewöhnliche Fähigkeiten hatte und aufgrund dessen auch von seiner Mutter als das Tier 666 bezeichnet wurde, was ihm so gut gefiel, daß er diesen Namen behalten hat. Man sagt, daß er auf der Universität einen kleinen Zirkel esoterisch arbeitender Menschen begründet habe, bis er irgendwann Bennet kennenlernte, der ihn in den Golden Dawn einführte. Erst dort hat seine richtige Ausbildung begonnen. Diese Ausbildung im Golden Dawn hat er in einer absoluten Rekordzeit abgelegt, er wurde innerhalb von zwei Jahren zum Adepten. Vorher hatte man für diesen Weg sieben bis zehn Jahre angesetzt. Der Golden Dawn war zu dieser Zeit am Anfang des Jahrhunderts noch so geartet, daß man Prüfungen verlangte.

Später kamen die Auseinandersetzungen mit Mathers, da gibt es die kleinen hübschen Geschichten von dem magischen Krieg, im Zuge dessen Crowley und Mathers gegenseitig ihre Hunde umgebracht haben und sich Vampire auf den Hals hetzten. Ob das nun wahr ist, kann ich nicht beurteilen, auf jeden Fall haben sie sich gegenseitig ziemlich beharkt, so daß Crowley aus dem Golden Dawn ausstieg. Kurze Zeit danach ist der Golden Dawn ohnehin kaputtgegangen. Crowley behauptete anschließend in seinen Schriften, daß er dieses bewirkt habe, andere sagen, es wäre ohnehin so gekommen. Es ist nicht ganz leicht zu beurteilen, weil die Menschen, wenn sie von sich selber reden, zu leichter Idealisierung ihrer selbst neigen.

W.W.: Nach seinem Rausschmiß aus dem Golden Dawn besucht Crowley 1902 seinen alten Freund Bennet, der mittlerweile auf Ceylon buddhistischer Mönch geworden ist. Welchen Einfluß hatte Bennet bzw. das buddhistische Element auf Crowleys Leben?

O. Thorbrügge: Das hat einen sehr starken Einfluß auf sein Leben und sein Wirken genommen, denn in den Praktiken des Westens ist zum Beispiel der Kundalini-Aufstieg in der Form so nicht bekannt gewesen, bevor Crowley ihn eingeführt hat. Er hat zusätzlich diverse Meditations- und Arbeitstechniken aus dem Buddhismus übernommen, speziell die Konzepte, die er in "Magick" beschreibt, zum Beispiel die gesamten Meditationszustände, wie Dharana, Dhyana und Samadhi. Eigentlich kommen diese Konzepte eher aus dem Hinduismus. Auch die Person Bennet hat einen starken Einfluß auf Crowley gehabt. Sie waren sehr befreundet, Bennet hat später auch noch für den *Äquinox* geschrieben; das war Crowleys Zeitung, ähnlich wie Eure, also auch in Buchform. Darin hat Bennet zum Beispiel den berühmten Aufsatz "Training des Geistes" geschrieben, in dem es um buddhistische Methoden der Geistschulung geht.

Ferner war Crowley ein sehr guter und bekannter Bergsteiger, hat mehrere Fachveröffentlichungen über das Bergsteigen herausgebracht und heroinsüchtig - so sagt man jedenfalls - den K2 bestiegen, der ist immerhin etwa 8.000 m hoch. Bergsteigen war neben Magie und Reisen Crowleys größtes Hobby. Im Bergsteigen war er wirklich gut, und wenn er tatsächlich zu dieser Zeit schon heroinsüchtig gewesen ist, so war das noch eine doppelte Leistung.

W.W.: 1904 kommt die Wandlung in Crowleys Leben; er wird durch ein Erlebnis in Kairo zum Magier. Aus Spaß führte er für seine Frau eine Sylphen-Anrufung durch, die aber - nach ihren Aussagen - von Horus in der Gestalt des Ra-Hoor-Khuit bzw. seines Sendboten Aiwass inspiriert wurde. Nun ist Horus in der ägyptischen Mythologie der Sohn der Isis und des Osiris, der zur Wintersonnenwende als kleines Kind vom Heiligtum nach außen zur Menge getragen wurde. Ist etwa dieser Horus der Inspirator von Crowley und seiner Frau?

O. Thorbrügge: Ra-Hoor-Khuit ist die Schreibweise, die Crowley gewählt hat. In ägyptischen Büchern wird er auch oft als Re-Harachte bezeichnet, d.h. etwa soviel wie der "Herr der zwei Horizonte", und es ist der Kriegsgott von Theben. Das "Buch des Gesetzes" (Liber Legis), egal wie es entstanden ist, weist schon darauf hin, daß da auf jeden Fall eine höhere Macht bei dem Diktat dahinterstand, weil die immanenten Erweise schon überzeugend sind. Insofern kann man schon sagen, daß Horus in der Form von Re-Harachte über seinen Boten Aiwass der Inspirator ist.

Crowleys Offenbarung

W.W.: Ich lese einmal über die Entstehungsgeschichte des "Buches des Gesetzes" aus dem *Mitteilungsblatt der Psychosophischen Gesellschaft*:

"Sie (Crowleys Frau, W.W.) war jedoch unfähig, irgendwelche Sylphen wahrzunehmen, wurde aber 'inspiriert' und rief wiederholt: 'Sie warten auf dich!' Crowley hatte keine Ahnung, was er mit den Worten seiner Frau anfangen sollte und war skeptisch. Am 18. März wurde offenbart, daß der Wartende: Horus sei; und er nahm seine Frau, wie Tagebuchnotizen zeigen, über Horus ins Kreuzverhör. Einzig der überraschende Charakter ihrer Identifizierung des Gottes bereitete ihm Unruhe, ihr zu gehorchen. Er fand sich dazu nur bereit, um ihr zu zeigen, wie albern sie war. Sie beschrieb auf seine Fragen den Gott sehr genau und - Crowley war immer noch skeptisch. Da sie bei der Befragung unter anderem geantwortet hatte, sie könne die Gottheit wiedererkennen, wenn man sie ihr zeige, nahm er sie ins Boulak-Museum in Kairo mit, das sie vorher noch nie betreten hatte. Sie gingen dort (wie Crowley bemerkt, mit ruhiger Heiterkeit) an verschiedenen Darstellungen des Horus vorbei, schritten eine Treppe hinunter. Ein Glasgehäuse stand dort in einiger Entfernung, zu weit weg, als daß man seinen Inhalt erkennen konnte, doch seine Frau erkannte ihn. 'Dort, dort ist er!' schrie sie. Crowley näherte sich dem Gehäuse.

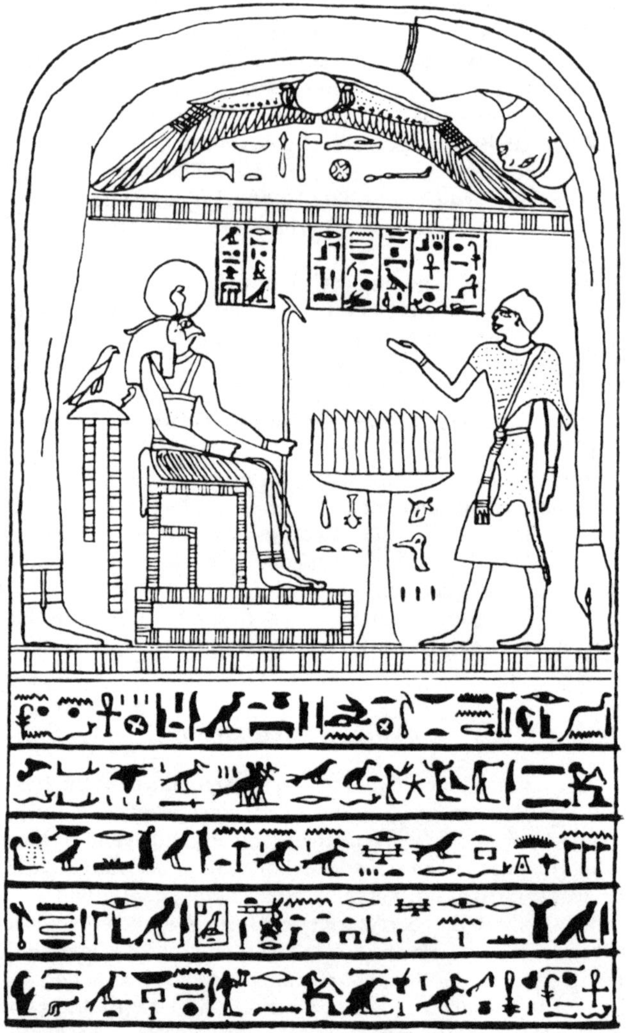

Stele des Priesters Ankh-f-n-Khonsu

Es war das Bild des Horus in der Gestalt von Ra-Hoor-Khuit, auf eine hölzerne Stele der 26. Dynastie gemalt, die Stele des Priesters Ankh-f-n-Khonsu - und der ausgestellte Gegenstand trug die Zahl 666! Die Zahl 666 (das Tier) war die Zahl seines eigenen Namens. Erst jetzt nahm Crowley die Worte seiner Frau ernst. Zwischen dem 23. März und dem 8. April übersetzte er die Inschrift der Stele und setzte sie in Verse. Und in dieser

Zeit sagte ihm seine Frau, daß sie nicht durch Horus und nicht durch Ra-Hoor-Khuit informiert würde, sondern durch seinen Botschafter Aiwass. Am 7. April wurde Crowley durch seine Frau befohlen, den 'Tempel' an drei aufeinanderfolgenden Tagen zu betreten, genau um 12.00 Uhr mittags, niederzuschreiben, was er hören sollte, nicht mehr und nicht weniger, und genau um 13.00 Uhr mittags den Tempel wieder zu verlassen. Er gehorchte.

Crowley beschreibt uns die Offenbarung im 'Tempel': Es war ein Appartement, in einem europäischen Viertel Kairos, nahe dem Boulak-Museum. Er betrat den 'Tempel' eine Minute vor der angegebenen Zeit, so viel früher, wie man braucht, um die Tür zu schließen und mit dem Schlag 12 niederzusitzen. Auf seinem Tisch lag seine Feder und Schreibpapier. Er sah sich niemals im Zimmer um. Die Stimme Aiwass' kam anscheinend aus der entferntesten Ecke des Raumes von links oben herab. Sie diktierte sehr schnell und drängte ungestüm vorwärts, so daß Crowley sich anstrengen mußte, mit Schreiben nachzukommen, was sich auch in seinen Schriftzügen ausprägt. Für gewöhnlich schrieb er - wie er nachträglich feststellte - 65 Seiten in zehneinhalb Stunden - das wurde jetzt in drei Stunden bewältigt. Die Stimme von Aiwass hatte einen tiefen Timbre, war ausdrucksvoll; feierlich, wollüstig, zart oder feurig; sein Englisch frei von jedem Akzent, Geziertheit oder dem Anklang an eine Mundart und daher beim ersten Hören erschreckend und sogar unheimlich. Dieses reine Englisch hatte den Effekt, daß man dem Sprechenden alle erdenklichen Eigenschaften zuschreiben konnte. Crowley nahm wenig Notiz von dem Körper, der 'feine Materie' zu sein schien und von dem er geneigt war, zu glauben, daß er ein Heiliger Schutzengel war, aber auch ein Mensch wie er selbst, insoweit er den menschlichen Körper gebrauchte, um seine magische Verbindung mit der Menschheit herzustellen.

Jeden Tag diktierte Aiwass ein Kapitel aus dem Liber Legis, dem Buch des Gesetzes. Und diese Offenbarung ist die Basis des neuen Äons." (Zit. nach: Karl R.H. Frick: Licht und Finsternis II. Graz 1978, S.490 f.)

Ist diese Schilderung von dem Diktat des Liber Legis einigermaßen authentisch?

O. Thorbrügge: Ja, sie ist ungefähr richtig. Diese Stele 666 wird auch im "Buch des Gesetzes" erwähnt, und zwar als einziger und ausreichender Beweis für die Richtigkeit dieses Buches. Eigentlich hätte Crowley diese Stele kaufen müssen, was er aber, wohl aus Geldmangel, nicht getan hat. Deswegen müßte sie heute noch im Boulak-Museum sein, allerdings heißt dieses Museum heute anders. Der Beweis, der in dem Buch angesprochen ist, bezieht sich darauf, daß diese Stele in Wirklichkeit nicht verblassen wird und daß sich ihre Farben ständig erneuern werden.

W.W.: In bezug auf das Diktat des "Buches des Gesetzes" erwähntest Du verschiedene Schilderungen.

O. Thorbrügge: Die eine Version besagt, daß Rose Kelly, Crowleys Frau, die Worte gesprochen, und daß Crowley sie nur aufgeschrieben habe, die andere ist wie das verlesene Zitat, daß er eine schemenhafte Gestalt, also Aiwass, wahrgenommen habe, der die Worte sprach, die Crowley dann aufgeschrieben hat. Jeden Tag schrieb er ein Kapitel bzw. Buch, am dritten Tag zusätzlich noch den Kurzkommentar, der am Anfang abgedruckt ist.

W.W.: Nun heißt es von dem Liber Legis, es sei die Basis des neuen Äons, was auch auf Eurer Zeitung steht; was bedeutet das?

O. Thorbrügge: "Der neue Äon" heißt auf deutsch schlicht und ergreifend: "das neue Zeitalter". Davon reden natürlich zur Zeit sehr viele Leute, bedingt durch die Präzession des Frühlingspunktes, der rückläufig von den Fischen jetzt in den Wassermann übergeht. Dieses Wassermann-Zeitalter nennt Crowley den neuen Äon. Ferner nennt er sich selbst den Logos des neuen Äons, also den Verkünder des neuen Zeitalters, und das Liber Legis ist dann eine Initiation für dieses neue Zeitalter, insofern, als daß der Kraftstrom des neuen Herrschers, der von Osiris zu Ra-Hoor-Khuit wechselte, neu eingesetzt wurde. Somit kann die Umwälzung beginnen.

Christine Pflug: Wann genau datiert Ihr den Beginn des neuen Äons?

O. Thorbrügge: Am 8. April 1904. Das ist der erste Tag der Verkündung des Liber Legis in Kairo. Der genaue Titel des Buches heißt übrigens "Liber Al vel Legis". Al ist ein hebräischer Gottesname, vel Legis bedeutet: oder des Gesetzes. Zusammen heißt es also: Das Buch Gottes oder des Gesetzes. Im Untertitel des Buches steht: "Sub Figura CCXX. Wie es gegeben ward von XCIII = 418 an DCLXVI". Das bedeutet: Unter der Zahl 220, wie es gegeben ward von 93 = 418 an 666.

W.W.: Was bedeutet 93 = 418?

O. Thorbrügge: Damit ist Aiwass gemeint, wenn man die Namen in ihrer Zahlenbedeutung schreibt, entweder hebräisch oder griechisch, kommt 93 bzw. 418 heraus. Mit 666 ist Crowley gemeint.

"Das Studium dieses Buches ist verboten"

W.W.: Das "Buch des Gesetzes" wird durch einen Vorspann eingeleitet: "Tue, was du willst, sei das ganze Gesetz. Das Studium dieses Buches ist verboten. Es ist klug, dieses Buch nach dem ersten Lesen zu vernichten. Wer dies mißachtet, tut dies auf eigenes Risiko und Gefahr. Diese sind schrecklich. Jene, welche den Inhalt dieses Buches diskutieren, sollen als Seuchenherde von allen gemieden werden. Alle Fragen des Gesetzes sollen allein unter Berufung auf meine Schriften entschieden werden, jeder für sich. Es gibt kein Gesetz, außer, tue, was du willst. Liebe ist das Gesetz, Liebe unter Willen."

Unterschrieben ist dies mit "Der Priester der Fürsten, Ankh-f-n-Khonsu." Mit letzterem ist ja wohl Crowley gemeint?

O. Thorbrügge: Ja, Crowley sah sich selbst als Reinkarnation von Ankh-f-n-Khonsu an. Die Stele der Offenbarung, 666, ist die Grabstele eines Priesters namens Ankh-f-n-Khonsu. Crowley hat in seiner Schrift "Across the Gulf" seine Lebensgeschichte als Priester Ankh-f-n-Khonsu dargestellt, der damals den Äon des Osiris eingeleitet hatte. Die Vorstellung ist so, daß der Logos des Äons immer der gleiche ist, solange er sein Amt ausübt und nicht vom Weg abweicht, aber die Gestalt wechselt. Es ist also ein Amt.

W.W.: Was meint er nun mit diesem kurzem Kommentar: "Tue, was du willst, sei das ganze Gesetz ..."?

O. Thorbrügge: Wenn man sich einmal anschaut, was mit der Bibel gemacht wird, so ist dies ziemlich pervers: Die Bibel hat soundsoviele Seiten, die Auslegungen der Bibel übersteigen dies aber fast um das Millionenfache. Und niemand kann sich mit anderen einigen, es gibt Lehrmeinungen, es gibt Dogmen usw. Genau das wollte Crowley verhindern bzw. es ist nicht Ziel des neuen Äons, ein Dogma abzugeben, sondern jeder für sich soll die Fragen des Gesetzes entscheiden, d.h. daß es keine festgelegte Lehrmeinung gibt, was irgend etwas bedeutet, sondern jeder entscheidet für sich, was es für ihn bedeutet. Wenn man dieses Buch studiert bzw. diskutiert, dann erhebt man damit automatisch eine Art von Wahrheitsanspruch, denn darüber diskutieren kann ich nur dann, wenn ich eine Wahrheit vertrete. Und das genau soll vermieden werden. Wenn ich eine wahre Meinung vertrete, hat sich im neuen Äon gegenüber dem alten Äon nichts geändert. Die Kirche hat 2.000 Jahre bestimmt, was wahr ist, und genau das soll sich jetzt ändern. Menschen, die dieses Buch diskutieren, aber nicht danach handeln, die haben sich gegenüber den Menschen der Vergangenheit nicht verändert und haben nichts dazugelernt.

W.W.: Warum schreibt Crowley aber so drastisch, daß das Studium dieses Buches verboten sei und daß damit Gefahren verbunden wären?

O. Thorbrügge: Es ist eine Warnung vor den Gefahren, über die das Buch schreibt, und diese Gefahren sind schrecklich, aber wer sie auf sich nehmen will, der kann es natürlich tun. Eine Gefahr ist zum Beispiel die, zu glauben, daß man die Wahrheit gefunden habe. Damit ist man tot. Denn wer glaubt, eine Wahrheit gefunden zu haben, der kann sich nicht mehr entwickeln. Wenn man diese Gefahr kennt, kann man das Buch natürlich logischerweise trotzdem studieren, man sollte sich nur nicht dazu hinreißen lassen, zu glauben, man hätte nun die endgültige Auslegung gefunden.

C.P.: So, wie Du das sagst, hört es sich vollkommen anders an. Im Grunde bräuchte man noch einmal eine Extraerklärung zum Verständnis dieses kurzen Kommentars.

O. Thorbrügge: Ob die Erklärung, die ich nun gegeben habe, genau die richtige ist, weiß ich nicht. Ich will auch nicht behaupten, daß genau das gemeint ist! Dann würde ich ja in denselben Fehler verfallen. Es ist aber das, was ich daraus entnehme, wenn ich darüber nachdenke, was mit dieser angesprochenen Gefahr gemeint sein könne. Ich weiß, was die Scholastiker gemacht haben, ich weiß, was die Philosophen der verschiedenen Schulen gemacht haben, und ich weiß, daß sie ab einem bestimmten Punkt tot waren, weil sie sich nicht mehr entwickeln konnten, denn wenn ich einmal weiß, was wahr ist, dann ist für mich die Straße zu Ende. Sackgasse. Aber das ist meine persönliche Ansicht, die nicht von allen geteilt wird.

W.W.: Was bedeutet der Satz: "Es ist klug, dieses Buch nach dem ersten Lesen zu vernichten"?

O. Thorbrügge: Das ist auch etwas sehr Interessantes, denn es gibt zu und über dieses Buch die unterschiedlichsten Reaktionen. Man kann aus dem, was jemand mit diesem Buch macht, sehr schnell auf seine Persönlichkeitsstruktur schließen. Mich hat das Buch nach dem ersten Lesen ungeheuer fasziniert. Ich hatte vorher noch nie etwas von Crowley gelesen. Ich habe dann das Buch auch einigen Freunden zum Lesen gegeben, von denen einige nicht über den zweiten Teil hinausgekommen sind, weil sie Angst davor bekamen. Einige haben sogar nur den ersten Teil geschafft. Insofern scheint dieses Buch allein durch das Lesen schon eine Menge an Reaktionen hervorzurufen.

Wenn man es zum ersten Mal liest, bekommt man ein bestimmtes Feeling, eine bestimmte Gestalt dieses Buches. Setzt man dann das Studium fort, verändert sich diese Gestalt, und auch dieses Gefühl wird abgetötet. Inzwischen bin ich der Ansicht, daß das, was beim ersten Lesen hängenbleibt, das Wichtigste ist. Denn ich habe festgestellt, welch starke Emotionen dieses Buch hervorrufen kann, was ich mir vorher nicht vorstellen konnte. Wenn dieses unverwechselbare Anfangsgefühl verlorengeht, steht man später eventuell mit leeren Händen da.

Nuit und Hadit

W.W.: Oft werden die ägyptischen Gottheiten Nuit und Hadit im Liber Legis angesprochen. Was sind dies für Wesenheiten und welche Rolle spielen sie für Crowley?

O. Thorbrügge: Nuit ist die Himmelsgöttin - auf vielen Darstellungen sichtbar -, die sich über den gesamten Himmel wölbt, Hadit ist eine Form des Sonnengottes, und zwar die Sonnenscheibe mit den beiden Flügeln, die auch teilweise noch über Nuit abgebildet wird. Auch auf der Stele 666 ist Hadit abgebildet. Nuit und Hadit, sowie Ra-Hoor-Khuit sind für Crowley die Dreiheit des neuen Äons. Nuit ist im Liber Legis der unendliche Raum, mit der unendlichen Anzahl von Sternen darin. Hadit ist der unendlich kleine Punkt, Ra-Hoor-Khuit ist dasjenige, was zwischen beiden passiert. Hadit ist in jedem Menschen der innerste Kern, Nuit ist die Umgebung, die Summe aller Möglichkeiten, und Ra-Hoor-Khuit ist das Konzept der reinen Handlung, das, was passiert. Ra-Hoor-Khuit ist die Aktion, die in die Summe sämtlicher Möglichkeiten hineinkommt. Diese drei Wesenheiten spielen jetzt für Crowley nicht nur als Gottheiten eine Rolle, sondern eher als Prinzipien. Man betet diese Gottheiten nicht in einem Tempel oder dergleichen an, um etwas von ihnen zu bekommen oder so. Trotzdem können Verehrung oder Hingabe manchmal das richtige Mittel sein, um weiterzukommen. Die Hindus nennen das Bhakti-Yoga.

Die unverwechselbare Individualität von Frau und Mann

W.W.: Ich zitiere jetzt einige Verse aus dem "Buch des Gesetzes", zuerst aus dem 1. Buch, Vers 3: "Jeder Mann und jede Frau ist ein Stern." (Alle Zitate aus: Aleister Crowley: Das Buch des Gesetzes, Basel 1981). Was ist damit gemeint, wenn jeder Mensch als ein Stern bezeichnet wird?

O. Thorbrügge: Dazu gibt es diverse Interpretationen, zum einen kann man es so sehen, daß die Betonung auf dem *und* liegt, also daß sowohl jeder Mann als auch jede Frau ein Stern ist, andererseits kann man es so sehen, daß die Vereinigung von Mann und Frau zusammen ein Stern ausmacht. Sterne sind - astronomisch gesehen - im Grunde ja diejenigen Dinge, aus denen alles entsteht, Planeten zum Beispiel entstehen aus zerstörten Sternen.

W.W.: Ist damit auch das göttliche Prinzip im Menschen zu verstehen?

O. Thorbrügge: Ja, das kann man auch darunter verstehen. Mit dem Stern kann man auch die unverwechselbare Individualität des jeweiligen Menschen bezeichnen, denn jeder Mensch ist von seinen Anlagen her ein unverwechselbares Individuum und kein Herdentier, kein Wurm, der auf der Erde kriecht, sondern ein Stern. Nicht alle realisieren das auch.

W.W.: 1. Buch, Vers 15: "Nun sollet ihr wissen, daß der erwählte Priester und Apostel des unendlichen Alls der Prinz-Priester, das Tier, ist, und seinem Weib, das Scharlachweib genannt, alle Macht gegeben ist. Sie werden meine Kinder in ihre Schar führen: Sie werden die Herrlichkeit der Sterne in die Herzen der Menschen bringen."

Sind mit diesem Prinz-Priester und dem Scharlachweib Crowley und seine Frau gemeint, oder bezieht sich das auf alle Menschen?

O. Thorbrügge: Im Grunde hat er seinen Job als Logos als Amt gesehen. Der Prinz-Priester ist ein Amt, dieses gibt es noch heute, aber Crowley lebt nicht mehr. Natürlich gibt es Diskussionen darüber, ob es unbedingt einen Nachfolger geben muß. Auf jeden Fall ist der Prinz-Priester derjenige, der das Potential von Aiwass weiterverbreiten soll. Im Thelema-Orden hat man das Prinzip von der Vereinigung des Tieres mit der Scharlachfrau. Dadurch erhält die Frau eine vollkommen neue Rolle, was im Liber Al später noch ausgeführt wird: Der Mann ist sozusagen der Initiator der Handlung, während die Frau die tatsächlich praktisch Handelnde ist. Die Frau ist nicht mehr ein Anhängsel des Mannes, sondern eine selbstbewußte Individualität. Das kommt auch im zweiten Teil des Liber Al vor: "Sie sei stolz und selbstbewußt, schamlos vor allen Menschen." Das ist die wirkliche Befreiung der Frau, es ist eine wirkliche Rollenverteilung, denn Männer sind oft nicht sehr gut im praktischen Umsetzen von Intentionen, was man ja sieht, wenn man sich die heutige Welt anschaut.

C.P.: Also hat Crowley die Frauen doch hoch eingeschätzt?

O. Thorbrügge: Ja, "die Frau sei vor mir mit einem Schwert gegürtet", so heißt es an einer Stelle im Liber Al. Crowley selbst hatte ja viele Frauen, und über sein Verhältnis zu seinen Frauen gibt es die merkwürdigsten Geschichten, insofern würde ich sagen, daß zumindest das Liber Al bzw. das Wesen, durch das das Liber Al kommt, die Frauen sehr hoch einschätzt. Die momentane Emanzipationsbewegung der Frauen hat dagegen einen großen Nachteil, denn man redet zwar von Befreiung, was man aber tatsächlich anstrebt, ist lediglich ein Machtwechsel. Man will sich an die Stelle der Männer setzen, es geht also nicht um das Prinzip der Freiheit, sondern um Macht. Im Liber Al geht es nicht darum, daß ich Macht anstrebe, sondern darum, daß ich tue, was ich will. Wenn ich als Frau die Fähigkeit zu einer Position habe, dann werde ich sie ausfüllen, wenn ich sie aber nicht habe, dann ist es vollkommen daneben, wenn ich mich durch irgendwelche Proporzgesetze in diese Position hineinbringen lasse. Jeder Job sollte im Grunde von dem Fähigsten ergriffen werden, gleichgültig ob es ein Mann oder eine Frau ist. Allerdings sind die Männer nicht so sehr gut im praktischen Umsetzen von Arbeiten, denn die meisten praktischen Arbeiten, die wirklich gut sind, werden von den Frauen erledigt.

C.P.: Kannst Du das noch etwas konkretisieren?

O. Thorbrügge: Ich denke an die praktische Umsetzung von Ideen. Männer sind sehr gut, solange sie reden können, solange sie Ideen entwickeln können, aber im Umsetzen dieser Ideen sind die Männer - das sieht man zum Beispiel an den gesamten Kriegen in der heutigen Zeit - vollkommen unfähig.

C.P.: Dann hat Crowley den Frauen ganz spezielle Qualitäten zugeschrieben. Sind sie damit aber auch für Crowley wirklich gleichberechtigt?

O. Thorbrügge: Es ist ein vollkommen anderer Bereich. Man kann die Männer annähernd mit Hadit, die Frauen mit Nuit gleichsetzen. Wie ich schon sagte, sind die Männer sehr gut im Entwickeln von Ideen, damit aber haben die Frauen meistens große Schwierigkeiten, Frauen sind eher reaktiv als aktiv. Aber wenn sie reaktiv werden, dann sind sie besser. Das entspricht auch der Sonne und dem Mond: Die Sonne steht still und strahlt, aber der Mond bewegt sich. Es gibt eben einfach Unterschiede zwischen den Geschlechtern. Man braucht lediglich an ein ganz einfaches und grobes Beispiel wie den Spitzensport zu denken, denn da sind Männer einfach besser, keine Frau wird an die Ergebnisse eines Mannes herankommen. Das hat aber nichts mit irgendwelchen Rechten zu tun, denn es sind Fähigkeiten, die jeder nach seinem Willen einsetzen kann. Man hat nur das Recht, seinen Willen zu tun. Dieser Punkt, kein Recht zu haben, als seinen Willen zu tun, wird für viele Frauen im übrigen sehr schwierig werden, weil Frauen durch die Sozialisation, die heute stattfindet, fast dazu gezwungen werden, sich an irgend jemand anzuhängen und sich führen zu lassen. Das aber ist nicht gemeint, denn die Frauen sollen ihren Willen finden und ihn auch tun.

C.P.: Spiegelt sich dieses Verhältnis von Frau und Mann auch beim Ausführen von magischen Ritualen, führen Frauen Rituale genauso häufig durch wie Männer?

O. Thorbrügge: Frauen sind in der Regel, was magische Fähigkeiten anbelangt, schneller im Lernen. Auch was die Meditation betrifft, sind Frauen meines Erachtens nach leidensfähiger. Beispielsweise ist das lange Sitzen beim Meditieren oft sehr schmerzhaft; das halten Frauen eher aus als Männer. Männer rationalisieren und denken viel zu sehr nach, während Frauen einfach tun.

Tue, was du willst - nicht ohne Selbsterkenntnis!

W.W.: Der Wille hat bei Crowley und bei Euch eine zentrale Rolle, auch ist das Motiv "Tue, was du willst" jetzt häufig angeklungen. Sicherlich ist damit kein Freibrief für die Willkür gemeint, sondern etwas anderes. Kannst Du das bitte noch ein wenig erläutern?

O. Thorbrügge: Soweit man nur diesen Satz hört, kann man ihn sehr mißverstehen. Wenn man aber das ganze Buch des Gesetzes liest, wird man schon feststellen, daß es um sehr viel mehr geht, als nur irgendwelchen Neigungen zu frönen. Im Englischen - es ist altenglisch - heißt es: "Do what thou wilt", das bedeutet: "Tue, was *Du* willst." Wenn man dann darüber nachdenkt, dann entsteht das Problem, daß man sich klar sein muß, was man denn eigentlich selber will. Und in diesem Moment beginnt der vorhin schon angesprochene Prozeß der Selbsterkenntnis und der Selbstehrlichkeit. Ich kann ein einfaches Beispiel wählen: Ich will ein Auto. Für viele Menschen ist es das höchste Ideal, ein Auto haben zu wollen. Man kann sich das Auto besorgen, aber wenn man es dann hat, bleibt meist eine gewisse Leere zurück, und das ist ein fast untrügliches Zeichen dafür, daß dies nicht der ausgelebte Wille gewesen ist, sondern lediglich irgendein Wunsch. Bevor ich etwas tun will, muß ich erst einmal wissen, was ich tun will. Ich muß also den Punkt in mir finden, an dem nach einer Tat keine Leere mehr zurückbleibt, und das gelingt nur dann, wenn ich das tue, was ich mit jeder Faser meines Seins wirklich will.

C.P.: Das entspräche dann dem eigenen Lebensimpuls.

O. Thorbrügge: Ja, das ist der wahre Wille.

W.W.: Das entspräche sogar annähernd den Worten Rudolf Steiners in seiner "Philosophie der Freiheit", daß nur derjenige Mensch wirklich frei ist, der aus Erkenntnis handelt. - "Das Wort des Gesetzes ist Thelema", was bedeutet das?

O. Thorbrügge: Thelema ist ein griechisches Wort und bedeutet Wille und hat den Zahlenwert 93. Daher sagt man auch, Thelema sei der 93er-Strom. Das Wort *Wille* ist das zentrale Wort für den neuen Äon, und zwar im Gegensatz zu *Autorität*. Im neuen Äon gibt es keine Autorität mehr, sondern nur noch: Ich will, ich tue. Niemand wird dann mehr über mir stehen, um mir zu befehlen, was ich zu tun habe. Wenn er es aber doch tun sollte, dann werde ich alles dransetzen, um ihn zu beseitigen.

W.W.: Im Grunde stammt der Begriff Thelema ja von Rabelais; ist dies ein Plagiat Crowleys?

O. Thorbrügge: Daß es ein Plagiat ist, kann man im Grunde nicht sagen, denn Crowley hat ja beschrieben, wie dieser Begriff entstanden ist, nämlich durch eine gewisse Form des Channelling. Wenn man channelt, aber nicht vollkommen astral austritt, so erhält man keine reinen Botschaften, denn diese werden durch die channelnde Person subjektiv gefärbt. Je nachdem, wie gut man ist, kann immer ein wenig Selbstbetrug mit hineinspielen. Wenn Ideen herüberkommen, die man nicht vertreten will, dann ist man leicht geneigt, diese zu verfälschen. Auch im "Buch des Gesetzes" gibt es eine Stelle, an der Crowley sich weigern wollte, weiterzuschreiben, wo aber Hadit hart durchgriff.

W.W.: An welcher Stelle ist das?

O. Thorbrügge: Am Anfang des zweiten Buches, Verse 10 und 11: "O Prophet! ungern nur schreibst Du dies. Ich sehe Dich die Hand und die Feder hassen; doch ich bin stärker." - Die Formulierung Thelema stammt aus dem einen Roman von Rabelais über die Abtei Thelema, die Crowley dann auch später auf Sizilien in Cefalu gegründet hat. In diesem Roman stand über der Tür der Abtei: "Tue, was du willst, sei das ganze Gesetz." Diese Formulierung kommt übrigens auch bei Michael Ende in der "Unendlichen Geschichte" vor.

Ich bin ich

W.W.: 1. Buch, Vers 40: "Wer uns Thelemiten nennt, geht nicht fehl, so er sich nur das Wort genau ansieht. Denn darin sind drei Grade, der Einsiedler, der Liebende und der Mensch der Erde. Tue was du willst, sei das ganze Gesetz." Was ist mit diesen drei Graden gemeint?

O. Thorbrügge: Jeder ist heutzutage ein Mensch der Erde, der seinen eigenen Willen hat. Er will seinen Job, sein Auto, seine Frau usw. Dann aber fängt der Mensch vielleicht an, nachzudenken, was das Ganze soll, und damit wird er vielleicht zum Liebenden. Der Liebende im Sinne von Thelema strebt schon nach der Vereinigung mit dem Objekt der Liebe. Dazu gibt es verschiedene Techniken: Man kann sich zum Beispiel mit dem Objekt, zum Beispiel einer Kaffeetasse, vereinigen. Das nennt man in der Meditation Dhyana. Erst später, nachdem man das erreicht hat, kann man sich in der Meditation mit dem geliebten Menschen vereinigen. Das kann man sich in etwa so vorstellen wie einen vollständigen Austausch, natürlich ohne irgendwelche kommunikativen oder sozialen Grenzen.

Bevor man dazu bereit ist, auch die innersten Bereiche bloßzulegen, muß man einen längeren Weg gegangen sein, denn dazu gehört schon einiges. Man hat ja seit der frühesten Kindheit gelernt, zum Beispiel den inneren Schweinehund geheimzuhalten. Wenn man es aber gelernt hat, diesen bloßzulegen, dann kann man eins mit dem geliebten Menschen werden und vielleicht die Stufe des Einsiedlers erreichen. Auf dem Lebensbaum ist dies die oberste Triade. Dort steht Kether, das bedeutet: die Krone. Der zugeordnete Gottesname, Ehieh bedeutet: Ich bin. Natürlich kann man in einem unentwickelten Zustand sagen: Ich bin ich. Ab einem gewissen Zustand innerhalb der Entwicklung kann man dies aber nicht mehr sagen, denn dann weiß man nicht mehr so genau, wer man eigentlich ist, aber nachdem man den Abyss durchschritten hat, kann man wiederum sagen: Ich bin ich. Das kann man dann wirklich zum ersten Mal sagen, ohne sich selbst zu belügen. Zwar kann ich jetzt sagen: Ich bin ich, aber in der nächsten Sekunde kann ich schon ein vollkommen anderer sein, und wenn ich mich in meiner Meditation genau beobachte, dann wechselt die Person, die denkt, häufig. Deswegen ist es, wenn man sagt: Ich bin ich, eine Lüge, aber wenn man ein Einsiedler geworden ist, dann ist es insofern wahr, daß man dann eins mit sich selbst ist.

Willens- und Überwindungsproben im Thelema-Orden

W.W.: 1. Buch, Vers 50: "Ein Wort muß gesagt werden über die Aufgaben des Hohepriesters. Gebt acht! Da sind drei Prüfungen in einer und sie kann auf dreierlei Arten gegeben werden. Die Derben müssen durchs Feuer, die Feinen lasset prüfen im Intellekt und die erhabenen Erwählten im Höchsten. So habt ihr Stern und Stern, System und System; lasset sie einander nicht gut kennen!"

Sind dies nun Prüfungen für drei Kategorien von Menschen oder muß jeder diese drei Prüfungen ablegen?

O. Thorbrügge: Daraus hat Crowley eine ganze Menge gemacht, die Dreiteilung ist eines der Grundkonzepte. Zum Beispiel gibt es die drei Orden. Der unterste Orden ist der GD, das sind die unteren vier Grade, dann gibt es die mittlere Triade, den Orden des Rosenkreuzes, und schließlich den höchsten Orden, die Meister des Tempels. Wenn man durch das Feuer geht, so hat dies eine reinigende Kraft. Durchs Feuer zu gehen ist für manche Menschen einfach unabdingbar, weil sie nicht die Kraft haben, ihren Willen zu entwickeln oder einen Entschluß zu fassen. Andere Menschen wiederum sind ohne weiteres in der Lage, einen Entschluß zu fassen und ihn auch durchzuführen. Crowley war zum Beispiel einer der glücklichen Menschen, der seine Entschlüsse relativ leicht durchsetzen konnte. Wer das aber nicht kann, muß eben eine Art Feuerprobe durchstehen, d.h. daß er mit Dingen konfrontiert wird, die für ihn recht heftig sein können.

C.P.: Wie sieht das praktisch aus?

O. Thorbrügge: Praktisch sollte das für jeden Menschen unterschiedlich sein. Man wird zum Beispiel mit Dingen konfrontiert, die man absolut nicht tun will. Wenn man sie aber trotzdem tut, so erfordert es von einem einen Willensentschluß, was man nicht ohne ein Minimum an Willen und auch Schmerz schaffen wird. Dies ist eine Selbstüberwindung, die man natürlich ohne Zwang durchführen muß. Ohne Zwang ist deshalb wichtig, weil man es selbst schaffen muß, allerhöchstens kann ein anderer die Umstände dementsprechend gestalten, daß man vor diesen Entschluß gestellt wird. Das ist der Punkt, an dem viele aus einer magischen oder thelemitischen Organisation aussteigen.

W.W.: Es gibt wirklich keinen Zwang bei Euch, irgendwelche Dinge zu tun?

O. Thorbrügge: Nein, Zwang findet nicht statt. Ich war lange genug dabei, und das wüßte ich.

W.W.: Kannst Du mal ein Beispiel nennen, was für den einen oder anderen eine Willensanstrengung bedeutet bzw. was andere wiederum dazu bringt, aus Eurer Gruppe auszusteigen?

O. Thorbrügge: Eine Standardfrage ist zum Beispiel: Was willst du erreichen?

C.P.: Was man in seinem ganzen Leben erreichen will?

O. Thorbrügge: Nein, vorerst für den Bereich Magie. Man kann dann zum Beispiel antworten, daß man seinen wahren Willen finden wolle. Als erste Gewissensfrage wird man ihm dann entgegnen: "Was bist du bereit, dafür zu tun?" Eine mögliche Antwort ist dann zum Beispiel: "Ich bin bereit, dafür alles zu tun!" Nun ist dieser Mensch vielleicht äußerst verklemmt, dann sagen wir ihm: "Gut, dann zieh dich aus!" Gemeint ist natürlich, sich vor allen Leuten auszuziehen, denn gerade im Bereich der eigenen Körperlichkeit und des Sex haben die Menschen die größten Hemmschwellen, während andere Menschen damit überhaupt keine Probleme haben.

Es ist übrigens nicht ganz richtig, von "Eurem Orden" zu sprechen. Zum einen ist es kein Orden und zum anderen nehme ich nicht mehr an der Gruppe teil, in der ich mal war. Meine Infos sind also etwa ein Jahr alt.

W.W.: Was war denn Deine Feuerprobe?

O. Thorbrügge: Ich habe mich zum Beispiel geweigert, fettes Fleisch zu essen, so daß meine Aufgabe darin bestand, genau dies zu tun. Zwar war das nicht gerade eine sehr schwere Prüfung, aber es war doch schon eine Überwindung. Eine andere Prüfung war zum Beispiel: "Bist du bereit, dich ins Asana zu setzen und zwei Stunden in dieser Stellung sitzenzubleiben?" Zwei Stunden in dieser Stellung sitzenzubleiben, ruft keinen Schaden hervor, wird aber irgendwann einmal wehtun. Etwa nach einer halben Stunde wird es in den Waden und in den Unterschenkeln zu ziehen beginnen, nach einer Stunde etwa tut es sehr weh, später hat man das Gefühl, als würden Nägel durch die Knie gestoßen. Trotzdem muß man dann den Willen aufbringen, in dieser Stellung sitzenzubleiben.

Ein anderes Beispiel: Viele Frauen haben hier im Westen ein völlig gestörtes Verhältnis zu ihrem Körper, und wenn wir sie dann auffordern, sich auszuziehen, so wird das immer als Sexismus ausgelegt, hat aber damit überhaupt nichts zu tun.

C.P.: Frauen bekommen dann irgendeine sexuelle Aufgabe?

O. Thorbrügge: Könnte sein, aber bei den meisten reicht es völlig aus, sie aufzufordern, sich auszuziehen. Andere Leute weigern sich zum Beispiel, ein Glas Wodka zu trinken. Dann fordern wir sie auf, Wodka zu trinken.

W.W.: Wie geht denn das praktisch vor sich: Ihr sitzt zusammen in der Gruppe, entdeckt bei dem einen oder anderen neuen Mitglied von Euch diese oder jene Hemmschwelle und stoßt dann mit einem praktischen Beispiel in diese hinein!? Wer entscheidet, was für den jeweiligen die entsprechende Aufgabe ist, an der er seine Willensüberwindung erweisen muß?

O. Thorbrügge: Wir entscheiden von Fall zu Fall. Bei den meisten Menschen kann man bereits an der Haltung, wie sie sitzen, sehen, wo ihre Hemmschwelle liegt. Wenn sie zum Beispiel sehr verspannt sitzen, also den typischen Schuldreflex haben, kann man ihnen zum Beispiel eine Aufgabe geben, bei der sie Widerspruchsgeist zeigen müssen, indem man etwas vollkommen Absurdes von ihnen verlangt, so daß sie sich einfach aufraffen müssen, Widerspruch zu zeigen. Wenn das gelingt, um so besser. Andere wiederum bekommen sexuelle Aufgaben, wiederum andere die Aufgabe, Alkohol zu trinken.

W.W.: Gibt es wirklich Menschen, die Hemmungen haben, einen Schluck Alkohol zu trinken? Oder geht es um große Mengen Alkohol?

O. Thorbrügge: Nein, meist nur um kleinere Mengen. Sie haben deswegen Hemmungen, Alkohol zu trinken, weil sie Angst haben, dann die Kontrolle zu verlieren. Diese Übung machen wir besonders mit denjenigen Menschen, die im Grunde Träumer sind, weil sie in der Einbildung leben, innerhalb von einer Woche Magier zu sein, mit dem Zauberstab auf dem Berge zu stehen und die Blitze zu beschwören.

W.W.: Welche sexuellen Aufgaben gebt Ihr? Es läuft ja derzeit ein Prozeß wegen angeblicher Vergewaltigung.

O. Thorbrügge: Im Grunde nur, sich vor der Gruppe auszuziehen. Früher gab es auch manchmal Oral- bzw. Geschlechtsverkehr vor der Gruppe.

Ekeltraining

W.W.: Von derlei Praktiken konnte man vor ca. zehn Jahren in der Berliner Zeitschrift *tip* lesen: Dort wurden Übungen beschrieben, stundenlang mit einer Wassertasse auf dem Kopf in der Hocke zu sitzen und sich anschließend von einem andersgeschlechtlichen Partner oral befriedigen zu lassen. Ferner wurde dort vom sogenannten Ekeltraining gesprochen, also Urin oder Fäkalien zu sich zu nehmen.

O. Thorbrügge: Das war, als es noch einen Orden gab. Das war vor meiner Zeit, aber ich glaube nicht, daß das auf diese Weise vorgefallen ist. Urin und Fäkalien zu essen, das ist nicht wahr. Sexuelle Aufgaben zu geben, hat auch nur bei einigen Menschen einen Sinn. Bei all diesen Übungen kann es gefährlich werden, weil es immer möglich ist, daß die Menschen wegen der großen Überwindung irgendwann ausrasten, und wenn dies dann bei sexuellen Aufgaben der Fall ist, dann kommen derartige Dinge heraus, wie sie jetzt in diesem Vergewaltigungsprozeß gegen uns behauptet werden. Wahr ist davon nichts, vergewaltigt wurde auch niemand, denn eines unserer Prinzipien ist es, keinen Zwang auszuüben. Der Fall, wegen dem der Prozeß läuft, war ebenfalls vor meiner Zeit, aber soweit ich gehört habe, hatte er nicht mal etwas mit einer sexuellen Aufgabe zu tun.

C.P.: Warum wurden diese Feuerproben aufgegeben?

O. Thorbrügge: Es lohnt sich einfach nicht mehr. Niemand hat so viel Geld, die ganzen Gerichtsprozesse, die daraus entstehen, bezahlen zu können.

C.P.: Aber warum verklagen Euch die Leute, wenn sie es doch - wie Du sagst - freiwillig machen?

O. Thorbrügge: Rein theoretisch machen sie es freiwillig. Stell Dir vor, ich mache es jetzt mit Dir und Du rastest aus. Dabei wird eine ziemlich starke Emotion freigesetzt, schließlich ist es etwas, was Du vorher noch nie getan hast, Du schämst Dich vielleicht vor Dir selbst. Wenn solche Leute dann von uns weggehen und dies woanders erzählen, was sollen sie denn dann sagen? Vielleicht, daß sie es freiwillig getan haben? Die Frau, die zur Zeit behauptet, vergewaltigt worden zu sein, ist ins Frauenhaus gelaufen und hat vielerlei Lügengeschichten erzählt. Dort aber kann sie nicht länger bleiben, wenn sie nicht bei ihrer Meinung bleibt, vergewaltigt worden zu sein. In Berlin war es teilweise sogar so, daß der Sektenpfarrer Gandow bis zu 1.000 Mark für ein "Geständnis", also belastende Aussagen, ausgegeben hat.

C.P.: Die Behauptungen während der Prozesse sind also derart, daß die Leute aussagen, sie seien in die Sitzungen bei Euch hineingekommen und dort zu verschiedenerlei Dingen gezwungen worden?

O. Thorbrügge: Genau so. Wenn jemand bei unseren Sitzungen dabeigewesen ist, irgendwelche Aktionen mitgemacht hat und dann wieder in die sogenannte Außenwelt hinausgeht, dann muß er sich, um vor den anderen Menschen bestehen zu können, selbst in die Tasche lügen und behaupten, er sei zu derlei Dingen gezwungen worden. Nur so können diese Menschen ihre Integrität wahren.

W.W.: Kannst Du das Ekeltraining noch ein wenig genauer schildern?

O. Thorbrügge: Im Grunde ist es, eine Sache zu tun, die man nicht will. Ekeltraining bezieht sich vorwiegend auf Nahrungsmittel.

C.P.: Regenwürmer essen?

O. Thorbrügge: Also Regenwürmer habe ich noch nicht gegessen. Bei mir bezog es sich - wie gesagt - nur auf fettes Fleisch, aber sogar dabei mußte ich mich fast übergeben.

C.P.: Macht ihr auch was mit der Tigerpython dahinten?

O. Thorbrügge: Nein, die frißt nur Meerschweinchen. Außerdem würde sie da auch nicht mitspielen. - Ekeltraining kommt auch aus dem Tantra. Inder sind zumeist Hindus oder Buddhisten, und diese essen kein Fleisch, zumindest kein Rindfleisch. Bei denen ist es Ekeltraining, Rindfleisch zu essen. Im Grunde geht es lediglich darum, irgend etwas zu essen, was sozial nicht akzeptabel ist.

Im Tantra gibt es das Ritual der 5 M's, das mit Genuß von Alkohol und Rindfleisch beginnt und mit rituellem Geschlechtsverkehr endet.

C.P.: Aber wer entscheidet nun, was für diesen individuellen Menschen die spezielle Übung ist, denn dazu braucht Ihr ja doch einen gewissen psychologischen Blick?

O. Thorbrügge: Solange es bei uns noch Ausbilder gab, haben dies die Ausbilder entschieden. Früher gab es mindestens zwei verschiedene Gruppen mit je einem Ausbilder, und diese haben dann entschieden.

"Wir halten niemanden fest"

W.W.: Wie viele Mitglieder hatten diese beiden Gruppen?

O. Thorbrügge: Die Gruppe, in der ich gewesen bin, hatte etwa zehn Mitglieder.

W.W.: Wird man in so eine Gruppe aufgenommen, oder wächst man langsam hinein?

O. Thorbrügge: Ich bin über die Bücher von Aleister Crowley dazugekommen, speziell über "Magick". Ich habe dann Briefkontakt aufgenommen, war einmal ein Wochenende über hier, kam dann öfter, habe auch meinen Zivildienst hier in der Nähe gemacht und bin dann dabeigeblieben. Ein Freund von mir, der auch hier in der Nähe Zivildienst gemacht hat, kam ebenfalls dazu, aber für ihn war es zu heftig, und so ist er wieder gegangen. Es stimmt einfach nicht, daß wir hier irgendwelche Leute festhalten. Ich habe zum Beispiel diverse Menschen erlebt, die nur ein- oder zweimal bei uns gewesen sind, dann aber nie wiedergekommen sind. Im Gegensatz zu vielen Behauptungen, telefonieren bzw. reisen wir diesen Menschen auch nicht nach.

W.W.: Gibt es einen speziellen Punkt, ab dem man sagen kann, daß man der Gruppe angehört bzw. nicht mehr angehört?

O. Thorbrügge: Als ich angefangen habe, galt noch das Gradsystem von Crowley, vom Neophyt bis zum Ipsissimus. In diesem Gradsystem legte man dann irgendwann seine Neophytenprüfung ab, dann die entsprechenden Prüfungen für die nächsten Grade usw. Vor dem Grad des Neophythen ist man noch Kandidat und legt zum Beispiel die Prüfung des Pranayama ab, auch eine exzellente Willensübung.

W.W.: Was ist das?

O. Thorbrügge: Das ist diese Atemübung, die auch aus dem Yoga kommt. Man atmet durch ein Nasenloch zwanzig Sekunden aus, zehn Sekunden ein, zwanzig Sekunden Luft anhalten, dann dasselbe mit dem anderen Nasenloch usw. Da gibt es verschiedene Rhythmen: zuerst 15:15, dann 15:30, später erst kommt das Luftanhalten dazu, weil dies zuerst gefährlich werden kann, speziell bei Menschen, die leicht Angstzustände bekommen, weil sie manchmal ruckartig ausatmen, und dabei können sogar körperliche Schäden auftreten.

W.W.: An welcher Stelle liegt nun die vorhin beschriebene Willensübung, bevor man Neophyt wird?

O. Thorbrügge: Um Neophyt zu werden, muß man verschiedene Prüfungen ablegen, zum Beispiel auch seinen Lebensbaum - aus der Kabbala - zeichnen, sowie Wissenslektionen, also Symbole, Namen und Rituale der Kabbala lernen. Ferner muß man eine Stunde Asana sitzen können, also in der entsprechenden Meditationsstellung, zusätzlich sollte man den Pranayama-Rhythmus 15:30 beherrschen, ohne dabei die Luft anzuhalten, allerdings eine Stunde lang. Für höhere Grade muß man zum Beispiel zwei Stunden lang Asana bewegungslos sitzen, das bedeutet, seinen Körper derart in eine Starre zu versetzen, daß man sich eine gefüllte Untertasse auf den Kopf stellen kann, ohne in diesen zwei Stunden etwas zu verschütten. Das kann man aber erst nach längerem Training.

C.P.: Was bedeutet dieser Lebensbaum?

O. Thorbrügge: Der Lebensbaum ist ein kabbalistisches Symbol, ein Symbol für das Universum bzw. die Welt, in welchem auch die Tarot-Karten angeordnet sind, ferner die Elemente, Planeten und vieles mehr. Man malt ihn, indem man ihn mit den zugeordneten Farben für die einzelnen Planeten aufzeichnet. Im Prinzip ist dies nur eine Geduldsarbeit. Die Kabbala kommt aus der jüdischen Mystik. In der hebräischen Sprache sind Buchstaben zugleich Zahlzeichen. Deswegen hat jedes Wort zugleich einen Zahlwert, ähnlich ist es im Griechischen. To Mega Therion, "das große Tier", hat eben den Zahlenwert 666, Allah zum Beispiel hat dagegen im hebräischen den Zahlenwert 66. Dem Lebensbaum kann man alles zuordnen: Dem Planeten Mars ist zum Beispiel die Farbe Rot, das Element Eisen, der Gott Mars usw. zugeordnet. Ebenfalls kann man Pflanzen und Tiere zuordnen. Dieser Lebensbaum gilt als eine Kategorisierung des Weltalls, sowohl auf der irdischen wie auf der Astralebene.

Ekstasen durch die Kundalini-Energie

W.W.: Ich steige noch einmal in das "Buch des Gesetzes" ein; 1. Buch, Vers 61: "Doch mich zu lieben ist besser als alles: Entzündest du unter den nächtlichen Sternen meinen Weihrauch vor mir, rufst mich mit reinem Herzen an, und die Schlangenflamme

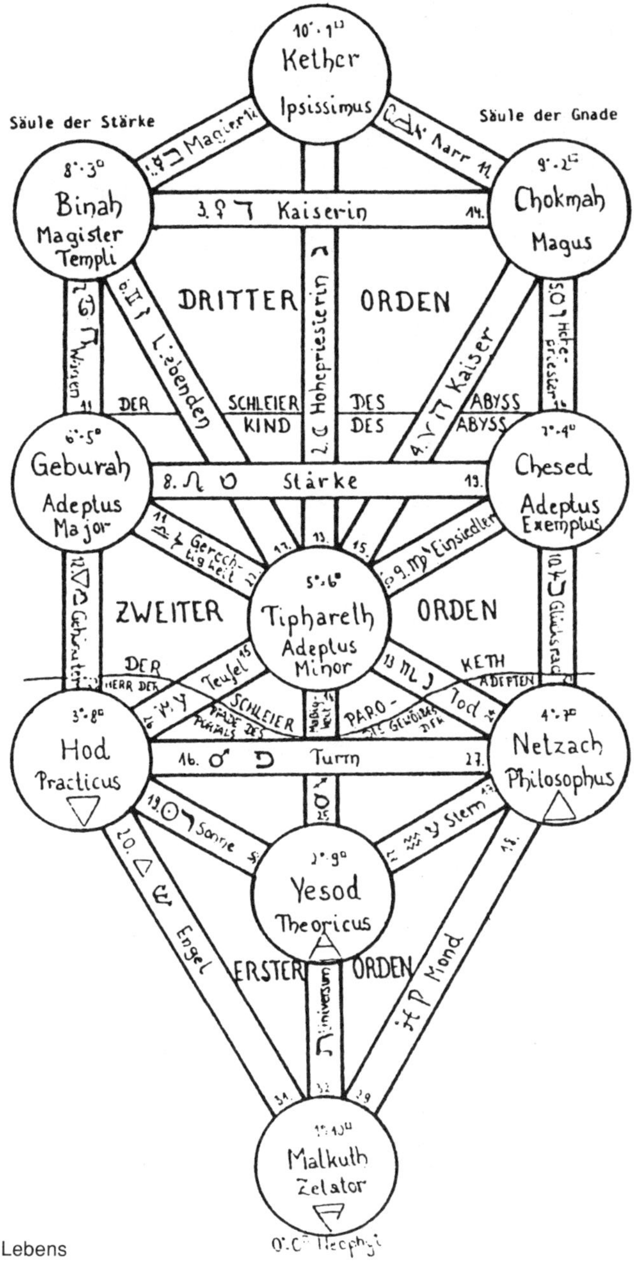

Der Baum des Lebens

darin, so sollst du ein weniges in meinem Busen ruhen. Für einen Kuß wirst du dann alles geben wollen, doch wer da gebet ein Quentchen Staub, soll alles verlieren zur Stunde. Ihr sollt Güter euch sammeln und aufhäufen Weiber und Gewürze, ihr sollt kostbaren Schmuck tragen, ihr sollt die Völker der Erde an Pracht und Stolz übertreffen, doch immer in Liebe zu mir, und so soll meine Freude euch werden. Ich verlange von euch, in einem einfachen Gewand vor mich zu treten, bedeckt mit kostbarem Kopfschmuck. Ich liebe euch! Ich sehne mich nach euch! Bleich oder purpurn, verhüllt oder lüstern, ich, die ich alle Wonne und Purpur bin und Trunkenheit des verborgensten Sinnes, ich begehre euch. Leget an eure Schwingen und erweckt die gewundene Schlange der Herrlichkeit in euch: kommet zu mir!"

Was ist mit dieser Liebe gemeint, und wem gilt sie?

O. Thorbrügge: Sie gilt Nuit. Ich rufe Nuit, den unendlichen Raum an. - Die "gewundene Schlange der Herrlichkeit" ist die Kundalini-Energie. Wenn ich diese Kundalini über mein Scheitel-Chakra hinausschießen lasse, dann entstehen diese Gefühle der Unendlichkeit, der Ewigkeit, dem Einssein mit dem Universum. Das ist schon ein recht schönes Gefühl. Nach dieser Summe aller Möglichkeiten zu streben, ist das mystische Ziel von Thelema, nicht aber die Vereinigung mit dem Göttlichen, der Unio mystica, wo man nur noch ein Punkt ist, wie in der alten Mystik, sondern die Summe aller Möglichkeiten. Es geht darum zu tun, was ich will, wann ich es will, wo ich es will, wie ich es will.

C.P.: Du erwähnst jetzt des öfteren die Kundalini-Energie und das Tantra. Hat Crowley das auch aus den buddhistischen Zusammenhängen während seines Aufenthaltes auf Ceylon?

O. Thorbrügge: Ja. Wobei die Kundalini nicht notwendigerweise mit tantrischen Mitteln erweckt wird. Man kann das zwar, also mit einem Partner, leichter aber ist es, die Kundalini-Energie alleine zu erzeugen.

W.W.: Kannst Du diese Übung einmal beschreiben?

O. Thorbrügge: Im siebten Grad des O.T.O. macht man dies alleine, da sind die sexualmagischen Dinge auf die Onanie beschränkt. Der achte Grad wäre dann oraler Sex, der neunte Grad ist - soweit ich weiß - Sex zwischen Mann und Frau. Die Kundalini kann man jedoch auch durch Meditation steigen lassen; das wird im Raja Yoga beschrieben. In dieser Meditation übt man, den Körper soweit als möglich ruhigzustellen und Verspannungen aufzulösen, bis irgendwann Ekstase auftritt. Ekstase fängt in der ersten Stufe mit einer Art Schauer an, steigert sich dann zu einer Art von Orgasmus, anschließend gibt es noch einige weitere Stufen. Natürlich kann man das auch durch tantrische Techniken, also mit einem Partner, entwickeln, aber es geht genauso in der Meditation. In der Meditation kommen die Energien eher, wenn man wirklich konzentriert ist. Wenn man seinen Körper abstellen kann, lösen sich die Energien, die normalerweise in den Körperverspannungen sitzen, und werden zu Energieschüben; und je mehr ich lösen kann, desto stärker wird auch die Ekstase.

Eine nächste Stufe ist ein blitzartiges Erlebnis, wiederum eine nächste weißes Licht mit einer wellenförmigen Ekstase und schließlich so etwas wie eine erhebende Ekstase, bei der man durchaus aus sich heraustreten kann. Die letzte Ekstase ist die, wenn die Kundalini ganz nach oben schießt. Am Anfang kann dies noch recht schmerzhaft sein, je nachdem, wie verspannt man noch ist, Gefühle der Hitze können auftreten, bis ein

Gefühl entsteht - ich selber habe dies noch nicht erlebt -, wie wenn ein großer Spermakörper mit dickem Kopf und Schwanz die Wirbelsäule nach oben kriecht. Dieser starke Druck schießt in den Kopf hinein und dann noch darüber hinaus.

C.P.: Die Kundalini-Übung macht ihr dann immer alleine, tantrische Übungen dagegen zu zweit?

O. Thorbrügge: Ich selbst mache keine tantrischen Übungen. Wenn man sie durchführt, so bedarf es eines sehr großen Vertrauens zueinander, was oft nicht gegeben ist. Deshalb ist es besser, Kundalini-Übungen alleine durchzuführen. Vor sich selbst ehrlich zu sein, ist für die meisten Menschen leichter als vor einem Partner.

Die magische Willenskomponente der Sexualmagie

C.P.: Aus dem Hinduismus habe ich diese tantrischen Übungen immer so verstanden, daß man sie nicht um seines Partners willen, sondern um einer spirituellen Entwicklung willen durchführt.

O. Thorbrügge: Ja, selbstverständlich gibt es verschiedene Zielrichtungen. Man kann die Techniken so oder so einsetzen, aber spirituelle Entwicklung durch Tantra ist, genau wie die Sexualmagie, furchtbar kompliziert. Sexualmagie braucht sehr viel Training, die gleichen Effekte kann ich auf andere Weise sehr viel leichter erzielen. Sexualmagie ist für viele Menschen sehr anziehend, weil sie in den O.T.O.-Schriften sehr mystisch beschrieben wird und dort als das größte Geheimnis überhaupt sowie der Schlüssel zu allen Geheimnissen dargestellt wird. Das mag für viele Leute faszinierend sein, ist aber ein sehr komplizierter und schwieriger Weg. Bis zu einem bestimmten Punkt ist es, wie gesagt, leichter, die meisten Sachen in sich selbst zu regeln. Irgendwann, so man nicht stehenbleibt, kommt die Stufe, sich mit seinem heiligen Schutzengel zu vereinigen, und das ist heftiger, als sich mit dem geliebten Menschen zu vereinigen.

W.W.: Könntest Du bitte einmal grundlegend darstellen, was Sexualmagie ist?

O. Thorbrügge: Das Prinzip der Sexualmagie besteht darin, während des Orgasmus die magische Willensformulierung aufrechtzuerhalten. Um irgendwelche magischen Effekte zu erhalten, braucht man Energie. Diese Energie kann ich entweder in mir selbst erzeugen, beispielsweise durch Beschwörungen oder schamanische Trancetechniken, die auch einen psychophysischen Effekt haben, oder durch Meditation bzw. durch Geschlechtsverkehr, Onanie und dergleichen mehr. Das Training der Sexualmagie besteht darin, den Orgasmus auszudehnen, bis er wirklich kraftvoll und stark wird, und einen formulierten Willenssatz nicht aus dem Bewußtsein zu verlieren.

W.W.: Um was für einen Satz geht es dabei?

O. Thorbrügge: Man kann seinen magischen Willen formalisieren, entweder als Satz, als Siegel oder als Sigill, wie es Austin Osman Spare gemacht hat. Wenn es ein Symbol ist, kann man es visualisieren und während des Orgasmus aufrechterhalten, was nicht gerade einfach ist. Dann gibt es noch sehr hübsche Erweiterungen des Ganzen, zum Beispiel das große Geheimnis des neunten Grades, welches darin besteht, daß man zum ersten dieses Symbol im Bewußtsein behält, daß man möglichst gleichzeitig zum Orgasmus kommt und anschließend die vermischte Flüssigkeit aus Samen- und Scheidenflüssigkeit auf ein materielles Symbol seines magischen Willens schmiert. Das ist dann das große Geheimnis des O.T.O. Im Prinzip ist es natürlich ziemlich lächerlich, darum so ein Geheimnis zu machen, denn ohne langwieriges Training passiert sowieso nichts.

W.W.: Macht Ihr dergleichen auch?

O. Thorbrügge: Nein.

C.P.: Welche persönlichen Erlebnisse auf diesen Wegen hast Du selbst bereits gehabt?

O. Thorbrügge: Ich habe vorwiegend über Channelling gearbeitet, ferner Evokationsarbeiten ...

C.P.: ... wen hast Du evoziert?

O. Thorbrügge: Wen ich evoziert habe, möchte ich nicht sagen, unter anderem aber den Wächter. Ich habe mit verschiedenen Meditationspraktiken gearbeitet, fernerhin habe ich bei den unterschiedlichsten Ritualen mitgewirkt, natürlich auch die ganzen Anfangsübungen: mittlere Säule, Pentagramm-Rituale, Hexagramm-Rituale, Sternrubin usw. Meinen Schutzengel habe ich allerdings noch nicht kennengelernt, dazu fehlt mir noch einiges. Insofern kann ich sagen, daß ich mit einigen praktischen magischen Sachen Erfahrung habe, in den eher mystisch orientierten Sachen nicht so viel.

Auch aus dem Tantra habe ich einige Vorübungen gemacht, zum Beispiel eine Übung zur Kontrolle der Geschlechtsorgane. Das nennt man Mulabandha. Bei Männern läuft das darauf hinaus, nach Willen eine Erektion zu bekommen und sie auch wieder fallen zu lassen. Normalerweise ist der Anus-Schließmuskel an den Harnschließmuskel gekoppelt, und man übt, daß man diese beiden bewegungsmäßig voneinander trennt. Diese abwechselnd anzuspannen bzw. wieder zu entspannen, nennt man Mulabandha. Die nächste Übung besteht darin, den Harnröhrenschließmuskel so zu trainieren, daß man dann pinkelt, wenn man will und nicht dann, wenn man muß. Im Grunde geht es nur darum, all diejenigen Muskeln, die normalerweise außer der Kontrolle liegen, unter Kontrolle zu bekommen. Dann ist es auch kein Problem mehr, nach Willen eine Erektion zu bekommen, und zwar so lange, wie man will. Das braucht man bei einigen tantrischen Techniken auch, zum Beispiel bei der berühmten Karezza-Methode, also den Geschlechtsverkehr auf mehrere Stunden auszudehnen, ohne zum Orgasmus zu kommen.

Mitleidlose Liebe

W.W.: Ich kehre noch einmal zum "Buch des Gesetzes" zurück; 3. Buch, Vers 1: "Abrahadabra; der Lohn von Ra-Hoor-Khuit". Was bedeutet dieses Wort *Abrahadabra*, welches ja auch der Name Eurer Zeitschrift ist?

O. Thorbrügge: Das Wort Abrahadabra hat den Zahlenwert 418, das große Haus. Es ist die magische Formel des neuen Äons. Die Formel des alten Äons war das Leiden, die des neuen ist: "Tue, was du willst, soll sein das Ganze des Gesetzes. Liebe ist das Gesetz, Liebe unter Willen." Aus dem Wort Abrahadabra kann man, wie aus einem verschlüsselten Code, ein magisches Ritual entwickeln, zusätzlich kann man das Wort auch in Ritualen benutzen, wenn man es vibriert und tönt, um die Schwingung dieses Äons einzufangen. Insofern ist es eine magische Formel und der Lohn, den Ra-Hoor-Khuit als Anfangsgeschenk überreicht hat.

Die Zeitschrift "Abrahadabra" (3/91)

W.W.: Benutzt Du dieses Wort auch als Mantram in Deiner Meditation?

O. Thorbrügge: Zur Zeit nicht. Aber man kann es während eines Rituals zum Dröhnen bringen, wie andere Worte der Macht, die man zum Vibrieren bringt. So etwas wirst Du sicherlich auch bei Ulla von Bernus erlebt haben.

W.W.: Habe ich.

O. Thorbrügge: Dabei kommt es natürlich auch auf die Stimme an; Ziel ist es jedenfalls, das Wort derart zu vibrieren, daß man das Gefühl hat, als würde es durchs gesamte Weltall hallen.

W.W.: 3. Buch, Vers 12-18: "Opfere Vieh, klein und groß, nach einem Kind. Doch nicht jetzt. Du wirst diese Stunde erleben, o gesegnetes Biest, und du, die Scharlachrote Buhle seiner Begier. Ihr werdet darüber traurig sein. Erwartet nicht zu begierig die Erfüllung der Versprechungen, fürchtet nicht die Flüche zu erdulden. Ihr, selbst ihr erkennet den Sinn nicht ganz. Fürchte überhaupt nicht, fürchte weder Menschen, noch Schicksale, noch Götter, noch irgend etwas. Geld fürchte nicht, noch das Gelächter der blöden Menge, noch irgendeine Gewalt im Himmel oder auf Erden oder unter der Erde. Nu ist deine Zuflucht, wie Hadit dein Licht, und ich bin die Stärke, Kraft und Macht deiner Arme. Erbarmen laß beiseite, verdamme die Mitleidigen! Töte und foltere, schone nicht; auf sie!"

Ist das nicht eine klare Aufforderung, ein lebendiges Wesen zu töten?

O. Thorbrügge: Nein, es geht hier um das Mitleid, denn das ist im Grunde das Schlimmste, was man den Menschen antun kann.

W.W.: Warum?

O. Thorbrügge: Weil man sie dann zur Unmündigkeit degradiert.

W.W.: Deswegen steht auf Eurem Briefpapier auch der fest eingedruckte Satz: "Mitleidlose Liebe"?

O. Thorbrügge: Das ist mein Briefpapier, und ich habe es dazugesetzt. Wenn ich jemanden liebe, dann will ich ihm die Möglichkeit geben, seinen eigenen Willen zu finden, das zu tun, was er will. Wenn ich ihn aber bemitleide, dann mache ich ihn von mir abhängig. Normalerweise machen es diejenigen, die bemitleiden, nicht umsonst, denn sie wollen ihre Gegenleistung in Form von Dankbarkeit erhalten.

W.W.: Nun kann ja auch ein Wesen leiden, zum Beispiel durch einen schweren Schicksalschlag, und das eigene Mitleid kann sich so ausdrücken, daß man einfach mitleidet.

O. Thorbrügge: Für mich gibt es keine Schicksalsschläge, denn wenn ich einen Schicksalsschlag erdulde, dann bin ich ein Sklave, weil ich dann irgendeine Macht anerkenne, die mir Schaden zufügen kann, die mich beeinflussen kann. Das paßt nicht mit dem Bild der eigenen Göttlichkeit zusammen, auch nicht mit dem Satz: "Tue, was du willst". Man muß die Perspektive wechseln; ein Gott, ein Schicksal oder ähnliches als oberste Instanz anerkenne ich nicht, sie können mir auch nichts antun. Und wenn ich leide, dann mache ich mich von diesen Instanzen abhängig, wenn ich mich aber von Göttern, Menschen oder Schicksalen abhängig mache, habe ich keine Chance mehr, frei zu werden.

W.W.: Dazu könnte man natürlich sehr viel entgegnen. Ich möchte aber nur einen Punkt herausgreifen, zum Beispiel daß objektiv Leid in der Welt ist. Ich denke an die Katastrophe von Tschernobyl, das hat kein Gott gemacht oder ähnliches, es ist auch kein Schicksalsschlag, es ist eine Schlamperei und ein Verbrechen, das einige Menschen selbst inszeniert haben. Durch die Strahlung leiden nun aber objektiv Menschen.

O. Thorbrügge: Nicht alle Menschen leiden, wenn sie krank sind. Ich habe selbst im Krankenhaus gearbeitet und dort sehr unterschiedliche Menschen kennengelernt, vor allem bei denjenigen Menschen, die wissen, daß sie bald sterben. Die einen verkriechen sich wimmernd in der Ecke, andere aber - wenn es unausweichlich ist zu sterben - akzeptieren das und nehmen es als unabwendbare Sache an. In so einem Fall hat es überhaupt gar keinen Zweck zu leiden. Durch das Leid kann ich überhaupt nichts ändern, außerdem tue ich mir keinen Gefallen damit.

C.P.: Das setzt aber eine sehr hohe Entwicklung des Menschen voraus. Von meinem höheren Ich aus gesehen hat das Schicksal, das mir zustößt, doch wohl einen Sinn. Mit meinem niederen Ich, das diesen Sinn oft nicht erkennt, leide ich aber trotzdem.

O. Thorbrügge: Wenn man das so sieht wie Du, dann setzt man wiederum einen Gott über sich, nämlich sein höheres Ich. Meines Erachtens hat es keinen Sinn zu sagen, daß irgendein Schicksal unser Leben bestimmt. Wenn ein Mensch tot ist, ist es ohne jeden Sinn, um ihn zu trauern, denn er ist tot. Er hat davon nichts, ich habe davon nichts.

C.P.: Trotzdem sind die Gefühle des Leidens und der Trauer vorhanden.

O. Thorbrügge: Es gibt diverse Kulturen ohne Trauer, speziell im asiatischen Raum und bei einigen Indianerstämmen. Dort gibt es im Gegenteil ein großes Freudenfest, wenn jemand gestorben ist, weil er es endlich hinter sich gebracht hat. Daran kann man sehen, daß Trauer kein Urgefühl ist, sondern ein ansozialisiertes.

C.P.: Eine gewagte These!

O. Thorbrügge: Trauer ist auch ein sehr egoistisches Gefühl, nach dem Motto: Warum hast du mich verlassen, du Idiot?!

C.P.: Das mag für den Fall gelten, daß jemand stirbt oder daß man auf andere Weise verlassen wird. Trotzdem gibt es das Gefühl der Trauer, zum Beispiel wenn man ungerecht behandelt wird oder wenn man einfach über ein anderes Wesen ob seines unglücklichen Zustandes trauert.

O. Thorbrügge: Das kann nicht passieren. Natürlich setzt das einen gewissen Entwicklungszustand voraus, aber das Leiden ist ein Gefühl, welches ich nicht haben will. Wenn ich Verlust empfinde, so muß ich mich doch fragen, warum ich Verlust empfinde, denn das, was weg ist, ist weg, und somit hat es keinen Sinn mehr, zu trauern oder zu leiden. Wenn ich es wiederhaben will, werde ich dagegen alles dransetzen, um es wiederzubekommen, aber ohne das Gefühl des Verlustes. Trauer ist zu sehr auf die Vergangenheit und auf Unwiederholbares, wie verpaßte Möglichkeiten, gerichtet. Um nach vorne gehen zu können, muß man sich meiner Ansicht nach von dieser Vergangenheitsfixierung lösen, um die Zukunft zu gestalten.

W.W.: Karma und Wiedergeburt, die solche Dinge, zum Beispiel das Schicksal, in einen höheren Sinnzusammenhang einbetten würden, sind für Dich keine Perspektive?

O. Thorbrügge: Ich bin ziemlich davon überzeugt, daß beides existiert, aber ich weiß es nicht genau. Allerdings bin ich mir ziemlich sicher, daß ich nach meinem Tod in irgendeiner Form überleben werde, nicht zuletzt deswegen, weil ich bereits außerkörperliche Erfahrungen hatte, aber noch lebe ich in dieser Welt und muß mit ihr umgehen. Ich gehe meinen Weg in dieser Welt, und wenn ich ihn mir damit vermiese, daß ich ständig leide und trauere, seelischen Schmerz empfinde, dann lohnt sich das Leben nicht. Die Existenz ist deswegen für mich reine Freude; Sorgen dagegen sind für mich nur wie Schatten: Wenn sie vergehen, sind sie vorbei. Das Gefühl der Trauer oder des Verlustes hält ja nicht sehr lange an, in sehr schweren Fällen vielleicht einige Jahre.

C.P.: Daß es vorbeigeht, ist unbestritten, aber wenn es vorbeigehen kann, dann ist es doch vorher existent.

O. Thorbrügge: Aber wenn die Trauer sowieso vorbeigeht, warum soll man denn dann erst mit ihr anfangen?

C.P.: Darum geht es doch gar nicht. Das Gefühl der Trauer ist einfach da, genau wie andere Gefühle. Und wenn mir ein Mensch Schmerz zufügt, dann empfinde ich Trauer.

O. Thorbrügge: Das ist für mich nur eine Frage der Erfahrung und der intellektuellen Entwicklung. Natürlich gelingt es mir auch nicht, jedes derartige Gefühl sofort abzustellen, aber wenn man einmal darüber nachdenkt, daß zum Beispiel das Gefühl der Trauer eines Tages vergehen wird, dann braucht man dieses Gefühl gar nicht erst zu haben. Die heutige Menschheit ist derart sozialisiert, daß sie im Grunde gar nicht anders kann als zu trauern. An diesem Punkt muß ich aber mit meiner Entwicklung ansetzen, indem ich mir so viel Ehrlichkeit zubillige, daß ich diese Lebensgefühle untersuche, auch wenn es wehtut. Das ist die Leistung, die man bringen muß, nämlich an dem Punkt, wo ein Gefühl auftritt, wirklich zu untersuchen, woher es kommt, was ich davon habe, was ich damit will und was für einen Sinn es hat. Allein die Formulierung, ein Gefühl sei einfach da, weist darauf hin, daß man nicht selber handelt und daß man davon ausgeht, daß mit mir selbst gehandelt wird. Diese Perspektive muß ich wechseln.

W.W.: Es wird nicht mit mir gehandelt, sondern es ist Wirklichkeit. Entsprechend ist es mit dem Baum, der dort im Zimmer steht, der hat auch eine Wirklichkeit, die durch sich selbst auf Dich einen Eindruck macht.

O. Thorbrügge: Welche Wirklichkeit?

W.W.: In diesem Fall die sinnliche Wirklichkeit.

O. Thorbrügge: Wenn ich genügend trainiere, kann ich ihn auch ausblenden.

W.W.: Trotzdem ist er da.

O. Thorbrügge: Ist er wirklich da?

W.W.: Ja.

O. Thorbrügge: Wenn ich ihn nicht sehe, ist er dann wirklich da?

W.W.: Ich sehe, worauf Du hinaus willst. Wir müßten uns jetzt über erkenntnistheoretische Modelle unterhalten, das führt hier aber zu weit.

O. Thorbrügge: Auch ich sehe es im Grunde so, daß es keinen Sinn hat zu sagen, daß dieser Baum nicht da ist. Es gibt ja die Geschichte von dem Sufi-Schüler, der auch die sinnliche Wirklichkeit abstreiten wollte. Daraufhin haute ihm der Sufi-Meister auf die Nase und fragte ihn: "Was tut denn jetzt weh?" Für mich geht es vor allem nur um die Umkehrung der Perspektive: nicht zu fragen, was der Baum mit mir macht, sondern was ich mit dem Baum vorhabe. Es mag ja sein, daß es Trauer gibt oder Leid, aber dann ist es an der Zeit, sie zu zerstören und sich wichtigeren Dingen zuzuwenden.

"Ich kann jeden Menschen seiner persönlichen Hölle aussetzen"

W.W.: Ich möchte noch einmal auf die vorhin verlesene Stelle aus dem "Buch des Gesetzes" zurückkommen, nämlich auf die klare Aufforderung zu töten und zu foltern. Ist denn das nicht so gemeint?

O. Thorbrügge: Ich muß gestehen, daß ich selbst nicht genau weiß, was damit gemeint ist. Wenn ich mit Menschen agiere, zum Beispiel im Geschäftsleben, dann kann ich so vorgehen, daß ich die übliche Moral anerkenne, indem ich mir zur Devise mache, daß man dies oder jenes tut, anderes aber nicht. Wenn ich diese bürgerliche Moral allerdings nicht befolge, dann kommt das bei vielen Menschen wie eine Tötung an; gemeint ist damit nicht, daß ich sie erschieße oder absteche bzw. auf die Drehbank spanne. Es geht um die geistige Qual, der man andere aussetzen kann, wenn man gegen ihre Konventionen verstößt. Nach allem, was das Liber Al für mich aussagt, kann ich mir allerdings nicht vorstellen, daß irgendwo damit gemeint sein kann, herumzulaufen und jemanden zu töten, wie es Charles Manson gemeint hat. Denn eine Tötung widerspricht dem Ganzen des "Buches des Gesetzes", zum Beispiel, daß jeder Mann und jede Frau ein Stern ist. Andererseits kann ich jeden Menschen seiner persönlichen Hölle aussetzen, indem ich "hart und tief schlage", was auch im Liber Al steht.

"So ihr davon esset, werden sie in euch Lust zeugen"

W.W.: Noch zwei Fragen zu dem "Buch des Gesetzes"; 3. Buch, Vers 23-27: "Als Weihrauch mische Mehl und Honig und dicke Reste von rotem Wein, dazu Abramelins Öl und Olivenöl, alsdann verrühre es weich mit sattem, frischem Blut. Das beste Blut ist vom monatlichen Mond, dann das frische Blut eines Kindes oder Tropfen vom himmlischen Wirt, dann Blut von Feinden, dann das des Priesters oder Anbeters, endlich eines Tieres, gleich welches. Verbrenne dies: daraus mache Kuchen und iß ihn für mich. Dieser hat noch einen anderen Nutzen, lege ihn vor mich, wohlerhalten vom Duft deiner Gebete: er soll gleichsam voll von Käfern werden, Kriechgeschöpfe, die mir geweiht sind. Diese erschlagt und nennt dabei eure Feinde, und sie werden fallen vor euch. So ihr davon esset, werden sie in euch Lust zeugen und Kraft zur Lust."

Was ist mit diesem Opfer gemeint, und sind die Zutaten zu diesem Kuchen, der da gebacken werden soll, reale Zutaten, entsprechend dem, wie es hier steht?

O. Thorbrügge: Ja, das sind reale Zutaten. Mit dem frischen Blut eines Kindes ist zum Beispiel Sperma gemeint, das Blut vom monatlichen Mond ist Menstruationsblut. Was mit dem Blut der Feinde gemeint ist, weiß ich nicht.

W.W.: Ist damit nicht gemeint, daß man jemanden schlägt, und ein wenig von seinem Blut abzapft?

O. Thorbrügge: Vermutlich nicht. Ich selbst habe diese Kuchen auch gebacken und habe dazu Drachenblut genommen, also das Blut des himmlischen Wirtes.

W.W.: Was ist das?

O. Thorbrügge: Ich kann es Euch kurz zeigen. Ihr könnt sie auch probieren. Sie sind aus verschiedenen Räucherölen zusammengesetzt, zum Beispiel Galanga, ferner aus Myrrhe, Mehl, dicken Resten roten Weines, Abramelinöl, Olivenöl und Weihrauch. Das hier ist Drachenblut: ein rotes Pulver, das, wenn man es mit Wasser vermischt, diese rote Farbe ergibt.

W.W.: Was ist das?

O. Thorbrügge: Das ist ein Pflanzenextrakt aus einer indischen Palme und nennt sich Drachenblut. Auch wenn man es verbrennt bzw. räuchert, verflüssigt es sich zuerst und wird tiefrot. Man kann es also als Blutersatz nehmen. Diese kleinen Kuchen hier sind das Ergebnis davon. Ihr könnt sie ruhig essen, sie sind ganz profan und nicht geweiht.

W.W.: Benutzt Du sie bei Deinen Ritualen als Opfergabe?

O. Thorbrügge: Sie werden bei der Messe des Phönix benötigt. Einer dieser Kuchen wird in diesem Ritual verbrannt bzw. geräuchert, ein anderer wird gegessen. Beim Phönix-Ritual ritzt man sich die Brust ein, so daß ein Tropfen Blut herauskommt, der dann von diesem Kuchen aufgesogen wird. Dieser ist es, der dann gegessen wird.

W.W.: Wo liegt da der Sinn?

O. Thorbrügge: Der verbrannte Keks symbolisiert das, was man loswerden will, also sämtliche seelischen Schlacken und was man sonst alles nicht haben möchte, zum Beispiel Autoritätshörigkeit usw. Der gegessene Keks ist der Pakt mit sich selbst, das Versprechen, das man sich selbst gibt, nämlich zu seinem heiligen Schutzengel zu streben. Aber man schließt keinen Pakt mit irgendeinem anderen Wesen. Der symbolische Gehalt dieses Phönix-Rituals ist die Verbrennung und die Wiedergeburt.

W.W.: Werden die Kuchen vorher geweiht?

O. Thorbrügge: Einige bewahre ich so auf, andere habe ich im Tempel stehen.

W.W.: Wo ist Dein Tempel?

O. Thorbrügge: Zwei Zimmer weiter.

W.W.: Und wie werden diese Kuchen nun geweiht?

O. Thorbrügge: Dadurch, daß sie innerhalb des Tempels im Osten stehen.

W.W.: Einen Ritualspruch gibt es nicht?

O. Thorbrügge: Nein.

"Mit meinem Falkenkopf pick ich nach Jesu Augen"

W.W.: 3. Buch, Vers 49 ff.: "Ich bin in einem geheimen vierfachen Wort, die Lästerung aller Götter der Menschen. Fluch ihnen! Fluch ihnen! Fluch ihnen! Mit meinem Falkenkopf pick ich nach Jesu Augen, da er am Kreuze hängt. Meine Schwingen schlage ich in Mohammeds Gesicht und blende ihn. Mit meinen Klauen reiß ich das Fleisch vom Inder und Buddhisten, Mongolen und vom Djin. Bahlasti! Ompehda! Ich speie auf euren verkommenen Glauben. Lasset die unbefleckte Maria gerädert und zerrissen werden, um ihretwillen sollen alle keuschen Frauen unter euch verachtet sein. Auch um der Schönheit und der Liebe willen! Auch alle Feiglinge verachtet, Berufssoldaten, die nicht zu kämpfen wagen, sondern spielen, verachtet alle Narren! Aber die Kühnen und Stolzen, die Königlichen und die Erhabenen, ihr seid Brüder! Und als Brüder kämpft! Es gibt kein Gesetz außer Tue was du willst."

Woher kommt dieser Haß auf die einzelnen Religionen?

O. Thorbrügge: Die bessere Übersetzung ist: "Ich speie auf eure jämmerlichen Glaubensbekenntnisse", nicht auf den verkommenen Glauben. Wenn ich etwas glaube, bedeutet das, daß ich etwas nicht weiß, mich aber trotzdem daran hänge, in der Hoffnung, irgendeine Belohnung zu bekommen. Und Ra-Hoor-Khuit ist eben angetreten, um das zu vernichten. Er ist ein Kriegsgott, deswegen ist seine Sprache ein wenig heftiger als die einer Liebesgöttin. Natürlich paßt ihm nicht der Glauben der verschiedenen Religionen, zum Beispiel beim Buddhismus diese Leidenskomponente. Die Buddhisten haben ja das Leid zur höchsten Perfektion erhoben, im Grunde ist nach ihrer Sichtweise alles Leid.

W.W.: Dann deutest Du diese Textstellen ja sehr harmlos ...

O. Thorbrügge: ... das ist nicht harmlos gemeint.

W.W.: Man könnte ja durch diese Worte angeregt werden, diese Taten im Physischen wirklich auszuführen, wie zum Beispiel das Auspicken von Augen!

O. Thorbrügge: Ohne Schnabel? Ra-Hoor-Khuit ist ein Gott, und er vollbringt diese Taten an den anderen Göttern bzw. Propheten, indem er ihnen zum Beispiel das Fleisch rausreißt. Natürlich ist das geistig gemeint, aber wenn ein Gott dem anderen das Fleisch rausreißt, so ist dies bestimmt nicht harmlos. "Bahlasti! Ompehda!" ist der Fluch, mit der "unbefleckten Maria" ist das Urbild des Weibchens gemeint, also das Weibchen, das von seiner Umwelt abhängig ist. Ra-Hoor-Khuit wendet sich hiermit auch gegen die Verteufelung des Sex; alle keuschen Frauen - das ist auch meine Ansicht - sollten ohnehin verachtet werden. Keuschheit ist ja ein Begriff aus dem christlichen Kontext, d.h. daß ich an einen Gott glaube und der Ansicht bin, daß ich, wenn ich keusch bin, dafür eine Belohnung bekomme. Und wer so einen Schwachsinn glaubt, der kann ohne weiteres verachtet werden. Auch um der Schönheit und der Liebe willen!

"Der verruchteste Mann des Jahrhunderts"

W.W.: Was für ein Weltbild hatte Aleister Crowley; wie dachte er über Ursprung und Ziel der Weltentwicklung?

O. Thorbrügge: Crowley sah sich selbst als Logos des neuen Äons, also als Verkünder dieses neuen Äons, und zwar durch das "Buch des Gesetzes". In diesem Buch wird auch sein Amt als Priester bestätigt. Sein Ziel ist die Befreiung des Menschen von den Sklavengöttern. Man kann ihm viel nachsagen, aber an diesem Ziel hat er kontinuierlich und konsequent gearbeitet. Allein wenn man an die Emotionen denkt, die Crowley ausgelöst hat, kann man sagen, daß er etwas geleistet hat. Zu seiner Zeit wurde er in der Presse als der verruchteste Mann des Jahrhunderts verschrien. Mit Sicherheit war er eine sehr kraftvolle Persönlichkeit. Sein Ziel war es, jeden Menschen zu der Kenntnis von und zur Konversation mit seinem eigenen Schutzengel zu führen.

W.W.: Und insofern sieht er den Menschen als den Gott selbst an!

O. Thorbrügge: Ja.

W.W.: Er sagt aber auch, daß man, um seinen göttlichen Zustand zu erreichen, sein persönliches Ich ausschalten müsse; ist dies nicht ein Widerspruch dazu?

O. Thorbrügge: Er meint damit ja nur das persönliche Ich, und das ist eine Ego-Überwindung, die man in vielen mystischen und magischen Systemen hat. Er meinte nur das niedere Ich, also zum Beispiel das Konglomerat aus all den Stimmen, was man tun dürfe bzw. was man nicht tun dürfe usw.

Crowley - ein Schwarzmagier?

W.W.: Wie sieht Crowley Gut und Böse? Sieht er sich selbst als Schwarzmagier?

O. Thorbrügge: Ich denke, daß er so etwas aus provokativen Gründen geschrieben haben mag, aber in Crowleys Weltbild - auch in meinem - haben diese Begriffe wenig Sinn. Für mich ist es durchaus gut, meinen Willen zu tun, für andere mag dies aber böse sein, zum Beispiel für Thomas Gandow aus Berlin. Wenn man davon ausgeht, daß jeder

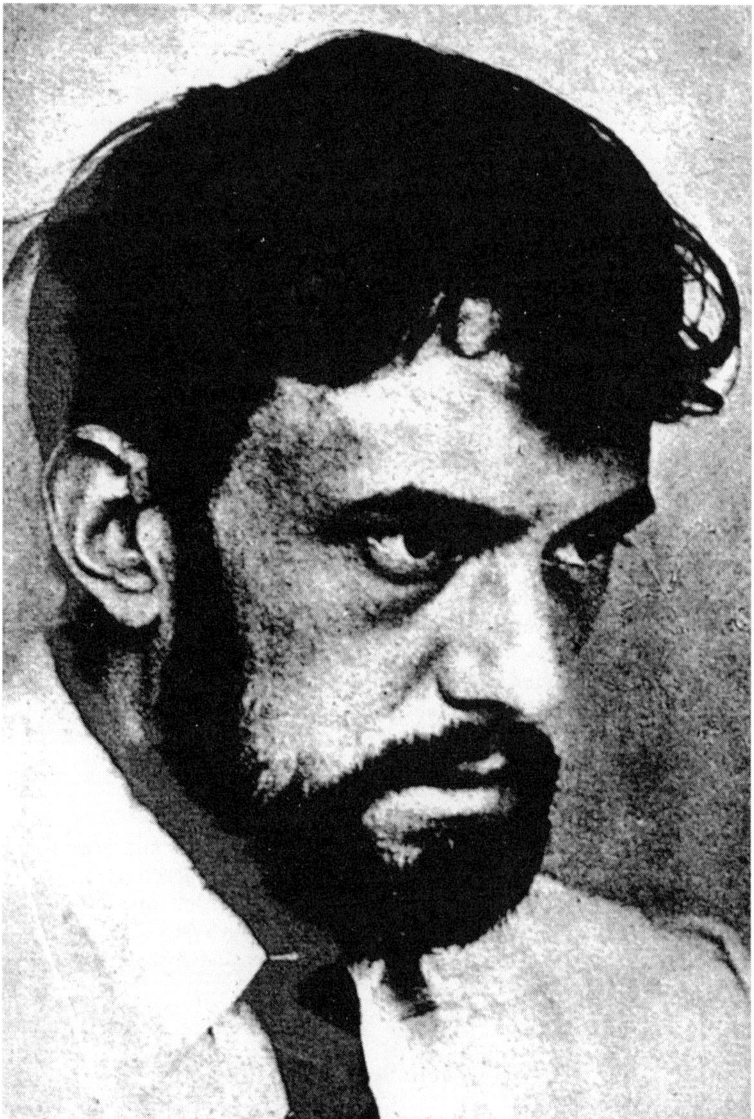

Aleister Crowley

Mann und jede Frau ein Stern ist, dann halte ich es nicht für richtig, einem anderen Menschen in seinen Weg hineinzupfuschen. Solange es mich nicht selber betrifft, sollte es mich nicht stören, was der andere tut. Gut und Böse als Begriffe hängen eng mit dem Dualismus zusammen, der mit Zarathustra begann, also mit dem persischen Glauben von Ahura Mazda und Ahriman. Im Bereich von Thelema haben Gut und Böse dagegen keinen Sinn, denn wenn ich meinen Willen tue, so ist dies jenseits von Gut und Böse.

W.W.: Sah Aleister Crowley sich wirklich nicht als Schwarzmagier?

O. Thorbrügge: Nein. Er gibt in "Magick" selbst eine Definition der schwarzen Brüder ab. Diese schwarzen Brüder sind für ihn im Grunde bemitleidenswerte Kreaturen, die den Sprung über den Abyss nicht geschafft haben.

W.W.: Wir haben versäumt, den Begriff Abyss zu erklären.

O. Thorbrügge: Der Abyss ist die Krise zwischen dem mittleren und dem oberen Orden, sozusagen die Krise des Egoverlustes. Es ist ein Zustand, in dem man alles verliert, was man für gut, schön und wahr gehalten hat, und noch nicht genau weiß, was in Zukunft kommen wird. In diesen Zustand muß man sich also wie in einen dunklen Abgrund fallen lassen. Nach dem Konzept dieses Ordens wird man dann später als Meister des Tempels wiedergeboren.

Der letzte Grad vor dem Abyss ist der Adeptus Exemptus, der von den Fähigkeiten her, die er im Grunde innehaben muß, Raum und Zeit beherrschen muß. Das ist ein voll ausgebildeter, hoch trainierter Magier. Auf dieser Stufe stehen die schwarzen Brüder, die aber nicht mit denjenigen vergleichbar sind, die irgendwelche Voodoo-Püppchen stechen, sondern mindestens drei Klassen höher. Nach Crowley wird man dann zum schwarzen Bruder, wenn man sich vom Rest des Universums abschneidet und demzufolge steckenbleibt. Wer aber steckenbleibt, der muß sich abgrenzen und schafft den Sprung über den Abyss nicht, weil dieser das Konzept der Auflösung beinhaltet. Schwarze Brüder sind daher gezwungen, von irgendwoher ihre Energie zu bekommen, um überleben zu können. Das macht sie zu schwarzen Brüdern, indem sie gezwungen sind, andere Sterne anzugreifen.

W.W.: Mit anderen Sternen meinst Du jetzt andere Menschen?

O. Thorbrügge: Ja.

W.W.: Und wer den Sprung über den Abyss schafft, der ist kein schwarzer Bruder mehr?

O. Thorbrügge: Wenn er durchkommt, ist er jenseits der schwarzen Brüderschaft.

W.W.: Ich lese mal aus Crowleys "Magick": "Unter diesen, in einem Sinne, doch weit über ihnen in einem anderen Sinne stehend, sind die Brüder des linken Pfades. Dies sind diejenigen, die 'sich abschließen', die sich weigern, ihr Blut in den Kelch zu geben, die die Liebe mit den Füßen getreten haben in ihrer Jagd nach Selbsterhöhung. Bis zum Grade des Exempt Adept sind sie auf demselben Pfad wie die Weiße Bruderschaft; denn bis zu diesem Grade wird das Ziel nicht enthüllt. Dann erst werden die Böcke, die einsam springenden Herrn der Berge, von den herdenweise Lebenden, sich ans Tal drängenden gebundenen Schafen getrennt. Dann werden diejenigen, welche die Lehren des Pfades gut gelernt haben, dazu bereit sein, in Stücke zerrissen zu werden, ihr eigenes Leben aufzugeben für das des Kindes des Abyss, welches ist - und nicht ist - sie selbst. Die anderen, stolz auf ihren Purpur, weigern sich. Sie flechten sich eine falsche Krone aus dem Schrecken des Abyss; sie setzen sich die Zerstreuung Choronzons auf die Stirn; sie kleiden sich in vergiftete Roben der Form; sie schließen sich ab ..." (Aleister Crowley: Magick, Band 1. Bergen 1989, S.528)

Mit den letzteren sowie den Brüdern des linken Pfades sind also die von Dir beschriebenen schwarzen Magier gemeint?

O. Thorbrügge: Ganz genau.

W.W.: Demnach wäre also Crowley - zumindest sah er sich so - ein weißer Magier?

O. Thorbrügge: Er ist Vertreter der großen weißen Bruderschaft. In diesem Kapitel spricht Crowley auch davon, jeden Tropfen seines Blutes in den Kelch von Babalon zu geben, womit gemeint ist, alles das, was die eigene Person ausmacht, aufzugeben. Ob man das muß, ist eine andere Frage, aber die Bereitschaft, alles aufzugeben, führt im Grunde über den Abyss, denn dann hat man nichts mehr, an das man sich klammern kann.

Das Necronomicon

W.W.: Vom Necronomicon heißt es, daß sein Autor der wahnsinnige Araber Abdul Alhazred sei; wie weit läßt sich das authentisch zurückverfolgen bzw. belegen.

O. Thorbrügge: Das weiß keiner so ganz genau. Die meisten Leute behaupten, daß das Necronomicon von Lovecraft in seinem Mythos erfunden wurde. Über diesen Mythos gibt es allerdings die unterschiedlichsten Ansichten. Zum Beispiel gibt es den esoterischen Orden von Dagon - Dagon ist ein Fischgott -, in dem behauptet wird, daß das Necronomicon von Lovecraft eingeführt worden sei. Sie sehen aber Lovecraft als schlafenden Propheten an, weil er die meisten Bücher aufgrund sehr lebhafter, realitätsechter Träume geschrieben hat. Die Wesenheiten, die großen Alten, die im Necronomicon vorkommen, kann man anrufen, was auch funktioniert. Diese Schule geht also davon aus, daß nicht Abdul Alhazred, sondern Lovecraft das Necronomicon aufgeschrieben habe, aber daß er den Anstoß dazu von den großen Alten bekommen habe.

Crowleys magische Richtung geht dahin, sich nach vorne zu entwickeln. Demgegenüber gibt es andere Richtungen, die einen mehr inneren Weg beschreiten und davon ausgehen, daß man sämtliche Möglichkeiten bereits in sich trage und sich "lediglich" an alles erinnern müsse. Wenn man Crowleys Weg beschreitet, kann man von seinem derzeitigen Zustand ausgehen und sich nach und nach entwickeln; während man, wenn man den Prozeß des Erinnerns einleitet, immer nahe am Wahnsinn tanzt. Der Weg der Erinnerung geht dahin, gespeicherte Atavismen freizusetzen. Die großen Alten werden als Wesen angesehen, die weit vor dem Menschen gelebt haben und die wieder in der Welt herrschen werden, wenn der Mensch einstmals nicht mehr sein wird. Wenn man diese Atavismen wiederbelebt, dann erweckt man zusätzlich die damaligen Innen- und Umwelten. Werwolfgeschichten kommen zum Beispiel durch wiedererweckte Atavismen. Es gibt schamanische Techniken, die darauf abzielen, zum Wolf, Bär oder Elch zu werden. Diese Menschen werden dann auch zum Wolf.

W.W.: Du meinst in ihrem Astralleib?

O. Thorbrügge: Das menschliche Bewußtsein wird ausgeschaltet, und sie werden dann innerlich wie ein Wolf, sehen und hören auch wie ein Wolf. Von außen sieht das reichlich lächerlich aus, wenn sie auf allen Vieren durch die Gegend hüpfen, aber innerlich sind sie in diesem Moment Wölfe. Wenn man selbst in anderen Bewußtseinszuständen ist, kann man bei diesen Menschen auch sehen, wie sich ihr Astralkörper verändert. Also das passiert schon. Der Astralkörper bekommt Wolfscharakter, wird in einer gewissen Weise sichtbar, ähnlich wie bei Evokationen, wo auch der Astralkörper eines angerufenen Dämons sichtbar wird. Es gibt eine ganze Schule, die sich in der Hauptsache mit der Wiederbelebung von Atavismen beschäftigt, nämlich den Zos-Kia-Kultus von Austin Osman Spare.

Die Beschwörung des Wächters

W.W.: Im Necronomicon gibt es unter anderem auch die Beschwörung des Wächters. Wer sind diese Wächter?

O. Thorbrügge: Die Wächter sind gegenüber den großen Alten wiederum eine andere Rasse von Wesenheiten, sind auch mit den alten Gottheiten aus Babylonien, zum Beispiel Marduk, verbunden. Es sind Wesenheiten, die man rufen kann.

W.W.: Du schreibst in einem Artikel in *Abrahadabra* über die Anrufung des Wächters, auch daß ihr gegenüber dem Necronomicon dieses Ritual ein wenig verändert habt. Kannst Du darüber etwas erzählen?

O. Thorbrügge: Wir haben dieses Ritual im Wald durchgeführt, weit entfernt von den Dörfern. Das Ergebnis unserer Intonation war, daß sämtliche Hunde in den umliegenden Dörfern zu heulen begannen. Zusätzlich kam eine Art Wirbelwind durch die Bäume auf uns zu, bis wir drei Gesichter sahen, die sich um den Kreis stellten. Das waren die drei großen Wächter, die man zuerst rufen muß.

W.W.: Anu, Enlil, Enki?

O. Thorbrügge: Genau.

C.P.: Die habt Ihr also gesehen?

O. Thorbrügge: Ja, und zwar nicht mit Astralaugen, sondern mit unseren physischen Augen.

W.W.: Du meinst also, daß dies eine Manifestation dieser geistigen Wesenheiten gewesen ist?

O. Thorbrügge: Ja.

W.W.: War das nachts?

O. Thorbrügge: Ja. Aber wir hatten Fackeln dabei.

Ritueller Tod und rituelle Auferstehung

W.W.: Du schreibst, daß Ihr dieses Ritual zu zweit durchgeführt habt, einer war der Priester innerhalb des Kreises, der andere stellte sich als Opfer außerhalb des Kreises zur Verfügung. Welcher warst Du?

O. Thorbrügge: Ich war das Opfer. Meine Rolle war es, das Alte, die überkommenen Werte zu symbolisieren, die sterben müssen, bevor etwas Neues entstehen kann. Das muß geschehen, bevor sich die großen Alten, die mittlerweile etwas völlig Neues für die Welt sind, manifestieren können. Unser Ergebnis war in jeder Hinsicht zufriedenstellend. Währenddessen kam der vorher abgemachte rituelle Schaukampf, bei dem ich gekillt wurde ...

W.W.: Kannst Du das mal etwas genauer schildern?

O. Thorbrügge: Das war ein halbwahrnehmbarer Vorgang. Deutlich spürbar war aber ein zuckender Schmerz in meinem Bauch, weil einer der Wächter mir ein Schwert in den Bauch gestoßen hat, natürlich nur astral. Ich bin in diesem Prozeß also rituell gestorben.

W.W.: Daß ich Dich auch recht verstehe: Der Wächter als geistige Wesenheit führt einen Astralangriff auf Dich aus, was Du Deinerseits als Schmerz empfindest?

O. Thorbrügge: Ja.

W.W.: Und wie wurdest Du rituell wiedergeboren?

O. Thorbrügge: Das geschah am nächsten Tag. Ich habe mich im Wald an einen Ort meiner Wahl begeben. Dort war eine Mulde im Boden, entsprechend meiner Körpergröße, mit einer Baumwurzel als Kopfkissen. Am Morgen habe ich die Sonne begrüßt und mich dann in die Mulde, die nach Süden ausgerichtet ist, begeben, sozusagen als Leiche. Das symbolisiert den gestorbenen Osiris, der dann wiedergeboren wird. Die ganze Nacht hatte ich Schmerzen im Bauch, aber am nächsten Tag veränderte sich das Körpergefühl derart, als würde mich ein frischer Wind von den Füßen bis zum Kopf durchziehen. Astral gesehen sah dies aus wie ein Tunnel, der sich um sich selbst dreht, und zwar nach innen und außen gleichzeitig. Das ist schwierig zu beschreiben, es ist wie eine Drehung, die in zwei Richtungen gleichzeitig läuft. Es kann Übelkeit erzeugen, wenn man es länger anschaut. Alles war in strahlende Farben getaucht. Auch am nächsten Tag hatte ich noch Kontakt zu diesem Wächter.

Im Grunde war der Wächter nur der Wegbereiter einer anderen Wesenheit, die sich am Tag zuvor im Kreis manifestiert hatte, so daß auch der Priester in gewisser Weise ein Opfer gewesen ist, denn er wurde von dieser Wesenheit angesprungen.

C.P.: Also eine homosexuelle Attacke!

O. Thorbrügge: Genau, es war ihm auch recht unangenehm. Wenn man solche Rituale durchführt, passieren die seltsamsten Dinge.

W.W.: Nun wird natürlich jeder Leser, der Deine Worte liest, denken, daß Du spinnst.

O. Thorbrügge: Natürlich wird man mich für irre halten.

W.W.: Bist Du während des Rituals in einem anderen Bewußtseinszustand gewesen?

O. Thorbrügge: Nein, ich habe alle die beschriebenen Dinge mit meinen physischen Augen gesehen.

C.P.: Wir beide hätten das also auch alles gesehen?

O. Thorbrügge: Vermutlich. Es ist alles sehr verzwickt. Was ich aber mit Sicherheit sagen kann, ist, daß bei der Arbeit mit den großen Alten immer etwas geschieht. Was genau passiert, kann man nicht genau voraussagen, wenn man nicht trainiert ist.

W.W.: Bereitet Ihr Euch auf die Rituale durch Askese, Konzentrationsübungen oder dergleichen vor?

O. Thorbrügge: Wir hatten uns innerhalb einer anderen Aktion, unter anderem durch Meditation, darauf vorbereitet, auch durch Übungen zur Telekinese, mittleren Säule und verschiedenes mehr zum Energieaufbau. Askese hat oft auch einen Nachteil, denn man kommt dabei in einen psychisch labilen Zustand, der erleichtert zwar die Effekte, weil man weniger zurückhalten kann, erschwert aber andererseits die Kontrolle.

W.W.: Gibt es bestimmte Tages- bzw. Nachtstunden, an denen dieses Ritual stattfindet?

O. Thorbrügge: Um Mitternacht.

W.W.: Gibt es bestimmte Tage, zum Beispiel nach Vollmond, an denen es durchgeführt werden soll?

O. Thorbrügge: Bei diesem Ritual ist es relativ egal. Im Necronomicon hat man allerdings genauere Anweisungen, die man aber nicht unbedingt sklavisch nehmen muß. Im Prinzip sind diese Zeiten und Orte Eselsbrücken für den Magier, der an ein festes Symbolsystem glaubt. Wichtig wird es allerdings bei bestimmten Arbeiten mit Fixsternen, zum Beispiel dem Doppelstern Algol, denn da ist es schon wichtig, ob das Tor offen oder geschlossen ist.

Der Schrei des Falken

W.W.: Du schreibst, daß der Altar bei dem Wächterritual im Osten aufgebaut und mit dem Schrei des Falken manifestiert worden ist. Was bedeutet das? Wird damit auf Horus hingewiesen?

O. Thorbrügge: Ja, der Schrei des Falken stammt aus dem "Buch der Lügen" von Crowley. Er lautet:

"Hoor hat einen geheimen vierfachen Namen: Er lautet Tu Was Du Willst.
Vier Wörter: Nichts - Eins - Viele - Alle.
Du - Kind!
Dein Name ist heilig.
Dein Königreich ist gekommen.
Dein Wille ist getan.
Hier ist das Brot.
Hier ist das Blut.
Führe uns durch die Versuchung!
Erlöse uns von Gut und Böse!
Das Mein wie Dein sei die Krone des Königreiches, schon jetzt.
ABRAHADABRA.
Diese zehn Wörter sind vier, der Name des Einen."

W.W.: Was bedeutet das?

O. Thorbrügge: Das vierfache Wort ist die Lästerung aller Götter, also: Tue, was du willst, denn kein Gott erlaubt seinen Untergebenen zu tun, was sie wollen. Mit den vier Wörtern ist die Entwicklung gemeint, "Nichts" ist Nuit, im Sinne des unendlichen Raumes, "Eins" ist Hadit und "Viele" ist Ra-Hoor-Khuit, "Alle" sind alle zusammen, also der letzte Schritt der Entwicklung. "Du - Kind!" - damit ist auf den neuen Äon hingewiesen, den des Horus, denn Horus ist im eigentlichen Sinne dieses Kind. Deswegen ist er auch jenseits von Gut und Böse.

"Dein Name ist heilig. Dein Königreich ist gekommen. Dein Wille ist getan" - damit ist auf den Unterschied zum Vaterunser hingewiesen, in welchem immer die Hoffnung auf eine höhere Macht mitschwingt. "Hier ist das Brot. Hier ist das Blut" - damit ist auf den Kuchen hingewiesen, den ich Euch vorhin gezeigt habe. Das Gute und das Böse hatte ich schon erklärt.

"Das Mein wie Dein sei die Krone des Königreiches, schon jetzt" - mit dieser Krone ist auf Kether, die oberste Spitze des Lebensbaumes, hingewiesen, während das Königreich die unterste Stufe ist, also unsere materielle Welt; auf hebräisch heißt diese unterste Stufe Malkuth. Jetzt gibt es aber den mystischen Satz, daß das Oben wie das Unten ist, d.h. daß Kether auch Malkuth ist und umgekehrt. In der Kabbala gibt es das Bild der übereinanderliegenden Bäume, wo das Kether das Malkuth des nächsthöheren Baumes ist. Die "Krone des Königreiches" ist die Vereinigung von Kether und Malkuth, und zwar schon jetzt. Kether kann man als Sitz des heiligen Schutzengels bzw. des höheren Selbst ansehen, und dahin zu gelangen, ist Ziel des magischen Weges; allerdings von hier, unserer Erde, ausgehend. "ABRAHADABRA" ist das magische Wort des neuen Äons. "Diese zehn Wörter sind vier, der Name des Einen" - diese zehn Wörter sind die zehn Sephirot des Lebensbaumes, vier sind es deswegen, weil man sie in vier Abschnitte unterteilen kann: die oberste, mittlere und untere Triade und dann noch Malkuth. Mit dem "Namen des Einen" wird auf den Lebensbaum hingewiesen, der auch Makroprosopus genannt wird, das große Antlitz, denn die hebräischen Mystiker sehen diesen Lebensbaum als Symbol des all-einen Gottes, der alles umfaßt. Zum Lebensbaum könnte man noch sagen, daß er auch eine Rückseite hat, die meist nicht erwähnt wird, das ist die Hölle, die Tunnel des Seth.

Der Tod des Enkidu

W.W.: In Eurer Zeitschrift druckt Ihr auch einen Bericht des Priesters ab, der den Wächter beschworen hat, und schreibt über ihn, daß er ausgezogen sei, seine Gier zu reinigen, um in den Wäldern den Tod des Enkidu zu sterben. Ist damit derjenige aus dem Gilgamesch-Epos gemeint?

O. Thorbrügge: Ja.

W.W.: Was ist das Besondere an diesem Tod?

O. Thorbrügge: Das hängt mit der Wesenheit zusammen, die anschließend entstanden ist. Enkidu ist der Geist des Waldes, archetypisch gesehen der wilde Mann. Dann gibt es noch Humwawa, der später einer der großen Alten geworden ist, das war derjenige, der bei dem Wächterritual erschienen ist und in den Kreis gesprungen ist.

Noch etwas am Rande, damit die Leser wirklich glauben, daß ich irre bin: Im Necronomicon wird auch von Humwawa geschrieben, und es heißt dort, daß er sich seinen Anteil von den Herden nehme. An dem Tag, an dem wir das Wächterritual durchgeführt haben, ist ein Schaf in unserer Umgebung krank geworden und genauso gestorben, wie es im Necronomicon beschrieben wird. Also der Terror, den Lovecraft schildert, ist schon echt.

Die gnostisch-katholische Kirche

W.W.: Was ist die gnostisch-katholische Messe und wer zelebriert sie?

O. Thorbrügge: Es gibt eine gnostisch-katholische Kirche, die auf der gnostisch-katholischen Messe basiert. Sie stammt von Aleister Crowley und hat eine Bedeutung für den neuen Äon. In dieser Messe wird besonders die Rolle der Frau bekräftigt, denn es ist eine Messe, die nicht mehr von einem Priester durchgeführt wird, sondern von einem Paar. Für mich gibt sie nicht viel her, weil sie meiner Ansicht nach sehr barock ist, sie paßt also sehr gut mit dem mystischen Gerede des O.T.O. zusammen. Crowley hat diese gnostisch-katholische Kirche noch als eine Massenorganisation gegründet, unterhalb des O.T.O., denn der O.T.O. als magische Organisation ist nur für diejenigen Menschen interessant, die auch Magie machen wollen. Genauso verhält es sich mit dem Orden des A.·.A.·., deren Mitglieder ebenfalls Magie durchführen und thelemitisch leben wollen. Für den Rest der Menschen, die nicht den magischen Weg gehen wollen, aber trotzdem an diesem Gedankengut interessiert sind, hat Crowley die gnostisch-katholische Kirche gegründet. So hat jeder seine Möglichkeit, sich zu entwickeln.

W.W.: Ich lese einmal das Credo der gnostisch-katholischen Messe: "Ich glaube an einen geheimen und unnennbaren *Herrn*, und an einen Stern in der Schar der Sterne, aus dessen Feuer wir erschaffen sind und zu dem wir zurückkehren werden. Und ich glaube an einen Vater des Lebens, Geheimnis der Geheimnisse, und sein Name ist *Chaos,* der alleinige Stellvertreter der Sonne auf Erden. Und an eine Luft, die Ernährerin von allem, was da atmet. Und ich glaube an eine Erde, unser aller Mutter, und an einen Schoß, in dem alle Menschen gezeugt werden und in dem sie ruhen sollen, Geheimnis der Geheimnisse, und ihr Name ist *Babalon.* Und ich glaube an die Schlange und den Löwen, Geheimnis der Geheimnisse, und sein Name ist *Baphomet.* Und ich glaube an eine gnostische und katholische Kirche von Licht, Liebe und Freiheit und das Wort ihres Gesetzes ist *Thelema.* Und ich glaube an die Gemeinschaft der Heiligen. Und insofern Speise und Trank sich täglich in uns in geistige Substanz verwandeln, glaube ich an das Wunder der Messe. Und ich bekenne mich zu einer Taufe der Weisheit, durch die wir das Wunder der Inkarnation vollenden. Und ich bekenne, daß mein Leben eins, individuell und ewig ist, das war, ist und sein wird." (Aleister Crowley: Magick, Band 2. Bergen 1989, S.216 f.)

Was ist mit dieser Substanzverwandlung gemeint?

O. Thorbrügge: Im Grunde ist damit nur auf die Ernährung hingewiesen, denn ich benötige als Grundlage meines Denkens die Nahrung, ich muß essen, um zu leben, und ich muß leben, um denken zu können. Im Grunde wird damit auf etwas ähnliches hingewiesen, wie das Wunder der Messe, wo Wein und Brot in geistige Substanz verwandelt werden.

Eigentlich wird hier kein Gott angebetet, sondern der "geheime und unnennbare Herr" ist jeder Mensch selbst. In diesem Zusammenhang gibt es eine Initiation, in deren Verlauf man drei Aufgaben gestellt bekommt; am Ende sitzt man mit geschlossenen Augen da, in einer furchtbar geheimnisvollen Atmosphäre - und dann wird gesagt: "Und nun bereite dich darauf vor, den einzigen und höchsten und wahren Gott zu sehen." Dann bekommt man einen leichten Schlag auf den Kopf, öffnet automatisch die Augen und schaut in einen Spiegel. Eine Übung, die ich nur sehr empfehlen kann! Ich selbst habe mich zuerst überhaupt nicht erkannt.

W.W.: Bei dieser Messe wirken nicht nur Frau und Mann als Priester mit, sondern auch Kinder als eine Art von Meßdiener; warum das?

O. Thorbrügge: Das ist etwas anders zu verstehen, es müssen keine Kinder sein. Es wirken bei dieser Messe auch keine Jungfrauen mit, wie es offiziell heißt, denn eine Jungfrau ist nach Crowley eine Frau, die rein im Geiste ist. Sie ist, ähnlich wie die Kinder, jenseits von Gut und Böse.

W.W.: Die Priesterin spricht in dieser Messe folgendes: "Durch die Kraft des Eisens sage ich dir, erscheine. Im Namen unseres Herrn, der Sonne, und unseres Herrn, daß du die Tugenden der Brüder lenken mögest." (Ebd., S.218). Gleich am Anfang zieht die Priesterin ein Kreuz mit ihrem Schwert durch die Luft, über das Michael D. Eschner in seinem Kommentar aussagt, daß dies das Zeichen des Tieres sei. Wieso ist das Kreuz das Zeichen des Tieres?

O. Thorbrügge: Das ist ein anderes Kreuz, und zwar dasjenige in einem Kreis. Dieses Kreuz hat in der Mitte einen Punkt, womit Hadit gemeint ist, während der das Kreuz umschließende Kreis Nuit symbolisiert. Die beiden Balken des Kreuzes sind Ra-Hoor-Khuit.

"Mich zu lieben, ist besser als alles"

W.W.: Ich zitiere noch einmal etwas aus der gnostisch-katholischen Messe:

"*Der Priester:* O Kreis der Sterne, von dem unser Vater nur der jüngere Bruder ist, Wunder, jenseits der Vorstellung, Seele des unendlichen Raumes, vor dem die Zeit beschämt, der Geist verwirrt und das Verständnis dunkel ist, wir können nicht zu dir gelangen, außer dein Bild ist Liebe. Daher rufen wir dich an durch den Samen und die Wurzel und den Stamm und die Knospe und das Blatt und die Blüte und die Frucht.

Dann antwortete der Priester und sagte zur Königin des Raumes, ihre holde Stirn küssend. Und der Tau ihres Lichtes badete seinen ganzen Körper in einem süß riechenden Parfüm von Schweiß; oh Nuit, Kontinuierliche des Himmels, laß es immer so sein, daß die Menschen von dir nicht als eins sprechen, sondern als keins, und laß sie überhaupt nicht von dir sprechen, weil du immerwährend bist.

Während dieser Ansprache muß die Priesterin sich vollständig ihrer Robe entledigt haben.

Die Priesterin: Aber mich zu lieben ist besser als alles: Wenn du unter den Nachtsternen der Wüste meinen Weihrauch vor mir verbrennst, mich mit einem reinen Herzen anrufst und das Schlangenfeuer darin, wirst du ein wenig in meinem Busen liegen. Für einen Kuß wirst du dann alles geben wollen, aber wer ein Staubteilchen gibt, wird in dieser Stunde alles verlieren. Ihr werdet Güter sammeln und Vorrat an Frauen und Gewürzen, ihr werdet kostbare Juwelen tragen, ihr werdet die Völker der Erde an Glanz und Stolz übertreffen, aber immer in Liebe zu mir, und so werdet ihr zu meiner Freude gelangen. Ich fordere euch ernstlich auf, zu mir in einem einzelnen Gewande zu kommen und bedeckt mit einem kostbaren Kopfschmuck. Ich liebe euch! Ich sehne mich nach euch! Bleich oder purpurn, verschleiert oder wollüstig, ich, die ich alle Freude und Purpur bin und Trunkenheit des innersten Gefühles, begehre euch. Legt eure Schwingen an und erweckt die gewundene Herrlichkeit in euch: kommet zu mir! Singt mir das leidenschaftliche Liebeslied! Verbrennt mir Parfüms! Tragt für mich Juwelen! Trinkt mir zu, denn ich liebe euch! Ich liebe euch! Ich bin die blaulidrige Tochter des Sonnenuntergangs: ich bin der nackte Glanz des wollüstigen Nachthimmels. Zu mir! Zu mir!" (Ebd., S.222 f.)

Diese letzte Passage ist im Liber Legis ganz ähnlich. Findet im Zuge dessen bei dieser gnostisch-katholischen Messe auch eine sexuelle Vereinigung von Priester und Priesterin statt?

O. Thorbrügge: Das kann erfolgen, muß aber nicht sein. Crowley hat diese Messe mehrfach öffentlich aufgeführt, wobei natürlich kein Geschlechtsverkehr vollzogen wurde.

W.W.: Etwas später in der Messe heißt es folgendermaßen: "Hört ihr alle, Heilige der wahren Kirche der alten Zeit, die jetzt im besonderen anwesend sind, daß wir eure Erbschaft beanspruchen, mit euch beanspruchen wir Gemeinschaft, von euch beanspruchen wir Segen im Namen von IAO." (Ebd., S.233). Was ist mit IAO gemeint?

O. Thorbrügge: Das ist ein gnostischer Gottesname. Die Gnostiker hatten ja recht wilde Namen zur Benennung Gottes. IAO ist einer davon.

W.W.: Gibt es in der gnostisch-katholischen Kirche auch andere Sakramente, wie zum Beispiel die Taufe, die Konfirmation usw.?

O. Thorbrügge: Die gnostisch-katholische Kirche ist im Prinzip eine Religionsgemeinschaft, die Sakramente hat, wie auch die katholische Kirche. Ich hatte einmal mit der amerikanischen Sektion dieser Kirche Briefkontakt, mußte aber feststellen, daß diese Menschen nicht an Magie interessiert sind, sondern nur an der Ausübung ihrer Art der Religiosität.

Satanismus und Neo-Satanismus

W.W.: Wie stehst Du zum Satanismus, wer ist überhaupt für Dich Satan, ist das Dein Gott?

O. Thorbrügge: Im Liber Al wird über den Wurm Hadit gesprochen. Wenn man will, kann man das als Satanismus auslegen. Crowley hat seinen Schutzengel nicht nur Aiwass, sondern auch Scheitan genannt. Scheitan ist der Gott der Jezzidi im heutigen Kurdistan. Die Kurden haben unter anderem deswegen so durch ihre Nachbarn zu leiden, weil nicht alle Moslems sind.

W.W.: Euch wird aber Satanismus vorgeworfen!

O. Thorbrügge: Ja, aber das wird sehr geschickt gedreht. Es gibt seitens der Kirche und des Bezirks Lüneburg Papiere, wo der Begriff Satanismus kurzerhand umdefiniert wird, damit er auf uns paßt. Deswegen nennt man uns neuerdings nicht mehr Satanisten, sondern Neo-Satanisten. Gemeint ist damit, daß Neo-Satanisten Menschen sind, die sich selbst als Gott sehen und ihre eigene Göttlichkeit realisieren wollen. Mit der Anbetung von Satan hat das überhaupt nichts zu tun.

W.W.: Ist Satan trotzdem für Dich eine reale Wesenheit?

O. Thorbrügge: Es gibt eine Wesenheit, der man den Namen Satan geben kann. Satan ist eine reale Größe, d.h. aber noch lange nicht, daß man ihn anbeten muß. Wir beten ohnehin keinen Gott an.

W.W.: Dann ist Satanisten für Euch also ein falscher Begriff.

O. Thorbrügge: Genau, deswegen haben sie den Begriff auch schon in Neo-Satanisten umbenannt.

"Ich finde meinen Weg wunderbar"

C.P.: Wie alt warst Du, als Du mit der Magie begonnen hast?

O. Thorbrügge: Ich war gerade noch 19 Jahre alt.

C.P.: Was gibt Dir dieser Weg der Magie persönlich?

O. Thorbrügge: Ich habe mich durch diesen Weg ziemlich stark verändert. Solche Gespräche wie jetzt mit Euch zu führen, wäre mir damals nicht eingefallen; ich wäre dazu auch viel zu gehemmt gewesen. Insofern habe ich schon einiges an Veränderungsarbeit in mir geleistet. Hinzu kommt, daß der gesamte Bereich der Magie für mich sehr faszinierend ist, weil es immer wieder neue Überraschungen gibt, weil ich mir nicht mehr vorstellen könnte, ein sogenanntes bürgerliches, normales Leben zu führen, denn ich sehe anhand meiner Eltern und vieler anderer Leute, daß das, was sie aus diesem Leben gemacht haben, nicht gerade viel ist. Eventuell stehe ich am Ende meines Lebens auch da und muß mir sagen, nicht viel geschafft zu haben, aber dann hat es mir zumindest Spaß gemacht. Das ist auch eine Motivation für mich. Wer mit der Magie anfängt, tut dies normalerweise deswegen, weil er irgendwo ein persönliches Defizit hat, denn derjenige, der mit seinem Leben vollkommen zufrieden ist, wird nicht nach weitergehenden Zielen suchen.

W.W.: Wie willst Du genannt werden: Magier, Schüler der Magie oder wie?

O. Thorbrügge: Thelemit reicht vollkommen, denn ich bin noch nicht so weit zu sagen, daß ich zum Beispiel ein Adept wäre.

C.P.: Wenn man mal ein bestimmtes Extrakt zieht aus dem, was Du alles gesagt hast: Jeder Mensch ist ein Stern, Selbsterkenntnisprozesse, selbstlose Liebe usw., das hört sich ja eigentlich ganz idealistisch an ...

O. Thorbrügge: Ja, ist es auch, und ich finde es auch wunderbar, sonst würde ich es nicht machen. Das Problem ist nur, daß niemand fragt. Normalerweise schreibt man nur über uns bzw. über die Magie, und auch notwendig Falsches, weil vorher niemand auf die Idee kommt, mal ernsthaft nachzufragen. Und wenn mal jemand fragt, dann kommt die Presse nicht so wie Ihr und spricht lange und ausführlich mit uns, sondern man kommt nur, um die bereits bestehenden eigenen Vorurteile bestätigt zu bekommen. Sensationsstories verkaufen sich natürlich auch sehr viel besser als so ein Interview, wie wir es gerade geführt haben. Ich habe bisher nur ein einziges ernsthaftes Interview gelesen, und zwar hat das die *taz* mit Eschner gemacht. Zwar konnten sie sich einen Kommentar nicht verkneifen, trotzdem war es die einzige Zeitung, die es bisher geschafft hat, ein ernsthaftes Interview zu führen und dies auch weitgehend ungekürzt zu drucken. Alle anderen brachten bisher nur Verfälschungen bzw. aus dem Zusammenhang gerissene Auszüge.

Die rote Hexe auf der Reeperbahn

Christine Pflug

Im Frühjahr dieses Jahres, und auch schon im letzten September, sollten sich die Hamburger auf eine als besonders pikant angekündigte Show freuen: Annie Sprinkle's Sex Kitchen. Diese Show, aufgeführt im "Schmidt" auf der Reeperbahn, wurde in den verschiedensten Hamburger Kulturblättern, sogar im *Spiegel* angekündigt. Entsprechend der Werbung war die Vorstellung jeden Abend ausverkauft. Annie Sprinkle kündigte ihre Vorstellung mit folgenden Worten an: "Meine Show, Sex Kitchen", so Annie, "ist besonders für Frauen und Sexworker. Ich empfinde Brüste und Genitalien nicht als schlecht oder häßlich - im Gegenteil - ich liebe sie und möchte nicht ohne sie sein. Pornographie ist doch nur die ewig gleiche Wiederholung von Männerphantasien. Ich mache keine Pornoshow, sondern berichte über mein Leben und meine sexuelle Entwicklung. Unsere Gesellschaft ist sexuell unreif. Ich versuche zu zeigen, wie albern und gleichzeitig unschuldig Pornographie ist." Man erwartete also eine locker-laszive und spritzige Aufführung. Daß sich im Laufe des Abends aber noch ganz andere Dinge ereignen würden, davon war in keiner der Ankündigungen die Rede. Mir selbst war allerdings von einer Besucherin berichtet worden, was im zweiten Teil des Abends passieren würde.

Es ist nicht im Sinne dieses Artikels, einen Kommentar oder eine Kritik über diese Aufführung zu schreiben, aber einiges muß der Leser, um den zweiten Teil der Performance verstehen zu können, wissen: Die Amerikanerin Annie Sprinkle erzählt - in englischer Sprache - ihr Leben als Sexworkerin: "Ich erzähle euch mein Leben, nicht mehr und auch nicht weniger." Dieser Lebenslauf wird mit Erzählungen, Dias und kurzen Szenerien plastisch dargestellt. Annie Sprinkle, früher Ellen Steinberg, verwandelte sich von einem linkisch-häßlichen Mädchen mit orthopädischen Schuhen zu einer berühmten, heiß begehrten Sexworkerin. "Um ein Pornostar zu werden, brauchst Du nur große Perücken und mußt ein bißchen dumm sein." Mit Selbstironie schildert Annie ihr Leben, nimmt den Sex auf die Schippe und geizt nicht mit Zwischeneinlagen, in denen sie alles zur Schau stellt, was der weibliche Körper zu bieten hat.

ANNIE SPRINKLE
90 Lexington Ave., 11F
N.Y.C., 10016
(212)779-0735

Annie Sprinkle´s Visitenkarte

"Wirklich geschmacklos und obszön", so sagen die einen und verlassen mit säuerlich-empörter Miene den Saal. Die anderen, die da bleiben - und das sind keineswegs nur Männer -, sind begeistert von Annies frischer, selbstverständlicher und auch kindlicher Art (und natürlich auch von ihren entsprechenden Darstellungen). So ist das

Annie Sprinkle im ersten Teil der Show. Foto: Liliane von Rönn

Publikum nach der Pause in einer offenen, aufgedrehten Stimmung. Neben mir sitzt eine Gruppe Männer von einem Sportverein, die sich lachend und grölend amüsiert.

Der zweite Teil beginnt. Annie ist mit ihrer Lebensschilderung an dem Punkt angekommen, wo sie heute mit 36 Jahren steht. In den letzten Jahren sind einige ihrer nahestehenden Freunde an AIDS gestorben - eine Tatsache, die in ihren Erzählungen immer wieder auftaucht. Und Annie verwandelt sich nun ein zweites Mal - in Anya. Für Anya ist Sexualität zu einer Energie geworden, die sie mit einem Menschen - und zwar ohne jegliche Berührung - teilen kann, aber auch mit der Sonne, den Bäumen, dem Wasser. Man müsse dafür bestimmte Atemübungen und Ritualien anwenden, die sie beim Lesen tantrischer Schriften aus dem alten Indien, China und von den Indianern gelernt habe. "New Ancient Sex" - so nennt sie das. "Vor langer, langer Zeit gab es in wunderschönen Tempeln die heiligen Prostituierten. Sie konnten sich in sexuelle Ekstase versetzen und Wunder schaffen ..."

Annie/Anya kleidet sich in ein schwarzes, silbern besticktes, durchsichtiges Gewand, der Raum wird dunkel, der Hintergrund der Bühne ist in rotes Licht getaucht, ein sphärisch-schwebender Ton erklingt im Raum ("Kundalini-Musik" - erfahre ich später). Die "heilige Tempel-Prostituierte" kniet sich in die Mitte des Raumes, ordnet verschiedene Gegenstände um sich herum an und entzündet Kerzen: "... für alle meine Freunde und Geliebten, die an AIDS starben ..., um mich an sie zu erinnern ... und um sie einzuladen, jetzt hier bei uns zu sein." Die nächste Kerze "für die Freunde und Geliebten von euch, die an AIDS gestorben sind, an die ihr euch erinnern wollt und die ihr hier haben möchtet." Sie zündet weitere Kerzen für ihre neuen Hamburger Freunde an, für die

"Um die verstorbenen Freunde einzuladen, jetzt hier bei uns zu sein." Foto: Liliane von Rönn

Freude, für einen Wunsch, den jemand aus dem Publikum sich erfüllen möchte, für alle Menschen, die leiden müssen, für die Sexworker in Hamburg, für die alten heiligen Prostituierten, für die Sexgeister (sexy-spirits).

Neben Anya lodert in einer Schale eine Flamme "für die Erde und die Sterne ..., um sie einzuladen ... und auch für die Sonne." Der sphärische Ton durchklingt weiterhin den Raum - mystisch, eindringlich. "Die alten Priesterinnen hatten viele sinnliche Freuden - sie benutzten keine Vibratoren -, aber ich werde es tun."

Mit asiatisch-anmutenden Bewegungen und dem surrenden Vibrator beginnt Anya ihr Ritual. Sie streicht mit ihm auch über ihren Kopf, um - so sagt sie später - das Kopf-Chakra zu öffnen. Die Zuschauer bekommen von Theatermitarbeitern Rasseln - zusammengeklebte Plastikbecher mit kleinen Steinchen - gereicht. Sie werden durch eigenes Tun in das Ritual miteinbezogen, schwingen sich rhythmisch-rasselnd in das Geschehen ein. Der Ton im Hintergrund wird zu einer klopfenden, hämmernden Musik, die sich in rasendem Tempo steigert. Anya steigert sich in Ekstase. Sie keucht, stößt Schreie aus. Eine äußerst spannungsgeladene, irgendwie unheimliche und tief-betroffen-machende Stimmung ballt sich im Raum zusammen. Die Männer neben mir vom Sportverein versuchen mit Witzen in ihr vertrautes Gelächter zurückzufliehen, aber kaum ist der Witz ausgesprochen, fällt er wie in sich zusammen und das Lachen erstirbt. Die Musik steigert sich hämmernd und donnernd zu ihrem Höhepunkt - Anya schreit.

Allmählich wird aus dem rasenden Hämmern der Musik ein etwas geordneterer Rhythmus. Erleichternde Töne - wie Wasserrauschen - mischen sich darunter. Anya sinkt langsam und lächelnd in die Knie. Allerdings - so hat man den Eindruck - ist es nur ihr

"Die alten Priesterinnen benutzten keine Vibratoren, aber ich werde es tun." Foto: Liliane von Rönn

physischer Körper, der wieder auf der Erde angekommen ist. Eine Theatermitarbeiterin tritt auf die Bühne: "Hiermit ist Annie Sprinkle's Show zu Ende. Sie können gerne zu Annie an die Bühne kommen, um mit ihr zu sprechen. Annie freut sich darüber."

Annie sitzt am Rande der Bühne, spricht mit den begeisterten Zuschauern, die zu ihr kommen - lächelnd, sich verströmend, innerlich nicht ganz anwesend.

Heilige Kuhscheiße

INTERVIEW MIT ANNIE SPRINKLE

von Christine Pflug

Ungefähr eine Stunde nach der Show - ich konnte inzwischen wieder klare Gedanken fassen - war Annie, liebend gerne, zu einem Interview bereit. Wir saßen mit anderen zusammen in einem Restaurant, und zwischen klapperndem Geschirr und chinesischer Musik erzählte mir Annie kauend und begeistert über sich.

Annie Sprinkle: Über was schreibt Ihr dieses Buch?

Christine Pflug: Über Okkultismus.

A. Sprinkle: Oh wunderbar, da passe ich genau hinein! Ich bin total eine Hexe! Ich bin eine rote Hexe!

C.P.: Was ist das?

A. Sprinkle: Es gibt alle Arten von Hexen. Grüne Hexen zum Beispiel arbeiten mit der Natur und mit Pflanzen. Ich bin eine rote Hexe, ich arbeite mit sexueller Energie.

C.P.: Woher hast Du das Ritual, das Du am Ende der Show aufgeführt hast? Stammt das aus den alten tantrischen Schriften?

A. Sprinkle: Ich habe es zusammengemischt. Ich benutze sexuelle Energien, um Dinge zu manifestieren, die ich haben möchte. Ich bekomme immer alles, was ich will. Ich hebe völlig ab beim Sex und habe Schwierigkeiten, wieder hier auf die Erde zurückzukommen. Außerdem ist es für mich eine Möglichkeit, die Göttin anzubeten.

C.P.: Welche Göttin?

A. Sprinkle: Das ist eine Art von Frau ... *(Annie zögert)*, ich stelle sie mir einfach vor, diese Göttin. Es ist eine Art weibliche Göttin. Ich weiß auch nicht genau, ich nenne sie einfach so.

"Die Geister benutzen mich"

C.P.: Ist es Deine eigene Göttin?

A. Sprinkle: Ja, das nehme ich an. Ich habe Kontakt mit solchen Wesen, ich nenne sie die Heiligen. Dazu gehören Sex-Geister, die alten heiligen Prostituierten, amerikanische Indianer und natürlich meine Freunde, die an AIDS gestorben sind. Das ist eine Gruppe von geistigen Wesen. Ich fühle mich von ihnen beschützt und geführt. Ich weiß nicht, ob das real ist, aber das spielt auch keine Rolle.

C.P.: Fühlst Du das?

A. Sprinkle: Wenn man am Strand entlanggeht, kann sich der Körper zum Beispiel leicht anfühlen. Ist das nun Realität oder nicht? Ich fühle mich von dieser geistigen Gruppe wirklich geführt und unterstützt. Es ist nicht nur meine Magie, die ich mache, sondern sie sprechen auch durch mich hindurch. Sie benutzen mich, um auszudrücken, was sie sagen wollen.

C.P.: Hast Du wirklich den Eindruck, daß Geister durch Dich sprechen?

A. Sprinkle: Ja, sie benutzen mich. Sie wollen, daß wir wieder die alten sexuellen, tantrischen Methoden anwenden, und zwar wegen AIDS. Sie wollen, daß diese Ideen und

Übungen wieder neu praktiziert und belebt werden. Ich selbst meine, daß wir in unserer heutigen AIDS-Zeit, wenn wir diese alten Riten anwenden, wieder mehr Spaß und Freude haben könnten. Diese geistigen Wesen sind wie die Wächter der Lust und der Sexualität. Und ich liebe Rituale, ich liebe sie einfach!

C.P.: Als Du am Anfang des Rituals die Toten riefst, war das sozusagen nur ein Gedenken an sie oder hast du sie richtig herbeigeholt?

A. Sprinkle: Ich habe sie herbeigerufen, aber ich wollte es nicht so esoterisch machen, weil die Zuschauer auch einen Bezug dazu haben sollten. Deshalb habe ich es möglichst einfach getan.

C.P.: Und von Deiner inneren Haltung her gesehen, rufst Du sie da richtig herbei?

A. Sprinkle: Ja, total! Heute hatte ich das Gefühl, daß sie nicht so stark da waren, aber hin und wieder fühle ich sie sehr deutlich, und dann habe ich das Gefühl, fliegen zu wollen. Ich habe dann so viel Energie und Power, die von ihnen kommt, aber auch von den Menschen im Theater.

Das sind meine Visualisierungen. Ob sie real sind oder nicht, wen kümmert's. Für mich jedenfalls ist das Ritual der interessanteste Teil in meiner Vorstellung.

C.P.: Ich habe den Eindruck, die Menschen wissen gar nicht, wie sie das Ritual und das, was dabei passiert, verstehen sollen. Neben mir saßen Männer aus einem Sportclub, die waren völlig irritiert und wußten gar nicht, wie sie mit dem Ganzen umgehen sollten.

A. Sprinkle: Ja ja, ich weiß auch manchmal nicht, wie ich damit umgehen soll. Oft habe ich sogar noch viel mehr Power und Energie.

C.P.: Ich empfand die Atmosphäre heute aber sehr aufgeladen und geballt.

A. Sprinkle: Heute abend hatte ich nicht dieses starke, spielerische und liebende Gefühl. Ich hatte heute den ganzen Abend ein Gefühl von Ärger, weiß aber nicht, woher der kommt.

Buddha-Statuen, Schwangerschaftstest und Kaugummis

C.P.: Hast Du den Ablauf des heutigen Rituals selbst zusammengestellt?

A. Sprinkle: Nein, ich hab das von verschiedenen Menschen gelernt. Die rituellen Gegenstände, die ich um mich herum aufgebaut habe, stammen auch von verschiedenen Menschen. Das, was ich in der Schale verbrannt habe, ist zum Beispiel heilige Kuhscheiße, die ich von einem Ashram erhalten habe.

C.P.: Heute abend hast Du tatsächlich heilige Kuhscheiße verbrannt?

A. Sprinkle: Ja ja *(Annie zögert)*, ich glaube, wir haben keine heilige Kuhscheiße mehr. *(Annie wendet sich an ihren Begleiter und fragt, ob die heilige Kuhscheiße ausgegangen sei. Es entsteht ein kurzes Zwischengespräch, in dem beide mich fragen, ob man denn in Hamburg getrocknete heilige Kuhscheiße kaufen könne, aber da ich das in den Auslagen auf dem Jungfernstieg noch nie erblickt hatte, wenden wir uns wieder dem Interview zu.)*

Ich baue jeden Abend für das Ritual eine Art Altar um mich herum auf und bestücke ihn mit verschiedenen Gegenständen, zum Beispiel mit einem Schwangerschaftstest, den ich mal gebraucht habe, zwei kleine Buddha-Statuen, die mir jemand gegeben hat, einem Kristall, zwei Kaugummis, die ein Geschenk von meinem Geliebten sind, weiterhin einige Kräuter und andere Gegenstände, die für mich Kraft haben.

Sex mit Pflanzen und mit der Sonne

C.P.: Hast Du bei dem Ritual bestimmte Atemübungen gemacht?

A. Sprinkle: Ja, es besteht immer aus Atemübungen. Ich benutze auch den Vibrator an meinem Kopf, um die Energie hinaufzuziehen. Außerdem mache ich bestimmte Übungen für die Muskulatur. Man kann auf diese Art mit allem Sex machen, mit den Pflanzen, mit der Sonne usw.

C.P.: Wie macht man Sex mit Pflanzen?

A. Sprinkle: Das ist eine Frage der Energien, die Pflanzen haben eine bestimmte Energie und ich habe auch eine Menge davon. Man muß einfach seine gesamte Kraft, Konzentration und Energie da hineinschicken. Zum Beispiel kann ich sagen: Konzentriere dich auf deinen kleinen Finger und schicke deine gesamte Energie da hinein. Man muß sich da einfach gedanklich mit seiner gesamten Vorstellungskraft hineinbegeben. Wenn ich Sex mit der Sonne mache, werde ich völlig heiß. Das ist etwas, was jeder andere auch kann.

C.P.: Von der starken Energie, die heute in dem Raum war, behauptest Du, das geschehe mit Hilfe dieser Sex-Geister. Woher weißt Du, daß das diese Geister sind und nicht irgendwelche anderen?

A. Sprinkle: Das weiß ich deshalb, weil ich sie mir einfach vorstelle. Ich weiß nicht exakt, was da wirklich losgeht, aber es fühlt sich einfach richtig gut an. Außerdem verbrenne ich Salbei und segne jeden Gegenstand.

Du bist die erste, die mich nach all dem fragt. Normalerweise fragen mich die Menschen nach der Prostitution, wie ich dazu gekommen bin usw.

Das Gute an meinen Ritualien ist, daß ich lerne, mich augenblicklich und sofort in Ekstase zu bringen. Mir hilft dabei, wenn das Publikum mit den Rasseln klappert. Ich bekomme dann sozusagen auch ihre Energie. Natürlich versuche ich, dem Publikum diese Energie wieder zurückzugeben. *(Annies Begleiter mischt sich in das Gespräch mit ein.)*

Annies Begleiter: Als ich diese Rasseln hergestellt habe, hatte ich in jede Rassel einen kleinen Wunsch mit hineingegeben. Man mag es nicht glauben, aber solche Dinge wirken tatsächlich.

A. Sprinkle: Für mich hat das Ganze eine Menge mit AIDS zu tun. Meine Eltern waren Mitglieder der unitarischen Kirche in Amerika. Diese Kirche ist sehr volksorientiert und gar nicht spirituell. Sie sind sehr erdverbunden und haben mit Magie überhaupt nichts im Sinn. Als meine Freunde an AIDS starben, eröffneten sich für mich ganz andere spirituelle Bereiche. Ich habe miterlebt, wie diese Freunde von mir krank waren und dadurch sehr starke spirituelle Verbindungen bekamen. Meine Freunde haben mich dadurch inspiriert. Das war für mich der Anlaß, Magie zu erlernen, Handauflegen und jede Art von esoterischer Heilung.

C.P.: Hast Du irgendwelche exakten Durchsagen von diesen Toten oder sind es nur Gefühle?

A. Sprinkle: Ich fühle mich geführt und beschützt von ihnen. Mir ist in meinem Leben nie irgend etwas Schreckliches zugestoßen, ich wurde nie angegriffen oder vergewaltigt. Einmal war ich zwar im Gefängnis, aber das hat mir Spaß gemacht. Auch wurde ich nie verletzt oder ausgeraubt und bin somit eine sehr glückliche Person. Ich kann in diesem

Theater auf der Reeperbahn arbeiten, eine Menge Geld dort verdienen, ich lerne viele wundervolle Menschen kennen, mein Körper ist voller Energien, ich habe ein spaßiges Leben, ich werde wirklich sehr unterstützt und geführt.

C.P.: In den Ankündigungen Deiner Vorstellung steht geschrieben, daß Du Deine Show für Frauen machst.

A. Sprinkle: Tatsächlich? Steht das wirklich da drin? *(Ich zeige Annie das Ankündigungsprogramm und übersetze ihre angeblichen Aussagen ins Englische. Sie war erstaunt, was da so alles geschrieben stand.)*

Es ist in Ordnung, wenn auch Männer zu der Show kommen, aber ich habe in meinem Leben schon so viel für Männer getan. Und ich habe es irgendwie satt, immer nur etwas für die Männer zu tun. Die Frauen sind für mich ein neues Publikum.

C.P.: Aber hattest Du nicht den Eindruck, daß sich mehr die Männer als die Frauen angesprochen fühlen?

A. Sprinkle: Nein. Oft kommen nach der Show Frauen zu mir und sagen, daß es ihnen außergewöhnlich gefallen hat. Ihre Männer hätten die Show nicht so sehr gemocht, aber sie selbst fanden es wirklich ganz prima. Für die Frauen ist meine Vorstellung eine Befreiung, für die Männer nicht.

Nach dem Interview und dem Essen griff Annie in ihre Handtasche, holte einige zerknüllte Geldscheine, auch 100-DM-Scheine, heraus und gab sie ohne Nachzählen ihrem Begleiter. Alle fünf an diesem Tisch waren, ohne daß ein Wort darüber verloren wurde, ganz selbstverständlich zum Essen eingeladen. Dann verschwand sie - mir kam das Bild eines Windhauches, der einfach weiterwehte.

Anschriften

Ulla von Bernus
Kurhausstr. 18, D-3388 Bad Harzburg 1, Tel.: (05322) 5 27 73

Katharina und Klaus Engels
Cult Information Center; Pegasus e.V.
Talstr. 10, D-7865 Todtmoos-Glashütte, Tel.: (07674) 8324

Peter Krause
Grabelohstr. 246, D-4630 Bochum 7

Norbert Potthoff
Nordstr. 47, D-4150 Krefeld 1

Annie Sprinkle
90 Lexington Ave, 11 F, New York, N.Y.C. 10016 / USA

Olaf Thorbrügge
Peyn und Schulze Verlag, Abrahadabra
Breite Str. 65, D-3134 Bergen/Dumme

Warum nicht eine ErzieherInnen-Ausbildung in der Schweiz?

Freies Heimpädagogisches Seminar Schlössli Ins (CH)

3-jährige praxisbegleitende

ErzieherInnen-Ausbildung

auf der Grundlage anthroposophischer Menschenkunde.
Ausgewogene Verbindung von Theorie und Praxis.

Ausbildungsgang:

- Berufspraktischer Teil: Begleitende Arbeit in den Kinderhäuser (Alltag, Fest und Feier, Tages-, Jahresrhythmus . . .)
- Theoretischer Teil: Grundlagenfächer wie Pädagogik, Psychologie, Soziologie, Kulturgeschichte u.a.
- Künstlerische Fächer: eigene, erlebnisorientierte Auseinandersetzung mit verschiedenen Materialien und Techniken
- Studienwochen und Bildungsreisen

Eintrittsbedingungen:

Eine abgeschlossene Berufslehre oder Mittelschulbildung ist erwünscht; Ausnahmen möglich. Zudem muß in der Bildungsstätte ein 6-monatiges Praktikum erfolgreich absolviert werden.

Die Arbeit in den Kinderhäusern wird entlohnt; für den Seminarunterricht entstehen keine Kosten.

Junge, initiative Menschen, die sich angesprochen fühlen, erhalten gerne schriftliche Unterlagen.

Adresse: **Bildungsstätte Schlössli Ins CH-3232 Ins, Tel. 0 32 / 83 10 50**

Die Seminarleitung: Christian Bärtschi, Ueli Seiler

DORFGEMEINSCHAFT LAUTENBACH

Lehr- und Lernzeit für behinderte Jugendliche
Produktionsbetriebe für behinderte Erwachsene
7796 Herdwangen-Schönach

Menschen leben zusammen, arbeiten zusammen und helfen dem, der Hilfe braucht. Anthroposophische Lebensgemeinschaften nehmen soziale und therapeutische Aufgaben unserer Zeit an. Alle bemühen sich, das gemeinsame Leben zu gestalten nach dem Menschenbild der Geisteswissenschaft Rudolf Steiners.

Das Seminar für Sozialtherapie der Dorfgemeinschaft Lautenbach bildet für dieses Berufsbild aus. Die Seminarkurse begleiten die praktische Ausbildung. Nach drei Jahren erreicht man den Status eines Sozialpflegers, der dem staatlich geprüften Heilerziehungspfleger gleichgestellt ist. Nach vier Jahren schließt man das Seminar mit einem Diplom der Freien Akademie für anthroposophische Heilpädagogik und Sozialtherapie ab. Damit wird bescheinigt, daß man in der Lage ist, in anthroposophischen Lebensgemeinschaften selbständig zu arbeiten.

Das Seminar der Dorfgemeinschaft Lautenbach arbeitet mit anderen Seminaren für Sozialtherapie zusammen. Das erste Seminarjahr gilt als Anerkennungsjahr.

Es werden junge Menschen angesprochen, die in der Regel an diese Ausbildung eine zweite Berufsausbildung anschließen; ebenso ältere, die nach ersten Lebenserfahrungen oder nach dem Erlernen eines anderen Berufs in den der Sozialtherapie wechseln wollen.

Die Seminaristen sind schon in der Zeit des Lernens Angestellte der Dorfgemeinschaft Lautenbach.

Es gibt auch Plätze für Zivildienst-Leistende.

Lautenbach ist ein Ortsteil von Herdwangen—Schönach. Es liegt 25 km nördlich von Überlingen am Bodensee.

SEIT 1977

GULLIBO

IN UHLENHORST

RENATE MÖSCHL

ZIMMERSTRASSE 28 · HAMBURG 76 · TEL. 220 23 90

Montag – Freitag: 10 – 13 Uhr und 15 – 18 Uhr · Samstag 10 – 13 Uhr
In den Sommerferien geschlossen

Sie und Ihre Kinder
finden bei uns in reicher Auswahl:

	HOLZSPIELZEUG	
Kinder Jugend	BÜCHER	Ernährung Erziehung
Kantele Kinderharfen	INSTRUMENTE	Flöten Klangstäbe
Kleider Geschirr	PUPPEN	Möbel Puppenhäuser
Märchen	WOLLE	Decken
Seidentücher	STOFFE	Westfalen u. Sigikid
Umwelt Seiden	PAPIER	Hefte Ordner
Wäsche	NATURKLEIDUNG	Hausschuhe
Strümpfe	BABY-AUSSTATTUNG	Anoraks
Dörfler	LEUCHTEN	Dornach
Kindermöbel	GULLIBO	Betten
Bienenwachs	STOCKMAR	Farben

Fordern Sie unseren Katalog an

HORNEBURGER BÜCHERSTUBE

Wir besorgen und versenden jedes Buch!

Außerdem bietet unser Laden:
Umweltschutzpapier,
Stockmar-Wachsfarben, Farbstifte,
Kunstpostkarten und Holzspielzeug

Horneburger Bücherstube, Inhaberin
Dorothea Rödel, Lange Str. 54, Postfach 126,
2152 Horneburg/Niederelbe,
Tel. 04163/45 55

10 JAHRE FUTURA!

WIR DANKEN ALLEN UNSEREN KUNDEN!

Sie alle haben dazu beigetragen, daß wir gemeinsam unseren Zielen näher gekommen sind:

● Artgerechte Tierhaltung und keine "unnatürlichen Fleischfabriken". ● Verarbeitung ohne chemische Zusätze. ● Hochwertige Lebensmittel mit viel Geschmack. ● Erhalt und Pflege einer intakten Umwelt, nach der Biologisch-Dynamischen Methode. ● Gesunde Ernährung.

Unser Sortiment wurde laufend erweitert. Heute können Sie aus über 50 verschiedenen Sorten **demeter-Wurst** auswählen. Daneben erhalten Sie bei uns auch: **demeter-Fleisch, Wildfisch, Fisch, Geflügel, Wild, demeter-Käse und -Milchprodukte.**

Sie erhalten unsere Spezialitäten über unseren Versandhandel, in Naturkostläden, Reformhäusern und in unserer Verkaufsstelle in der Stuttgarter Martkhalle.

Für Privatkunden und Einzelhändler: Einsenden an: FUTURA, Pfarrstraße 38, 7066 Baltm.- Hohengehren.

COUPON: Bitte senden Sie mir kostenlos und unverbindlich weitere Informationen und Bestell-Listen.

Herr/Frau/Firma Straße

PLZ/Ort Telefon

Verkaufsstelle
Markthalle
Dorotheenstraße 4
7000 Stuttgart 1
Tel. 0711 / 23 36 15

FUTURA

Direktversand
Pfarrstraße 38
7066 Baltm.-
Hohengehren
Tel. 07153 / 42266

URLAUB in TIROL

PENSION Vigilia
Individuelle Gastlichkeit
Neuzeitliche Vollwertkost

Maria Elbogen

Ein- und Zweibettzimmer mit u. ohne DU/WC · Malraum · Musikraum · anthroposophische Bibliothek

A-6380 St. Johann in Tirol, Ledererg. 3

LANZAROTE

– Sonneninsel im Atlantik –

Gepflegte Ferienwohnungen und Zimmer – grüne Oase der Ruhe zum Erholen und Sichfinden – kulturelle Veranstaltungen – Inselrundfahrten – Vulkanwanderungen – biol-dynamischer Anbau.

FUNDACION ANTROPOSOFICA
E-35571 Mácher de Lanzarote Islas Canarias
Telefon 00 34 28 / 51 28 42 17-19 Uhr
Telefax 00 34 28 / 51 28 44

Förderverein zur Ausbildung im Kunsthandwerk e.V.

Christian-Popp-Str. 4
D-7988 WANGEN /Allgäu
Tel. 07522-5607 (Ausbildungsmeister: Wendlinger)

Berufsausbildung
zum
HANDWEBER
oder
SCHREINER

Beginn: AUGUST

* Holz- und Waldorf-Spielzeug * Textilien
* Bücher * Schreibwaren * Dritte Welt
Wir führen u. a. * Ostheimer-Spielfiguren
* Dekor-Spielzeug
* Stockmar-Wachswaren
* Engel-Textilien

Naturwarenversand Biedermeier

Bitte fordern Sie unseren kostenlosen Katalog an:

Buronstr. 82 · 8950 Kaufbeuren
Telefon 08341/13374

20 Jahre Aßmus

Farbkatalog anfordern!

Forststraße 35
Postfach 30 7121 Ingersheim 07142/6904

NOVALIS

Zeitschrift für europäisches Denken. Vormals **die kommenden**

Die unabhängige, auf der Geisteswissenschaft Rudolf Steiners gründende Kulturzeitschrift hat seit 1991 einen neuen Namen und ein neues Gesicht.

NOVALIS berichtet, wie vormals **die kommenden,** über aktuelle Entwicklungen in Kultur, Politik und Wirtschaft und ihre geistigen Hintergründe.

NOVALIS befaßt sich schwerpunktmäßig mit einzelnen europäischen Länder und betrachtet ihr kulturelles, politisches und wirtschaftliche Leben auf dem Hintergrund aktueller Geschehnisse und geistesgeschichtlichen Zusammenhänge.

NOVALIS setzt sich mit spirituellen Bewegungen der Gegenwart auseinander und charakterisiert ihrre Wirkamkeit aus verschiedenen Perspektiven.

Schwerpunkte 1991: Christentum und Islam, Musicosophia, Beinsa Duno, die theosophische Bewegung, die deutsche Mystik. Bulgarien, Südfrankreich, Rußland, Deutschland, Schweiz, u.a.

- -

Ich bestelle aus dem ***Novalis Verlag AG, vormals die Kommenden AG, Postfach 660, CH-8201 Schaffhausen*** *ein Probeabonnement für 6 Monate zum Preis von DM 35,-./Fr. 33,-*

____

Name

____

Straße

____

PLZ/Ort

Suchen Sie eine Ausbildung, in der die Persönlichkeitsentwicklung im Mittelpunkt steht?

Möchten Sie Ihren Willen schulen und stärken:

- durch praktisches Üben lebendiger Bewegung?
- durch erkennendes Denken?
- durch künstlerisches Arbeiten?

Dreijährige, anthroposophisch orientierte Ausbildung mit staatlichem Abschluß;

Auskunft bei Frau Becker
GYMNASTIK-SEMINAR LOHELAND
6411 Künzell-Loheland
Tel.: 06 61 / 3 92 12

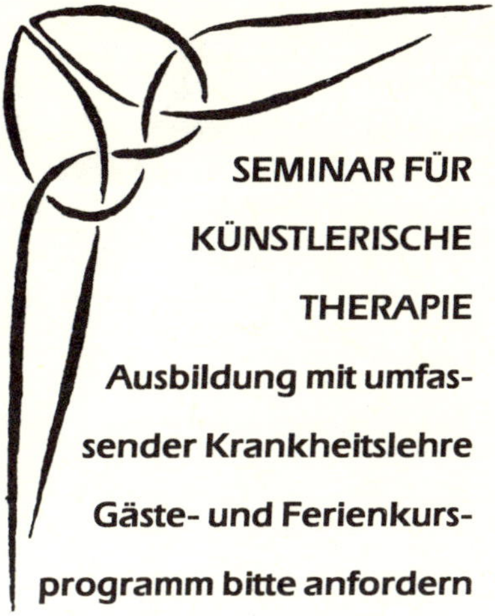

SEMINAR FÜR KÜNSTLERISCHE THERAPIE

Ausbildung mit umfassender Krankheitslehre

Gäste- und Ferienkursprogramm bitte anfordern

D-7902 Blaubeuren, Mühlweg 18-20

EURYTHMIE-AUSBILDUNG NÜRNBERG

Vierjährige Grundausbildung in Laut- und Toneurhythmie

Der nächste Kurs beginnt am **2. Oktober 1991**

Anfragen und Anmeldung:
Beate Lukas, Lutzstr.1, D-8500 Nürnberg 20
Tel. 09 11 - 59 29 37 oder Eurhythmie-Schule, Heimerichstr. 9
D-8500 Nürnberg 90, Tel. 09 11 - 33 18 26
Leitung: Margarete Proskauer
Dem Grundstudium kann ein Ergänzungsjahr (5.Jahr) zur fachlichen Spezialisierung folgen. (Bühne, Therapie, Pädagogik).

Studienstätte Quellhof

Arbeits- und Studiengemeinschaft Kunst – Handwerk – Menschenkunde

Neben Ferienmöglichkeiten im schönen Jagsttal in Einzel-, Mehrbettzimmern und Ferienwohnungen bietet die Studienstätte ein reichhaltiges Kursangebot.

Einige neue Termine:

Vom 4.8. – 24.8.1991
SOMMERAKADEMIE 1991
Kurse in Malerei, Bildhauerei, Keramik und Marionettenbau

Fr. 6.9. – So. 8.9.
Dorothea Rapp
Sigrid Nordmar-Bellebaum
„Meine Muse ist eine Deutsche, sie gibt keinen Schutz" (Böll)
Was erwarten Dichter und Denker vom deutschen Wesen?
Kursgebühr DM 75,–

Anfragen richten Sie bitte an:
Studienstätte Quellhof · Wanderstraße 18
7184 Kirchberg/J.-Mistlau · Tel.: 0 79 54 / 3 96

Camphill-Seminar
für anthroposophische Heilpädagogik

Ausbildung zum

HEILERZIEHER

Das Seminar
- ist 4-jährig,die Seminaristen wohnen innerhalb der Heimsonderschule, durch Mitarbeit erhalten sie neben freier Kost, freier Unterkunft einen Barbetrag zur Abdeckung der Lebenskosten und der Seminargebühren
- beginnt im August jeden Jahres
- gehört zum Internationalen Camphillseminar für Heilpädagogik
- und zur freien Akademie für anthroposophische Heilpädagogik in Deutschland
- arbeitet in Verbindung mit der Medizinischen Sektion der Freien Hochschule für Geisteswissenschaft in Dornach, Schweiz.

Anmeldung und weitere Informationen

Heimsonderschule Bruckfelden
7771 Frickingen, Tel. 0 75 54 / 81 73, 8177

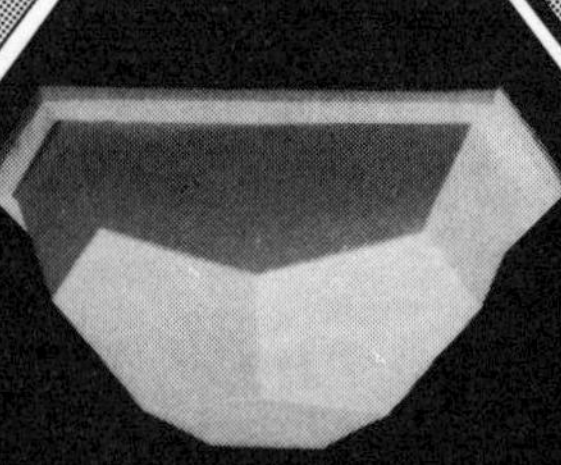

Decken-
Pendel- und
Wandleuchten

Dutschke-Leuchten
Kanderner Straße 21 · 7853 Steinen
Tel. 0 76 27 / 87 66
Fordern Sie unseren Katalog an

aimara
kleidung für's kind

baby- und kinderbekleidung farbenfroh und natürlich aus hochwertigen naturmaterialien.

öffnungszeiten:
di – sa 9.00 – 13.00 uhr
di – fr 15.00 – 18.00 uhr
montags geschlossen

urachplatz–7 stuttgart-ost
telefon 07 11/26 57 99

WELEDA
Für das Gesicht

Das Gesicht ist der Spiegel der Seele. Es steht an der Grenze zwischen innen und außen. Seine Pflege ist die Kunst, die ständig gefährdete Harmonie zwischen beiden stets neu auszubalancieren. WELEDA Gesichtspflegepräparate werden aus wertvollen Pflanzengrundstoffen und reinen ätherischen Ölen ohne künstliche Konservierungs- und Duftstoffe komponiert. Sie vermitteln Ihrer Haut von außen, was sie von innen ausstrahlt: natürliche Gepflegtheit. WELEDA Irismilch, WELEDA Iris-Tagescreme, WELEDA Iris-Nachtcreme, WELEDA Irisgelee, WELEDA Gesichtsöl und WELEDA Gesichtsmaske.

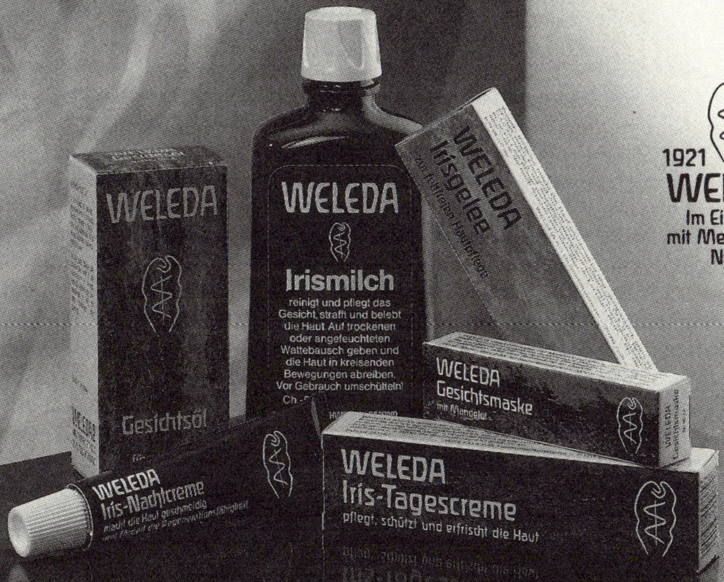

1921 1991
WELEDA
Im Einklang mit Mensch und Natur

WELEDA Präparate sind erhältlich in Apotheken, Reformhäusern, Drogerien und im Naturkostfachhandel

WELEDA AG · Heilmittelbetriebe
D-7070 Schwäbisch Gmünd

Anzeigenschluß

für Nr. 34 (September)
ist der

1. September 1991

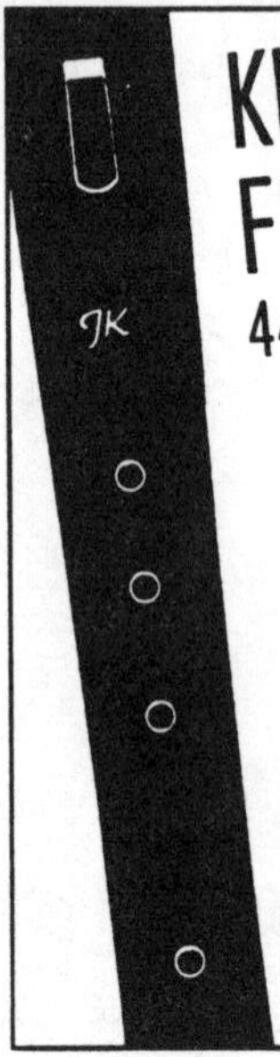

KUNATH
FLÖTEN
440,432 HZ

MEISTERWERKSTATT
AM BERG 7
D-6400 FULDA
TEL. 0661-53852

Sommerakademie Alfter

Farbe·Stein·Worte
Holz·Schwarz-Weiss

21.7. - 3.8.1991

in den Ateliers der Alanus-Hochschule
Information:
Stefanie Gather, Görreshöhle22, 5305 Alfter, Tel.: 02222/3847

Schwerpunkt Lebensversicherung

*Lieber sozial versichert
als total verunsichert.*

Oder wissen Sie, was Ihre Versicherung mit Ihren Beiträgen macht? IMPULS vermittelt Lebensversicherungen im "Solidarverbund Altersversorgung". Das bedeutet, daß Werte, die den dafür eingezahlten Beiträgen entsprechen, in soziale Einrichtungen reinvestiert werden. Nicht in den anonymen Finanzmarkt. Ob Kapitallebens- oder Rentenversicherung: Wir helfen Ihnen, Ihr individuelles Versicherungsprofil zu finden.

Interessiert?

Rufen Sie uns an oder schreiben Sie uns:

IMPULS, Versicherungsmakler, Postfach 2480, 7900 Ulm, Tel. 0731 - 9 66 77 - 0.

Wir informieren Sie auch gerne über Kranken-, Haftpflicht- oder Sachversicherungen sowie über betriebliche Altersversorgung.

Impuls

Wir helfen gern.